동북아 주요국의 디지털 전환

전략경쟁과 협력구도

Digital Transformation of Major Northeast Asian Countries

Strategic Competition and Cooperation

김익수 · 곽도원 편저

ARI Interdisciplinary Research Series 1

Digital Transformation of Major Northeast Asian Countries Strategic Competition and Cooperation
Edited by Ick-Soo Kim & Do Won Kwak

Published by the Asiatic Research Institute (ARI) Press, Korea University
145, Anam-ro, Seongbuk-gu, Seoul, 02841, Korea
www.asiaticresearch.org

목차 Contents

2부 동북아 주요국의 디지털 전환 현황과 정부 정책

| 표 목차 |

| 그림 목차 |

아연 협동연구 시리즈 발간사

아연은 늘 시대와 함께 호흡하면서 새로운 시대의 요구에 화답해왔다. 한국에서 가장 오래된 대학 부설 연구기관인 아세아문제연구소가 2019년 아세아문제연구원으로 거듭나면서 추진한 야심 찬 연구 프로젝트가 이번에 발행되는 〈아연 협동연구 시리즈〉이다. 아연의 연구 전통을 살린 인문학과 사회과학을 아우르는 협동연구는 21세기의 도전에 직면해 있는 세계질서 속에서 아연의 역량을 최대로 발휘할 수 있는 주제를 선정하고 파급력 있는 메시지를 한국 사회와 국제 사회에 던지기 위해 준비되었다.

〈협동연구 시리즈〉는 연구자 1인의 단독 저술이 아닌 같은 학문 분야에 속하는 원내외 연구자 간의 '공동연구' 및 학제간 '협동연구'를 포괄해 dual track 방식의 공저 출간물 발간을 목표로 한다. 이것은 아연 내부 연구인력의 역량을 극대화하면서 필요한 외부 연구인력을 아웃소싱하는 최적의 연구전략이라고 할 수 있다.

연구주제에서도 아연 설립 이후 강점을 보인 북한 및 동북아지역 관련 연구에 중점을 두되, 아연의 '브랜드 아이덴티티(brand identity)'

를 살리고 아연의 인지도와 위상을 높이기 위해 연구주제의 시의성과 활용 가능성을 중시했다. 우선, '디지털 전환(digital transformation)'이라는 글로벌 메가트렌드에 부응하기 위해 "동북아 주요국의 디지털 전환: 전략경쟁과 협력구도"을 핵심 사업으로 추진했다. 아연이 전통적으로 강점을 보인 북한 연구에 있어서도 "미국 · 중국 · 일본 · 러시아의 대북 국가이익"이라는 주제로 한반도를 둘러싼 동맹관계의 이완, 미 · 중 대립의 향방, 북핵 문제를 중심으로 미–북 관계 및 주변 4강과의 양자관계의 변화 등을 살펴볼 것이다. 신춘추오패(新春秋五霸)라는 제목을 가진 또 다른 협동연구는 미국의 세기라는 20세기가 끝나고 미국과는 정체성이 다른 패자(霸者)들의 시대, 즉 다패(多霸)의 시대가 21세기에 시작되었다고 상정한다. 이 협동연구는 미국과 중국 간 패권 경쟁이 진행 중인 상황에서 강대국 간에 조성된 새로운 국제질서뿐만 아니라 한국의 미래전략 구상에도 많은 시사점을 던진다.

올해 말 발간을 목표로 추진되는 2차연도 사업은 "현재와 미래의 시각으로 본 중국공산당 100년: 위험한 제국이 될 것인가?"라는 주제 아래 중국의 부상에 따르는 동아시아 질서의 재구성 과정에 초점을 맞출 것이다. 특히 2021년이 중국 공산당 창당 100주년인 점을 감안해 "100년 역사를 통해서 본 중국공산당"이라는 공동연구를 수행해 올해 발간할 예정이다.

집필진은 한국 전문가는 물론 미국, 중국, 일본, 러시아, 인도, EU 등 세계 여러 나라의 학자들이 포함되어 있어, 아연이 추진해 온 연구 네트워크의 국제화와도 궤를 같이한다. 코로나19로 인해 공동연구가 진행되기 어려운 환경에도 불구하고 각국의 연구자들은 온라인을 통한 연구 논의와 중간발표를 겸한 세미나를 통해 연구내용의 공유와 연구 결과물의 방향에 대해서도 조율과정을 거쳤다.

이런 과정을 통해 출간되는 본 〈협동연구 시리즈〉가 코로나19라는 미증유의 위기 속에서 빠르게 변하고 있는 세계 질서와 한국이라는 국가가 처한 국제환경을 냉철하게 분석함으로써, 각 분야의 학문적 성과를 제고시키는 동시에 한국 외교의 방향과 국가정책에 작게나마 기여할 수 있기를 기대한다.

코로나19로 인한 어려운 상황과 바쁜 일정에도 불구하고 연구에 동참해 준 국내외 저자들과 출판 실무를 맡은 아연의 편집진에게도 감사의 말씀을 드린다. 끝으로 본 〈협동연구 시리즈〉가 발간될 수 있게 지원을 아끼지 않은 고려대학교 총장님과 대학 본부에도 다시 한번 감사의 인사를 드린다.

2021년 2월

아세아문제연구원 원장 김익수

서론

2020년 초기 코로나19(COVID-19)가 창궐하기 이전에도 미중 통상 분쟁 심화와 신흥국의 금융 불안으로 선진국을 중심으로 세계경제는 성장세가 빠르게 둔화되고 있었다. 2020년 2분기 들어 본격적인 코로나19 국면에 접어들면서 세계은행(WB)은 국제 교역량 감소와 금융시장 변동성 확대로 추가적인 수요둔화를 통해 세계 경제성장률은 이전 추정치보다 더욱 낮아질 것으로 예측하였다. 이에 따라 2020년 6월에 세계은행은 코로나 국면 이전인 2019년 1월의 예측치인 2.5%보다 세계 경제의 연평균 성장률을 7.7%P 낮춘 -5.2%로 전망했다. 이는 제2차 세계대전 이후 최악의 상황이었던 2008년의 글로벌 금융위기 시점보다도 3배 정도 가파른 경기침체를 예측한 것이다.

경제성장 동력이 침체된 이러한 어려운 경제 환경 속에서 최근 들어 적극적인 디지털 기술도입을 통한 경제성장 동력의 회복 가능성이 심도 있게 여러 분야에서 논의되고 있다. 2016년 세계경제포럼(World Economic Forum)에서 독일의 경제학자 클라우드 슈밥이 4차 산업혁명 시대가 열렸다고 선포했고 디지털 기술 혁신이 앞으로 세계에서 경제 및 사회를 극적으로 변화시키는 토대가 될 것이라고 주장하였다. 이후 OECD(2017)를 비롯한 국제기구와 매년 개최되는 세계경제포럼에서는 디지털 기술[1] 도입과 이를 통한 경제성장의 잠재성에 대한 논의를 계속해서 해오고 있다. 예컨대, OECD의 디지털전망(Digital outlook, 2017) 보고서에서 따르면 2017년 기준 전체산업에서 정보통신기술(ICT)산업이 차지하는 부가가치의 비중은 OECD의 33개 국가 평균 대략 5% 정도이나 현재 아주 빠른 속도로 증가하고 있어 앞으로는 전체 경제에서 높은 비중을 차지할 것으로 전망했다. 세계경제포럼(2018)의 보고서에서도 디지털 기반 플랫폼 기업[2]이 향후 10년 동안 국내총생산(GDP) 중 신규 부가가치의 70%를 창출할 것으로 예상하여 앞으로 경제성장 동력으로써의 디지털 기술의 영향력은 더욱 더 커질 것으로 전망하고 있다.

디지털 기술의 발전은 현재 미국이 선도적 위치를 점하고 있는 가운데, 중국은 막대한 자본력과 인력을 바탕으로 빠른 속도로 미국을 따라가고 있으며, 일본은 그들이 기술 개발 수준에서 선도하고 있는 장점 분야에 투자를 집중하고 있다. 그리고 그 집중 분야에서 기술경쟁력을 유지하며 디지털 기술을 계속해서 선도할 수 있도록 역량을 강화하고 있다. 이에 따라 한국도 국가적인 차원에서 디지털 투자 및 발전 계획을 수립하여 공개 발표하고 디지털 기술 경쟁에 동참하고 있다. 특히,

---

1) 대표적인 디지털 기술로 인공지능, 3차원 인쇄, 사물인터넷(Internet of Things), 클라우드 컴퓨팅, 로봇공학 및 스마트 공정, 빅데이터(Data Analytics), 나노기술, 블록체인 등을 들 수 있다.
2) 네이버, 구글, 다음, 카카오스토리, 넷플렉스, 인스타 그램이 한국에서 활동하고 있는 대표적인 디지털 기반 플랫폼 기업의 예이다.

현 시점은 마케팅, 의료, 법률, 교육 등 여러 산업 분야에서 디지털 기술이 기존의 가능성에 대한 논의 단계를 지나 일상생활에 활용되기 시작하는 단계에 접어든 것으로 본다. 이에 따라 각 국가가 일상생활에 활용되는 디지털 기술개발에 우위를 선점하기 위해 국가적 차원의 역량 집중을 통한 치열한 경쟁이 막 시작된 시점으로 볼 수 있다. 여러 분석 결과(WEF 2020; Bain & Company 2018; McKinsey & Company 2020)를 보면 디지털 기술이 적극적으로 활용되는 시장의 규모가 매년 가파르게 성장하고 있고 디지털 기술이 적용되는 산업 분야도 조금씩 넓어지고 있는 모습을 볼 수 있다. 그래서 앞으로 디지털 기술이 경제 전체에 미치는 영향은 시간이 지남에 따라 점점 증가할 것으로 예상되고 각 국 정부의 디지털 기술에서 선도적 위치를 차지하기 위한 경쟁은 점점 더 심화될 것으로 예상된다.

동북아 3국을 포함한 미국과 유럽의 디지털 기술 선도국들을 디지털 기술의 경제 성장의 잠재성에 주목하여 민간과 정부 구분할 것 없이 국가적 측면에서 기술투자와 인재발굴에 총력을 기울이고 있다. 미국과 유럽의 디지털 기술 선도국의 경우 디지털 기술혁신은 새로운 경제성장 동력이지만 동시에 실업이나 소득양극화와 같은 위험도 수반할 것으로 예상하고 있다. 따라서, 이들 국가는 디지털 혁신의 위험을 극소화하면서 디지털 전환이 가져올 기회와 성장 잠재력을 극대화해서 활용하기 위해 국가 전략적으로 디지털 전환 프로세스에 접근하고 있다. 한국, 중국, 일본의 동아시아 3국도 디지털 관련 신기술 개발을 위한 대규모 투자와 이를 활용할 인력양성을 위한 계획을 발표하는 등 국가차원에서 전략을 수립하여 이를 공표하고 있다. 특히, 최근에는 동북아 3국 정부는 디지털 기술개발을 선도하기 위한 구체적인 기업 지원 계획과 성장 전략을 수립하고 이를 실현하기 위해 예산배정 및 제도 보안 계획을 발표하는 등 적극적으로 디지털 산업 발전을 위해 지원하고 있다. 최근 우리 정부도 2025년까지 5년간 160조 원을 투입하여 디지털 경제 성장에 기반을 둔 신규 일자리 190만 개 창출을 목표로 하는 디지털화 관련 국가발전 5년 전략(한국판 뉴딜 2021)을 발표하였다. 특히, 우리 정부는 디지털 관련 10개 대표사업을 지정하여 이에 역량을 집중하여 직접 투자하겠다고 밝혔다. 이러한 투자를 기반으로 하여 사회, 경제, 교육, 산업, 의료 등 사회 전반에 걸쳐 디지털화를 강력하게 추진하여 디지털 혁명을 선도해 나갈 것이라고 정부차원의 정책 목표를 공표했다.

따라서, 동북아 3국의 경쟁국을 중심으로 디지털 기술 경쟁이 심화되는 현 시점에서 디지털 기술별로 현재 각 국은 어떤 위치에서 경쟁하고 있는지 현황을 점검하고 이를 통해 우리 정부가 적절한 정책수립을 하기 위해 필요한 정책 시사점에 대해 살펴볼 필요가 있다. 현재 각 국의 디지털 기술 관련 현황을 살펴보고 우리나라 디지털 기술 발달의 현재 위치 및 앞으로의 발전 방향을 정확하게 파악하는 것은 앞으로 효과적인 발전 계획을 수립하는 데 중요한 정보가 될 것이다. 특히, 우리나라는 중국과 미국의 막대한 투자재원과 인적자본에 비해 상대적 열세에 있으므로 우리만의 장점을 살려서 경쟁력이 있는 특정분야를 선택하여 역량을 집중하는 것이 디지털화의 잠재성을 극대화하는

데 필요할 수 있다.

본고에서는 디지털 기술에 대한 투자와 인력양성에서 후발 주자인 우리나라의 현재 디지털 산업 발전 상황을 살펴보고 선도국을 추격하기 위해 정부는 전략적으로 어떤 분야에 역량을 집중하고 있는지 알아본다. 특히, 동북아 3국의 디지털 기술 발달 현황과 그와 관련된 정부의 정책대응을 비교해서 후발 주자로서 배울만한 점들을 살펴본다.

구체적으로 본고의 1부에서는 디지털 기술 발전으로 급속히 변화하고 있는 기업의 경영환경에 대한 현황을 다룬다. 2부에서는 디지털 전환이 거시적인 측면에서 경제에 미치는 영향과 이에 대한 국가 정부 대응 분석으로 이루어져 있다. 3개의 장으로 구성된 1부에서는 동북아 3국의 기업이 새로운 디지털 환경에서 생존하기 위해 어떤 방식으로 대응하고 있는지를 디지털 기술별로 살펴본다. 1부 1장에서는 디지털 전환이 급격하게 이루어지는 현 시점에서 디지털 기술의 도입으로 급변하고 있는 기업이 당면한 경영환경을 알아보고 새로운 환경에서 기업이 생존하도록 돕기 위해 등장한 정부의 정책에 대해서 알아본다. 특히, 동북아 3국의 경우에 대해 특수한 기업 환경에서 각 국의 정부정책 대응 현황을 살펴본다. 끝으로 동북아 3국의 디지털 기술 투자 현황 및 인력확보 수준에 대한 분석을 통해 국가경쟁력 변화에 대한 향후 전망에 대해서 예측해 본다. 2장에서는 디지털 전환이 경제성장에 미치는 영향을 알아본다. 특히, 온라인 채널을 통한 거래가 확대되고, 오프라인 상점이 디지털로 전환되면서 새로운 디지털 기술을 기반으로 한 사업의 성장과 그 속에서 기업들 간의 경쟁 환경을 알아본다.

더불어, 라이브 커머스 등 전에 없던 종류의 플랫폼에 기반을 둔 기업 형태의 등장을 소개하고 플랫폼을 기반으로 하는 디지털 경제 성장을 예측해 본다. 동북아 3국의 경우 선도기업인 미국 아마존을 후발 주자 기업인 중국의 기업들이 어떤 방식으로 경쟁하고 있는지 알아보고 앞으로의 경쟁 구도에 대해서 예측해 본다. 3장에서는 2020년의 코로나19가 불러온 디지털 기술 도입 현황과 기업의 경영 환경 변화에 대해서 알아본다. 특히, 코로나19 이후에 교육, 의료, 노동, 금융 등 산업의 여러 분야에서 디지털 기술에 대한 수요가 급격히 증가하였는데 이에 대해서 동북아 3국을 중심으로 구체적인 사례를 통해서 알아본다. 또한 현재 추세가 지속될 때 코로나19 이후 시점에 디지털 기술의 도입 속도가 가속화될 분야를 예측하고 이를 통해 디지털 경제성장 추이를 예측해 본다.

2부는 4개의 장에 걸쳐 거시적인 측면에서 디지털 전환의 심화 현황과 그에 따른 국가별 정책대응 현황을 살펴보고 이를 통해서 정부 역할에 대해 논의한다. 4장에서는 디지털 기술의 선도 주자인 미국을 빠른 속도로 추격하고 있는 중국의 디지털 전환 프로세스를 살펴본다. 정부 주도의 디지털 혁신을 추진하고 있는 중국은 디지털 기술 투자 규모와 성과 측면에서 선도국인 미국을 위협할 정도로 신기술 개발과 인재육성을 위한 대규모 투자를 시행하며, 디지털 기술 발전 속도는 한국과 일본 및 주변 국가들을 압도하고 있다. 최근 중국의 디지털 기술 투자의 성과를 보면 앞으로 미국과 디지털 기술 주도권 자리를 놓고 치열하게 경쟁할 것으로 예상되고 있는 상황이다. 따라서, 중국의 디지털 신기술 개발을 통한 관련 산업의 발전 현황과 앞으로의 전망을 살펴보고 우리나라에 미칠 영향을 분석해 보는 것은 현 시점에서 아주 중요하다. 따라서, 본 장에서는 인공지능과 중국이라는 두 가지 키워드에 중점을 두고, 중국 AI 산업발전의 현황과 전망, 중국 중앙 및 지방 정부의 AI 산업 육성정책, 중국 AI 기술 장비의 주요 활용분야, AI 기반 중국 기업들의 디지털 전환 노력 등을 차례로 살펴본다.

5장에서는 동북아 3국에서 핀테크 산업의 성장 현황과 관련된 정부 정책에 대해서 알아본다. 핀테크는 디지털 신기술의 핵심인 빅데이터, 인공지능 등을 기존 금융서비스에 접목시켜 발전한 금융서비스 및 금융 신기술이다. 동북아 3국의 핀테크 산업 발전 현황을 살펴보고 동북아 3국 정부 정책의 유사점과 상이점을 국가간 비교를 통해서 살펴본다. 특히, 동북아 3국에 대해 국가별 핀테크 산업 발전의 특수성을 살펴보고 현재의 기업 중심의 발전 현황과 국가의 발전 지원 방식의 상이점을 국가별로 대비하여 살펴본다.

6장에서는 디지털 전환이 노동수요에 미치는 영향과 고용시장 구조에 미치는 영향을 살펴본다. 4차 산업혁명에서 핵심으로 인식되는 로봇과 자동화 생산, 공동 의사결정 플랫폼을 비롯한 인공지능 기술은 회계, 법무, 의료, 교육 서비스 업무에서 기존의 사무직 근로자를 대체할 위협적인 존재로 생각되고 있다. 하지만 디지털 신기술의 도입을 통해 기계가 인간 근로자를 대체하며 노동시장에서 노동수요를 감소시키는 동시에 비용 절감을 통해 생산성을 향상시켜 노동수요를 증가시킬 수 있다. 따라서, 실제 데이터를 분석하여 디지털 기술 도입이 인간 노동 대체와 신규 고용 창출에 미치는 영향을 알아본다. 또한, 디지털화가 심화를 통해 노동자에 대한 고용 및 소득변화가 큰 환경에서 이에 대한 정부의 정책대응 모습에 대해서 살펴본다.

7장에서는 사회 전반에 걸쳐서 발생하고 있는 디지털 전환 프로세스 중에서도 특히 제조업에서 디지털 전환이 어떻게 일어나고 있는지를 스마트 공장에 초점을 맞추어 살펴본다. 한국과 중국 그리고 일본과 국가 간 비교를 통해 우리가 처한 특수성을 살펴보고 한국의 제조업에서 스마트 공장의 성장이 왜 특별히 더 중요성을 갖는지 알아본다. 한국의 스마트 공장 발달 상황과 중국 및 일본의 발달 상황을 비교하여 앞으로 제조업 분야에서 스마트 공장을 비롯한 디지털 기술이 갖는 잠재력을 극대화할 수 있는 방안에 대해서도 논의해 본다.

결론에서는 현재까지 디지털기술 발전의 현황과 앞으로 경제성장 동력으로써 잠재성에 대한 전망에 대한 논의를 통해서 정부가 취할 수 있는 정책에 대한 조언을 제공한다. 디지털 선도국에서 경험했던 디지털 전환에 수반되는 위험요인과 이에 대한 선도국 정부의 정책대응 경험에 대한 논의를 통해 우리 정부가 배울 점에 대해서 논의해 본다.

1부

동북아 주요국의 디지털 전환: 프로세스와 경영 · 경제 환경 변화

Digital Transformation

1장
디지털 전환과 새로운 경영·경제 환경

윤성훈

I. 디지털 전환과 최신 현황

인공지능, 클라우드 컴퓨팅, 빅데이터 등 4차 산업혁명의 주요 디지털 기술을 기반으로 비즈니스 모델 및 산업 구조가 재편되면서 기업들이 새로운 경영 · 경제 환경에 직면하고 있다. 예를 들어, 스마트폰 사용자가 날씨를 검색하기 위해서는 날씨 관련 애플리케이션(application)을 클릭하여 검색하고자 하는 날짜 및 위치를 직접 입력해야 했다. 하지만 삼성의 '빅스비(Bixby)'나 애플의 '시리(Siri)' 등 인공지능 기술이 적용된 서비스가 스마트폰에 탑재된 이후에는 사용자의 날씨 관련 질문을 인공지능이 알아듣고 이에 대한 정보를 실시간으로 제공할 수 있게 되었다. 또한, 구글의 경우, 인공지능 기술을 도입하기 이전에는 모든 사용자가 같은 목록의 뉴스 기사를 볼 수 있도록 서비스를 제공하였다.

하지만 인공지능 기술을 도입한 이후에는 개별 사용자의 거주 지역이나 관심사를 바탕으로 사용자가 흥미를 느낄 만한 맞춤형 뉴스 기사를 추천해주도록 서비스 제공 방식을 변경하였다. 이외에도 인공지능 기술은 금융, 의료, 건강, 법률, 게임, 운송 등 사회 전반에 빠른 속도로 스며들면서 산업과 산업의 경계를 허물고 소비자에게 서비스를 제공할 수 있는 접점을 늘려나가고 있다.

이 과정에서 신속하고 효과적인 디지털 전환을 위한 정부 정책이 기업 및 국가의 경쟁력을 결정할 수 있다는 논의가 주목을 받고 있다. 4차 산업혁명이라는 큰 물결 속에서 기업들이 살아남기 위해서는 기업 스스로 기술력 향상을 위해 과감히 연구 개발비를 투자하고 우수 인재를 영입하기 위해 노력해야 할 뿐만 아니라 산업 활성화, 인프라 구축, 디지털 포용, 규제 개선 등의 국가적 정책 지원이 필요하다는 것이다. 예를 들어, 한국정보화진흥원(2019)은 싱가포르, 미국, EU 등 기업의 디지털 전환을 위해 정책적 지원을 아끼지 않았던 국가들이 2010년대 국가경쟁력 순위에서 높은 등수를 기록했다는 점을 언급하면서 디지털 전환 정책이 국가경쟁력 향상의 핵심 요인이라고 주장하였다. 또한, 과거에는 시가 총액 기준 글로벌 10대 기업 중에 엑손 모빌(Exxon Mobil), 제너럴 일렉트릭(GE), 인텔(Intel) 등 석유, 제조, 하드웨어 기업이 많았지만, 최근에는 마이크로소프트(Microsoft), 아마존(Amazon), 애플(Apple), 페이스북(Facebook) 등 디지털 기업들이 상위권을 차지한다는 점(Visualcapitalist 2019)도 이러한 논의에 힘을 실어주고 있다.

이에 주요 선진국들은 4차 산업혁명의 주요 기술을 중심으로 한 디지털 전환을 통해 산업 및 국가경쟁력을 향상하기 위하여 디지털 전환 정책을 본격적으로 추진하고 있다. 하지만 국가별로 디지털 전환 정책의 배경, 보유하고 있는 기술 경쟁력, 그리고 디지털 전환을 위한 산업 인프라가 모두 다르므로, 디지털 전환 정책의 구체적인 목표 및 우선순위도 조금씩 다르다. 특히 한국, 중국, 일본의 동북아 3국의 정부가 추진하고 있는 디지털 전환 정책의 흐름과 특징도 조금씩 다르다(한국정보화진흥원 2019). 먼저 한국은 아직 4차 산업혁명의 주요 기술과 관련된 산업 생태계가 활성화되지 않은 상황이다. 이 때문에 한국 정부는 거시적인 관점에서 디지털 전환 정책의 목표 및 추진 방향을 하나씩 수립하고 있다. 또한, 기업이 원하는 분야 및 수준을 구체적으로 조사하여 이를 반영한 전문 교육 과정을 신설하고, 디지털 전환 관련 전문 인력을 양성함으로써 글로벌 산업 경쟁력을 강화하려고 노력하고 있다. 다음으로, 중국은 다른 국가들에 비해 제조업에서 높은 국가경쟁력을 가지고 있다는 점을 적극적으로 활용하여 제조업을 중심으로 디지털 전환 정책을 추진하고 있다. 특히 14억 인구가 생산하는 풍부한 데이터를 활용할 수 있으므로 4차 산업혁명의 주요 기술에 관한 기초 이론에 관한 연구보다 세부 산업별 원천 기술 개발 및 응용에 관한 연구에 집중하고 있다. 이를 통해 중국 정부는 기존에 추구해오던 '양적 성장'이 아닌 '질적 성장'을 위한 산업 혁신을 추진하고, 이를 통해 궁극적으로 미국과의 기술 패권 경쟁에서 우위를 가지기 위해 노력하고 있다. 마지막으로 일본은 고령화로 인해 생산 가능 인구가 감소하고 지진 등의 자연재해로 인해 기업 및 국가 경제에 위험 요소가 발생하는 사회적 문제를 유연하게 해결하기 위하여 디지털 전환 정책을 추진하고 있다. 특히 인공지능 기술을 적극적으로 활용하여 업무 자동화 및 생산성 향상을 추진하는 등 인공지능 기술의 산업화를 통해 일본의 경제 및 산업 구조를 혁신하기 위해 노력하고 있다.

이처럼 동북아 3국은 디지털 전환 정책의 배경 및 추진 방향이 조금씩 다르므로 국가별로 인공지능, 사물인터넷 등 디지털 기술의 수용 정도가 다를 수 있고, 이는 기업이 마주하는 새로운 경영 · 경제 환경에도 차이가 있을 수 있다는 점을 의미한다. 이에 본 고에서는 먼저 동북아 3국의 기업들이 당면한 구체적인 경영 환경의 변화를 (1) 데이터 기반의 의사결정 과정 획립, (2) 개인 맞춤형 서비스 세공, (3) 기술에 의한 기존 노동력 대체, (4) 최적화로 구분하여 살펴봄으로써 4차 산업혁명의 주요 기술 도입에 따라 기업의 경영 · 경제 환경이 구체적으로 어떻게 달라지고 있는지 살펴보고자 한다. 그리고 이러한 새로운 환경에서 각 국가의 기업들이 경쟁에서 살아남기 위해 꼭 필요한 정부 지원 정책이 무엇인지 정리하고, 이를 통해 성공적인 디지털 전환을 위한 동북아 3국의 향후 과제에 대해 논의하고자 한다.

Ⅱ. 디지털 전환과 경영 프로세스

1. 디지털 전환에 따른 경영 프로세스

디지털 전환이란 무엇인가? 먼저 시장 조사 기관인 IDC(2015)는 디지털 전환을 (1) 기업이 보유하고 있는 디지털 역량을 적극적으로 활용하여 기존의 비즈니스 모델을 혁신하거나 새로운 제품 또는 서비스를 창출함으로써 (2) 빠르게 변화하는 시장 생태계에 성공적으로 적응하거나 이를 위해 추진하는 모든 프로세스로 정의하였다. 또한 Berman and Bell(2011)은 기업이 보유하고 있는 물리적 자원에 디지털 기술이 융합되어 비즈니스 모델을 변화시키고 이를 통해 새로운 비즈니스 방향을 제시하는 전략을 디지털 전환이라 정의하였다. A.T. Kearney(2016)는 빅데이터, 클라우드 컴퓨팅, 인공지능 기술, 사물인터넷 등 새로운 디지털 기술이 기존의 비즈니스 모델이 미치는 영향에 선제적으로 대응함으로써 비즈니스 모델을 혁신하고 새로운 시장을 창출함으로써 기업이 성장 동력을 얻는 기업 활동을 디지털 전환이라 정의하였다.

이처럼 기업마다 디지털 전환을 정의하는 주요 키워드는 조금씩 다르지만, 이를 요약하여 정리해 보면 "각 기업이 주도적으로 최신 디지털 기술을 경영 활동에 활용하면서 끊임없이 변화하는 경영 · 경제 환경에 적응하고 새로운 경쟁력을 확보하고자 하는 전략"이라 정의할 수 있다. 다만 위에서 살펴보았던 것처럼 개별 기업이 속해 있는 산업의 특성이나 기업의 조직 문화, ICT 기술 역량 등에 따라 디지털 전환을 바라보는 관점은 조금씩 차이가 있다.

2. 디지털 전환의 2가지 프로세스

기업이 디지털 전환을 시도하는 프로세스는 크게 (1) 하향식 접근법

(Top-down approach)과 (2) 상향식 접근법(Bottom-up approach)의 2가지로 구분할 수 있다(SAP 2018).

먼저 기업이 하향식 접근법을 통해 디지털 전환을 진행하는 경우, 디지털 전환은 주로 기업의 최고경영자(CEO) 또는 이사회의 의견 및 의지에 따라 결정된다. 특히 주요 디지털 기술을 기업의 비즈니스 모델에 어떻게 결합할지에 대한 청사진을 기업의 상위 조직에서 결정하는 경우가 많으며, 결정된 전략 및 구체적인 실행 계획을 하위 조직에 전달하고 이를 착실히 수행함으로써 디지털 전환이 진행된다. 어떤 기업이 하향식 접근법을 통해 디지털 전환을 진행하는 경우 (1) 디지털 전환은 그 기업이 가지고 있는 대부분의 가치 사슬(value chain)에서 진행되며 (2) 이로 인해 디지털 전환은 기업의 수익 구조에 직접 영향을 미치게 된다. 따라서 기업 구성원들이 디지털 전환을 통해 이루고자 하는 장기적인 목표와 비전(vision)이 분명하지 않으면 하향식 접근을 통한 디지털 전환을 수행하기 어렵다. 하향식 접근법은 주로 제조, 보험, 은행, 미디어, 유통 등의 산업에 속한 기업들이 진행하기에 알맞은 방식이다. 예를 들어, 가전제품을 생산하는 기업의 경우 디지털 전환 이전에는 각 제품에 대한 판매 전략을 수립하여 매출 및 이익 극대화를 시도하는 경우가 많았다. 하지만 디지털 전환 이후에는 사물인터넷 기술을 활용하여 각각의 제품들을 연결하고 이를 통해 소비자의 제품 사용 기록을 수집·분석함으로써 소비자에게 최적의 제품 경험을 선사할 수 있게 되었다. 따라서 기업은 이러한 새로운 소비 경험을 고객에게 제공하고 이를 통해 매출 및 이익 극대화를 시도할 수 있다.

한편 기업이 상향식 접근법을 통해 디지털 전환을 진행하는 경우, 디지털 전환은 주로 소규모 부서에서부터 시작된다. 디지털 전환을 추진하는 부서는 생산성이나 프로세스 혁신과 같이 작고 구체적인 목표를 달성하기 위하여 각자 저마다 디지털 전환 추진 전략을 수립한다. 그리고 이러한 계획들이 기업 경영진이나 이사회에 보고되면, 이들은 여러 가지 계획 중에서 명확하게 효과 창출이 기대되는 부서부터 먼저 디지털 전환을 추진하도록 결정한다.

상향식 접근법에서 디지털 전환의 목표는 주로 업무 자동화나 최적화를 통한 비용 절감이다. 따라서 디지털 전환이 성공적으로 이루어지기 위해서는 각 부서의 특징이나 디지털 역량에 맞추어 디지털 기술이 업무에 올바르게 적용되어야 한다. 또한, 전사적인 관점에서 디지털 전환을 추진하는 부서가 선별되기 때문에, 디지털 전환을 추진하도록 선정된 부서는 디지털 전환에 대한 의지를 가지고 조직 구성원 모두가 디지털 전환이 잘 추진될 수 있도록 끝까지 노력해야 한다. 상향식 접근법은 주로 화학, 정유 등 업무 자동화나 비용 절감이 기업의 수익 창출에 큰 영향을 미치는 산업에 속한 기업들이 진행하기에 알맞은 방식이다.

〈표 1-1〉 디지털 전환의 2가지 프로세스

구분	하향식 접근법	상향식 접근법
전략 수립 주체	최고경영자(CEO), 이사회	소규모 부서
주요 목표	수익 증대	비용 절감
부서 간 우선순위	없음	있음
산업	제조, 보험, 미디어 등	화학, 정유 등

출처: SAP(2018), 저자 재구성

Ⅲ. 디지털 전환에 따른 기업의 경영 · 경제 환경 변화 사례

1. 데이터 기반의 의사결정 과정 확립

데이터 기반의 의사결정 과정 확립이란 "경영자 및 근로자의 경험과 직관 대신 빅데이터 분석 결과를 의사결정에 적극적으로 활용함으로써 인간이 범할 수 있는 오류(human error) 및 편향(bias)을 제외하고 의사결정을 하기 위해 노력하는 것"을 말한다. 여기서 데이터 기반의 의사결정(data-driven decision making)이란 기업의 경영 계획 수립, 핵심성과지표(key performance indicator) 관리, 전략적 의사결정에 있어서 크고 작은 데이터를 적극적으로 활용하여 결정하는 것으로 정의할 수 있다.

기업이 수집하는 데이터는 질적인 측면과 양적인 측면을 모두 고려하였을 때 이보다 더 많았던 적이 없었으며, 데이터의 구조나 데이터가 가지고 있는 내용 또한 더 복잡해졌다. 이로 인해 기업에서는 디지털 전환 시대 이전보다 데이터를 관리하고 분석하기가 어려워졌다. 따라서 기업이 데이터를 기반으로 올바른 의사결정을 내리기 위해서는 기업 구성원들이 모두 기업이 보유하고 있는 데이터의 전체 가치를 인식해야 하며, 데이터를 전문적으로 다루는 인력인지와 관계없이 원하는 데이터에 쉽고 빠르게 접근할 수 있어야 한다. 기업들은 이를 위해 데이터 처리 업무의 원활화, 신속한 데이터 분석 능력 함양, 데이터 처리를 위한 플랫폼 개발 등을 진행하고 있다.

회사의 의사결정 방식을 바꾸는 것이 쉬운 일은 아니지만, 많은 기업은 데이터 분석 결과를 의사결정에 적극적으로 활용하는 것이 조직에 가장 혁신적인 영향을 미치는 방법이라고 생각하고 있다. 실제로 New Vantage Partners(2019)에 따르면, 기업을 경영하는 경영진 중 98.6%가 데이터를 기반으로 의사결정을 하는 문화를 갖춘 조직으로 거듭나기 위해 노력한다고 응답했다. 하지만 실제로 32.4%만이 이러한 목표를 충분히 달성했다고 응답했다. Tabrizi et al.(2019)도 기업들이 데이터 분석을 기반으로 한 의사결정 구조를 갖추기 위해 천문학적인 비용을 투자해왔지만, 이러한 목표를 가지고 출범한 조직의 약 70%가 결국 성공하지 못하는 이유는 의사결정을 위해 자료를 수집하고 분석하는 '데이터 문화'를 구축하지 않은 채 단순히 데이터베이스 설계 등의 기술 투자만을 우선시하기 때문이라고 밝혔다.

이러한 배경을 바탕으로 최근 들어 데이터 기반의 의사결정 시스템을 도입한 기업의 사례가 점점 증가하고 있다. 예를 들어, 한국의 온라인 패션 회사인 '무신사'의 경우 상품 구매 후기, 커뮤니티 등 다양한 채널을 통해 수립된 데이터들을 즉각적으로 상품 개발에 반영하고 이를 개선하는 과정을 거쳐서 매 시즌 업그레이드된 상품을 선보이고 있다. 특히 고객이 어떠한 상품을 많이 구매했는지, 어떤 디자인을 선호했는지, 어떻게 상의와 하의를 매칭하는 것이 더 좋은지 등에 관한 자료를 수집하고 분석하면서 소비자의 취향을 꾸준히 연구했다고 한다. 그 결과, 회원 수 470만 명, 입점 브랜드 3,500개, 2019년 약 매출액 9,000억 원의 국내 1위 온라인 패션몰이 될 수 있었다.

〈그림 1-1〉 무신사의 최근 5년간 매출액 및 디지털 전환 관련 신기술 도입 현황

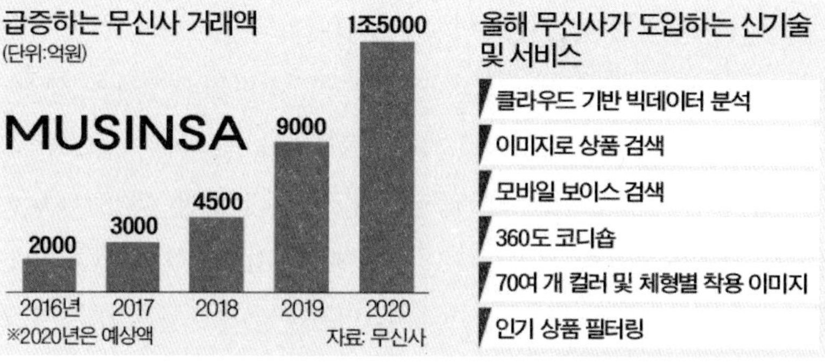

출처: 민지혜(2020)

또한, 중국의 중신은행(中信銀行)은 중국인롄(China UnionPay)과 협력하여 중국인롄의 POS 단말기를 사용하는 매장에 온라인 대출을 제공하고 대출 위험성을 관리할 때 중국인롄이 수집・관리하는 빅데이터를 기반으로 의사결정을 하는 시스템을 도입할 것이라 밝혔다. 만약 어떤 매장이 중신은행에 온라인 대출을 신청하면, 중신은행의 IT 시스템이 중국인롄 POS 단말기를 통해 전송된 매장 정보를 바탕으로 신용을 평가하고 무담보・무보증 대출을 발급하는 방식으로 해당 매장의 대출 위험성을 관리한다고 한다.

2. 개인 맞춤형 서비스 제공

개인 맞춤형 서비스 제공이란 “개별 소비자의 소비 패턴 및 선호도에 관한 빅데이터를 분석하여 1:1 맞춤형 서비스를 제공하는 것”을 말한다. 과거에는 소비자들이 직접 필요한 정보를 찾아가면서 물건을

구매했다면, 현재는 기업이 고객의 특성을 파악한 후 그것에 맞게 상품 또는 서비스를 가지고 찾아가는 방식으로 서비스 패러다임이 변했다. 소비자가 원하는 상품 및 서비스를 적절한 시기에 제공하기 위해서는 소비자가 현재 어떠한 상황에 놓여 있고 어떠한 구매 수요가 있는지 파악하는 능력이 필요한데, 4차 산업혁명의 핵심 기술들인 인공지능, 사물인터넷(IoT) 등이 이를 가능하게 해준다. 기업은 이러한 개인화 서비스를 통해 기존의 불특정 다수에게 쓰이던 마케팅 비용을 절감함으로써 마케팅 캠페인의 효율을 극대화하는 효과를 얻을 수 있다. 또한, 다양한 마케팅 활동을 진행할 때 한 명의 고객에게 동시에 여러 가지 활동을 노출할 수도 있고 이러한 활동에 대한 고객의 반응을 관찰함으로써 다음에 고객이 원하는 상품 또는 서비스를 기획하는 것도 가능하다.

개인 맞춤형 서비스는 기업들이 적극적으로 디지털 전환을 시행하고 있는 분야이기도 하다. 예를 들어, 한국의 소셜 커머스 기업 중 하나인 '티켓몬스터'는 여행을 원하는 소비자들이 쉽고 간편하게 정보를 찾고 예약할 수 있도록 개인화 서비스를 시작하였다. 티켓몬스터에서 제공하는 '항공권 가격 비교 서비스'는 이전에 항공권을 검색했던 기록이 있는 고객에게 해당 지역의 특가 항공권 상품을 보여주고 해당 지역의 호텔과 현지 입장권, 교통권 등의 상품을 함께 추천해 준다. 가령 일본 오사카 항공권을 검색한 고객에게 오사카 숙박 시설을 예약하거나 '유니버설 스튜디오 재팬' 입장권 상품을 추천해 준다. 또한, 일본의 대형 의류 쇼핑몰 회사인 '조조(ZOZO)'는 신체 치수를 측정할 수 있는 소프트웨어를 제공하고, 이를 고객들의 자료를 수집하는 도구와 개인화 서비스를 제공할 수 있는 채널로 활용하고 있다. 이 회사에서 개발한 '조조 슈트(ZOZO SUIT)'는 300-400개의 점 마커가 인쇄된 빽빽한 전신 슈트로, 이 슈트를 입고 시계 방향으로 12회 사진 촬영을 하면 신체 치수가 '조조타운' 앱에 데이터로 저장되고 이 회사의 쇼핑몰에서 판매하는 옷을 살 때 이 데이터를 활용할 수 있다.

〈그림 1-2〉 일본 기업 '조조(ZOZO)'가 개발한 '조조 슈트(ZOZO SUIT)'

출처: ZOZO(2018)

3. 기술에 의한 기존 노동력 대체

기술에 의한 기존 노동력 대체란 "디지털 기술을 활용하여 기존 인력이 담당하던 업무를 대체하거나 기존 인력의 업무 내용을 변화시키는 것"을 말한다. 예를 들어, 인공지능은 사람이 처리하던 많은 양의 단순반복업무를 자동으로 처리할 수 있도록 도와준다. 이렇게 되면 기존 인력은 인공지능이 처리하기 어려운 복잡한 업무를 처리하는데 집중할 수 있다. 기업은 이를 통해 불필요한 비용을 절감하고 직원들의 생산성을 향상할 수 있다. 이 과정에서 직원의 역할은 직접 업무를 처리하는 것이 아니라 업무가 잘 처리되고 있는지 확인하는 관리자로 변경된다.

디지털 전환이 본격적으로 시작되면서 디지털 전환을 촉진하는 주요 디지털 기술들이 일자리에 어떠한 영향을 미치는지에 관한 연구가 활발하게 진행되고 있다. 전문가들은 인공지능, 사물인터넷 등 디지털 전환의 주요 기술로 인해 가까운 시일 내에 많은 일자리가 감소하리라 전망하고 있다. 먼저 2016년 1월에 개최된 세계경제포럼(World Economic Forum, WEF)에서 발표된 'The Future of Jobs(일자리의 미래)' 보고서를 살펴보면, 4차 산업혁명을 통해 발생한 혁신 기술들로 인해 2020년까지 약 700만 개의 일자리가 없어지고 약 200만 개의 일자리가 새로 생겨 총 500만 개의 일자리가 사라질 것이라 예상하였다. 또한, OECD에서 발표한 보고서에 따르면, 21개의 회원국들이 보유하고 있는 일자리의 약 9% 정도는 디지털 전환으로 인해 자동화될 것이라 예상하였다(Arntz, Gregory & Zierahn 2016). 특히 전문가들은 이러한 고용 충격이 단순히 일자리의 양적 감소를 의미하는 것뿐만 아니라 노동의 질적 변화에도 영향을 줄 것으로 전망하고 있다. 즉, 단순한 업무를 반복하는 일자리는 기술 발전을 통해 궁극적으로 기계 또는 알고리즘에 의해 대체되고 이로 인해 루틴화(routinization)되기 어려운 일자리의 비중이 증가한다는 '루틴화 가설'이 디지털 전환 과정에서도 유효할 것이라 예상하는 것이다.

실제로 인공지능, 클라우드 컴퓨팅 등 4차 산업혁명의 주요 기술에 의해 기존 노동력이 대체되는 사례는 한국, 중국, 일본 모두 골고루 나타나고 있다. 예를 들어, 한국에서는 카카오에서 개발한 '로보 어드바이저(Robo-Advisor)'가 자산관리사를 대신하여 비대면으로 고객의 위험 선호도 및 선호 자산 유형을 파악하고, 이를 바탕으로 적절한 투자자문사를 안내하고 있다. 또한, 일본의 보험회사인 '후코쿠생명'은 2017년 1월부터 보험금 청구 직원 34명을 미국 IBM사가 만든 인공지능인 '왓슨 익스플로러'로 대체한다고 발표하였다. 이 인공지능은 병원 진료 기록과 환자의 건강 관련 문서를 분석하여 보험금 지급 여부를 결정하는 업무를 담당하였다. 중국의 유명 음료 제조업체 중 한 곳인 항저우 시의 '와하하'도 지난 10년 동안 생산 설비의 근로자 중 200-300명을 감원하고 10여 명의 인력만으로 음료 생산 공장을 운영하고 있다.

〈그림 1-3〉 일본 보험회사 '후코쿠생명'이 도입한 미국 IBM의 '왓슨 익스플로러'

출처: 최영은(2017)

4. 최적화

최적화란 "인공지능, 기계학습 등의 알고리즘이 수집 · 가공 후 저장된 빅데이터를 분석하여 최적 제조 공정 및 비용 최소화 방안을 제시하는 것"을 말한다. 사실 빅데이터 그 자체는 4차 산업혁명 및 디지털 전환을 통해 새롭게 발명된 혁신적인 기술이 아니라 기술의 발전을 통해 새롭게 나타난 사회적 현상이라고 볼 수 있다. 즉, 예전에는 데이터가 직접 기업 경영에 큰 도움을 주기 어려웠지만, 기술의 발전으로 인하여 데이터의 크기가 엄청나게 증가하면서 기업 경영에 도움을 줄 수 있을 정도로 많은 정보를 가지게 된 것이다. 최적화는 이러한 빅데이터를 기반으로 찾아낸 정보를 활용하여 현재의 비즈니스 모델을 혁신하거나 생산, 유통 등의 프로세스를 개선하여 효율성을 극대화하고 수익성을 향상하는 과정을 의미한다.

기업의 최적화 사례는 물류 및 유통 분야에서 자주 나타난다. 예를 들어, 한국의 물류 및 제조 분야 기업인 쿠팡은 기계학습 기술을 통해 고객의 주문 기록을 분석하여 주문량을 예측한 후 미리 물류센터에 상품을 입고시키고, 인공지능 기술을 활용하여 상품별 보관 위치 및 최적 배송 경로를 배송 담당 근로자들에게 제공하고 있다. 일본의 통신 및 전자기기 종합회사인 NEC에서도 인구 감소로 인해 화물 운송에 필요한 인력 부족 현상이 심화하자 사물인터넷(IoT) 기술과 인공지능 기술을 활용하여 창고 관리 및 화물 운송 경로를 최적화하고 초기 배송 계획부터 상품 배송 이후 장비 관리까지 모두 아우르는 창고관리 시스템(warehouse management system)을 개발하였다. 전 세계적으로 유명한 온라인 쇼핑몰 “알리바바 닷컴(Alibaba.com)”을 운영하는 중국 기업인 알리바바 그룹은 3년 동안 비공개로 진행했던 프로젝트인 ‘빅데이터 기반 코뿔소 스마트 공장 플랫폼’을 최근 공개하였다. 이 플랫폼은 알리바바 온라인 쇼핑몰 고객들이 쇼핑하면서 축적된 검색 · 판매 데이터를 분석하여 최신 패션 동향을 분석하고 이를 바탕으로 소비자 맞춤형 의류를 생산하는 디지털 공장 역할을 수행한다. 이를 통해 다른 의류 공장과 비교하였을 때 의류 생산 및 유통 과정에서 나타나는 납품 시간 및 재고율을 획기적으로 개선하는 역할을 하였다(임경량, 2020).

Ⅳ. 정책 시사점

1. 산업 구조의 변화

먼저 플랫폼 및 생태계 경쟁 중심으로 산업의 경쟁방식이 변화하고 있다. 4차 산업혁명의 핵심 기술인 지능정보기술을 적극적으로 활용하는 산업에서는 더욱 많은 사용자가 플랫폼 기반 생태계에 참여하여 데이터를 지속해서 생성 활용하는 구조가 산업을 지탱하는 핵심이 될 것이다. 사물인터넷(IoT)과 클라우드 컴퓨팅 기술 등을 바탕으로 구현된 플랫폼을 통해 소비자들에게 판매 · 제공되는 상품이나 서비스들이 연결되어 고객에게 한 차원 높은 서비스를 제공하게 되면 그동안 단품(stand alone) 형태로 제공되었던 상품 · 서비스를 압도할 수 있기 때문이다.

또한, 플랫폼 및 생태계 경쟁에서 승리한 기업이 모든 것을 독식하는 "승자 독식 플랫폼"이 늘어날 전망이다. 인공지능이나 기계학습 알고리즘 등의 지능정보 기술은 학습을 통해 성능이 지속해서 발전하고 정교화되기 때문에 먼저 시장에 진출하여 생태계를 구축한 기업이 시장을 독과점할 수 있다. 특히 대규모 플랫폼 기업은 많은 사용자로부터 자료를 수집하고 이를 저장 · 가공하여 양질의 서비스를 저렴하게 제공할 수 있게 된다. 이러한 기업은 데이터의 우위를 바탕으로 사용자를 더욱 많이 확보함으로써 가입자 데이터를 기반으로 규모의 경제효과(economies of scale)를 발생시키고 이를 바탕으로 안정적인 수익을 창출할 수 있을 것으로 예상한다. 따라서 정부는 기업들이 빅데이터를 수집 · 가공 · 보관할 때 발생할 수 있는 개인정보보호 관련 문제들이 발생하지 않도록 기업들을 교육하여야 한다. 또한, 이미 빅데이터를 확보한 사업자가 시장지배력을 남용하거나 경쟁 사업자를 부당하게 배제하는 등의 경쟁 제한을 하지 않도록 지속해서 관리 · 감독해야 한다.

2. 고용 구조의 변화

다음으로 4차 산업혁명 및 디지털 전환으로 인하여 사람이 처리하던 많은 양의 반복업무는 기술로 인하여 자동화되고, 대신 인간의 창의력이 요구되는 새로운 산업 분야에서 일자리가 발생할 전망이다. 기술로 인하여 대체되는 업무의 경우, 단순 반복업무뿐만 아니라 지적

노동이나 중급 사무업무, 그리고 정밀한 육체노동까지 자동화될 것으로 예상한다. 이러한 시나리오가 현실이 될 경우, 그동안 기술로 대체할 수 있는 반복업무를 처리했던 다수의 인력은 고용 시장에서 일자리를 찾지 못할 가능성이 크다. 반면, 창의력이나 논리력 등 기술이 대체할 수 없는 분야에서 우수한 능력을 갖춘 소수의 핵심 인재들은 채용되는 등 지능정보기술 분야 산업 인력 수요는 증가하고 과거 산업혁명 시기와 마찬가지로 기술 혁신에 따른 새로운 직업 창출이 예상된다. 또한, 기존에 다니던 기업에서 계속 근무하는 근로자들의 업무도 고부가가치를 창출하는 창의 직무 중심으로 재편성될 전망이다. 요약하면, 근로자의 역할은 자동화로 대체되기 어려운 창의적 · 감성적 업무로 집중되고 해당 인력에 대한 가치가 상승할 것이다.

따라서 정부는 기업의 고용 구조 변화로 인해 일자리를 잃게 될 노동 인력에 대한 재교육 방안을 마련하고 장기적으로는 기술이 대체할 수 없는 업무에 대한 전문성을 키우기 위한 대책을 마련해야 할 것이다. 아울러 뛰어난 논리력 · 창의력을 갖춘 소수의 핵심 인력을 고용하지 못하는 신생기업이나 중소기업들을 위하여 고용지원금을 제공하는 등의 정책을 마련하는 것도 고려해야 할 것이다.

3. 삶의 모습 · 환경의 변화

마지막으로 생활 전반에 걸쳐 개인 맞춤형 서비스 제공이 확대될 것이다. 소비자들은 더 불특정 다수를 표적으로 하는 광고를 시청하는 것이 아니라 자신의 과거 구매 이력이나 관심 상품의 카테고리를 바탕으로 생성된 맞춤형 광고 메시지를 받게 될 것이다. 학생들의 경우, 자신의 수준에 맞는 맞춤형 학습이 보편화함에 따라 학원, 과외 등 사교육 부담이 줄어들고 교사는 창의 인성 교육에 주력하게 될 것이다. 또한, 디지털 기술의 발전으로 인하여 노인과 장애인, 결식아동 등 사회적으로 관심을 받기 어려운 전통적인 취약 계층과 숙련된 기술을 보유하지 않은 노동자 등 빈곤 계층에 대한 복지 사각지대 예측을 강화하여 복지 행정 내실화가 진행될 것이다.

따라서 정부는 기업이 개인 맞춤형 서비스를 제공한다는 목적에 따라 소비자의 의사를 반하여 개인정보를 수집하는 일이 발생하지 않도록 철저하게 관리·감독하여야 하며, 원하지 않는 소비자들을 대상으로 개인정보가 담겨 있는 데이터가 철저하게 비식별화된 상태로 기업들이 데이터를 저장·보관하는지 체계적으로 감독하여야 한다.

V. 향후 전망 및 결론

앞서 살펴본 것처럼 4차 산업혁명 및 디지털 전환 과정을 거치면서 기업이 보유하고 있는 데이터가 산업의 새로운 경쟁 원천으로 주목받고 있다. 즉, 4차 산업혁명의 주요 기술들은 대규모 데이터에 대한 자가 학습을 통해 지속해서 알고리즘 성능을 강화하는 데 활용되기 때문에 데이터와 지식이 산업의 주요 경쟁 원천이 된다. 따라서 스스로 데이터를 확보할 수 있는 생태계를 구축하고 이를 활용할 수 있는 알고리즘을 보유한 기업이 시장을 주도하고 많은 이윤을 창출할 수 있다. 특히 대규모 시설 · 인력의 중요성은 상대적으로 감소하고 소비자 맞춤형 제품 · 서비스 제공 등의 시장 대응이 중요해져 제조 기반이 선진국 시장으로 다시 이동하는 리쇼어링(Reshoring) 현상이 발생하고 있다.

이러한 새로운 경영 · 경제 환경에서 기업의 생사는 구축된 빅데이터를 분석하여 얼마나 빠르고 정확하게 기업 경영에 도움이 되는 정보를 도출하는지, 그리고 도출된 정보를 기업 경영에 얼마나 적극적 · 과학적으로 활용하는지에 따라 결정될 것으로 예상한다. 4차 산업혁명이라는 큰 물결 속에서 기업들이 살아남기 위해서는 기업 스스로 기술력 향상을 위해 과감히 연구 개발비를 투자하고 우수 인재를 영입하기 위해 노력해야 하지만, 이러한 노력뿐만 아니라 산업 활성화, 인프라 구축, 디지털 포용, 규제 개선 등의 국가적 정책 지원이 필요하다. 따라서 정부는 특정 업체가 데이터를 독점하거나 개인의 정보 활용 동의 없이 무단으로 개인정보가 활용되는 문제가 발생하지 않도록 주의를 기울일 필요가 있다. 이를 위해서는 특정 기업의 데이터 독점 방지, 개인정보 규제 개선 등을 통해 양적 · 질적으로 향상된 데이터 시장 활성화가 중요하다. 즉, 양적 · 질적으로 우수한 빅데이터를 확보하기 위하여 많은 기업이 노력해야 할 뿐만 아니라 정부 정책의 지원 방향도 이러한 기업들을 적극적으로 도와서 데이터 시장이 활성화되고 선순환 구조를 갖출 수 있도록 노력해야 한다. 이와 더불어 지능정보기술을 구현하고 다양한 산업에 지능정보기술을 접목할 수 있는 핵심역량을 보유한 전문 인재 확보가 매우 중요하다고 할 수 있을 것이다.

기업들도 데이터를 기반으로 올바르게 의사결정을 할 수 있도록 의사결정 과정을 표준화하여 비판적 사고와 호기심을 장려하는 문화를 조성해야 한다. 모든 수준의 사용자가 데이터로 시작하는 대화를 나누고, 연습과 응용 프로그램을 통해 데이터 기술을 개발한다. 이를 위해서는 기본적으로 보안 및 거버넌스와 균형을 맞추어 사용자가 필요한 데이터에 액세스할 수 있는 셀프서비스 모델이 필요하다. 또한, 직원들이 데이터 기술을 학습할 수 있는 교육 및 개발 기회를 창출하는 숙달이 필요하다. 마지막으로, 데이터 기반 의사결정을 지원하고 실행하는 경영진의 지원과 커뮤니티를 확보하면 다른 사람들도 그렇게 하도록 장려할 수 있다. 이러한 핵심 기능을 설정하면 모든 작업 수준에서 데이터 기반 의사결정을 장려할 수 있고, 이 과정에서 기업들은 정기적으로 질문하고 정보를 탐색하여 실행 가능한 강력한 인사이트를 발견할 것이다.

마지막으로 빅데이터 구축 그 자체와 관련하여, 국가별로 빅데이터 시장의 성숙도가 다르므로 한국, 중국, 일본 정부는 자국의 디지털 전환 환경 및 속도에 맞추어 빅데이터 시장이 잘 활성화될 수 있도록 선제적으로 정책을 수립하여 기업들을 지원하는 것이 꼭 필요하다. 황태희 · 김민기 · 조혜신 · 윤성훈(2019)에 따르면 미국, 일본, 독일, 프랑스, 영국, 네덜란드 등 해외 주요 국가 및 OECD에서는 빅데이터의 수집과 거래를 둘러싸고 데이터 자원을 가진 대기업이 그 혜택을 독점하지 못하도록 하면서 빅데이터의 유용성을 소비자에게 누리게

하려고 노력하고 있다. 빅데이터와 관련한 개인정보 보호의 문제와 함께 빅데이터와 관련한 시장 및 경쟁상황, 즉, 빅데이터를 확보한 사업자의 시장지배력 남용행위, 담합행위, 경쟁 사업자 배제 행위 및 공급거절과 같은 경쟁 제한 행위의 판단기준, 기업결합에서의 데이터와 관련된 기준 등에 대하여 입법적인 해결책과 적절한 해석을 위한 시장 조사 또는 연구 결과 보고서를 이미 발간하였고, 이에 근거하여 적극적인 법 집행을 하고 있다. 한국과 일본의 경우 세계 어느 나라보다 강력한 개인정보보호 법제를 가지고 있는데, 그러한 개인정보 법제와 관련한 빅데이터 허용 범위는 어떠하며, 시장에서 얼마나 빅데이터를 이용하고 있고, 외국에서와 같은 빅데이터를 둘러싼 거래가 이루어지는지, 그 과정에서 어떠한 경쟁 제한 행위가 있는지, 그리고 그에 대하여 어떤 정책적 접근을 할 것인지 아직 종합적인 연구나 정부의 정책보고서가 충분치 않은 상황이다. 이에 반해 중국은 두 나라보다 비교적 개인정보의 수집 · 관리 · 저장이 쉽고 관련 법의 강도가 국제적인 관점에서 낮은 편이다. 따라서 향후 중국이 한국과 일본보다 기업들의 4차 산업혁명의 주요 기술 도입 및 디지털 전환 과정에서의 정책적 지원이 쉬워 비교 우위를 가질 것으로 예상한다. 이러한 차이를 쫓아가기 위하여 한국 및 일본 정부는 정부가 모호한 지침을 불분명한 점 없이 구체화함으로써 기업의 규제 위험을 줄여주고 개인정보보호에 있어서 불확실성을 제거하여, 기업이 빅데이터를 활용하여 새로운 서비스 영역을 창출할 수 있는 여건을 조성해줄 필요가 있다. 그리고 국가 정책 차원에서 기업들이 개인의 프라이버시를 침해하지 않고도 고객 정보를 자유롭게 분석하고 이를 업무에 활용할 수 있도록 개인정보의 비식별화 기술 개발 및 기술 적용에도 큰 노력을 기울일 필요가 있다.

참고문헌

민지혜. 2020. “무신사 “AI가 옷 코디…올 거래액 1.5兆 돌파”,” *한국경제*, 2020.01.06, retrieved 2020.12.31. from https://www.hankyung.com/economy/article/2020010664701.

임경량. 2020. “마윈 알리바바 前회장이 만든 ‘비밀 공장’,” Fashion Post, 2020.09.28., retrieved 2020.12.31. from https://fpost.co.kr/board/bbs/board.php?wr_id=1708&bo_table=newsinnews.

최영은. 2017. “日생명보험사, 34명 자르고 인공지능 ‘왓슨’ 도입…“30% 생산성 향상”,” *조선일보*, 2017.01.06, retrieved 2020.12.31. from https://www.chosun.com/site/data/html_dir/2017/01/06/2017010601999.html.

한국정보화진흥원. 2019. “디지털 트랜스포메이션 성공전략: 주요국 국가정책 분석을 중심으로,” *한국정보화진흥원*, 제 5호 (2019.11. 6), retrieved 2020.12.31. from https://www.nia.or.kr/site/nia_kor/ex/bbs/View.do?cbIdx=25932&bcIdx=21578&parentSeq=21578.

황태희·김민기·조혜신·윤성훈. 2019. “빅데이터와 경쟁정책: 국내 온라인 비즈니스 분야 시장 현황 분석을 중심으로,” *정보통신정책연구*, 26권 3호, 101-124.

Arntz, M., Gregory, T., & Zierahn, U. 2016. “The Risk of Automation for Jobs in OECD Countries,” retrieved 2020.12.31. from https://www.researchgate.net/publication/303311529_The_Risk_of_Automation_for_Jobs_in_OECD_Countries_A_Comparative_Analysis.

Berman, S. J., & Bell, R. 2011. “Digital transformation Creating new business models where digital meets physical," *IBM Institute for Business Value*, 1-17, retrieved 2020.12.31. from https://www.ibm.com/downloads/cas/B6Y8LY4Z.

IDC. 2015. "Digital Transformation(DX): An Opportunity and an Imperative," retrieved 2020.12.31. from
https://pdfslide.net/documents/digital-transformation-dx-an-opportunity-and-an-imperative.html.

Kearney. A.T. 2016. "Digital Transformation 방법론."

New Vantage Partners. 2019. "Big Data and AI Executive Survey 2019," retrieved 2020.12.31. from
https://newvantage.com/wp-content/uploads/2018/12/Big-Data-Executive-Survey-2019-Findings-Updated-010219-1.pdf.

Organization for Economic Co-operation and Development(OECD). 2017. "Government at a Glance 2017," retrieved 2020.12.31. from
https://www.oecd.org/gov/government-at-a-glance-2017-highlights-en.pdf.

SAP. 2018. "The Digital Storm Will Impact Every Industry," retrieved 2020.12.31. from
https://www.sap.com/documents/2018/11/6ca72e20-2a7d-0010-87a3-c30de2ffd8ff.html.

Tabrizi, B., Lam, E., Girard, K., & Irvin, V. 2019. "Digital transformation is not about technology." *Harvard Business Review,* 13, 1-6.

Visualcapitalist. 2019. "A Visual History of the Largest Companies by Market Cap (1999-Today)," retrieved 2020.12.31. from
https://www.visualcapitalist.com/a-visual-history-of-the-largest-companies-by-market-cap-1999-today/.

World Economic Forum. 2016. "The Future of Jobs," retrieved 2020.12.31. from http://www3.weforum.org/docs/WEF_Future_of_Jobs.pdf.

ZOZO. 2018. "The "ZOZOSUIT" developed by Start Today Reaches 1 Million Orders, and the Private Brand "ZOZO" Aims for 20 Billion Yen for its First-Year Sales," 2018.05.01, retrieved 2020.12.31. from
https://corp.zozo.com/en/news/20180501-3849/.

2장
동북아 3국의 디지털 경제성장과 정부규제

김민기·홍주원

I. 디지털 경제

인터넷 인프라가 전 세계 단위로 보급되고, 데이터를 수집 및 활용할 기술이 본격 도입되며, 전 세계 주요국들은 실물 중심 전통경제에서 디지털 경제로 전환해 나가고 있다. 더불어 코로나19 사태로 인해 전 세계 경제의 디지털화가 더욱 가속화되고 있다. 디지털 경제는 좁은 의미에선 정보통신기술(ICT) 기반 산업만을 지칭하지만, 넓게는 인터넷 네트워크 및 데이터를 기반으로 하는 사업 전체를 포괄하는 개념이다. 미 상무부는 1998년, 디지털 경제를 "IT를 생산하는 산업, IT를 소비하는 산업, 그리고 전자상거래"라고 정의하기도 했다. 소매 유통업 산업의 전자상거래, 미디어 산업의 온라인 콘텐츠 서비스, 플랫폼 및 공유 경제 비즈니스 모델 기반 사업 등을 모두 포함한다.

또한 디지털경제 성장의 핵심은 IT 기술이 아닌 혁신적인 사업 모델에 있다(이금노 2019). 때문에 전통적인 IT 제조업에 속하는 한국 기업들은 세계 인터넷 기업 순위 1위-10위에조차 들지 못하고 있으며, 대신 미국과 중국 기업들이 양분하고 있다. 산업의 경계가 점차 소멸되고, 사업 모델에 있어 IT 기술의 역할이 점차 인프라의 성격을 띠는 모습이 관찰된다(김기홍 2014).

II. 판매 채널 확대를 통한 디지털 경제 성장

1. 옴니채널화: 온라인 채널 확대 및 오프라인 상점의 디지털화

(1) 2000년대 초 전자상거래 기업들과의 차별화

2000년대 미국 아마존의 폭발적인 성장 이후, 2008년 이후의 소매유통업은 전면 개편되고 있다. 소매유통업 플레이어들은 시장 내 입지를 강화하기 위해 빅데이터 구축에 전력을 기울이고 있으며, 최종마일 인프라에 유례없는 규모로 투자하고 있다. 상품 구매부터 배송까지의 경험을 가장 우수하게 제공하는 업체가 승리하는 모습이 지속적으로 관찰된다. 더불어 미국 아마존, 페이스북, 구글 등 글로벌 플랫폼 기업들이 연이어 폭발적인 성장세를 보임에 따라, 낮은 비용에 투자자본을 제공받을 수 있는 환경이 조성되어 있다. 때문에 국내 외 소매유통업 플레이어들이 상품의 가격을 대폭 낮춰 경쟁자를 빠르게 제치고, 고객 데이터를 선점해 진입장벽을 높일 수 있는 환경이 조성되어 있다. 이처럼 단순히 온라인 몰이라는 판매 채널을 추가하기만 했던 2000년대 초의 전자상거래 업과 본질적으로 차별화된다. 당시엔 전자 지불 시스템이나 물류 창고가 완비되지 않은 만큼, 재고 관리가 수월한 도서와 음반 등의 품목에 취급 품목이 한정되었다. 또한 대부분의 제조사가 자사 쇼핑몰을 운영하는 만큼, 규모의 경제를 달성하지 못해 높은 물류비용과 치열한 가격경쟁으로 인한 낮은 마진을 겪어야 했다(송지희 2001). 반면 지난 10년간의 이커머스 시장은, 소비자 구매 경험 최적화를 통해 더 많은 소비자를 유입시키고, 규모의 경제를 달성하며 물류비용 절감 및 경쟁자 제거라는 선순환 구도를 경험하는 기업들 위주로 재편되고 있다.

(2) 이커머스 기반 강자들 간의 경쟁 도입

중국 소매유통업계는 전통 오프라인 유통업의 강자가 부재하며, 전자상거래 기반인 알리바바, 징둥닷컴, 핀둬둬라는 IT 기업이 소매유통업 시장점유율을 압도적으로 확보했다는 점이 특징이다. 1990년대 후반, 오프라인 유통업체와 온라인 업체가 동시에 등장했으나 점차 온라인 기반 업체들이 시장을 잠식했기 때문인 것으로 해석된다. 현재 1위 업체인 알리바바는 소매유통업 점유율 16%, 전자상거래 시장점유율 67%를 가진다. 중국의 거대한 내수 시장을 바탕으로 오프라인, 온라인 시장 모두 폭발적인 성장세(오프라인 평균 10%, 온라인 평균 30%)를 보인다. 온라인 시장이 아직 전체 소매유통업 시장의 16%에 불과하다는 점을 감안할 때, 중국에서의 온라인 유통은 앞으로도 큰 성장을 이어갈 것으로 기대된다. 흥미롭게도, 온라인 시장의 비중이 크지 않음에도 불구하고, 중국 상위 3개 기업의 온라인 거래액 모두 미국의 상위 3개 기업보다 높은 수준임을 확인할 수 있다.

〈표 2-1〉 중국, 미국 커머스 거래액 상위 3개사 (조 원)

중국		미국	
알리바바	1,170	아마존	269
진둥닷컴	358	월마트	41
핀둬둬	219	이베이	32

출처: eMarketer 2019

또한 특이한 점은, 이처럼 압도적인 강자가 존재함에도 불구하고 틈새시장에서 유니콘 스타트업들이 계속해 등장하고 있다는 것이다. 중국 대기업은 새로운 비즈니스 기회를 창출할 수 있도록 적극적인 벤처 인큐베이팅을 통해 신생기업과 기존 중소기업들과의 협력모델을 구축하고 있다. 현재 중국 내 유니콘 기업 중 50% 이상이 바이두, 알리바바, 텐센트 그리고 징둥닷컴과 어떠한 방식으로든 협업하고 있다 (KOTRA 2019. 7. 4). 이중 알리바바는 협력사의 지분을 인수(10-15% 이상)하는 수직계열화 방식을, 텐센트는 협력사에 대한 지분 투자(5-20%)로 전략적 제휴를 맺는 수평계열화 방식을 택한다는 특징을 보인다.

〈표 2-2〉 알리바바, 텐센트의 투자 내역

알리바바

투자내역	업태	날짜	지분율
오프라인 유통			
인타이 리테일	백화점	2014년 4월	28%
		2017년 1월	46%
		2018년 2월	24%
쑤닝윈상	전자가전양판	2015년 8월	20%
산장쇼핑	슈퍼마켓	2017년 1월	9%
		2018년 9월	25%
리엔화	슈퍼마켓	2017년 5월	18%
신화두	슈퍼마켓	2017년 9월	5%
고흠소매	슈퍼마켓	2017년 11월	31%
베이징 이지흠	가구 체인	2018년 2월	10%
카이위안	백화점	2018년 4월	100%
신유통			
코우베이	실생활 서비스	2015년 9월	50%
허마셴셩	신선식품 오프라인 플랫폼	2016년 1월	
어러머	음식 배달 서비스	2016년 3월	20%
		2017년 4월, 8월	7%
		2018년 5월	27%
이궈닷컴	신선식품 온라인 쇼핑몰	2017년 8월	
스지유통	유통 정보 시스템	2018년 4월	38%
택배			
위안통 택배	택배물류업	2015년 5월	12%
		2016년 9월	1%
중통 택배	택배물류업	2018년 6월	8%
차이니아오	물류 데이터 플랫폼	2017년 10월	4%
신통택배	택배물류업	2019년 3월	15%

출처: 삼성증권

텐센트

투자내역	업태	날짜	지분율
오프라인 유통			
영휘마트	오프라인 슈퍼마켓 체인	2017년 12월	5%
완다 커머셜	쇼핑몰 운영체인	2018년 1월	4.1%
BBG체인	유통업체	2018년 2월	5%
헤이란 홈	남성 의류브랜드	2018년 2월	5.3%
신유통			
디디추싱	차량 공유 플랫폼	2013년 7월	5%
샤오홍슈	소셜미디어 기반 쇼핑 플랫폼	2016년 3월	
핀둬둬	소셜미디어 기반 쇼핑 플랫폼	2016년 7월	16.9%
Zhuan Zhuan	중고상거래 서비스 기업	2017년 4월	20%
FlipKart	인도 온라인 유통업체	2017년 4월	5%
Haodaifu Online	헬스케어 O2O 서비스 기업	2017년 5월	
영휘원창	신선식품 오프라인 유통 플랫폼	2017년 12월	15%
VIPShop	온라인 쇼핑몰	2017년 12월	13%
모바이크	자전거 공유 업체	2018년 4월	100%
메이톽디엔핑	음식 배달 서비스	2018년 8월	18.4%

출처: 삼성증권

반면 일본에서는 인구 감소 및 고령화로 인해 지역 내 교통망과 유통망이 감소하고, 특히 거동이 자유롭지 않은 고령 인구가 오프라인 매장에서 생필품을 구매하는 데에 어려움을 겪는 현상이 관찰된다. 스기타 사토시 교수는 2008년에 이러한 현상을 '쇼핑 난민'으로 설명하기도 했다. 이런 현상에 대응해 전자상거래 및 배달서비스에 대한 니즈가 지난 몇 년간 지속적으로 증가했다. 그럼에도 불구하고 택배비가 6,000원 상당으로 비싸서 이커머스 시장의 평균적인 성장세는 낮은 편이다. 19년 기준 시장규모는 19조 3609억 엔으로, 인구대비 상대적으로 적다(KOTRA 2020. 9.17). 2019년 기준 글로벌 전자상거래 시장규모 4위임에도 불구하고, 일본 현지 전체 소매 판매액 중 전자상거래 거래액이 차지하는 비중이 6.76% 수준으로 한국(21.4%)에 비해 매우 낮으며, 전체 소매유통업 기업 중 약 24%만이 온라인 판매 채널을 확보했다는 점도 특이한 점이다(PSTATIC 2018). 현재 기준 일본 현지 최대의 유통기업은 세븐아이홀딩스와 이온그룹이며 온라인 시장은 라쿠텐과 아마존재팬이 압도적으로 높은 비중을 차지하고 있다. 기존엔 라쿠텐이 압도적으로 시장을 점유하고 있었으나, 아마존 재팬이 유통 센터 네트워크에 본격적으로 투자하며, 입지를 빠르게 강화하고 있다.

마지막으로, 한국 유통시장은 성장이 상대적으로 정체되어 있고 그 안에서 독보적인 시장점유율을 확보한 업체가 딱히 없는 과잉 경쟁 구도를 가진다는 점이 특징이다. 또한 이마트, 롯데 등의 전통 오프라인 강자 기업들과 쿠팡, 네이버 온라인 기업들이 혼재되어 있기도 하다. 특히, 전체 소매유통업의 25%에 달할 만큼 이커머스 시장 규모가 커졌음에도 불구하고 대부분의 업체들은 눈에 띌 만큼의 영업 실적을 내지 못하고 있다. 현재의 과잉 경쟁 및 가격 경쟁 구도에 핵심적인 역할을 한 건 거대 가격비교 플랫폼인 네이버인 것으로 해석된다. 대부분의 상품 구매가 네이버 검색으로 시작하는 만큼, 브랜드는 상품 자체의 차별성을 소비자들에게 인식시키기 어려워 가격을 낮추고 마케팅 비용을 높이는 식으로 대응하고 있으며, 이는 고질적인 문제로 지적된다.

〈표 2-3〉 한국 주요 온라인 유통업체 시장점유율 (단위 %)

	2019년	2020년
쿠팡	18.1	24.6
G마켓	19.1	19.7
11번가	18.3	15.9
옥션	11.3	10.8
위메프	9.5	7.9
네이버	8.1	8.3
티몬	6.1	5

출처: 닐슨코리아

〈표 2-4〉 주요 온라인 유통업체 2019년 거래액 규모 (단위: 조 원)

네이버	21
쿠팡	17
이베이코리아	17
11번가	10
위메프	6
티몬	4
카카오커머스	3

출처: 각사 사업보고서

2. 물류 인프라를 선점하기 위한 전쟁

동북아 3국 유통시장의 플랫폼 기업들은 시장 점유율을 높이기 위해 크게 두 가지 전략을 취하고 있다. 그중 하나는 물류 및 배송 시스템의 효율화이다. 다수 소매유통업 기업의 벤치마킹 사례로 손꼽히는 아마존의 전략을 벤치마킹해 선순환을 경험하고, 진입장벽을 높여 시장을 압도적으로 점유하겠다는 계획이다. 아마존은 미국 전역에 빠른 배송을 제공하기 위해 사입재고 유통 비즈니스로 (직접 사들여서 아마존 물류 창고에 보관) 운영한다. 아마존 마켓플레이스에 입점하지 않는 경우, 상품을 판매하는 브랜드나 개인 셀러들은 창고비와 배송비를 직접 부담해야 했다. 아마존은 이들에게서 발생하는 물류 비용을 대신 해결함으로써 자사 마켓플레이스로 유입되는 셀러를 늘리고, 전체 거래량을 늘려 아마존 프라임 회원을 더 많이 확보하는 전략을 취한다.

예컨대 중국 물류 시장은 알리바바의 차이니아오와 징둥닷컴의 징둥물류로 이원화되며 각 기업은 규모의 경제를 달성해 물류 비용을 압도적으로 절감하고 있다. 알리바바는 최근 물류 선두기업들과 파트너십을 맺어(지분 51%) 차이니아오를 설립했다. 차이니아오는 중국 내 6대 택배기업과의 협업에 기반해, 물류 서비스가 이뤄지는 '플랫폼'을 표방한다. 2018년 기준, 중국 내 7개 허브센터, 400여 개의 물류창고, 3,000여 개의 협력업체와 300만 명 이상의 배송 인력을 활용해 전국 택배 물량의 약 50%를 처리하고 있다. 해외배송의 경우, 60여 개의 해외 배송업체들과 협력해 100여 개의 창고를 활용하며 244개 국가에 대한 배송서비스를 제공한다. 반면 판매 물품 중 고가 전자제품의 비중이 높은 징둥닷컴은 JD로지스틱스를 통해 물류를 내재화하고 직매입, 직접 배송 전략을 취하고 있다. 이들의 전략은 물류 창고 선전, 화물 배송의 전 단계를 일괄적으로 책임져 가장 빠르게, 가장 저렴하게 배송하는 것이다. 또한 징둥닷컴은 신다다(新达达)를 설립해, 2019년 기준 월마트 270여 개 매장, 영휘마트 700여 개 매장, 까르프 180여 개 매장 등 총 10,000여 개의 슈퍼마켓과 배송 협력하고 있다. 마지막으로, 아직 거래액 기준 상위 3사에 포함되지 않는 텐센트의 경우에도, 소셜미디어를 주력 사업으로 두고 있으나 2020년 7월 위챗앱에 미니숍을 출시하며 소매유통업으로 전격 진출했다. 텐센트가 대주주로 있는 (지분 18.4%) 메이퇀은 중국 배달서비스 시장점유율 1위 업체이다. 알리바바가 100% 지분을 인수한 어러머(eleme)는 배달서비스 2위 업체로, 일 주문량이 100만 건에 달하는 중국 최대 배송 및 물류 플랫폼이다. 이렇듯 유통기업들이 배달서비스로 사업을 확장하는 건, 물류 시스템의 효율화뿐만 아니라 생활밀착형 빅데이터를 수집하기 위한 목적도 있다고 해석된다.

〈표 2-5〉 징둥닷컴 물류 창고 증가 추이

2015년	179
2016년	233
2017년	373
2018년	528
2019년	618

출처: 징둥닷컴

일본 전자상거래 기업의 가장 큰 고민 또한 물류 인프라 확충을 통한 물류 비용 절감이다. 소비자 집까지 라스트마일로 배송하는 데에 드는 비용이 높다 보니 아마존재팬은 현지 편의점 LAWSON, 패밀리마트 등과 연계해 온라인으로 주문한 상품을 편의점에서 수령할 수 있게 하고 있다. 세븐&아이홀딩스는 세븐일레븐 편의점을 물류 거점화했으며, 라쿠텐은 일본 우체국과 연계하여 고객이 지정한 시간, 지정한 우체국에서 상품을 수령할 수 있도록 택배사물함을 제공하는 전략을 취한다. 더불어, 일본 전자상거래를 이용하는 소비자 대부분은 데스크탑(92%)을 주된 채널로 활용하기 때문에 모바일 시장의 성장이 아직 본격적으로 이뤄지지 않고 있다(LOTIS 2018).

마찬가지로 지난 몇 년 간 한국 소매유통업 기업들은 이커머스 시장 점유율을 확보하기 위해 물류 및 배송 인프라 그리고 빅데이터 축적에 전력을 기울이고 있다. 쿠팡은 물류를 내재화하고, 사입재고 유통 비즈니스 모델을 전격 도입했으며, 최근 아마존 FBA를 벤치마킹해 로켓제휴라는 풀필먼트 서비스까지 선보이기도 했다. 이는 쿠팡 마켓플레이스상에서 제3셀러가 상품을 판매하는 경우, 물류 및 배송을 전적으로 해결해주는 서비스로 판매자의 재고부담을 해소하고 소비자에게 더 빠르게 상품을 배송하기 위한 전략이다. 물류 및 배송 인프라에 막대한 투자를 지속적으로 진행할 수 있는 배경엔, 소프트뱅크의 비전펀드 투자가 있다. 아마존 등의 성공적인 선례 덕에, 쿠팡의 비전과 미래 성장성을 높게 평가하고 당장의 수익이 발생하지 않아도 투자금을 낮은 비용에 얻을 환경이 조성되었다. 물류를 계획대로 내재화할 수 있다면, 타사 대비 배송에 강점으로 시장점유율을 높임과 동시에 배송 데이터를 거의 독점할 수 있을 것으로 기대된다. 쿠팡은 이러한 비전을 실현하기 위해, 기존처럼 물류센터를 임차하는 대신 직접 부지를 매입해 개발하고 있다. 실제로 2020년 7월 1일, '부동산개발업'으로의 사업 확장을 발표하기도 했다.

〈표 2-6〉 2019년 기준 국내 온라인 유통업체 물류센터 연면적 (단위 만m²)

쿠팡	131.9
SSG닷컴	11.1
롯데쇼핑	4.7
홈플러스	2

출처: 각사 사업보고서

〈표 2-7〉 쿠팡 토지 구입 규모 변화 (단위 십억 원)

2014년	21
2015년	21
2016년	57
2017년	57
2018년	57
2019년	109

출처: 쿠팡 사업보고서

경쟁업체들도 쿠팡처럼 물류 및 배송에서의 강점을 획득하기 위해 다양한 전략을 펼치고 있다. 이마트는 3개의 NEO 물류센터를 통해 이커머스 플랫폼인 SSG닷컴에서 발생하는 구매 건을 배송처리하고 있다. 쿠팡만큼 막대한 투자는 하지 못하지만, 주로 취급하는 상품 유형이 다른 만큼 (식료품 중심 이마트, 공산품 중심 쿠팡) 상대적으로 작은 수준의 타격을 입을 것으로 평가된다. 오히려 이마트는 전국 각지의 오프라인 상점을 물류 거점으로 활용해 식료품 온라인 판매에서 가장 중요한 재고 회전을 효과적으로 관리하고 있다. 반면 네이버는 CJ대한통운과 최근 풀필먼트 서비스 계약을 맺어 셀러들의 상품을 물류센터에 위탁 보관하고, 주문 발생 시 물류 및 배송을 대행해주는 서비스를 진행하기 시작했다. 이로 인해 네이버 쇼핑도 경쟁사와 유사한 수준의 배송 서비스(익일 배송)를 구축할 수 있을 것으로 예상된다. 한편으로, 라스트마일 플랫폼 업체와의 협력에 대한 니즈가 증가하고 있다. 실제로 배달의 민족, 딜리버리히어로의 요기요 등의 업체들도 소규모 물류창고를 설치하며 물류업으로의 확장을 예고하고 있다.

〈그림 2-1〉 네이버쇼핑 물류 방식의 변화

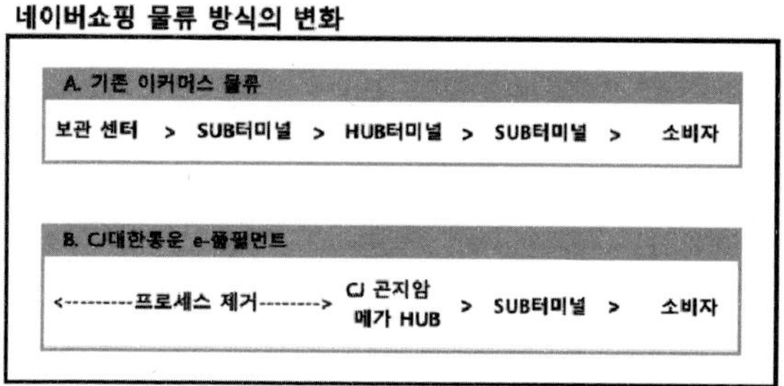

자료: CJ대한통운

소매유통업 기업들의 두 번째 전략은 광범위한 소비 데이터를 수집해 서비스 최적화 및 물류비용 효율화를 달성하는 것이다. 실제로 쿠팡은 제품의 주문 빈도, 재고 상황에 기반해 최적의 배치를 계산하고, 주문 발생시 물류 센터 내에서 물품을 최소한의 동선으로 수령할 방법을 알려주는 랜덤스토우(Random Stow) 기술을 활용한다. 이를 통해 작업 시간 최소화, 공간 관리 효율화를 달성하고 경쟁사 대비 압도적인 로켓배송 서비스를 도입했다. 또한 물류와 관련된 기술 특허(상품 예측 배송 방법 및 시스템, 미리 보기 배송 방법 및 시스템 등)를 다수 등록하기도 했다. 로켓배송 서비스가 도입된 이후, 쿠팡 거래액은 9조 9272억 원으로 지난해 같은 기간 대비 41% 성장했다(와이즈앱, 와이즈리테일).

하지만 데이터 수집이 초기부터 잘못 기획된 탓에, 대부분의 국내 유통기업들은 고객의 행동데이터를 수집하는 것에 있어 많은 어려움을 겪고 있다. 고객의 행동 정보를 일관되게 수집하고 활용하기 위해서는 온라인 플랫폼들에서 활동하는 개인을 하나로 특정하고, 오프라인에서의 행동까지 수집할 수 있어야 한다. 기업이 필요로 하는 로그 정보, 주문 정보는 서비스가 실제로 이뤄지는 플랫폼 서버에만 적재되기 때문에 각 플랫폼이 실질적으로 활용할 수 있는 데이터는 많지 않다. 한국 개인정보보호법에 따르면 각 온라인 플랫폼에서 발생한 회원의 정보는 해당 플랫폼의 소유이며, 개인의 동의를 받지 않는 이상 다수 플랫폼에서 각각 발생한 정보를 합쳐서 분석하는 것이 불가능하다. 더군다나 동일 플랫폼의 온라인, 오프라인 서비스에서 발생하는 데이터도 통합되지 않는 상황이다. 이 때문에 이마트 등의 기업들은 오프라인 매장 이용 고객에게 온라인 가입을 권유해 구매정보를 동기화하려 노력하고 있다. 결국 초기 기획단계에서부터 데이터 확장성과 활용성이 고려되지 않았던 것이 문제로 판단된다. 향후 통합 분석을 진행하기 위해선 각 플랫폼의 회원들에게 동의를 구해야 하기 때문에 막대한 비용 지불이 불가피할 것으로 예상된다.

이러한 환경에서 네이버는 독보적인 행보를 보이고 있다. 네이버는 자사의 간편결제시스템인 네이버페이를 통해 소비자 결제 데이터를 광범위하게 수집할 수 있다는 강점이 있다. 우선 네이버 가격비교 사이트에 입점된 쇼핑몰에서 상품 구매가 이뤄질 경우 데이터가 수집된다. 네이버가 아닌 플랫폼에서 상품 구매가 이뤄지는 경우에도, 네이버페이를 활용하는 경우 결제 시점에서 발생하는 모든 정보를 네이버가 수집할 권리가 있기 때문이다. 데이터 수집에 있어 네이버페이가 타사 간편결제 서비스에 비해 우수한 점은, 타사 서비스는 회원(개인식별), 결제수단, 결제처 정보 중심으로 데이터를 수집하는 반면 네이버 페이는 상품에 대한 정보도 수집한다는 점이다. 삼성페이 등의 기존 간편결제시스템은 재고 현황을 관리한다는 본연의 목적에 충실하기 때문에 상품 정보를 수집하지 않는다. 네이버는 대규모 물류기지나 배송 인프라를 보유하지는 않지만, 네이버페이 및 판매수수료 등을 강점 삼는 강력한 유통업계 플레이어다. 경쟁 오픈마켓 업체들이 판매수수료를 10-15%로 책정하는 상황에서, 네이버는 판매수수료를 5%로 책정하고, 100만 원 이상 예치해 둔 소비자에겐 3%를 페이백해주는 서비스를 제시해 소비자와 판매자의 유입을 이끌었다. 이는 네이버의 메인 수익원이 판매수수료가 아닌 광고마케팅 수익이기 때문에 가능한 정책이며, 최근 홈플러스, 현대백화점 등 주요 유통업체들도 입점하기 시작했다는 것은 소매유통업에서의 네이버의 영향력을 보여준다. 더 나아가, 최근 오프라인 결제 영역에서의 데이터도 수집하기 위해 영수증 콜렉터 모집을 시작했다. 한국은 신용카드 결제가 매우 활성화되어 있다는 점에서, 오프라인에서의 간편결제시스템 이용률을 높이기가 쉽지 않은 상황이다. 이에, 영수증에 포함된 상품정보를 기존에 네이버가 가지고 있던 카드결제 내역과 연동해 개인의 오프라인 구매에 대한 프로파일링을 하려 한다.

〈표 2-8〉 유통 업태별 판매수수료 비교 (단위 %)

네이버	5
오픈마켓	13
대형마트	25
백화점	30
홈쇼핑	32
면세점	50

출처: 하나금융투자

반면 중국은 알리바바, 텐센트의 간편결제 시스템이 자사와 타사 플랫폼 상에서의 거래 모두에 활용되기 때문에 데이터 수집에 있어 한국보다 훨씬 유리한 실정이다. 중국에서의 간편결제(알리페이, 위챗페이) 서비스는 당시 정부의 핀테크 산업 규제가 거의 부재했다는 점에 힘입어 크게 성장했다. 과거 C2C 플랫폼이 처음 도입될 당시엔 신용카드를 통한 온라인 거래에 불신이 큰 사람이 많았다. 2000년대 초반까지만 해도 제품 품질에 대한 불신이나 판매자에 대한 불신으로 온라인 거래 분쟁이 발생하는 경우가 잦았다(CNNIC 중국 인터넷 네트워크 정보센터). 이때 등장한 알리페이는 소비자가 제품을 수령할 때까지 구매 대금을 보관해 준다는 점에서 중개 담보인의 역할을 맡았다. 온라인 거래에 대한 신뢰가 확보되자 전자상거래 거래는 본격적으로 증가하기 시작했고, 이에 따라 알리페이 사용도 전국적으로 확대되었다. 반면 텐센트의 위챗페이는 스마트폰 이용 보편화에 따른 소셜미디어 위챗 사용 증가로 시장 점유율을 대폭 확보했다. 국내는 개인정보 보호를 이유로 타사 플랫폼의 데이터를 융합해 활용하는 것에 제재를 많이 가하는 반면 중국 정부는 개인 정보 보호에 대한 규제가 느슨하다는 것에도 차이가 있겠다.

3. 오프라인 매장의 역할 재평가

더 나아가, 차세대 소매유통업은 온라인, 오프라인 채널을 모두 활용하는 멀티채널의 방향으로 나아가고 있다. 미국 아마존은 Amazon Books, Amazon Go 등의 오프라인 상점을 개점하며 급속도로 증가하는 운송비용 및 반품 비용을 상쇄하고, 끊김 없는(seamless) 고객경험을 제공한다. 또한 식료품 매장인 JC페니와 Whole Foods를 인수해 오프라인 매장을 물류 거점 및 유통 '허브'로 이용하고, 라스트마일 배송 시간을 최소화했다. Amazon Fresh라는 자체 식료품 매점, 오프라인 서점과 팝업 리테일 스토어를 최근 개점하기도 했다. 과거와 다른 점은, 옴니채널 전략이 시장 선두 기업들을 중심으로 이루어지고 있으며, 중소 브랜드는 오프라인 상점을 폐점하고 시장 선두 온라인 플랫폼에 입점하거나 D2C(Direct To Consumer) 플랫폼을 직접 개점하는 현상이 국가 불문하고 공통적으로 관찰된다는 것이다. D2C 플랫폼의 경우, 타사 플랫폼에 가상매장을 개점하면 발생하는 데이터를 직접 관리할 수 없다는 문제의식에 입각해 성장하고 있는 비즈니스 모델로 LG전자, 카카오 등의 IT기업이 본격적으로 뛰어들고 있다. 제품 포장부터 배송까지의 전 단계를 외부 업체에 위탁하지 않고 IT기업이 직접 운영 및 관리한다는 점이 특징이다.

또한 공산품 중심이었던 이커머스 업체들이 최근 식품 시장으로 확장하면서, 오프라인 상점의 역할이 온라인 쇼핑몰의 물류센터로써 재정의되고 있다. 식료품에 주력하던 이마트 등의 기업뿐 아니라 공산품 비중이 크던 쿠팡 등의 기업도 최근 온라인 식료품시장의 높은 성장성에 주목하고 있다. 업계에선 국내 온라인 식품 시장 규모가 2020년 약 20조 원, 전체 유통시장에서 차지하는 비중은 약 25%로 급성장할 것을 예상하고 있다(더벨 2020). 전국 각지에 오프라인 매장을 둔 이마트, 그리고 압도적인 물류 인프라를 자랑하는 쿠팡이 현재 선두를 달리고 있다. 또한 네이버는 2020년 8월, 현대백화점, GS프레시, 홈플러스 등 온라인 식료품 시장에서 성과를 내지 못하고 있는 업체들과 협력해 '장보기' 서비스를 출시했다. 한편 오프라인 매장은 일반 물류 창고에 비해 신선도 유지 및 재고 소진에 유리하다는 점에서 가치가 제고되고 있다.

〈표 2-9〉 국내 새벽배송 시장 규모 (단위: 억 원)

2015년	6350
2016년	7970
2017년	12800
2018년	13055
2019년	15743

출처: 닐슨코리아

〈표 2-10〉 중국 신선식품 시장 규모 (단위: 억 위안)

2015년	9089
2016년	15327
2017년	25456
2018년	4326
2019년	54083

출처: 중국산업정보망

신선식품 배송 시장에서의 전쟁은 중국에서도 진행되고 있다. 마찬가지로 중국 알리바바의 경우 2020년 중국 최대 수퍼마켓 체인인 가오신유통을 인수하며 오프라인 매장 480개를 추가했다. 가오신 오프라인 매장들의 재고는 알리바바 산하의 또다른 온라인 신선식품 플랫폼, 톈마오차오스 (天猫超市)와 타오셴다(淘鲜達)와 통합되어 관리되며 오프라인 매장 5km 범위 내의 지역엔 1시간, 20km 범위 내엔 반일 배송이 가능하다. 이외에도 알리바바의 신선식품 플랫폼인 허마셴셩(盒馬鮮生) 은 2020년 6월 기준 227개의 매장을 보유하고 있다. 물류센터 없이 오프라인 매장 자체를 물류 거점으로 활용하며, 매장 내 천장에 컨베이어 벨트가 설치되어 있어 주문이 들어오는 즉시 신선식품을 포장해 빠른 시간 내에 배송이 가능하다. 이 밖에 매장 곳곳에 설치된 센서로 데이터를 수집해 당일 판매량을 예측, 입고량을 계산한 후 재고량에 따라 자동으로 공급처에 식품을 주문하기도 한다. 알리바바가 직영점 성격의 오프라인 매장을 늘리는 방식으로 대응하고 있는 반면, 텐센트는 직접 신선식품 쇼핑몰을 만드는 대신 메이르유셴(每日優鮮), 영휘마트의 Super Species, 7Fresh(온오프라인 결합형 신선

식품 플랫폼) 등 신생 기업에 투자한다. 식품 주문은 텐센트 위챗 미니앱 내에서 위챗페이를 사용해 이뤄진다. 메이르유셴은 중국 내 최대 규모 신선식품 스타트업으로 16개 도시, 약 천만 가구에 서비스를 제공하고 있으며 매출 규모가 약 1조 7천억 원을 넘어섰다.

최근 유통기업들이 오프라인 채널을 디지털화하기 위해 나서는 행보는 물류 및 배송의 효율화와 양질의 데이터 확보라는 목적을 염두에 두고 있는 것으로 해석된다. 2017년 아마존이 무인매장 "아마존고"를 개점하고, 알리바바 마윈 회장이 "신유통"에 대한 비전을 제시한 후, 우후죽순 생겨났던 무인매장들도 궁극적으로는 오프라인 상점의 디지털화를 목표로 했다. 2017년 말 중국 전역에 200여개의 무인매장이 개점했고, 중국 기업들이 무인매장과 관련해 받았던 투자금은 총 6억 2000만 달러 (약 7,200억 원)에 달했다(머니투데이 2019. 6). 알리바바는 2017년 7월 무인 편의점 "타오카페"를 출시하고, 징둥닷컴은 같은 해 9월 "X 무인마트"를 출시했다. 선두기업 외의 중소기업들도 앞 다투어 사업에 뛰어들었다. 그러나 적절한 사업전략이 부재했기에 대부분 문을 닫거나 기존 계획을 철회했다. 당시 개점했던 무인매장들의 대부분은 편의점 혹은 식료품 매장이었으나, 신선 식품은 신선도 유지가 어렵다는 이유로 유통기한이 긴 가공식품 위주로 진열했던 것이 가장 큰 원인으로 지적된다. 신선 식품은 가공식품에 비해 마진율이 높기에 편의점 매출을 견인하는 특징이 있다. 기업들이 인건비 절감을 목적으로 모바일 간편결제, RFID 태그 등 다양한 기술을 활용했지만 정작 중요한 소비자 경험을 고려하지 않은 것이다. 더군다나,

매장 운영 초기에 출입문 개폐 오류, 부실한 냉장보관 등 문제가 잇따르자 매장은 직원을 매장에 배치하여 궁극적 목적인 인건비용 절감조차 효과적으로 달성하지 못했다.

눈여겨볼 점은, 일본 편의점은 LAWSON은 성공적으로 매장 내 무인화를 정착시켰다는 점이다. 2016년 12월을 기점으로, 매장 내 계산을 무인화했고 2019년 7월부터는 완전 무인화 사업을 시범 매장에서 진행 중이다. 또한 무인매장을 가장 먼저 시도했던 아마존의 아마존고도 성공적으로 운영되고 있다. 아마존고 또한 신선식품을 주력 상품 중 하나로 판매하는 상점이라는 점에서, 결국 중국에서의 무인매장 실패는 무인화 자체에 있었다기보다 무인화 기술을 잘못, 성급하게 결합해 지속적인 수익으로 연결 짓지 못했던 당시 중국 기업들의 실책이라 볼 수 있다.

III. 디지털 플랫폼 생태계의 성장

1. 라이브 커머스 (인플루언서 커머스)의 등장

핸드폰 기술이 발달함에 따라 고객접점채널이 PC에서 모바일로 확대되고 있다. 소매유통업에서의 모바일 시대에 가장 주목할 변화는 소셜미디어 어플리케이션의 활성화에 힘입어 등장한 인플루언서들이다. 이들은 유통 및 신기술과 결합하며 '라이브 스트리밍'이라는 새로운 흐름을 만들어내고 있다. 기존 소셜미디어(인스타그램, 페이스북)

에서 팔로워들을 대상으로 공동구매를 진행하던 초기 수익모델이 진화하고 있다. 상품 판매에 있어 인플루언서의 역할이 중요해지며, 연관 산업이 눈에 띄게 성장하고 있다. 올해 대한화장품협회가 발표한 바에 따르면, 소셜미디어를 통한 구매 전환율은 20%로, 기존 온라인 쇼핑몰에서의 구매 전환율인 0.37%보다 월등히 높다(대한화장품협회 2020). 기존 소셜미디어에선 이러한 시대의 흐름을 반영해 인플루언서가 상품을 홍보하고 구매 링크를 공유해 판매할 수 있는 환경이 조성되고 있다. 소셜미디어를 통해 팔로워를 모은 개인 인플루언서들이 중국의 샤오홍슈 등의 플랫폼에 샵을 입점하고 사진이나 비디오 콘텐츠를 제작해 상품을 판매한다. 팔로워들은 콘텐츠를 확인한 후 연동된 링크를 통해 상품을 구매하며, 인플루언서는 발생한 수익의 일부를 가져가는 구조로 이뤄진다.

이러한 신규 비즈니스 모델에 기반을 둔 라이브 커머스 시장은 중국에서 유독 큰 성장을 거두고 있으며, 국내 시장은 네이버와 카카오, 티몬 등의 대형 플랫폼 기업과 스타트업 위주로 개편되고 있다. 네이버는 2020년 초 모바일로 홈쇼핑을 이용할 수 있는 '쇼핑 라이브' 서비스를 출시했다. 영향력 있는 인플루언서가 모바일 동영상을 통해 상품을 판매하는 방식이며, 기존 TV홈쇼핑의 상품 중심 판매 방식이 아닌 스토리나 후기 중심으로 동영상 콘텐츠를 제작한다. 플랫폼의 라이브 커머스는 판매 수수료(2019년 기준 매출 3%)를 수취하는 모델로, 기존 TV 홈쇼핑 송출 수수료(2019년 기준 매출 49.6%)에 비해 현저히 낮아 제조사의 플랫폼 입점에 강력한 유인 요인으로 작용하고 있다. 롯데백화점, 현대백화점 등의 백화점 브랜드와 CJ오쇼핑, 신세계TV쇼핑 등의 대형 TV 홈쇼핑 사업자들도 네이버 쇼핑 라이브에 입점했다는 점에서, 라이브 커머스 시장은 네이버가 장악하게 될 것이라는 시각이 우세하다. 이외의 스타트업들이 주력하는 비즈니스 모델은 크게 두 가지로 구분된다. 첫째는 인플루언서가 개인 소셜 미디어 상에 상품에 대한 콘텐츠를 제시하고, 팔로워들이 링크를 통해 구매하는 방식으로, 인플루언서와 제조사 상품을 매칭해주고 수수료를 받는 비즈니스 모델이다. 구매가 이뤄진 후 상품의 결제, 배송, 고객 서비스는 해당 플랫폼이 직접 수행한다. 둘째는 PB 상품에 주력하는 인플루언서 커머스로, 제조사와 인플루언서가 PB를 공동 기획 및 제작하고, 인플루언서의 소셜미디어를 통해 홍보 및 구매를 유도한다.

일본에서는 의류 시장을 중심으로 라이브 커머스가 성장 중이다. 일본 동영상 콘텐츠 스타트업 캔디가 런칭한 라이브숍(Live Shop!)과 일본 대표 중고거래 앱 메르카리(mercari)가 대표적이며 주로 18-25세 여성층을 대상으로 한다. 라이브숍 내의 인기 콘텐츠는 약 3만 명이 실시간으로 시청하는 수준이다. 반면, 중국은 인플루언서를 중심으로 하는 비디오 커머스 플랫폼이 유니콘 기업 중 하나로 포함될 정도로 시장이 압도적인 속도로 성장하고 있다. 커뮤니티 전자상거래 회원제 소비 플랫폼인 윈지, 지인과 공동구매를 통해 할인가에 물건을 구매할 수 있는 플랫폼인 핀둬둬 등 기업들은 나스닥에 상장하기도 했다. 최근 이용자가 급증한 샤오홍슈는 전자상거래 및 SNS 기능을 통합한 플랫폼으로, 왕홍으로부터 뷰티, 패션 상품에 대한 정보를 공유 받고 구매까지 할 수 있는 플랫폼이다. 샤오홍슈 이용자 수는 2019년 기준 이미 2억2,000만 명을 초과하기도 했다(대한화장품협회 2020). 또한 신생 브랜드였지만 샤오홍슈에서 왕홍 마케팅을 펼쳤던 '퍼펙트다이어리'는 어느새 국민 화장품 브랜드로 도약하기도 했다. 또한 2019년 광군제에 알리바바는 왕호 수 만 명의 라이브 스트리밍 덕에 역대 최대 거래액 2,684억 위안(약 44조 6,200억 원)을 달성하기도 했다(조선일보 2020. 1).

〈표 2-11〉 왕홍경제 성장 추이 (단위: 억 명)

2015년	65
2016년	165
2017년	329
2018년	527
2019년	790

출처: 중국산업정보망

이에 따라, 해당 인플루언서들을 지칭하는 단어인 '왕홍'을 양성하는 전문 기획사 Ruhnn도 등장했다. 이들은 타오바오의 상점에 연결해 왕홍의 개인 브랜드를 만들어주고, 판매하는 제품 및 제품 공급사 관리까지 책임진다. 즉 왕홍이 상품 판매에 주력할 수 있도록 연관 산업 및 환경이 잘 조성되어 있다고 볼 수 있다. 인플루언서 중심의 왕홍경제는 SNS 플랫폼을 기반으로 한다는 점에서 타 소매유통업 기업 대비 텐센트가 이점을 가진다. 특히 텐센트 플랫폼 내에서 등장한 핀둬둬의 독주는 많은 의미를 가진다. 자체 물류 인프라나 간편결제시스템을 갖추지 않은 신생 업체가, 텐센트플랫폼을 활용해 기존 선두 업체와 다른 사업모델로 성장했다는 점에서 함의를 가진다. 알리바바가 타오바오 특가판 출시, 징둥닷컴은 징둥 공동구매를 출시했음에도 불구하고 핀둬둬를 앞서지 못하는 상황이다. 특히 직매입, 생산자 중심 수익모델을 가지는 징둥닷컴은 상대적으로 고전 중인 모습이다.

다만, 최근 들어 왕훙 경제에 대한 회의적인 시선이 차츰 생겨나고 있다. 기존의 왕훙 기반 플랫폼은 광고 색채가 짙지 않고, 유명인이 상품에 대한 후기를 솔직하게 공유한다는 스토리를 바탕으로 성장했으나, 위장 광고 콘텐츠가 점점 증가하며 이용자들의 플랫폼 만족도가 떨어지고 있다. 이에 따라 샤오훙슈는 2019년부터 인플루언서들이 협찬 여부, 협찬 브랜드 명을 명백히 기재하도록 하는 규정을 마련하기도 했다. 이는 최근 국내에서 유튜브 인플루언서들의 뒷광고가 큰 논란이 되었듯, 유튜브, 인스타그램, 페이스북 등 SNS 서비스로 시작해 전자상거래 기능을 탑재한 플랫폼들이 공통적으로 풀어나갈 숙제로 생각된다.

2. 플랫폼에서 플랫폼 생태계로의 진화

알리바바와 텐센트는 궁극적으로 타사의 플랫폼들이 공존할 수 있는 플랫폼을 구축하는 것을 목적으로 한다는 점에서 한국의 소매유통업 기업들과 차별화된다. 예를 들어 알리바바의 온라인 몰 타오바오는 '브랜드'–'도매상'–'소매상'–'대리판매상' 등 공급 체인이 모두 동일한 플랫폼에 존재할 수 있으며 간단한 승인절차를 통해 제품에 대한 판매

권을 주고받을 수 있다. 텐센트의 미니앱, 미니샵도 마찬가지다. 자사 생태계 안에서 운영되는 타사 앱 서비스를 늘려 자사의 간편결제 서비스를 이용하도록 만들고, 그로부터 데이터를 수집해 앱 생태계를 더욱 최적화하는 전략을 취하고 있다. 특히 올해 도입된 미니샵은 텐센트가 17년 도입한 미니앱 프로그램에서 한 단계 나아간 것으로 해석된다. 서비스 공급자들은 개발자를 고용해 미니앱 내에 앱을 구축하는 대신, 위챗 앱에서 제공하는 도구를 활용해 전자 상거래 숍을 만들 수 있다. 텐센트는 판매자들에게 수수료를 청구하는 알리바바의 플랫폼과 차별화하기 위해, 그리고 중소기업들을 대거 끌어들이기 위해 수수료를 받지 않겠다고 발표했다. 추후 판매사에게 물류 대행 서비스도 지원할 계획을 가지고 있다. 결국 타사 앱 공급자나 브랜드는 소비자 접점 채널을 전부 관리하는 데에 어려움을 느끼고, 앱 생태계 관리자(알리바바, 텐센트)에게 점차 의존하고 있다. 알리바바와 텐센트는, 타사 앱 공급자들이 경쟁사 앱 생태계로 넘어가면 자사의 간편결제 서비스를 사용하지 못하게 함으로써 매우 효과적으로 생태계를 구축해 가고 있다.

중국의 플랫폼 시장을 정의하는 하나의 키워드는 미니앱(샤오청쉬)이다. 텐센트, 알리바바, 바이두 등이 미니앱 플랫폼을 내놓으면서, 소비자들은 다양한 앱을 각각 다운받는 대신, 텐센트 위챗 등의 앱 내에서 타사의 앱에 접속해 다양한 서비스를 이용할 수 있게 되었다. 예를 들어 한국에선 스타벅스에서 커피를 주문하기 위해선 스타벅스 앱을 다운받아야 하지만, 중국에선 위챗이나 알리페이 등의 앱에서 스타벅스를 검색해 커피를 주문하면 된다. 새로운 앱을 다운받는 것에 대한 피로도가 누적된 시장의 흐름을 반영한 전략이라 해석된다. 소비자들은 위챗이나 알리페이 앱 하나를 통해 온라인, 오프라인 상점에서 상품 주문 및 결제할 수 있어 편리하다. 위챗 생태계에 포함되는 미니앱은 2019년 기준 100만 개로, 같은 시기 애플 앱스토어가 유통하는 앱(약 300만 개)의 33%에 달한다. 일간 활동 사용자는 2억3,000만 명에 달한다(조선일보 2019). 한편 알리바바도 2018년 9월, 알리페이에 미니앱 기능을 추가하며 맹추격 중이다.

기업들이 미니앱 개발에 적극적으로 나서는 이유는 크게 두 가지로 해석된다. 첫째로, 위챗이나 알리페이 앱을 통해 타 서비스를 이용하는 경우, 각각 위챗페이와 알리페이만 사용할 수 있기 때문에 자사의 간편결제시스템 이용자를 늘릴 수 있다. 실제로 위챗의 경우, 2019년 상반기 동안 미니앱에서 위챗페이가 사용된 횟수가 18년 상반기 대비 142% 증가했으며, 이용자 수도 8억 명을 돌파하는 기염을 거두었다. 둘째로, 이용자와 공급자를 미니앱 생태계에 끌어들임으로써 애플스토어 대신 중국 내 앱 시장 수수료 매출을 가져가려는 전략이다. 위챗 앱 상의 기본적인 모듈이 잘 구축되어 있기 때문에 서비스 공급자 입장에선 단독 앱을 개발할 비용을 절감할 수 있고, 위챗 플랫폼 내의 트래픽이 충분히 많기 때문에 자사 앱 다운로드를 유도할 마케팅 비용도 들일 필요가 없다. 또한 위치기반 서비스 등 개발 비용이 많이 드는 고급 기능도 위챗 내에서 제공된다.

또 하나의 키워드는 단일 앱에서 다양한 서비스를 제공하는 슈퍼앱이다. 예컨대 메이퇀뎬핑은 음식 배달, 차량 공유, 호텔 예약 등을 하나의 플랫폼에서 가능케 함이다. 텐센트의 위챗도 단순 모바일 메신저에 그치지 않고 음식 주문, 병원 진료 예약, 행정 업무 처리 등을 가능케 한다. 디디추싱(중국의 우버), 아이치이(중국의 넷플릭스) 등 특정 서비스를 제공하는 데에 집중하는 유니콘 기업들과 슈퍼앱 기업이 혼재되어 있다는 점이다. 국내에선 네이버와 카카오가 메신저 서비스를 "슈퍼앱"화 시키기 위해 빠른 행보를 이어나가고 있다. 뉴스, 웹툰 등의 콘텐츠를 제공하는 플랫폼을 만들고, 확보한 트래픽을 기반으로 광고 수익을 올리는 비즈니스 모델은 더 이상 큰 성장을 기대하기 어렵기 때문인 것으로 풀이된다. 확보된 트래픽을 기반으로 다양한 산업으로 비즈니스 모델을 확장하고, 더불어 광고 수익도 극대화하려는 전략이다.

Ⅳ. 디지털 경제와 플랫폼 경제 성장의 핵심 동력

〈표 2-12〉 글로벌 VC 투자액 추이 (단위: 조 원)

2010년	46
2011년	67
2012년	62
2013년	84
2014년	116
2015년	146
2016년	161

2017년	167
2018년	274
2019년	236

출처: eMarketers 2019

사실 소매유통업태에서의 플랫폼 기업들은 기존 C2C 기업과 비즈니스 모델에 있어서 크게 다르지 않다. 옥션이 초반에 주력했던 경매서비스는 C2C 비즈니스 모델에 기반을 두었고, 이후 오픈마켓으로 전환한 후에도 여전히 C2C(중개사업자) 형태를 띠고 있다. 다만 이전과 차이가 있다면 플랫폼 비즈니스 모델을 활용해 높은 진입장벽을 구축하고 독보적인 성장을 이룩할 수 있는 환경이 조성되어 있다는 점이다. 아마존, 우버 등의 성공 사례에 힘입어 소매유통업, 차량공유서비스, 소셜미디어 등 각종 산업에서 등장한 플랫폼 기업은 낮은 비용으로 막대한 자본을 수혈 받는 모습을 보였다. 또한 당장의 수익보다 인프라를 공격적으로 확장하며 진입장벽을 높이는 것을 중시한 투자자들에 힘입어, 사용자 등록과 데이터 처리 및 반복을 현금화하고 가격을 낮춰 경쟁자들을 산업에서 몰아내는 모습이 공통적으로 관찰되었다. 특히, 데이터를 먼저 선점하는 기업은 전례 없는 수준으로 서비스 개선을 이뤄내고 경쟁 기업을 제칠 수 있게 되었다. 아마존의 경우 이윤을 고려하지 않는 가격 정책, 매출 대부분을 재투자해 시장 지배력을 강화하려는 전략을 취하고 있다. 이 때문에 1994년 처음 설립된 이래로 약 20년 동안 의미 있는 영업 실적을 내지 못했음에도, 미래 전망을 기대하는 투자 자금이 끊임없이 몰려들고 있다.

〈표 2-13〉 쿠팡 매출액, 영업이익 추이 (단위: 조 원)

	매출액	영업이익
2013년	0.04	0
2014년	0.35	-0.12
2015년	1.13	-0.55
2016년	1.92	-0.57
2017년	2.68	-0.64
2018년	4.35	-1.13
2019년	7.15	-0.72

자료: 자사 사업보고서

〈표 2-14〉 아마존 매출액, 영업이익 추이 (단위: 조 원)

	매출액	영업이익
2013년	74.5	0.7
2014년	89	0.2
2015년	107	2.2
2016년	136	4.2
2017년	177.9	4.1
2018년	232.9	12.4
2019년	280.5	14.5

출처: 자사 사업보고서

해당 플랫폼들은 기존 산업에서 시장을 압도적으로 선점한 후 플랫폼 자원을 활용해 다른 사업으로 확장하는 모습을 보이고 있다. 이러한 플랫폼 자원은 새로운 산업에 진입하는 데에 있어 유리한 고지를 선점할 수 있게 한다. 예컨대 미국 대표 플랫폼 기업 우버는 자동차 서비스업을 기반으로 운전기사 네트워크를 확보했다. 이를 자원으로 활용해 Uber FRESH, Uber Rush, Uber Essential 등의 사업을 시작했으며, 이젠 경쟁자엔 Fedex, UPS, DHL 등 배송업체도 포함되기 시작했다. 또한, 소매유통업 외 산업에서 등장하는 플랫폼 기업들은 기존에 존재하지 않던 방식으로 수익을 창출하기 시작했다. 즉 미국 아마존을 비롯해 여러 플랫폼 기업들이 비슷한 방식으로 성장가도를 달리자 투자자들은 신규 플랫폼 기업에게도 자본을 수혈하며 성장 동력을 마련해주고 있다.

V. 동북아 3국 플랫폼 스타트업 생태계의 현황 비교

플랫폼 시장이 성장하기 위해선 신진기업들이 지속적으로 발굴되고 성장하도록 스타트업 생태계가 잘 조성될 필요가 있다. 반면 한국의 스타트업 생태계는 중국과 일본에 비해 투자 의욕이나 금액 모두 상대적으로 부족한 부분이 있다. 중국의 스타트업 생태계는 알리바바, 텐센트, 징둥 등 거대기업에 의해 주도된다는 점이 특징이다. 현재 IT거대 기업들은 스타트업을 새로운 비즈니스 기회로 여기고 있으며, 적극적으로 투자해 자사 플랫폼에서 발전시키는 것을 목적으로 한다. 실제로 지난 2018년 스타트 업계에 가장 많은 자금을 투자한 업체는 ATD(알리바바, 텐센트, 징둥) 3대 인터넷 기업으로 조사됐다. 그동안 중국 신경제의 핵심 자금조달 창구였던 인터넷 공룡 BAT(바이두, 알리바바, 텐센트)에서 바이두 대신 징둥이 주력 투자 업체로 급부상한 것이다. 그중 알리바바 그룹은 전 세계 124건의 투자 프로젝트(1,800억 위안 이상)를 진행했고 텐센트는 엔터테인먼트 및 게임 분야를 중심으로 132건의 투자(900억 위안)를 집행했다. 다만 2018년을 기점으로 투자 버블에 대한 위기감이 확산되며, 투자 규모가 줄어들고 있다. 확실한 비즈니스 모델을 구축하고, 수익에 대한 확신을 주는 기업을 대상으로 투자가 한정적으로 이루어지다 보니 유니콘 기업의 등장 속도가 지난 10년 평균 속도에 비해 확연히 느려진 상황이다. 그럼에도 불구하고 중국의 유니콘 기업은 2019년 기준 205개로, 실리콘밸리를 자랑하는 미국에 비해서도 많다. 기업가치 순으로 산정한 글로벌 스타트업 순위에서도 중국의 기업들이 미국을 제친 모습을 확인할 수 있다.

〈표 2-15〉 2019년 기준 글로벌 유니콘 기업 기업가치 순위

기업명	국가	분야	기업가치(조 원)
앤트파이낸셜	중국	핀테크	147.69
진르토우탸오	중국	미디어	75
우버	미국	모빌리티	72
알리클라우드	중국	기업 서비스	71.08
디디추싱	중국	모빌리티	60
위워크	미국	부동산 서비스	47
루팍스	중국	핀테크	40
커우베이	중국	생활 서비스	30
에어비앤비	미국	여행	29.3
DJI드론	중국	하드웨어	22
스페이스X	미국	항공우주 장비제조	21.5
징둥파이낸스	중국	핀테크	20.46
스트라이프	미국	핀테크	20
콰이셔우	중국	미디어	20
차이냐오네트워크	중국	물류	20
위뱅크	중국	핀테크	16

기업명	국가	분야	기업가치(조 원)
에픽게임즈	미국	게임	15
JUUL Labs	미국	하드웨어	15
비트메인	중국	핀테크	15
징둥로지스틱스	중국	물류	13.4

출처: 첸잔산업연구원

〈표 2-16〉 2019년 기준 국가별 스타트업 수

중국	205
미국	149
영국	15
인도	13
독일	8
한국	6
이스라엘	4
인도네시아	4
프랑스	3
스위스	3
브라질	2
기타	17

출처: 첸잔산업연구원

마찬가지로 일본엔 전국에 스타트업 친화적 생태계가 조성되고 있다. 일본에 스타트업 열풍을 일으킨 기업은 중고품매매 플랫폼인 메르카리로, 2019년 6월 창업 5년 만에 상장했다. 상장 당일 시가총액 7,000억 엔을 달성하며, 성공적인 IPO 사례로 일본 전역에 각인되었다. 이를 이어 인쇄소 중개 플랫폼인 라쿠스르도 IPO에 성공했다. 이외에도 명함관리 앱 SanSan, 택시호출 플랫폼 Japan Taxi, 소기업을 위한 회계 소프트 프로그램 Freee 등이 대형 투자유치에 성공하며 스타트업 붐을 이끌어가고 있다. 한국에 생겨나는 스타트업들과 비즈니스 모델이 유사하다는 점에서, 한국은 스타트업 붐이 일어나지 않는 이유가 스타트업보다 척박한 투자 환경에 있다는 해석도 가능하다. 특이할 점은, 한국은 스타트업을 위한 모태펀드 등 국가 주도형 투자에 초점이 맞춰져 있는 반면 일본은 일반 대기업의 CVC 펀드가 주된 투자자금 출처 역할을 맡는다는 것이다. 파나소닉, 시세이도 등 대기업들이 하나둘씩 CVC 펀드를 설립하고 있다. 또한 투자 자금 규모가 점차 증가하여, 2018년 기준 총 투자자금이 3,800억 엔을 돌파했다. 한 가지 관찰되는 것은, 대기업들이 신성장 동력을 확보하기 위해 액셀러레이터 프로그램을 적극적으로 운영한다는 점이다. 경기가 회복되면서 일본 기업들의 잉여자금이 늘어나고 있고, 스타트업에 투자해 신규 비즈니스 기회를 발굴하고자 한다. 더불어 국내 스타트업에 한정짓지 않고 유망한 스타트업이라면 사업을 연계하고자 하는 움직임도 지속적으로 관찰된다. 예를 들어 LINE 재팬은 중국의 자전거 공유 스타트업인 “모바이크”와 2017년 8월 제휴, 모바이크의 일본 시장 진출에 협력했다. 또한 싱가포르 기반 쇼핑대행 스타트업인 “Honestbee”는 2017년 일본 시장에 진출하며 도쿄급행전철, 회원제 창고형 슈퍼 코스트코 등 일본 내 기업 300여 개와 제휴했다. 마지막으로 애완동물용 휠체어를 개발 및 판매하는 iVET는 일본 알루미늄가공기업인 산리키와 협력해 휠체어의 내구성과 디자인을 개선해 나가고 있다.

〈표 2-17〉 한국과 일본 스타트업 개수 비교

	일본	한국
2014년	1,306	901
2015년	1,608	1,045
2016년	1,631	1,181
2017년	1,619	266
2018년	1,368	1,399

출처: KERI 한국경제연구원

〈표 2-18〉 한일 스타트업 신규 투자액 (단위: 조 원)

	일본	한국
2014년	1.42	1.64
2015년	1.85	2.08
2016년	2.23	2.15
2017년	3.15	2.38
2018년	3.88	3.42

출처: LoTIS 물류정책동향

현재 한국은 2020년 10월 기준 13개의 유니콘 기업을 가지고 있다. 쿠팡, 옐로모바일, 엘앤피코스메틱, 크래프톤, 비바리퍼블리카, 야놀자, 위메프, 지피클럽, 무신사, 에이프로젠, 티몬, 쏘카 등이다(중소벤처기업부). 한국 기업들의 잠재력에 비해서 많지 않은 숫자이다. 한국은 대기업의 독과점 이슈가 정치적 논리와 결합하는 일이 잦고, 반기업 규제가 강력하다 보니 기업들은 스타트업들에 적극적으로 투자할 여력이 없는 상태이다. 예를 들어 네이버는 검색엔진 산업 강자이기 때문에 이커머스에서 지나치게 유리한 고지에 오를 수 있다는 비판을 받고 있다(매일경제 2020. 9). 시장지배력 남용으로 해석될 여지를 남긴다면 정치적 공격을 받을 수 있다는 우려하에 네이버 쇼핑 사업을 본격적으로 확장하지 못하고 있다. 이처럼, 한국은 중국에 비해 스타트업 환경이 훨씬 척박하다(KERI). 정부 창업지원자금은 1회성 지원으로 끝나는 경우가 많기 때문에, 스타트업들이 자금을 충분히 획득하고 시행착오를 겪어 보기 위해서 대기업이 적극적으로 투자에 나서 M&A를 진행하는 것이 더욱 효과적이다. 그러나 현재 국내 스타트업 투자 자금 회수는 기업공개(IPO)에 대한 기대로 진행되는 실정이며, 대기업과 스타트업 간에 자금 선순환 구조가 만들어지기까지는 요원한 것으로 판단된다. 아직 성공적으로 IPO를 진행한 모범 사례가 없다는 점도, 한국 내 스타트업 투자가 보수적으로 이뤄지게 하는 요인이다. 더군다나, 국내 규제 시스템은 스타트업이 규모를 키울 환경을 조성하지 못하게 방해한다는 시각이 절대적이다. 단적인 예로 국산 자율자동차 '스누버'를 개발한 토르 드라이브가 국내 사업을 접고 미국 실리콘밸리로 이전했다. 자율자동차 무사고 주행 기록을 쌓았음에도 불구하고, 우버의 국내 사업이 규제 및 기존 이해관계자의 반발에 못 이겨 사업을 접었다는 사실을 학습한 투자자들이 투자금을 내놓지 않았기 때문이다. 또한 신규 사업을 시작할 때, 기존 사업자와의 이해 충돌과 그로 인한 정치적 부담도 주요 요인으로 작용한다. 실제로 쏘카의 차량 공유 서비스 사업이 택시 면허 소지자들의 업을 불공평하게 침해한 것으로 연일 언론에 논란이 되며, 결국 사업 중단으로 이어졌다. 정부 주도 지원보다, 스타트업 친화적 생태계를 조성하는 것이 플랫폼의 성장, 더 나아가 디지털 경제의 성장으로 이어질 것으로 판단된다.

참고문헌

김기홍. 2014. “디지털경제, 어디까지 발전할까?,” *KIET 산업경제*, 2014.06.10, 76-79.

김윤경. 2019. “스타트업 생태계의 스케일 업,” *KERI 칼럼*, 2019.10.15.

대한화장품협회. 2020. “2020 중국 여성 소비자의 쇼핑 패턴,” retrieved 2021.02.16. from https://kcia.or.kr/home/industry/industry_01.php?type=view&no=12787&ss=page%3D%26skind%3D%26sword%3D%26ob%3D.

박대헌. 2018. “2018 일본 전자상거래 시장 전망,” *LoTIS 물류정책동향*, 2018.10.15., retrieved 2021.02.16. from https://www.lotis.or.kr/tid03v.do?cn_id=2018101500013&cn_type_cd=TID&MENU_ID=TID00&searchKind=CN_TITLE&searchWord=&currPage=1&detailKind=.

박원준. 2018. “일본의 라이브 커머스와 큐레이션 커머스 산업,” *KOCCA 트렌드 리포트*, 2018.07.31.

백상경. 2020. “네이버 독과점에 칼뺀 공정위…부동산 이어 쇼핑도 ‘정조준’,” *매일경제, 2020.09.06., retrieved 2021.02.16. from https://www.mk.co.kr/news/economy/view/2020/09/919787/.*

송지희. 2001. “온라인 쇼핑몰 업체분석: 수익, 고객충성도, 가격, 물류를 중심으로,” *정보통신정책 ISSUE*, 제13권 1호 통권 125호.

송현. 2020. “14억 中 소비시장 바뀐다…’왕홍 경제’ 100억달러 육박,” *조선일보*, 2020.01.20., retrieved 2021.02.16. from https://www.chosun.com/site/data/html_dir/2020/01/17/2020011702487.html.

오찬혁, 2019. “미국과 비교해 본 中 유니콘 기업의 현황,” *KOTRA 해외시장뉴스*, 2019.07.04., retrieved 2021.02.16. from https://news.kotra.or.kr/user/globalAllBbs/kotranews/list/781/globalBbsDataAllView.do?dataIdx=175969&column=&search=&searchAreaCd=&searchNationCd=&searchTradeCd=&searchStartDate=&searchEndDate=&searchCategoryIdxs=&searchIndustryCateIdx=&page=1&row=10.

오로라, 2019. “중국 IT 공룡들 “애플 앱보다 미니앱 쓰세요,” *조선일보*, 2019.01.15., retrieved 2021.02.16. from https://biz.chosun.com/site/data/html_dir/2019/01/14/2019011402714.html.

이금노. 2019. “모빌리티 분야 공유서비스의 소비자문제에 관한 연구,” *정책연구보고서*, 1-182.

정솔이. 2018. “변화하는 온라인 쇼핑 트렌드의 최대 수혜주,” *케이프투자증권*, 2018.09.12.

정한결. 2019. “사람 없으니 장사 안돼…중국 무인매장 줄줄이 폐업,” *머니투데이*, 2019.06.26., retrieved 2021.02.16. from https://news.mt.co.kr/mtview.php?no=2019062609422972338.

KT경영경제연구소. 2019. “한중 무인매장 현황 분석 및 발전방향 전망.”

최은진. 2020. “‘온라인 식품시장’ 승기 잡은 쓱닷컴,” *The Bell*, 2020.08.13., retrieved 2021.02.16. from https://www.thebell.co.kr/free/content/ArticleView.asp?key=202008101559483160106959&lcode=00.

3장
포스트 코로나 시대의 디지털 경제와 정부정책

정다인

I. 코로나19와 디지털 경제 가속화

1. 코로나19로 인해 급변하는 글로벌 경제

2020년 한 해의 키워드는 '코로나19'이다. 2019년 12월 31일 중국의 우한에서 첫 번째 사례가 발견된 이후 '신종 코로나바이러스 감염증(Coronavirus Disease 2019, COVID-19)', 즉 코로나19는 급속도로 전 세계로 퍼져나가며 우리 사회 전체에 전례 없는 변화를 가져왔다(세계보건기구 2020; Donthu & Gustafsson 2020). 11월부터 화이자(Pfizer)와 모더나(Moderna)의 성공적인 백신 개발과 승인 소식이 들려오고 있지만(The New York Times 2020. 11. 28.; 2020. 12. 1.), 2020년 12월 중순까지도 코로나19의 확산은 더욱 빨라지는 추세를 보이고 있다(〈그림 3-1〉). 이러한 코로나19의 전 세계적 대유행,

즉 팬데믹(Pandemic)은 누구도 예상하지 못했던 근본적인 변화를 가져왔다.

〈그림 3-1〉 동북아 3국의 코로나19 현황 그래프

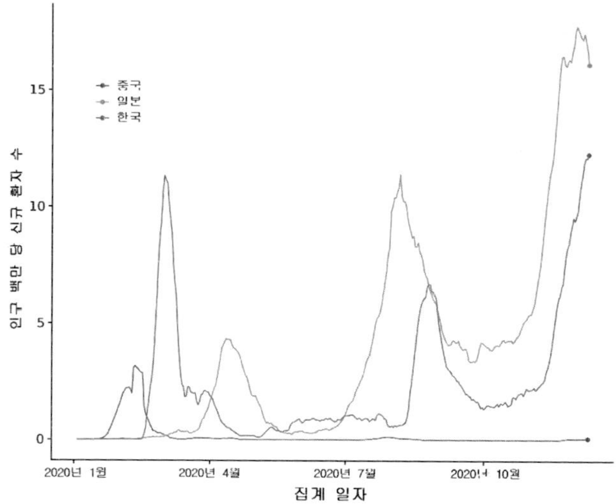

출처: COVID Intel database (기준일: 2020년 12월 10일)

세계 경제는 2분기 대규모 봉쇄(Lockdown)를 겪으며 극심한 침체를 겪었다(Hsiang 외 2020). 봉쇄 이후 코로나19의 확산이 안정되는 양상과 더불어 각 국의 적극적인 정책 대응과 경제 활동 재개로 경제가 점차 회복되는 모습을 보였지만, 코로나19의 확산이 하반기에 더욱 심화되면서 2020년 세계 경제성장률은 -4.2%로 전망된다(경제협력개발기구 2020.12). 한국의 경우 코로나19 발병 초반의 효과적인 방역의 결과로 OECD 회원국 중 가장 높은 성장률로 예측되고 있지만 그럼에도 여전히 −1.1%의 성장률로 예상되고, 일본은 −5.3%, 그리고 중국은 V자형 반등에 성공하여 플러스 성장률을 기록할 유일한 국가로 전망되고 있다.

경제 위기의 심화는 고용 시장에도 악영향을 미쳤다. 한국의 경우 2000년 10월 기준 국제통화기금(IMF) 외환위기 직후인 1999년(5.0%)과 2000년(3.7%) 동월 이후 가장 높은 실업률인 3.7%를 기록하였고, 특히 청년층(15−29세)의 실업률이 8.3%에 이르고 있다 (통계청 2020.11). 거리 두기 정책, 가계 수입의 감소, 소비지출의 하락, 온라인 채널로의 소비 이동 등으로 인해 코로나19의 직접적인 타격을 받은 숙박 및 음식점업 (−9.9%), 도매 및 소매업 (−5.2%), 그리고 특이하게도 교육 서비스업 (−5.5%) 분야의 취업자가 전년 동월 대비 감소한 결과가 확인되었다. 이는 외환위기 당시 제조업과 건설업이 크게 타격을 받았던 것과 상당히 다른 양상이다(통계청 2020.12). 일본도 이와 비슷한 상황을 보이고 있다. 2020년 8월 기준 일본 총무성의 노동시장 조사에 따르면 완전실업률이 3.0%를 기록하며, 4월부터 5월 말까지 발효되었던 코로나19 긴급사태가 계속해서 고용 시장에 영향을 미치고 있는 것으로 확인되었다(박세진 2020. 10. 2.).

코로나19는 소비 시장에도 큰 변화를 가져왔다. 한국에서 코로나19 발생 초기 시행했던 고강도 사회적 거리두기로 인해 2월부터 4월까지 소비자동향지수가 크게 하락하였다(삼일회계법인 2020. 8). 식료품과 의약품을 제외한 영역 전반에서 소비가 줄어들었는데, 특히 외출의 제한과 늘어난 마스크 착용으로 인해 의류와 화장품 소비가 2월부터 감소하기 시작하여 3월 전년 동기 대비 30-40% 급감한 뒤 조금씩 회복하고 있음에도 상반기 동안 계속해서 매출이 회복되지 못하고 있는 현상을 보였다.

외출이 제한되며 구매 채널에서도 극명한 소비 변화가 일어났다. 국내 첫 코로나19 환자 발생, 지역감염 확인, 그리고 대구 신천지 교회를 중심으로 코로나19 일일 신규환자가 급증하였던 2020년 2월부터 온라인과 모바일 채널을 통한 구매가 폭발적으로 증가하였고, 특히 과거 오프라인 채널을 통한 구매 성향이 강했던 신선 식품의 온라인 판매 비중이 증가하였다(김현수 2020. 6). 또한 과거 온라인 구매에 익숙하지 않았던 고령 소비자들의 온라인 쇼핑 증가가 두드러졌으며, 온라인 구매를 경험한 소비자들의 대부분(86%)이 사회적 거리두기가 완화된 이후에도 계속해서 식료품을 온라인으로 구매할 의향이 있는 것으로 조사되었다(PwC 2020). 이처럼 비대면과 온라인 구매의 편리함을 경험한 소비자가 점차 늘어나게 되면서, 판매 채널을 유기적으로 통합하는 옴니채널의 구축이 기업의 핵심 과제로 떠오르게 되었다.

교육 분야 역시 코로나19로 인해 급격한 변화가 일어나고 있다. 전 세계적으로 대규모 봉쇄가 있었던 5월, 161개국의 학교가 문을 닫았으며 이로 인해 67%의 학습자들이 영향을 받았을 만큼 코로나19는 교육에 전례 없는 영향을 미쳤다(국제연합교육과학문화기구). 이처럼 대면 수업이 제한되면서 교육의 디지털화를 통해 문제를 해결하고자 하는 움직임이 빠르게 일어났다. 공교육과 사교육을 포함한 모든 교육 분야에서 온라인 영상 강의와 쌍방향 원격 수업을 도입하면서 관련 기술에 대한 수요가 크게 증가하였다.

디지털 헬스케어(Digital Healthcare) 시장이 사상 최대 규모로 성장할 것으로 예측되고, 특히 급증한 비대면 의료 수요로 인한 원격 의료와 디지털 치료제 등이 큰 주목을 받고 있다. 또한 금융 시장에서도 대면 영업 인력을 줄이고 전산 인력과 무인점포 운영을 확대함과 동시에 (서정은 2020. 12. 28.), 코로나19 이전부터 비대면 채널의 활용이 활발한 송금, 예금 및 인출 업무와 더불어 대면으로 주로 이루어지던 은행의 대출 업무 역시 비대면 서비스를 적극 도입하기 시작하였다. 특히 전체 신용대출에서 모바일을 통한 신용대출의 비율이 2020년 1월 말 4.4%에서 7월 말 8.3%로 급격히 상승하였고(김대훈 2020. 8. 6.), 최근 1년 간 전 세계 보험 소비자의 디지털 채널 이용 역시 20% 증가하는 등(Bain & Company 2020. 9) 비대면 금융 서비스가 급격히 성장하고 있다.

2. 디지털 기술 수요 급증

코로나19 팬데믹은 이처럼 사회 전반에 걸쳐 큰 영향을 미치며 디지털 전환 (Digital Transformation)과 디지털 경제 도입을 가속화하고 있다. 팬데믹이 장기화되면서 질병의 확산을 막기 위한 사회적 거리두기와 비대면이 필수적인 요소로 자리 잡게 되었고, 코로나19 발생 이전부터 이어져 온 디지털 기술의 활용 및 발전을 더욱 가속하고 있다. 단순히 특정 분야에서만이 아니라 산업 전반에 걸쳐 디지털 전환이 시급하다고 인식되고 있다.

〈그림 3-2〉 포스트 코로나 시대에 주목 받는 신흥 기술

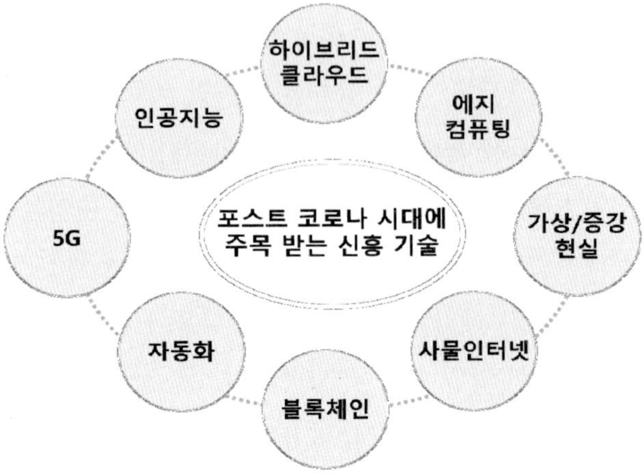

4차 산업혁명의 주요 디지털 기술로 대표되는 인공지능(Artificial Intelligence, AI), 자동화(Automation), 블록체인(Blockchain), 5세대 이동통신(5G), 사물 인터넷(Internet of Things, IoT), 가상 · 증강현실(Augmented/Virtual Reality, AR/VR), 하이브리드 클라우드(Hybrid Cloud)[1], 에지 컴퓨팅(Edge Computing)[2] 등의 역할이 특히 주목을 받고 있다(KPMG 2020; 한국행정연구원 2020; 대구경북연구원, 2020. 4). 사물인터넷은 초연결을 통해 기반이 되는 데이터 인프라를 구축하고, 5세대 통신망은 이러한 인프라를 더욱 가속화한다. 여기에 인공지능, 클라우드, 에지 컴퓨팅, 블록체인 등의 기

1) 중요성이 높은 서비스와 자료는 폐쇄형 클라우드(자체 데이터 센터)를 사용하고, 중요성이 낮은 서비스는 개방형 클라우드 서비스를 이용하는 방식.
2) 중앙 서버(클라우드)가 아니라 이용자의 단말기 주변(edge)이나 단말기 자체 등 분산된 소형 서버를 활용하여 모든 데이터를 처리하는 기술.

술로 플랫폼을 구성하여 가상물리시스템의 구현이 가능하다(유성민 2020).

글로벌 2,000 기업을 대상으로 1차 600명, 2차 300명의 임원을 대상으로 조사한 결과에 따르면, 기업이 이러한 신흥 기술에 대하여 코로나19 이전에는 비용 절감, 브랜드 가치 향상, 의사 결정 향상 등을 가장 큰 목적으로 인식하고 있었다면, 코로나19 이후에는 기업의 생존과 지속에 필수적인 요소로 인식하게 되었다 (〈표 3-1〉). 그리고 이는 기업의 투자에서 관련 기술들이 우선순위로 부상하는 결과로 이어지고 있다(KPMG 2020).

〈표 3-1〉 코로나19 팬데믹으로 인해 기업의 기술 투자 목표의 변화(KPMG (2020) 참고)

주요 신흥 기술	투자의 주요 목표 (2020년 3, 4월 1차 조사)	투자의 주요 목표 (2020년 5, 6월 2차 조사)
처리 자동화 (Process Automation)	비용 절감, 브랜드 가치 향상, 매출 성장	미래의 생존에 필수 요소
인공 지능 (ArtificialIntelligence)	비용 절감	미래의 생존에 필수 요소
하이브리드 · 멀티 클라우드 (Hybrid and/or Multi-cloud)	비용 절감	미래의 생존에 필수 요소
블록체인 (Blockchain)	인프라 현대화를 위한 기반, 의사 결정 향상, 비용 절감	경쟁력 향상
에지 컴퓨팅 (Edge Computing)	브랜드 가치 향상	경쟁력 향상
5세대 이동통신 (5G)	미래의 생존에 필수 요소, 의사 결정 향상	미래의 생존에 필수 요소

II. 포스트 코로나 시대: 각 분야에서 주목 받는 디지털 기술과 디지털 전환

이번 장에서는 코로나19로 인하여 더욱 활용도가 높아진 기술과 관련 시장, 그리고 다양한 분야의 사례를 살펴보고자 한다. 구체적으로는 노동, 교육, 의료, 금융 시장의 영역에서 팬데믹으로 인해 가속화된 디지털 전환과 핵심 기술, 그리고 동북아 3국의 사례를 중심으로 정리하였다.

1. 노동

코로나19 팬데믹으로 인한 대규모 봉쇄와 사회적 거리두기는 기업들의 근무 환경과 일자리에 큰 영향을 미쳤다. 상당수의 기관들이 질병의 확산을 막기 위해 불필요한 대면 상황을 지양하면서 재택 근무, 원격 근무[3), 유연 근무제[4) 등의 시간과 장소의 제약 없이 유연하게 운영하는 근무 형태인 '스마트 워크(Smart Work)'가 급격히 활성화되었다. 팬데믹 이전에도 이러한 근무 환경에 대한 관심과 도입의 시도가 꾸준히 있었으나, 비용 절감과 생산성 향상의 효과에도 불구하

---

3) 근로자가 주거지에서 정보통신기기 등을 활용하여 일하는 형태이며, 원격 근무는 주거지를 포함하여 사업장 외의 다양한 대체 장소에서 근무하는 형태이다(고용노동부 2017).

4) 근로 시간 및 장소를 선택적으로 조정하여 인력 활용의 효율성을 높이고 일과 생활의 조화를 추구하는 제도. 근로 시간(시차 출퇴근제, 선택 근무제, 재량 근무제)과 근로 장소(원격 근무제, 재택 근무)에 따라 다양한 형태로 구분한다(고용노동부 2017).

고 협업과 근무 효율성이 떨어진다는 단점 등의 이유로 활성화가 이루어지지 않았다. 한국의 경우 고용노동부의 2016년 자료에 따르면 재택근무의 비율은 4%, 스마트 워크 활용률은 25% 내외였다(삼일회계법인 2020). 이러한 스마트 워크는 장기적으로 볼 때 코로나19의 문제만이 아니라 저출산 및 고령화로 변화하는 인구 구조에 대응하기 위한 해결책이기도 하다.

우리나라의 경우 팬데믹으로 인해 직장인의 62.3%가 재택근무를 경험하였으며(잡코리아 2020), 국내 매출 500대 기업을 대상으로 조사한 결과에서도 코로나19에 대응하기 위해 유연 근무제를 신규 도입 · 확대 한 기업이 전체의 75%, 도입을 검토하는 중인 기업도 10%를 차지하였다(한국경제연구원 2020. 7). 특히, 이 중 절반 이상(51.1%)이 코로나19가 진정된 이후에도 유연 근무제를 지속 · 확대할 계획으로 조사되었으며, 이처럼 팬데믹으로 인해 앞으로의 노동 시장에 큰 변화가 예견되고 있다. 최근 연구 결과에서도 팬데믹 이후에 대면 직종보다 재택근무가 가능한 직종에 대한 구직자들의 선호가 크게 증가하였으며(McFarland 외 2020), 플랫폼 경제 종사자를 비롯한 특수 형태 근로 종사자[5]가 급격히 증가함을 볼 수 있다(통계청 2020. 12). 이처럼 향후 산업 구조의 디지털화와 근로 형태의 다변화로 인하여 프리랜서와 같은 근로 형태나 플랫폼 노동 형태의 긱 이코노미(Gig Economy) 역시 더욱 촉진될 것으로 예상 된다(페이오니아 2020).

5) 고용 계약을 체결하지 않은 상태로 노무 서비스를 제공하는 독립 사업자의 성향을 지닌 노동자이다. 그러나 실질적으로는 업체에 경제적으로 종속되어 직 · 간접적 업무 지시 및 감독을 받는 형태를 지닌다(통계청 2020. 12).

일본의 경우 대기업의 55.2%와 중소기업의 26.2%에서 재택근무를 실시하였다(홍성민, 2020.10). 이는 기존에 대기업의 경우 약 31%, 중소기업의 경우 16.1%에서 원격 근무를 도입했던 것과 비교할 때 상당히 증가한 수치이다(김승호 2020. 5). 일본에는 직접 만나서 업무 내용과 일정 등을 보고하는 업무 프로세스와, 계약 · 결재 시 도장을 사용하는 '도장 문화' 등 대면을 중심으로 한 업무 문화가 보편적이다(강민정 & 박선미 2020. 6). 이로 인해 전자 결재 등의 업무 전자화 관련 시스템 도입에 소극적인 태도를 보이고, 원격 근무에 필요한 인프라 역시 미흡한 상황이다. 이에 일본 중앙 정부에서 2018년 원격 근무 관련 정책을 추진했던 것과 더불어(강민정 & 박선미 2020.06), 팬데믹으로 인해 업무의 전자화와 원격 근무 솔루션에 대한 도입이 증가하고, 전산 하드웨어의 신규 구입이 증가하는 등의 변화가 활발히 일어나고 있다(김승호 2020. 5).

코로나19로 인해 갑작스럽게 증가한 재택근무의 영향으로 기업용 협업 플랫폼 시장이 크게 성장하였다. 줌(ZOOM), 웹엑스(WebEx), 슬랙(Slack) 등 화상 회의와 메신저 앱의 이용이 증가하였으며, 원격 근무를 위한 실시간 디바이스 제어, 모니터링 서비스 솔루션 시장 규모도 크게 성장하였다(경기연구원 2020. 5). 이처럼 스마트 워크가 원활하게 이루어지기 위해서는 이를 가능하게 하는 환경의 구성과 뒷받침하는 기술 기반이 중요하다. 잡코리아(2020)의 설문 조사에서도 재택근무를 경험한 근로자의 49%가 상시 커뮤니케이션을 위한 메신저가 필요하다고 밝혔으며, 41.6%가 부서원들의 논의가 필요한 일에 대해 회의 운영이 불편하다고 답하였다. 이처럼 재택근무 혹은 스마트 워크의 근무 환경에서는 서로 다른 장소에 있는 근로자들의 협업을 돕고 보안을 유지하면서 외부에서 기업의 네트워크에 원격으로 접속하는 것을 지원하는 기술 기반이 필수적이다. 기업용 협업 플랫폼과 클라우드 서비스, 스토리지(컴퓨터 프로세서의 접근이 가능하도록 데이터를 전자기 형태로 저장하는 장소) 구축, 네트워크 환경, 실시간 디바이스 제어와 모니터링 서비스 솔루션 등이 이러한 기반의 핵심이 된다.

특히 스마트 워크 환경에서는 보안이 가장 중요한 문제 중 하나이다. 네트워크와 웹 보안이 구축된 기업 내부와 달리, 재택 혹은 원격 근무에서는 보안 관리에 어려움이 따른다. 팬데믹 중 원격 근무를 경험한 직장인 6천여 명을 대상으로 한 설문조사(ESTsoft 2020. 7)에 따르면 아직까지 근로자 개인과 기업 차원에서 보안에 대한 인식이 많이 부족한 것으로 보인다. 원격 근무 시 업무 자료 관리에 대해서 27.3%가 개인 PC에 저장 혹은 별도 관리를 하지 않았고, 23.7%가 USB 등의 저장 장치에 백업하는 등 문서 보안 관리가 부족한 것으로 나타났다. 또한, 47.6%의 응답자만 회사에서 원격 근무에 대한 보안 교육을 받았고 47.7%만이 회사가 원격 근무 시 사용 기기에 백신 프로그램 설치를 의무화했다고 조사된 결과에서 볼 때, 팬데믹으로 인해 원격 근무가 증가한 것과 비교하여 보안 관리에 대한 인식이 더욱 강화되어야 할 것으로 보인다. 전사적 백신 프로그램 의무 설치, 서버 기반 스토리지를 통한 문서 중앙화와 VPN 등의 수단을 활용하여 암호화 된 데이터 송·수신 등을 포함한 데이터 보안 솔루션, 데이터 접근 이력 모니터링, 원격 근무 지원 부서 운영, 그리고 기업의 보안 가이드 및 교육 제공 등을 통한 보안 플랫폼의 구축과 인식 향상을 통해 원활한 스마트 워크의 기반이 마련되어야 할 것이다(한국인터넷진흥원).

챗봇(Chatbot) 시스템의 도입도 스마트 워크의 한 측면이다. 기업은 인공지능을 통해 업무 관련 정보를 시스템화하여 제공하고 회사 공지 사항과 일정, 협업에 필요한 정보 등을 전달하는 업무 보조 등의 역할로서 챗봇을 도입하고 있다. 챗봇은 보안 측면에서도 유용한 역할을 한다. 직원들이 외부에서 원격으로 기업 네트워크에 접속하는 현황을 파악하는 동시에 효율적으로 공지 사항을 전달한다. 예로, 아마존의 렉스(Lex)를 활용한 리버티뮤추얼(Liberty Mutual)의 챗봇과(Liberty Mutual 홈페이지) LG화학의 스마트 워크 도입을 위한 챗봇이(LG 케미토피아 2020. 6) 이러한 역할을 하고 있다. 챗봇은 또한 기업들의 고객 상담 업무에도 적극적으로 활용되고 있다. 최근 자연어 처리 기술과 인공지능이 급격한 발전을 통해 안정적인 서비스 제공이 가능해지면서 실제 기업의 활용 사례가 점차 늘어나고 있는 추세이다.

2. 교육

코로나19로 사상 초유의 온라인 개학과 동시에 전국 초·중·고등학교에서 원격 수업을 실시하면서 공교육에서는 EBS 온라인클래스, 그리고 사교육에서는 에듀테크(EduTech, EdTech)[6]기업들이 관련 콘텐츠 개발과 플랫폼 구축에 나섰다. 교육부에서는 디지털 교과서를 구축하여 기존의 교과서와 더불어 실감형 콘텐츠 체험을 제공할 수 있도록 하였고 (〈그림 3-3〉), e알리미(ealimi.com)와 e학습터(cls.edunet.net)를 통해 공지 전달과 온라인 학습 서비스 제공 등 원격 수업을 위한 플랫폼을 지원하였다. 교과서 출판 기업 역시 교사들이 활용할 수 있는 교수 학습 지원 플랫폼과 학생들이 활용할 수 있는 교육 콘텐츠와 스마트 학습 시스템을 제공하고 있다. 이처럼 원격 교육을 위한 환경을 조성하기 위해서는 PC와 태블릿 기기 등의 스마트 기기 보유와 함께 양질의 교육 콘텐츠, 교사와 학생, 학부모를 효율적으로 이어주는 교육 플랫폼 그리고 원활한 접속을 위한 인프라 구축이 요구된다.

〈그림 3-3〉 디지털 교과서의 예

출처: 교육부 공식 블로그

6) 교육(Education)과 기술(Technology)의 합성어로, 빅데이터, 인공지능 등의 정보통신기술을 접목한 교육 서비스.

중국과 일본 역시 팬데믹 상황에서 정부 주도로 공교육에서 원활한 원격 교육 환경을 제공하기 위해 노력하고 있다(한국교육과정평가원 2020. 4). 중국의 경우 교육부와 공업정보화부의 협조하에, 초 · 중 · 고등 교육 클라우드 네트워크 플랫폼(ykt.eduyun.cn,)을 기반으로 학습관리시스템(Learning Management System, LMS)을 통하여 학생들에게 수업을 제공하였다. 원활한 수강 환경 조성을 위하여 전국 모든 학교에 초고속 인터넷 연결 사업을 실시함과 동시에 지방의 빈곤 지역은 특정 거점 학교를 지정하여 위성통신 설비를 제공하였으며, 디지털 교육 자료와 전자 도서를 무료로 개방하였다. 중국은 또한 팬데믹 이전부터 교육정보화 2.0 행동계획을 통해 온라인 교실과 실험실 등을 도입하고 모든 고등교육과정에 블록체인과 빅데이터(Big Data) 등을 활용한 학습방식을 도입하고자 하였다(이혜연 2020. 5).

일본 역시 효율적인 원격 수업을 위하여 전국 학교에 고속 대용량 통신 네트워크 환경의 조성과, 학생 1인 당 1대의 컴퓨터를 보유할 수 있도록 하는 방안을 검토하였다. 학습관리시스템인 'Moodle'을 도입하는 동시에 에듀테크 사업자에 의한 무료 서비스를 경제산업성 홈페이지를 통해 제공하며, 유튜브(YouTube)와 프로그래밍 게임 활용도 적극 권장하였다. 또한, 개인 정보 유출에 대한 위험성을 최소로 하고자 추가적인 소프트웨어 설치 없이 브라우저상에서 바로 이용이 가능한 서비스를 권장하고, 클라우드 서비스의 적극적인 활용과 동시에 USB 등의 저장 매체를 사용하는 경우 파일의 암호화 및 기록 매체 자체의 보호화 등 보안 문제에도 적극적인 대응을 하였다.

이처럼 코로나19를 계기로 원격 교육의 증가와 더불어 공교육 뿐 아니라 사교육에 이르기까지 전 세계적으로 에듀테크 시장의 수요가 급격히 확대되었다. 에듀테크는 온라인 교육, 디지털 교과서, 스마트 기기를 포함한 하드웨어 및 콘텐츠 제작과 서비스 제공만이 아니라, 인공지능, 가상 · 증강현실 및 사물인터넷, 빅데이터 분석 등 기술 활용을 통한 학습자에 대한 분석과 맞춤형 교육 제공, 그리고 의사소통과 정보 관리 등을 통합하는 기능 전체를 아우른다. 이전의 비슷한 개념과 비교한다면 이러닝, 스마트러닝은 컨텐츠와 스마트 기기 등의 학습 수단에 중점을 두고 있지만, 에듀테크는 학습자에 대한 맞춤형 교육 제공을 통한 학습 성과 향상에 중점을 더 두고 있다(〈표 3-2〉).

〈표 3-2〉 다양한 디지털 교육 개념(공영일 (2020) 참고)

종류	개념	특징
이러닝 (Electronic Learning, e-learning)	전자적 수단, 정보통신 및 전파 · 방송 기술을 활용하여 이루어지는 학습	인터넷과 컴퓨터에 교육을 접목한 온라인 교육 중심
스마트러닝 (Smart Learning)	스마트폰, 태블릿PC, 전자도서 단말기 등 스마트 기기와 이러닝 신기술이 융합된 개념	스마트 기기를 활용한 교육
에듀테크 (EduTech)	교육에 정보통신 기술을 접목하여 기존 서비스를 개선하거나 새로운 서비스를 제공하는 것	데이터와 소프트웨어 중심을 둔 교육

에듀테크는 빅데이터와 인공지능에 기반 하여 개인의 학습 상태를 분석하고 성취도를 고려한 맞춤형 교육을 제공하며, 가상 · 증강현실 기술을 통해 체험 기반의 원격 교육과 실감형 교육 등 콘텐츠의 물리적

제약을 해소할 수 있는 기반을 마련하고 있다. 또한 사물인터넷과 클라우드 등을 활용한 플랫폼을 통해 교사와 학생, 부모, 관리자 등을 연결하는 교육 네트워크를 형성하고, 활발한 상호작용과 즉각적인 피드백 제공의 가능성을 바탕으로 시공간의 제약 없이 교육과 학습의 기회를 제공할 수 있는 기반을 제공할 것으로 전망된다(이혜연 2020. 5).

국내 소프트웨어 전문가 1,000명을 대상으로 설문조사 한 결과 에듀테크는 2021년 소프트웨어 산업 전망 1위로 기대를 모으고 있는 등 사회적 거리두기와 대면을 기피하는 현상으로 인해 에듀테크 소프트웨어 시장의 수요가 크게 확대 될 것으로 예상된다(김정민 2020. 11). 전 세계적으로 아직까지 에듀테크가 전체 교육 시장에서 차지하는 비중은 3.6% 정도로 낮지만(Holon IQ 2020. 11), 코로나19 팬데믹으로 인하여 앞으로의 에듀테크 산업 성장의 가속화와 동시에 성장 가능성이 더욱 기대되는 영역이다. 에듀테크 시장은 2018년 1,520억 달러 규모에서 2025년 3,420억 달러로 연평균 12.3%로 성장 할 것으로 예측되고 있으며(Holon IQ 2020. 1), 이미 에듀테크 분야의 밴처 캐피탈 투자가 2020년 3분기까지 83억 달러로 사상 최대 규모의 투자가 이루어졌다(Holon IQ 2020. 10). 국가적으로는 중국이 지난 10년간 글로벌 투자 규모의 50%를 차지하는 동시에 전 세계 에듀테크 유니콘 기업의 절반 이상을 보유하고 있는 등 2015년부터 에듀테크 분야의 투자를 주도해왔다(<그림 3-4>). 또한 관련 핵심 기술인 인공지능, 가상 · 증강현실, 블록체인, 그리고 로보틱스 시장 역시 크게 성장 할 것으로 예상되고, 그 중에서도 가상 · 증강현실을 통한 실시간

소통과 체감형 학습 콘텐츠의 성장이 주목을 받고 있다(〈그림 3-5〉).

〈그림 3-4〉 글로벌 에듀테크 벤처 투자 규모

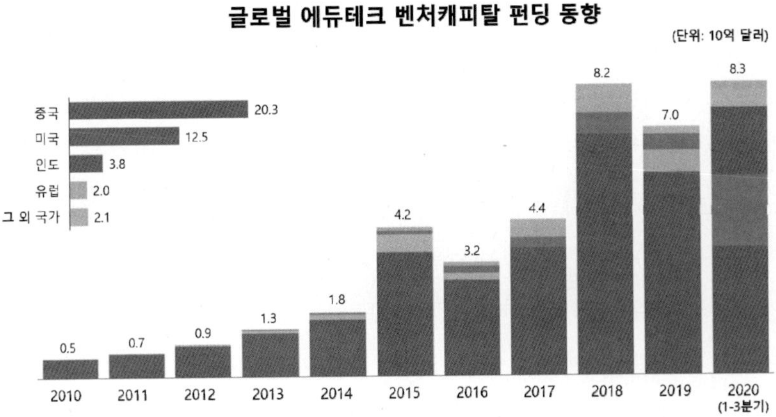

(Holon IQ (2020. 10) 참고)

〈그림 3-5〉 에듀테크 시장(좌) 및 핵심 기술 시장(우) 규모

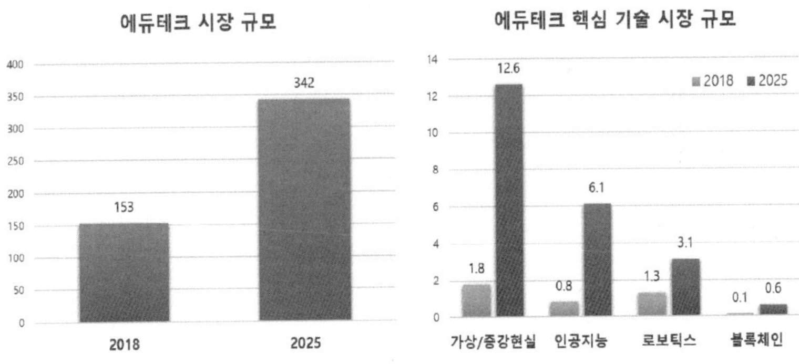

(Holon IQ (2020. 1) 참고)

3. 의료

코로나19 팬데믹으로 글로벌 디지털 헬스케어 시장이 사상 최대 규모로 성장할 것으로 보인다(Rock Health 2020). 그동안 디지털 헬스케어 분야에서는 모바일 헬스 기기, 웨어러블 기기 등을 활용한 실시간 모니터링을 통해 데이터 수집과 인공지능 기술 기반의 원격 환자 모니터링이 가능해졌고, 환자에게 원격 건강 서비스를 제공할 수 있는 등 관련 기술이 꾸준히 성장하고 있었다(생명공학정책연구센터 2020. 8). 또한 5G 네트워크 및 클라우드 기술을 통한 빠르고 안전한 네트워크와 데이터 저장 인프라를 갖추는 동시에 양자 암호와 블록체인 기술을 적용해 민감한 의료 데이터 보안 강화를 통해서 원격 의료의 기반을 마련해 왔다(김지연 2020).

디지털 헬스케어에서도 팬데믹으로 인해 급증한 의료 서비스 수요를 충족하는 동시에 코로나19 감염 예방과 비용 절감 등의 대응책으로 원격 의료와 디지털 치료제 등 비대면 의료 서비스가 특히 주목 받고 있다(McKinsey & Company 2020. 5; 김권식 2020. 11). 미국, 중국과 일본을 포함한 전 세계 원격 의료 성장이 더욱 가속화되고 있으며(김성애 2020, 전국경제인연합회 2020. 4), 코로나19로 인한 스트레스와 우울증이 급증한 가운데(McGinty 외 2020; Business Wire 2020. 4) 미국과 유럽을 중심으로 디지털 치료제가 적극 활용되고 있다(최윤섭 2020. 7).

〈그림 3-6〉 디지털 헬스케어 내의 원격 의료와 디지털 치료제의 개념

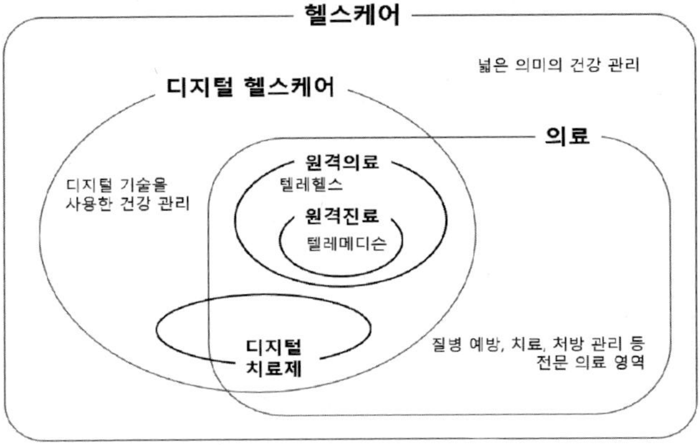

〈최윤섭 (2020. 10) 참고하여 재구성〉

디지털 치료제(Digital Therapeutics)는 국제 비영리 산업계 연합인 Digital Therapeutics Alliance (DTA)의 정의에 따르면 질병 또는 장애를 예방하고 관리, 치료하기 위해 환자에게 직접 적용되는 근거 기반의 소프트웨어 제품이다. 기존의 의약품과 같이 특정 질병 또는 장애를 대상으로 임상 시험을 통해 그 효과를 검증 받아 사용되며, 증상을 치유하거나 질병 예방 및 관리, 치료, 그리고 복약 최적화 등의 목적으로 기존 치료제를 대체하거나 병행하여 효과를 보완하는 역할을 한다(김지연 2020). 모바일 앱, 챗봇, 비디오 게임, 가상현실 등의 소프트웨어 기술이 적용되고 있으며, 예로 당뇨병 환자를 위한 자가 관리와 치료 효과를 돕거나 인슐린 투여 용량을 계산을 돕는 앱, 알코올 및 약물 중독 치료를 위한 인지 행동 치료 앱, 비디오 게임을 통한 ADHD 치료, 불면증 치료를 위한 앱 등이 FDA 승인을 받아 디지털 치료제로 사용되고 있다. 국내에는 아직 식약처 허가를 받은 디지털

치료제가 없고 구체적인 제도적 기반이 부족한 상황이다.

2019년 기준 전 세계 원격 의료 시장은 305억 달러 규모로, 2021년에는 412억 달러 수준으로 성장할 것으로 전망된다. 세계적으로 원격 의료에 대한 규제를 일시적으로 완화하거나 도입 계획이 확대되면서 시장 성장 가능성은 더욱 커질 것으로 전망 되고, 특히 중국은 39억 달러, 일본은 2억 달러 규모까지 성장할 것으로 예상 되고 있다(전국경제인연합회 2020. 4).[7] 한국의 경우, 코로나19로 인해 2월 24일부터 한시적으로 전화 상담과 만성질환자의 재진 위주의 전화 처방이 실시되었으나(보건복지부 공고 제2020-177호), 아직까지 현행 의료법상 의사와 환자 간의 원격 의료는 금지되어 있다.

〈그림 3-7〉 중국과 일본의 원격 의료 시장 규모[8]

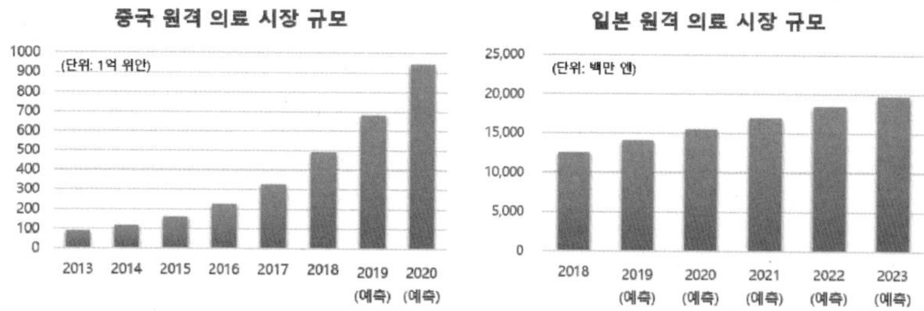

〈(좌)첸잔 산업연구원(오찬혁(2019)에서 재구성), (우)일본 야노경제연구소(2020.3) 참고〉

7) 원격 의료의 경우 원격 진료·수술·모니터링을 포함해 의사가 직접 환자에게 원격으로 의료 서비스를 제공하는 텔레메디슨(Telemedicine)의 개념과 이를 포함하여 의사와 간호사, 약사 등 모든 의료 관련 종사자의 원격 의료 행위, 의료 교육과 상담, 공중보건 등의 원격 의료 행정 전반을 포함하는 텔레헬스(Telehealth)의 개념이 있다(김지연 2020). 여기서 예를 드는 중국과 일본의 원격 의료는 원격 의료 전반을 포함하는 텔레헬스의 개념이다.

8) 일본의 원격 의료 시장 규모에 포함되는 항목은 '클라우드형 전자의무기록시스템 · PACS · 원격화상진단시스템 · 진료시스템, 진료예약시스템, 전자문진시스템(Web문진시스템 및 태블릿문진시스템)'이다.

코로나19 발생 이후 중국은 대면 의료기관 방문을 최소화하는 동시에 방역에 원격 의료를 최대로 활용하며 원격 진료와 자문 서비스를 강화한 신속한 코로나19 방역 정보 전달 정책을 펼쳤다. 또한 바이두와 알리페이 등 11개 업체가 참여하여 온라인 의사 상담 플랫폼을 구축하였고, 무인 진료소를 통해 의사와 환자가 대면하지 않고 진료를 할 수 있도록 하였다(전국경제인연합회 2020. 4).

중국의 원격 의료 시장은 2014년부터 연간 30% 이상의 성장률을 보이며 2019년 총 680억 위안의 시장 규모로 성장하였고, 2025년에는 전체 진료의 26%를 차지할 것으로 예상되고 있다. 중국 위생건강사업발전 통계공보(2018)와 월드 뱅크 (World Bank) 등의 자료에 따르면, 중국은 인구 천 명당 병상 수 6개, 의사 수 2.6명 수준으로 의료 서비스 접근성이 매우 낮은 수준이며 의료 보험 누적 적자는 점점 커지고, 특히 지역 간 의료 격차와 의료 자원의 대형 공립 병원으로의 쏠림 현상이 심각한 상황이다(김성애 2020. 11; 오찬혁 2019. 7). 따라서 이러한 의료 자원의 부족과 불균형을 해소하기 위한 정부의 정책 추진을 바탕으로 2019년 1인 GDP 1만 달러의 경제적 성장, 높은 인터넷 보급률과 5G 기지국의 급격한 증가 등의 사회 · 기술적 요인이 복합적으로 작용한 결과로 원격 의료 시장이 부상하게 되었다. 중국의 원격 의료 사업 모델은 크게 온라인 병원과 원격 의료 플랫폼으로 분류할 수 있다(김성애 2020. 11). 온라인 병원의 경우 의료 서비스 접근성 확대 및 품질 향상을 목적으로 인터넷 기술을 활용하여 온라인으로 문진, 진료, 전자 처방전 등의 서비스를 제공하는 기능을 한다.

2014년 8월 중국 정부가 의사와 환자 간 원격 의료를 전면 허용하면서 같은 해 10월 광둥성 온라인 병원으로 첫 온라인 의료 서비스 구축이 시작되었고, 2018년에는 119개, 2019년 269개, 그리고 2020년에는 900개로 온라인 병원 시장이 급격히 성장하고 있다.

중국의 온라인 병원에는 (1) 병원 등 의료 기관이 직접 온라인으로 의료 서비스를 제공해 실시간 원격 진료가 가능한 형태와 (2) IT 기업 주도로 구축한 플랫폼을 기반으로 정부, 의료기관, 의사, 제약사, 보험사를 잇는 네트워크를 통해 원격 진료부터 처방, 약 배송, 보험 등을 이용할 수 있는 형태가 있다. 대표적인 예로 2015년 12월 플랫폼 기업 웨이닥터(微醫)와 저장성 현지 정부가 협력해 설립한 우전(烏鎭) 온라인 병원은 약 4천여 개 병원과 2만여 개 약국과의 네트워크를 구축한 중국 최대 규모의 온라인 진료 플랫폼이며 2018년 3월 기준 일 평균 8만 7천명의 진료를 시행하고 있다.

온라인 의료 플랫폼의 성장과 더불어 중국의 의료 빅데이터 시장 또한 꾸준히 커지고 있다. 영상 인식과 딥 러닝, 자연어분석 등 기술을 통해 데이터를 분석하고 시각화 하는 것과 동시에 영상 및 병리 진단 보조 등의 용도로 의사의 진료 결정을 돕는다. 핑안보험사가 설립한 중국 최대 모바일 의료 플랫폼인 핑안굿닥터(平安好醫生)는 온라인 상담 시 사용자가 증상을 묘사할 수 있도록 유도하는 동시에 인공지능 의사가 환자의 목소리와 이미지 등을 분석해 사용자의 병력을 구조화 하는 서비스를 구축하고 있으며, IBM Waston 등과 합작하여 중국 내 암환자를 위한 인공지능 기반 치료 의사 결정 상담 서비스 또한 개발 중에 있다(오찬혁 2019).

일본은 1997년에 특정 지역의 9가지 만성 질환에 대해서만 원격 진료를 허용하며 대면 진료를 보완하는 방식의 제한적 원격 진료를 시작하였다(전국경제인연합회 2020. 4). 이후 점차적으로 원격 의료 규제를 완화하여 2015년부터 원격 진료를 전면 허용하였다. 또한 초고령 사회로의 전환을 대비하여 정부가 의료비 부담을 줄이기 위해 원격 진료를 적극 활용하는 방안을 제시하며 2018년부터 원격 진료가 건강보험에 포함되었고, 이후 일본의 원격 의료 성장은 더욱 가속화되고 있는 상황이다.

4. 금융

4차 산업혁명으로 인해 금융 시장의 디지털 전환이 일어나면서 신원 인증에 대한 강화가 더욱 중요한 문제로 대두되었다(유성민 2020; 이성엽 2020. 5). 특히, 코로나19로 비대면에 대한 수요가 증가하면서 전자 증명 시장이 급격히 성장하고 있다. 이러한 전자 증명의 핵심 요소는 중앙 기관 혹은 중개 기관 없이 개인이 자신의 신원을 증명하고 개인 정보를 관리할 수 있는 자기 주권 신원(Self-Sovereign Identity, SSI) 증명 방식이다. 즉, 개인이 인증 데이터를 보유하고 본인 신원 인증을 위해 기관에 관련 데이터를 제출하면 기관에서 데이터의 유효성을 확인하는 방식이다. 이를 위해 블록체인 기반의 탈중앙 신원 인증 혹은 분산 신원 인증(Decentralized Identity, DID) 서비스가 적용된다(〈그림 3-8〉). 블록체인 기술을 통하여 개인 정보 보호 강화가 가능하며, 또한 자기 주권 신원 방식에서는 데이터 제공의 주도권이 개인에게 있어서 개인만이 증명에 필요한 데이터를 제공할 수 있기 때문에 불필요한 정보의 제공 없이 개인 정보를 강화할 수 있다(유성민 2020).

〈그림 3-8〉 DID 기반 신원 증명 개요

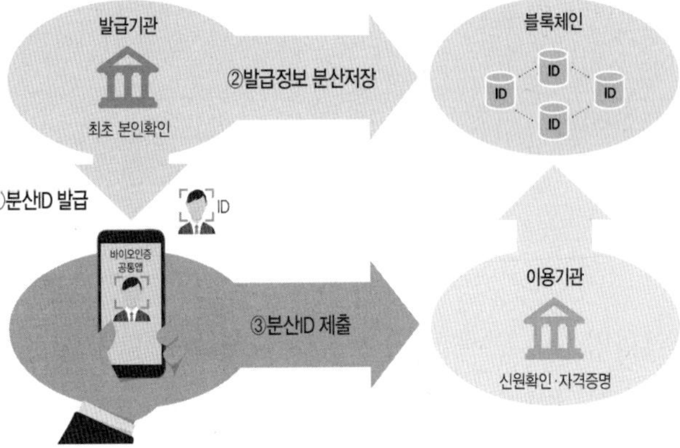

(출처: 이성엽 2020)

또한 코로나19로 인해 비대면 및 비접촉 결제가 증가하고, 질병 확산에 대한 우려로 현금 사용이 급감하면서 디지털 화폐에 대한 논의가 더욱 활발해졌다(한국은행 보도참고자료 2020. 4. 3.). 디지털 화폐(Digital Currency)란 금전적 가치가 전자적 형태로 저장 · 거래될 수 있는 통화로, 암호 화폐(Cryptocurrency) 혹은 암호 자산(Cryptoassets), 스테이블 코인(Stablecoin), 중앙은행 디지털 화폐(Central Bank Digital Currency, CBDC) 등으로 구분된다. 암호

화폐의 높은 가격 변동성을 완화하고 가치 안정성을 확보하기 위한 대안이 스테이블 코인이지만, 발행 주체가 민간이라 정책적 통제가 어려운 점이 있다(김유리 외, 2020. 5). 이에 여러 국가의 중앙은행에서 중앙은행 디지털 화폐, 즉 CBDC에 관심이 커지고 있으며(한국은행, 2019. 1), 특히 팬데믹으로 인해 중국을 비롯한 주요 국가에서 CBDC의 개발에 대한 논의가 빠르게 진전되고 있다(박재찬 2020. 10. 23.).

CBDC의 구현에 있어서 중국이 가장 앞서 나가는 모습을 보이고 있다. 중국은 2014년 세계 최초로 CBDC 연구팀을 구성하였고, 2022년 베이징 동계올림픽 개최 시기에 맞춰 '디지털 위안화'를 전면 도입할 계획으로 2020년 광둥성 선전, 장쑤성 쑤저우, 허베이성 슝안 신구, 쓰촨성 청두 등 네 개 지역을 시범지역으로 선정하여 디지털 위안화 실증 시험을 하고 있다(김유리 외 2020. 5). 중국은 CBDC를 통해 화폐 관리 비용 절감과 현금 위조, 자금 세탁 방지 등과 같은 지하경제 양성화를 이루는 동시에 중국 내 주요 민간기업(텐센트, 알리바바 등) 등에 대한 금융시스템 의존도 축소에도 의미가 있다고 판단하고 있다(김광석 2020. 7. 14.).

III. 코로나19 이후의 경제산업 변화와 정책 과제

앞서 본 것과 같이, 코로나19 이후 급격하게 변화 한 경제 산업 환경과 더불어 그에 따른 정책 과제 역시 중요하게 논의되고 있다. 현재

정부에서는 한국판 뉴딜 정책을 발표하였는데(knewdeal.go.kr), 특히 디지털 경제 가속화와 관련된 정책을 디지털 뉴딜로 부르고 관련 산업의 지원에 대한 정책을 아우르고 있다.

먼저 빅데이터 플랫폼과 분야 별 데이터 수집, 공공 데이터 전면 개방 등을 통해 데이터 생태계를 구축하여 전체 산업 현장에서 5G, 인공지능 등의 신흥 기술 활용 및 융합을 가속화하는 기반을 마련한다는 계획이 공개되었다. 그동안 정부 차원에 정부의 세종시 이전으로 인하여 이러한 디지털 플랫폼에 대한 필요성과 논의가 지속적으로 이루어져왔지만, 클라우드 시스템 기반의 플랫폼 환경이 구축되기 어려웠던 가장 큰 요인으로 보안 문제가 있었던 만큼(한국행정연구원 2020. 5), 효과적인 보안과 방역 체계를 구축하는 방안도 함께 마련되어야 한다. 또한 그동안 다양한 공공데이터가 구축되어왔음에도 불구하고, 각 부처별 단절적인 업무 구조로 인해 데이터 표준화와 데이터베이스 간 연계가 이루어지지 않아 접근성이 떨어지고 데이터 중복 및 누락의 문제가 발생하고 있었던 점(김종훈 2018. 11. 19.) 등을 고려하여 데이터 플랫폼과 생태계 구축이 이루어져야 할 것이다.

팬데믹 기간 동안 유연 근무제를 운영하는 기업의 절반 이상(51.1%)이 코로나19가 진정된 이후에도 이를 지속·확대할 계획을 보였고, 포스트 코로나 시대에 노동 시장에서 가장 큰 변화가 예상되는 부분이 원격 근무제, 유연 근무제 등을 통한 근로 형태의 다변화와 산업 구조의 디지털화로 지적되었다(한국경제연구원 2020. 7). 이에 대응하기 위해서 유연 근무제 관련 근로 기준법 개선과 인프라 구축 지원 등의 정책에 대한 논의 역시 필요하다.

코로나19로 인해 갑작스럽게 적용된 원격 교육은 아직까지는 그 활용도가 낮은 편이다(통계청 2020. 12). 교육 현장에서는 단순히 기존에 있던 강의 영상을 활용한 수업이 대부분이었고, 온라인을 통한 피드백 제공과 실시간 쌍방향 원격 수업은 활용도가 매우 낮았다. 또한, 원격 수업의 효과에 대한 교사들의 부정적으로 반응과 함께 충분한 자격의 기술 보조 직원의 비율이 상당히 낮은 점 등을 고려하면, 원활한 원격 교육을 위한 기반이 더욱 필요할 것으로 보인다. 따라서 원격 수업과 수업 콘텐츠 제작이 가능한 교육 인프라 구축과 더불어 교사의 에듀테크 활용 역량의 증진을 돕는 지원과 정책의 설립이 마련되어야 할 필요성이 있다. 관련하여 현재 교육부는 뉴딜 사업의 일환으로 예비 교원의 원격 교육 역량 강화 지원을 위한 '교원양성대학 원격교육 역량 강화 계획'과(이순이 2020), 첨단 ICT 기반 스마트 교실 구축을 위한 '그린 스마트 미래학교' 사업을 추진하고 있다(교육부 공식 블로그). 아직까지 '이러닝(전자학습) 산업 발전 및 이러닝 활용 촉진에 관한 법률'은 2004년 제정 이후 개정이 이루어지지 않아 4차 산업 기술을 아우르는 현재의 에듀테크 산업을 반영하기에 부족함이 있으므로, 관련 산업에 대한 근거 법을 마련하고 국내 에듀테크 기업의 활성화를 촉진시킬 수 있는 한국형 비즈니스 모델 개발의 필요성이 촉구되고 있다(이혜연 2020. 5).

원격 진료의 경우, 코로나19로 전화 상담과 처방이 한시적으로 허용되었지만 아직 우리나라는 의료법상 원격 의료를 허용하고 있지 않다.

2014년부터 2016년까지 3단계에 걸쳐 진행한 원격 의료 시범 사업을 통해 원격 의료의 안정성과 유효성 검증에 대한 데이터를 수집한 것과 같이(복지뉴스 2014. 6. 2.) 기존에 진행하였던 여러 시범 사업의 결과를 바탕으로 관련 의료법 개정에 대한 논의가 필요 할 것이다. 이와 함께 개인정보 보호 기술 개발과 제도 보완이 바탕이 되어야 한다. 또한 디지털 치료제에 대해서도 적극적인 R&D 지원과 함께 임상 효과가 검증 된 제품의 시장 진입 기반을 위한 선제적 제도 개선 역시 필요하다(김지연 2020). 아직까지 우리나라에서는 의료 산업에 대한 법적 규제와 수가 정책 미비로 인해 디지털 헬스케어 관련 산업 발전이 어려운 상황이다(김권식 2020. 11). 특히, 하드웨어뿐 아니라 소프트웨어 의료기기에 대한 정책과 규제 개선이 필요하다.

마지막으로 금융 시장의 디지털 전환에 맞춰 금융회사와 핀테크·빅테크 간 규제 차익 해소와 금융 산업의 디지털화 촉진을 위한 방안으로 은행의 플랫폼 비즈니스 진출이 가능해졌고 금융 상품 계약 시의 대면 의무도 완화되는 등 관련 규제와 제도 역시 발 빠르게 변화하는 모습을 보이고 있다(〈그림 3-9〉). 금융 산업의 디지털화 추진을 위해 그동안 비대면 실명 확인(2015. 1.), 간편결제 활성화(2018. 3.), 오픈뱅킹 구축(2019. 2.), 금융규제 샌드박스 시행(2019. 4.), 핀테크 투자 활성화(2019. 6.) 등의 제도 개선이 이루어졌으며 코로나19로 인해 2020년에는 특히 비대면과 관련한 부분에 초점이 맞추어졌다(금융위원회 2020. 12). 또한 2020년 블록체인 공공선도 시범 사업으로 선정된 과제의 상당수에 분산 신원 인증 방식 관련 내용이 포함되었고,

최근 '데이터 3법'[9]이 통과된 만큼 관련 시장에 정부의 지원이 늘어날 전망이다(이성엽 2020. 5). 분산 신원 인증 방식이 적용된 행정안전부의 전자증명서 구축과(행정안전부 보도자료 2020. 2. 13.) 2021년 도입 예정인 모바일 공무원증을 앞두고(행정안전부 공식블로그 2020. 11. 19.) 관련 시장이 더욱 성장할 것으로 예상된다.

〈그림 3-9〉 디지털 금융 규제 · 제도 변화

(출처: 대한민국 금융위원회 공식 포스트 2020. 12. 11.)

---

9) 인공지능과 빅데이터 분야 활성화를 위해 통계 작성, 연구 및 공익적 기록 보존 목적의 경우에 개인 정보를 비식별 처리한 가명 정보를 신용 정보 주체의 동의 없이 활용할 수 있도록 허용하는 목적의 개인정보보호법, 정보통신망법, 신용정보법 개정안을 의미.

참고문헌

강민정·박선미. 2020. “스마트워크 정책 동향 - 주요국 원격근무를 중심으로-,” *디지털 서울 이슈 리포트*, 2020-02호

경기연구원. 2020. “코로나19, 언택트 사회를 가속화하다,” *이슈 & 진단*, No.416

경제협력개발기구 (Organization for Economic Cooperation and Development, OECD). 2020. "OECD Economic Outlook: Statistics and Projections"

고용노동부. 2017. “유연근무제 도입 운영 매뉴얼.”

공영일. 2020. “에듀테크 산업 동향 및 시사점,” *소프트웨어정책연구소, 산업동향*.

교육부 공식 블로그. 2020. “2020 에듀테크 코리아 페어, 교육의 디지털 전환,” *교육부*, 2020.09.22., retrieved 2021.02.16. from https://m.blog.naver.com/moeblog/222096511392.

국제연합교육과학문화기구 (United Nations Educational, Scientific and Cultural Organization). “COVID-19 impact on Education. Education: From disruption to recovery.”

금융위원회. 2020. 12. 10. “디지털금융 규제·제도 개선방안.”

김광석. 2020. 7. 14. “[트랜D] 점점 더 치열해지는 디지털 화폐 경쟁,” *중앙일보*, 2020.07.14., retrieved 2021.02.16. from https://news.joins.com/article/23824537.

김권식. 2020. 11. “비대면 의료 분야 중소벤처기업 육성을 위한 제도개선 방향,” *KOSBI 중소기업 포커스*, 제20-23호.

김대훈. 2020. 8. 6. “급증한 신용대출… 절반은 창구 아닌 모바일로,” *한국경제*, 2020.08.06., retrieved 2021.02.16. from https://www.hankyung.com/economy/article/2020080611121.

김성애. 2020. 12. “비대면 일상으로 뜨는 중국 원격의료,” *KOTRA*.

김승호. 2020. 5. 21. “Uncontact의 일본, 그 속에 나타날 시장기회는,” *KOTRA*.

김유리 외. 2020. 5. “글로벌 기업과 주요국의 디지털 화폐 발행 현황과 시사점,” *대외경제정책연구원, KIEP 기초자료*, 2020-06.

김정민. 2020. 11. 30. “2021 소프트웨어 산업 전망 컨퍼런스,” *소프트웨어정책연구소.*

김종훈. 2018. “건설 관련 공공 정보시스템 ‘엉망’ … 누락 및 중복, DB간 연계도 안 돼,” *경향신문*, 2018.11.19., retrieved 2021.02.16. from http://news.khan.co.kr/kh_news/khan_art_view.html?art_id=201811191326001.

김지연. 2020. “비대면 시대, 비대면 의료: 국내외 현황과 발전방향,” *한국과학기술기획평가원, KISTEP Issue Paper*, 2020-10 (288).

김현수. 2002. 6. “코로나19 이후 글로벌 전자상거래 트렌드,” *한국무협협회, Trade Focus,* 2020년 21호.

내각관방 일본경제재생종합사무소. 2020. 7. “With 코로나바이럿, 포스트 코로나 시대의 기업전략,” 한국산업기술진흥원 기술전략팀 번역.

대구경북연구원. 2020. 4. “DGI 글로벌 경제진단”, No.5 (2020-02호).

박세진. 2020. 10. 2. “코로나 영향 일본 실업률 3%대 진입… 실업자 200만 명 넘어서,” *연합뉴스*, 2020.10.02., retrieved 2021.02.16. from https://www.yna.co.kr/view/AKR20201002020500073.

박재찬. 2020. “코로나에 ‘디지털화폐’ 속도전… 한국, 내년 시범테스트,” *국민일보,* 2020.10.23., retrieved 2021.02.16. from http://news.kmib.co.kr/article/view.asp?arcid=0924161582&code=11151300.

보건복지부 공고 제2020-177호. 2020. 3. 2, “전화상담·처방 및 대리처방 한시적 허용방안.”

보건복지부. 2014. 5. 30. “원격의료 시범사업 6월부터 본격 시행,” *정책뉴스, retrieved 2021.02.16. from https://www.korea.kr/news/policyNewsView.do?newsId=148779516.*

삼일회계법인. 2020. 4. “코로나19가 가져올 구조적 변화: 디지털경제 가속화,” *Samil Issue Report.*

삼일회계법인. 2020. 8. “코로나19로 가속화된 소비자 행동 변화,” *Samil Industry View,* 2020.08.

생명공학정책연구센터. 2020. 8. “미국 원격의료 시장 현황 및 전망,” BioINdustry No.151 (2020-08).

서정은. 2020. 12. 28. “오프라인은 줄이고… ‘디지털 점포’ 키우는 은행권,” *헤럴드경제*, 2020.12.28., retrieved 2021.02.16. from http://heraldk.com/2020/12/07/%EC%98%A4%ED%94%84%EB%9D%BC%EC%9D%B8%EC%9D%80-%EC%A4%84%EC%9D%B4%EA%B3%A0-%EB%94%94%EC%A7%80%ED%84%B8-%EC%A0%90%ED%8F%AC-%ED%82%A4%EC%9A%B0%EB%8A%94-%EC%9D%80%ED%96%89%EA%B6%8C/.

세계보건기구 (World Health Organization). 2020.01. “Novel Coronavirus – China.”

오찬혁. 2019. 7. 22. “중국 의료 빅데이터 시장동향,” *KOTRA*.

유성민. 2020. “4차 산업혁명과 포스트 코로나, 신원인증 시장 주목,” *한국인터넷진흥원*, 2020 KISA REPORT, Vol. 6.

이성엽. 2020. 5. “포스트 코로나 시대, 언택트 이코노미와 금융권의 변화,” *코스콤 리포트*.

이순이. 2020. “포스트 코로나 시대 대비, 예비교원 에듀테크 역량 키운다,” *행복한교육*, 2020년 10월호, retrieved 2021.02.16. from https://happyedu.moe.go.kr/happy/bbs/selectHappyArticleImg.do?bbsId=BBSMSTR_000000000191&nttId=10044.

이혜연. 2020. 5. “에듀테크(Edutech) 시장 현황 및 시사점,” *한국무협협회 국제무역통상연구원*, IIT TRADE FOCUS, 2020년 16호

일본 야노경제연구소. 2020. 3. “2020년판 차세대 의료 ICT 시장의 현상과 전망.”

잡코리아. 2020. 5. 4. “직장인 62.3% “코로나19 사태로 재택근무 했다”,” *잡코리아*, 2020.05.04., retrieved 2021.02.16. from https://www.jobkorea.co.kr/goodjob/tip/view?News_No=16696.

전국경제인연합회. 2020. 4. “중국·일본 원격의료 현황과 시사점.”

최윤섭. 2020. 10. “디지털 헬스케어의 생존을 위한 규제 혁신에 대한 고언.”

최윤섭. 2020. 7. “[칼럼] 코로나로 전기를 맞이한 디지털 헬스케어, 한국은?,” *한국경제신문*.

통계청. 2020. 11. “2020년 10월 고용동향.”

통계청. 2020. 12. “한국의 사회동향 2020.”

페이오니아. 2020. 8. "코로나19 펜데믹에서의 경제 현황: 프리랜서 수입현황 보고서."

한국경제연구원. 2020. 7. “코로나19 이후 근로형태 변화 및 노동환경 전망 조사.”

한국교육과정평가원. 2020. 4. “국외 COVID-19 대응 원격교육 방안 사례.”

한국은행 보도참고자료. 2020. 4. 3. “코로나19 확산이 최근 주요국 지급수단에 미친 영향.”

한국은행. 2019. 1. “중앙은행 디지털화폐.”

한국인터넷진흥원. “스마트워크 활성화를 위한 보안대책.”

한국행정연구원. 2020. 5. “코로나19 이후 정부조직관리 방향,” *정부디자인 ISSUE*, No.2.

행정안전부 공식 블로그. 2020. 11. 19. “2021년부터 현행 공무원증 대신 사용할 수 있는 모바일 공무원증이 발급됩니다.”

행정안전부 보도자료. 2020. 2. 13. “행안부, 전자증명서 발급 대상 증명서 총 13종으로 확대.”

홍성민. 2020. 10. “COVID-19가 과학기술 일자리에 미치는 영향과 대응방향,” *Future Horizon,* 2020 제47호.

Bain & Company. 2020. 9. “A Digital Reckoning for Insurance Companies.”

Business Wire. 2020. 4. 9. “New data from ginger shows nearly 70 percent of workers feel more stressed during COVID-19 than at any other point in their entire professional career.”

Donthu. N. & Gustafsson, A. 2020. “Effects of COVID-19 on business and research,” *Journal of Business Research*, 117, 284

ESTsoft. 2020. 7. 17. “재택근무 직장인 대산 ‘원격근무 보안관리 실태조사’ 결과 공개.”

Holon IQ. 2020. 1. 28. “$87bn+ of Global EdTech funding predicted through 2030. $32bn last decade.”

Holon IQ. 2020. 10. 8. “$8.3B Global EdTech Venture Capital after Q3 2020.”

Holon IQ. 2020. 11. 13. “10 Charts for a Changing Education Market.”

Hsiang, S., Allen, D., Annan-Phan, S., Bell, K., Bolliger, I., Chong, T., ... & Lau, P. 2020. “The effect of large-scale anti-contagion policies on the COVID-19 pandemic,” *Nature*, 584(7820), 262-267

KPMG. 2020. “Enterprise reboot: 2020 global emerging technology survey report.”

LG 케미토피아. 2020. 6. "글로벌 회사다운 변화! 챗봇, 팀즈, 실시간 통번역으로 스마트 워크를 향합니다! - LG화학 정보기술팀."

Liberty Mutual. "Workgrid Software Launches All-In-One Workplace Chatbot to Improve Employee Experience."

McFarland. L. A., Reeves, S., Porr, W. B., & Ployhart, R. E. 2020. “Impact of the COVID-19 pandemic on job search behavior: An event transition perspective,” *Journal of Applied Psychology.*

McGinty. E. E., Presskreischer, R., Han, H., & Barry, C. L. 2020. “Psychological Distress and Loneliness Reported by US Adults in 2018 and April 2020,” *JAMA*, 324(1), 93-94.

McKinsey & Company. 2020. 5. “Telehealth: A quarter-trillion-dollar post-COVID-19 reality?”

PwC. 2020. “Global Consumer Insights Survey 2020.”

Rock Health. 2020. “Q3 2020: A new annual record for digital health.”

The New York Times. 2020. 11. 18. “New Pfizer Results: Coronavirus Vaccine Is Safe and 95% Effective.”

The New York Times. 2020. 12. 1. “Moderna Applies for Emergency F.D.A. Approval for Its Coronavirus Vaccine.”

2부

동북아 주요국의
디지털 전환과 정부 정책대응

Digital Transformation

4장
중국의 AI 굴기와 디지털 전환: 정부정책과 기업전략

김익수

I. AI 수퍼파워로서의 중국

1. 미-중 패권 경쟁과 AI

우리는 왜 중국의 인공지능(artificial intelligence; 이하 AI) 발전에 주목해야 하는가?

그것은 AI가 최근 5년간에 걸쳐 급진전하고 있는 디지털 전환(digital transformation)의 핵심기술 분야이고 중국이 미국과 함께 그 발전을 선도하고 있기 때문이다. 중국의 4차 산업 발전은 정부주도형 혁신에 의해 선도되고 있는데, 일관성과 발전 속도 면에서 일본, 한국 주변 아시아 국가들을 압도하고 있다. 실제로 중국 중앙정부는 2015년 이후 '중국제조 2025' 전략의 일환으로 각급 지방정부와 하나의 팀을 이뤄 AI 산업 육성을 꾸준히 추진해왔다. 알리바바(阿里巴

巴), 징둥상청(京東商城) 등 민간 IT 기업들도 정부의 이 같은 정책에 호응해 AI 등의 4차 산업기제를 활용한 업무 스마트화 및 효율화에 매진하고 있다. 즉 AI의 지능적 판단과 빅데이터 분석에 입각해 연구개발, 조달, 생산, 판매 등 비즈니스 전 영역에 걸쳐 '디지털 전환'이 이루어지고 있는 것이다.

리카이푸(Lee Kai-fu 2018)는 그의 저서 *AI Super-powers*에서 "AI는 우리 삶에 산업혁명보다 더 큰 영향을 더 많이 그리고 더 빨리 미칠 것"이라고 하면서, "중국이 5년 이내에 AI 주요 분야에서 미국을 앞지르거나 어깨를 나란히 할 것"이라고 예견하였다. 이를 뒷받침하듯, 다국적 회계 컨설팅 기업인 PriceWaterhouse Coopers는 "AI 기술이 가져올 과실(GDP 증가분)의 45%는 중국이, 24%는 미국이 가져갈 것"이라고 하면서 "미국은 중국의 AI 굴기에 대비해야 한다"고 경고하였다. 이 같은 경고에 자극받은 듯, 미국 트럼프 행정부는 2018년 하반기까지만 해도 관세전쟁에 맞춰졌던 경제 전쟁의 중심을 2020년부터는 AI, 빅데이터, 블록체인 등 4차 산업 발전의 기초가 되는 반도체, 5G 통신장비 등에 두고 중국을 압박하기 시작했다. 그 결과 2018년 이후 ZTE, 화웨이(華爲), SMIC(中芯國際), 틱톡(抖音), 위챗 등 중국 기업들이 미국의 제재를 받게 되었다. 급기야 2020년 10월 초에는 미국의 반도체, 통신 등 IT 장비 · 기술과 소프트웨어를 쓰는 기업들은, 미국 기업 여부를 떠나, 중국에 관련 제품을 수출하기 전에 반드시 미 상무부(Department of Commerce)의 사전허가를 받도록 하였다. 이에 뒤질세라 중국도 같은 달에 〈수출관리법〉을 제정해

(2020. 10), 국가안보와 이익에 저해되는 제품의 대미 수출을 제한하기에 이른다.

이 같은 미-중간 기술주도권 전쟁이 어느 쪽의 승리로 끝날지 현재로서는 알 수 없다. 단기적으로는 미국의 제재로 인해 중국 IT 기업들의 소재 · 부품 · 기술의 조달이 악영향을 받게 될 것이고 공급 사슬망(supply chain)의 혼란이 불가피하다. 하지만, 장기적으로 보면, 미국의 제재는 중국의 자력갱생적 자체 기술 개발을 자극해 오히려 중국 IT 산업의 발전을 가속화시킬 수도 있다. 그리고 이와 같은 '제재의 역설(paradox of sanctions)'은 중국이 전략적으로 중시하는 메모리 · 비메모리 반도체, 로봇, 드론, 5G · 6G 장비 분야(이상 하드웨어), 그리고 AI, 빅데이터, IoT, 블록체인(이상 소프트웨어) 분야의 경우 더 설득력이 크다고 할 수 있다. 더욱이 2019년 말 이후 코로나19 감염증이 확산되면서 2015년 이후 전개되던 중국의 디지털 전환 노력은 가속화되었다고 할 수 있다.

이러한 배경하에서, 본 장은 AI와 중국, 디지털 전환이라는 세 가지 키워드에 중점을 두고, △ 중국 AI 산업발전의 현황과 전망, △ 중국 중앙 및 지방 정부의 AI 산업 육성정책, △ 중국 AI 기술 장비의 주요 활용분야, △ AI에 기반을 둔 중국 기업들의 디지털 전환 노력 등을 차례로 살펴본 다음, 이 같은 중국의 AI 산업 진흥 노력이 한국 정부 및 기업에게 주는 전략적 시사점을 모색해보고자 한다.

2. AI 급속 발전의 배경: '알파고' 충격

중국 고위 당 · 정 지도부가 AI에 지대한 관심을 갖게 된 것은 2010년대 초반이다. 하지만 중국이 AI 산업에 '빅 푸쉬(big push)' 정책을 펼치게 된 것은 2016-2017년부터라고 할 수 있다. 인공지능의 충격은 3월 9일부터 15일까지 서울의 한 호텔에서 벌어진 '구글 딥마인드 챌린지 매치(Google Deepmind Challenge Match)에서 발생했다. 대한민국 최고의 바둑 기사 이세돌 9단이 구글 AI 프로그램 '알파고(Alphago)'와 6일간에 걸쳐 5번 대국을 가졌는데, 제4국 한 번만 이기고 4번을 진 것이다. 이를 목도한 중국의 당 · 정 지도부는 '알파고의 논리석 계산과 과학적 추론의 힘'에 1차 충격을 받았다.

더 큰 2차 충격은 2017년 5월 상하이 우전(烏鎮) 인터넷컨벤션센터에서 발생했다. 업그레이드된 '알파고 2.0'과 중국 바둑계의 최고 고수인 커제(柯洁) 간의 대국이 열렸는데, 1년 전 그의 전적은 이세돌을 앞서 있었다. 커제 본인도 "난 알파고 2.0을 이길 수 있다"고 장담했었지만, 결과는 3번의 대국에서 3연패였다. 바둑을 끝내고 대국장을 떠나면서 커제는 "알파고가 너무 냉정해 무서울 정도였다. 도저히 인간으로서는 앞으로도 그의 상대가 안 될 것 같은 느낌을 받았다"고 울먹거렸다. 알파고는 그 후 얼마 안 돼 68전 67승 1패란 전과를 남긴 채 바둑계를 은퇴했다. 하지만 시진핑 주석을 비롯한 중국의 지도자들은 알파고의 인공지능의 힘을 보고, 일종의 '스푸트니크 쇼크(Sputnik Shock)'를 느꼈다.

그 뒤, 2017년 7월 중국 국무원은 '2030년까지 중국을 AI 세계

1위 강국으로 키우겠다'는 목표를 제시하는 동시에 'AI 산업 육성에 관한 10개년 계획'을 공표했다. AI 분야에서 미국을 따라잡지 못하면, 국방 및 과학 · 기술의 현대화는 물론 경제 · 기술 정책의 주도권 재편 싸움에서도 결국은 패배할 것이란 불안감을 느꼈기 때문이다.

그리하여 2018년 이후 AI 산업은 중국 당 · 정 지도부의 전폭적인 지원을 받게 된다. 미국도 이러한 중국의 야망과 대응 방향을 알고 있었기에 반도체, 5G, AI 등의 분야에 대한 중국 견제 · 압박을 강화한다. 사실 트럼프 행정부 이후 강화일로에 있는 중국 반도체 등 IT 산업에 대한 제재는 중국 AI 산업의 급성장과 무관하지 않다. 많은 전문가들은 이와 같은 미국의 대응이 바이든 행정부 출범(2021. 1. 20, 현지시간) 이후에도 수단과 방법만 바뀔 뿐 지속될 것으로 내다보고 있다.

[개념 설명] '스푸트니크 쇼크(Sputnik Shock)'란?

"스푸트니크 쇼크"는 20세기 이래의 세계사에서, 진주만 공습, 9 · 11 테러 사건과 더불어 미국인을 두렵게 만든 3대 사건 중의 하나로 거론된다. 1957년 10월 4일, 니키타 후루시초프 공산당 서기장 시절의 구소련은 지금의 카자흐스탄의 한 사막에서 세계 최초의 인공위성인 스푸트니크 1호 발사에 성공함으로써 이전까지만 해도 과학기술 분야에서 소련을 압도하고 있다고 믿었던 미국에게 엄청난 충격을 안겨 주었다. 실제로 미 · 소 냉전이 한창이던 당시 후루시초프 서기장은 "수소폭탄을 실은 대륙간 탄도미사일(ICBM)을 보유하고 있다"고 장담했다. 미국을 포함한 서방 국가들은 이를 '허풍'이라며 코웃음쳤으나, 스푸트니크 1호의 발사 성공으로 이 같은 위협은 현실이 됐다. 미국인들은 핵탄두를 장착한 미사일이 언제든지 미국 본토에 떨어질 수 있다는 공포에 떨게 되었다. 한 달 뒤인 1957년 11월 3일 소련은 스푸트니크 2호에 살아있는 개를 태워서 쏘아올림으로써 그 기술력을 다시 한 번 과시했다. 반면, 당시 미국은 뱅가드 위성을 아틀라스 로켓에 실어서 발사했지만 대기권 진입은 커녕 두 차례 연속 폭발하면서 망신을 당했다. 1958년 1월 30일에야 익스플로러 1호 발사에 성공하면서 간신히 체면치레는 했지만, 구소련이 불과 5kg인 익스플로러 1호를 비웃듯 2월 3일 무려 1.3톤짜리 과학탐사 위성 스푸트니크 3호를 발사하자 두려움에 떨게 된다. 이때까지만해도, 미국은 우세한 공군력으로 소련의 핵무기를 방어하고 자신들만 공격할 수 있는 상황이었다. 하지만 소련이 쏘아 올리는 로켓에 핵폭탄을 탑재한다면 언제든지 미국을 우주공간에서 핵무기로 공격할 수 있는 반면, 미국은 아무리 뛰어난 공군을 보유하고 있어도 이는 막을 수 없다고 생각하게 되었다. 그 후 미 아이젠하워 행정부는 우주개발 관련 과학기술 분야에 관한 기술열위를 뒤집기 위해 1958년 7월 국가항공자문위원회(NACA)를 비롯한 관련 연구소를 통합해 '미국항공우주국(NASA)'이란 대통령 직속 기구를 설립하게 된다. 그러나 소련은 1961년 4월 첫 우주비행사인 유리 가가린을 태운 보스토크 1호를 발사해 다시 한 번 세상을 놀라게 한다. 미국이 스푸트니크 쇼크에서 완전히 벗어나게 된 것은 1969년 7월 20일 아폴로 11호가 달착륙에 성공하면서이다.

자료: [네이버 지식백과] 스푸트니크 쇼크 [Sputnik Shock] (한경 경제용어사전); 나무위키(https://namu.wiki/) 스푸트니크 쇼크 검색 결과를 참조했으며, 두 자료 콘텐츠를 저자가 발췌해 수정한 것임.

3. 중국 AI 급속발전의 5대 요소 분석

짧은 기간 동안의 중국 AI 산업의 급성장은 ① 데이터(D), ② 인재(P), ③ 시장(M), ④ 정부의 정책적 의지(G) ⑤ 당-정-민, 산-학-연 협력(C)의 5대 요소가 상호작용해서 이뤄낸 결과이다.

우선, ① 데이터(D) 측면부터 살펴보면, 중국은 미국, 독일 등 주요 선진국에 비해 매우 유리한 고지에 있음을 알 수 있다. 4차 산업 기제를 이용해 디지털 전환을 이루려면, 무엇보다도 데이터의 양과 질, 그리고 수집관리-가공-공유능력이 앞서야 하는데, 중국은 이 분야에 있어 압도적 경쟁우위를 지니고 있기 때문이다.

공산당 일당독재하의 사회주의 체제의 특성상 중국 당과 국무원은 데이터 접근 가능성, 확보 및 공유능력에 있어 이점을 지니고 있다. 오프라인(기업, 지역, 공회(工會), 대학 등의 당 위원회, 지역 단위 세포조직), 온라인(각종 포털 상의 인적정보, 위챗, 웨이보 등 소셜미디어, 간편결제), CCTV(폐쇄회로 감시카메라) 등 각종 통로를 통해 빅데이터를 쉽게 확보할 수 있다는 점이 가장 큰 이유이다. 더욱이 중국인들은 일상생활에서 쇼핑, 외식, 영화표 예매 등을 함에 있어 현금, 신용카드보다도 스마트폰을 많이 사용하며, 7억 5,000만 명 이상의 인터넷 이용자들은 모바일 간편결제(주로 QR코드 스캐닝), 온라인 쇼핑, 음식 배달, 차량 호출 등을 통해 엄청난 규모의 빅데이터를 양산하고 있다.

둘째, 사생활 보호의 의도적인 취약성 역시 기술 발전과 함께 중국 내 빅데이터의 양산을 촉진한다. 물론 중국에도 사생활 보호 관련 법규가 있긴 하다. 하지만 매우 형식적이며, 사생활 보호에 관한 개인의 의식도 다른 나라에 비해 상대적으로 약하다. 디지털 방식을 통한 국민 통제는 시진핑 정부 들어 더 강화되었는데, 당의 감시 · 개입은 일반 대중들의 정보 보호에 대한 무관심, 지식 부족의 빈틈을 깊이 파고들고 있다. 이 같은 중국 정치 · 사회적 환경 속에서 중국 정부는 개인의 인적사항, 사생활에 관한 정보를 쉽게 확보할 수 있고, AI 기업들도 소비자들의 생활패턴과 친구, 사교 활동, 독서 습관까지 쉽게 파악할 수 있다. 특히 중국 대도시 곳곳에 설치된 1억 대 이상의 폐쇄회로 CCTV는 안면 · 이미지 인식 기능을 탑재하고 있어 방대한 이미지 빅데이터를 양산한다. 센스타임, 메그비(Face++) 등의 안면 인식 기업들은 이를 분석해 상업적으로 활용하는 한편, 중앙 및 지방의 당 · 정 유관 부서의 요청이 있으면 즉시 제공한다.

두 번째 항목인 ② 인재(P) 요인을 보면, 중국은 보급형 응용기술 인재나 데이터 가공 인재는 많으나 고급 수준의 과학자, 핵심적 기초 기술 · 경험에 있어 뒤져있음을 알 수 있다. 실제로 주요 대학과 연구소, 기업 등에서 AI 전문인재를 끊임없이 배출하고 있어서 보급형 AI 기술인재와 지원 인력은 상대적으로 풍부한 편이다. 응용기술 분야의 중상위권 인재 역시 안면인식 분야에 뛰어난 스타트업과 벤처들이 많고, 관련 기술이 현지 빅테크 기업들에 의해 사용되고 있어서 시간이 갈수록 늘어나고 있다. 또한 유학, 실무연수 목적으로 외국으로 나갔다가 중국으로 돌아오는 유학생(소위 '하이궤이(海龜)')의 비율이 2000년 23%에서 2016년 79% 수준으로 높아진 것도 기술인재의 풀(pool) 확장에 크게 기여하고 있다. 다만, 아직도 세계적 수준의 핵심 기술인재는 미국에 비해 많이 부족한 실정이다. 2017년 기준으로 보면, AI 분야에서 세계적 수준에 이른 고급 기술인재는 977명에 불과하지만, 미국은 1만 8,232명을 보유하고 있다.

그렇다고 'D' 측면에서 중국의 국제 비교우위가 약한 것은 아니며 오히려 그 반대다. 'D분야' 중국의 또 다른 강점은 고급인재의 부족을 풍부한 AI 실용화 지원 인력, 특히 데이터 라벨링(data labelling) 인력풀로 만회하고 있다는 점이다. 특히 이미지 데이터는 신속하게 라벨링(labelling)이 되어야 상업적 활용이 가능한데, 귀향한 농민공과 농촌의 유휴인력이 많아 데이터 라벨링과 가공 작업에 유리하다고 할 수 있다. 라벨링 공장들은 안훼이, 허난, 후베이, 후난, 쓰촨, 광시, 궤이저우, 장시 등의 대도시 근교의 농촌 지역에 주로 분포되어 있는데, IT가 발달한 대도시 중심에서는 거리가 멀지만 인건비, 임대료가 싸기 때문이다.

이러한 중국의 데이터 라벨링 및 AI 상업화 능력은 내륙 도시 활성화의 새로운 엔진이자 AI 산업발전의 장기적 잠재력을 알려주는 경쟁력이라 할 수 있다. 즉 '컴퓨터 알고리즘의 개발과 발견'이 AI 산업의 탄생에 지대한 공헌을 했다면, 현대의 상업적 · 실용적 목적의 AI 산업 발전에 있어서는 중국과 같은 데이터 라벨링과 가공 능력을 갖춘 나라가 상대적으로 유리하다고 할 수 있다. 실제로 이러한 '더러운 일'을 전 세계에서 가장 경제적으로 그리고 대규모로 진행할 수 있는 나라는 중국과 인도, 브라질 등의 발전도상국들이다. 그런데 이들 3국 중에서도 현재로서는 중국이 민간 IT 기업과 벤처 숫자, 라벨링 지식과 경험을 가진 숙련 노동력의 규모 등의 면에서 압도적 경쟁력을 자랑하고 있다.

세 번째 평가요인은 ③ 시장(M)이다. 'M' 관점에서 중국을 평가해보면 인터넷, 모바일, 오프라인 시장을 가릴 것 없이 단연 독보적인 세계 1위라고 할 수 있다. 앞에서도 잠깐 언급했지만, 중국은 휴대폰 보유율이 96%나 되고, 지역별 인터넷 침투율도 매월 높아지고 있다. 더욱이 중국은 세계 최대의 간편결제 시장으로 하루에도 수억 명이 모바일 간편결제를 이용하고 있다. 실제로 위챗월렛, 알리페이 등 전자결제 서비스가 2014년에 도입되었고, 그 후 3년 만인 2017년경에는 현금이 필요 없는 'Cashless Economy' 영역이 현금사용 영역을 압도하게 되었다.

이에 더하여 중국은 동북아 3국 중 젊은이들의 창업 의욕이 가장 강한 시장이라고 할 수 있다. 2014년 리커창 총리는 "大衆創業, 萬人創新(누구나의 창업, 만민의 혁신) 방침"을 공표하였다. 일명 '쐉촹(雙創)'이라 불리는 이 같은 구호는 그 후 AI, 빅데이터 등 4차 산업 분야와 인터넷 분야의 창업과 혁신적인 기업을 육성 · 지원하는 공식적인 비전이자 로드맵이 되었다. 이후 정년 창업이 늘어나고 대학과 기업 및 지방정부 차원의 인큐베이터(孵化器), 엑셀러레이터, 창업투자펀드 등이 늘어났다. 또한 외국기업과의 기술제휴, 자체 R&D 투자가 확대되고, 제품 기술과 비즈니스 모델에 대한 파괴적 혁신(disruptive innovation)을 단행하는 민간 ICT 기업들이 늘어나게 되면서, 중국 AI 산업발전의 시장기반이 넓어지고 토대가 강해졌다고 할 수 있다.

네 번째로는 AI 산업 발전에 관한 'G' 요인 즉 중국 정부의 ④ 정책적 목표와 육성의지(G)를 보다 구체적으로 살펴볼 필요가 있다. 앞의 '알파고 충격'에서 얘기했듯이 중국 정부는 '2030년까지 세계 1위의 AI 강국으로 도약한다'는 목표를 세운 바 있다. 이러한 목표 달성을 위해 중국 중앙정부와 지방정부는 대학, 연구소, AI 관련 기업에 재정적, 정책적 지원을 아끼지 않고 있다. 초 · 중 · 고 각급 학교들은 AI에 관한 알기 쉬운 교과서를 개발해 보급하고, AI 수업 시간을 늘리고 있으며, 대학들은 AI 관련 강의 과목을 개설하고 있다. 정부는 정부대로 AI 관련 정책을 일관성 있게 추진하고 있다, 관련 법규가 빠른 속도로 제 · 개정되고 있으며, "先육성, 後규제"의 틀 아래, 관련 정책적 규제도 필요 최소한으로 줄이고 있다. 이외에도 장기적 조망하에 AI 등 4차 산업 관련 인프라를 유연하면서도 대담하게 확충하고 있다. 그 한 예로, 미국의 경우에는 자율주행차 SW를 도로 사정에 맞춰 개발하지만, 중국 정부는 아예 자율주행차 전용 도로를 만든 다음 이에 맞는 자율주행 SW를 개발하고 있다는 점을 들 수 있다. 또한 연방정부의 재정 악화로 보조금과 AI 관련 연구비를 삭감하거나 관련 연구소를 셧다운(shut-down)시키고 있는 미국과는 달리, 중국은 국가예산으로 IT 기업에게 막대한 규모의 연구개발 보조금을 지급하고 있다. 또한 정부주도형으로 대규모의 반도체 육성기금을 발족시키는 한편, 상하이에는 '커촹반(科創瓣)' 시장을 개설해 AI 신경망칩, AI 관련 소프트웨어 개발을 하는 ICT 기업의 직접적 자금 조달을 돕고 있다.

다섯 번째 요인은, 'C' 요인 중국 내 ⑤ 당-정-민, 산-학-연 협력(C)이다. 중국에서 당, 정부와 기업은 하나의 팀(team)이다. 중국 정부와 기업, 대학, 연구소가 유기적으로 긴밀한 협력 관계를 유지한다. 예를 들어 디디추싱(滴滴出行)의 경우 중앙의 교통부, 지방정부 교통운수국의 교통관제(traffic control)을 도와주고 있다. 미국과의 경제전쟁 이후 중국 내 퍼지고 있는 '애국열풍(國潮)' 또한 민간 ICT 기업들의 지도부 정책에 대한 순응 심리, 그리고 AI 산업 인재들의 자생적

학습 욕구를 강화하고 있다. 물론 이 같은 야망과 열정만으로 중국이 단기적으로 미국을 추월한다고 보기는 어렵다. 그러나 분명한 것은 중국 4차 산업의 시장기반과 지식 인프라가 미국과의 무역전쟁 이전보다 훨씬 대대적으로 확대 · 확충될 것이라는 점이다.

한 마디로, 중국은 다섯 가지 AI 발전요인 중 두 번째의 인재(P) 요인을 빼고, 나머지 ① 데이터(D), ③ 시장(M), ④ 정책적 의지(G), ⑤ 당-정-민, 산-학-연 협력(C) 등의 네 가지 요인에 있어 미국을 앞서고 있다. 이 같은 사실은 '잠재적 AI Superpower'인 중국의 정책과 시장트렌드, 기업의 역할 등을 학습하고 정부와 기업이 이에 정책적 · 전략적으로 대응하는 것이 '선택'이 아닌 '필수'가 되었음을 뜻한다. 이를 위해, 제II절에서는 중국 AI 산업 발전 현황을 보다 구체적으로 살펴봄으로써 실용적이고 실현 가능한 정책 대안 수립을 위한 논리적 근거를 찾아보기로 한다.

II. 중국 AI 산업의 발전 현황

1. 중국의 AI 시장 규모

그러면 중국 디지털화, 초연결-초지능화의 핵심 기반이 되는 AI 산업의 발전 현황은 어떨까?

맥킨지 글로벌 연구소(MGI)는 40여 개국의 AI 준비 정도와 발전 속도를 비교 · 분석하였다. 이 자료를 보면, 중국은 미국과 함께 AI

선두주자 그룹에 속해 있는데, 특히 중국 국무원(행정부)이 2017년 7월 〈차세대 AI 발전규획〉을 발표하면서 비약적인 발전을 했음을 알 수 있다. 그 후, 전 세계 AI 스타트업 관련 투자의 절반 가량이 중국으로 몰려들면서 AI 관련 특허와 출판물이 급증해 양적으로는 미국을 앞서게 되었다. 비즈니스 모델과 서비스 면에서도 괄목할만한 발전을 이루었는데, 알리바바, 텐센트, 징둥상청, 바이두 등 주요 ICT 기업들이 과거의 '카피캣(copy cat)' 관행을 벗어나 미국에 없는 중국만의 독특한 인터넷 상품과 서비스를 출시함으로써 중국 4차 산업 발전을 이끌어 가고 있다.

그리고 그 중심에는 중국의 AI 굴기가 있다. 〈그림 4-1〉을 보면 2015년 중국 AI 시장 규모는 69억 위안에 불과했으나, 2017년에는 136억6,000만 위안, 그리고 2018년에는 약 339억 위안(50.6억 달러, 5조 7천억 원) 규모로 늘어났음을 알 수 있다. 지금까지 AI 시장의 고속 성장 추이가 계속된다고 가정할 경우 2023년쯤이면 시장 규모가 1,000억 위안을 크게 웃돌 것으로 전망된다(〈그림 4-1〉과 〈그림 4-5〉 참조). 2018년 AI 시장 규모를 기준으로 부문별 구성을 보면(〈그림 4-2〉), 컴퓨터비전 및 음성인식 기술 시장이 전체 AI 시장의 59%를 차지하고 있다. 2017년 기준으로 중국 내 AI 기업 중 유니콘 기업은 13곳이며, 2025년이면 약 25개로 늘어날 것으로 전망된다.

〈그림 4-1〉 2014-2023년 중국 AI 시장 규모 및 전망치

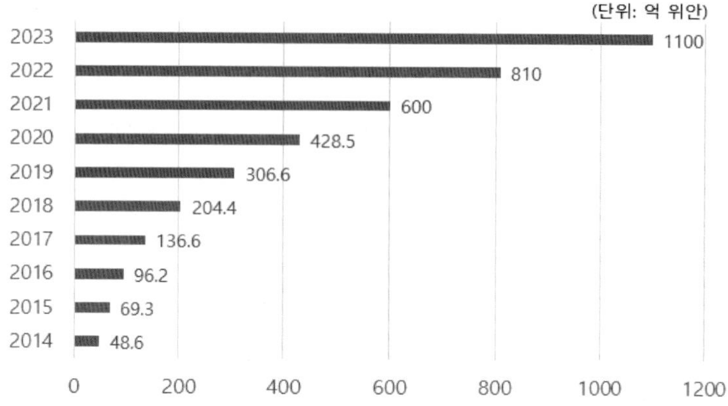

자료: 첸잔(前瞻) 산업 연구원

〈그림 4-2〉 2017년 중국 AI 기술부문별 시장구성

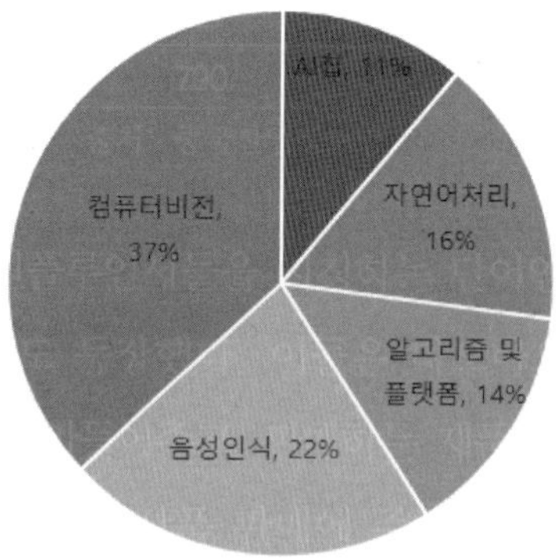

자료: 중국정보통신연구원(2018. 2)

〈그림 4-3〉 2016~2020년 중국 AI 시장규모 추이

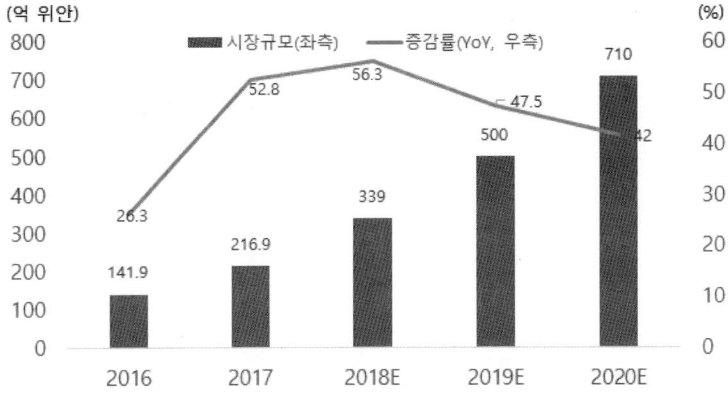

자료: 중국정보통신연구원(2018. 2)

〈그림 4-4〉 2016-2018년 중국 AI 시장규모와 성장률

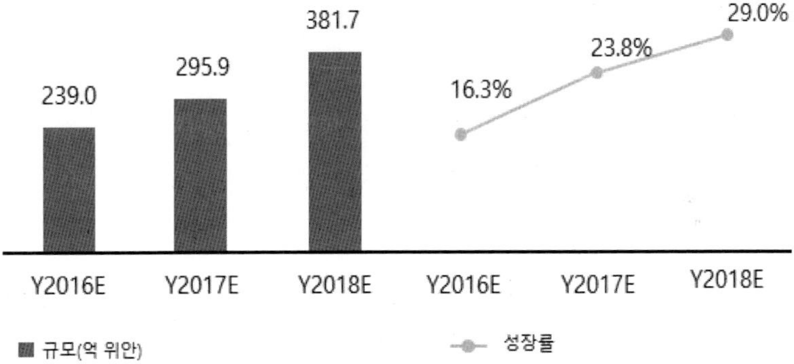

주: 중국 AI 시장 발전 동향
자료: 중국전자IT산업발전연구원

〈그림 4-5〉 중국 AI 산업 규모와 전망 (단위: 억 위안)

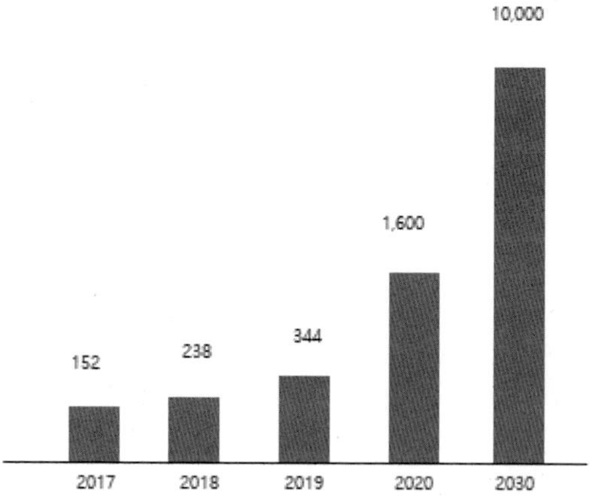

자료: 아주경제신문, 2017. 3. 14(온라인);
http://www.ajunews.com/view/20170314094939236

〈그림 4-6〉 주요국 AI 관련 논문 규모 (단위: 건)

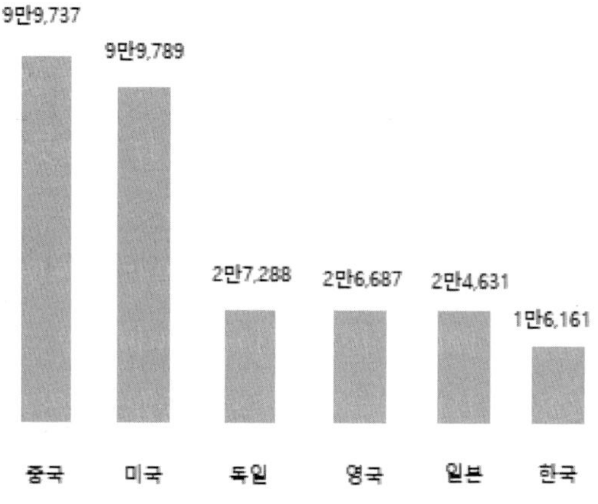

자료: 아주경제신문, 2017. 3. 14(온라인);
http://www.ajunews.com/view/20170314094939236

2. 특허 출원 · 등록 건수로 본 중국의 AI 연구개발 성과

중국의 AI 연구개발 역량 강화 추이는 출원되거나 등록된 관련 특허의 연도별 증가 추이를 보면 알 수 있다. 이와 관련해 참조할 수 있는 통계는 중국국가지식산권국(CNIPA) 공표 자료인데, CNIPA는 Patentics 데이터베이스 및 통계 분석 도구를 사용하고, 국제특허분류(IPC)를 중문 및 영문 키워드 중심으로 검색한 다음 관련 통계를 분석하고 있다. 2018년에 발표한 '2017년 AI 분야 주요 통계 보고서(2017年我国人工智能领域主要统计数据报告)에 기초하여 연도별 증가 추이를 그려 보면 〈그림 4-7〉과 같다. 여기서 알 수 있는 바와 같이, 2000년 이후 중국의 AI 특허 출원 및 등록 건수는 조금씩 증가하다가, 중국 정부가 AI를 전략적으로 육성하기 시작한 2015년부터 급증하기 시작했다.

우리의 주목을 끄는 것은 중국의 AI 특허 출원 총 건수가 2015년부터 미국의 AI 산업 특허 출원 건수를 크게 넘어서기 시작했고, 2000년부터 2017년까지의 특허 출원 누적 건수 면에서도 총 96,724건으로 미국(2만여 건)의 4.8배에 달하고 있다는 점이다(聂洪光, 范海荣 2020, 4면).

〈그림 4-7〉 시간에 따른 미 · 중 AI 산업 특허 출원건수

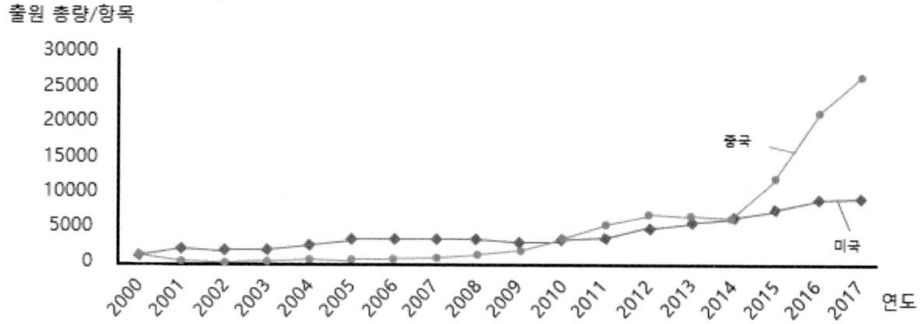

자료: 聂洪光, 范海荣(2020), "基于专利数据的中美人工智能创新能力比较研究", 中国科技论坛, 2020. 5. p. 4.

중국의 이 같은 집중적인 연구개발 성과는 세계 AI 특허 출원 건수에서 점하는 중국 비중이 37%로 한국(8.9%)의 4.2배에 달하고, 세계 AI 기업 숫자에서 점하는 비중도 20.8%로 한국의 7배에 달한 것을 봐도 알 수 있다. 중국 AI 기술력의 향상은 미국 출원 건수 추월로도 나타나고 있다. 실제로 2010-2014년 중국의 AI 분야 특허 출원 건수는 미국(1만5,317건)의 절반인 8,410건에 불과했으나, 2016년에는 549건으로 미국(135건)을 크게 앞질렀다. 그리고 2019년에는 1,293건의 특허 출원 건수로 전년 대비 무려 2배 이상 증가해 미국(231건)의 5.6배에 이르게 되었다.

이와 같은 중국의 AI 특허 출원 건수 급증은 자연스럽게 AI 특허 출원 공개 건수의 증가로 연결되고 있다. 중국의 AI 관련 특허 공개건수는 2014년에는 10,667건이었으나, 2017년에는 46,284건으로 2014년 대비 63.1%나 증가하였다. 다만, 내국인 출원 공개 건수가 41,707건으로 전체의 90% 이상을 점하고 있으며, 외국인 출원 공개 건수는 4,577건에 그쳤다. 분야별로는, 기초 알고리즘 분야의 출원 공개 건수가 6,640건으로 108.2%나 증가하였으며 기초 하드웨어 분야의 출원 공개는 986건으로 43.3% 증가하였다. 그 중 특히 수직 응용기술 공개가 38,658건으로 46.6% 증가하여 3개 기술 분야 중 83.5%의 비중을 차지하였다.

중국의 AI 특허 등록 건수 역시 폭발적으로 증가하고 있다. 2000년에 47건에 불과하던 내국인 등록건수는 16,595건으로 외국인 등록건수(882건)의 18.8배에 이르게 되었다. 기술 분야별로는, 기초 알고리즘 특허 등록이 1,378건, 기초 하드웨어 특허 등록이 428건으로 각각 72.3%, 25.9% 증가하였고, 수직 응용 특허 등록은 15,671건으로 32.7% 증가하여 전체 분야별 기술특허 등록 건수의 89.7%를 차지하였다.

중국은 세계 최대의 특허 사무소를 갖고 있으며, 중국의 대학 · 연구기관들은 AI 관련 지재권(IPR; intellectual property right) 창출에 있어서도 미국과 함께 중요한 글로벌 플레이어로서의 역할을 하고 있다. 세계지적재산권기구(WIPO)가 펴낸 보고서에 따르면, AI 분야 특허 등록 건수로는 미국 IBM이 총 8,920건으로 1위, MS가 5,930건으로 2위이고, 도시바 (5,233건), 삼성전자(5,102건), NEC(4,406건) 등 한국, 일본 기업들이 3–5위를 차지하고 있다.

중국 AI 관련 특허 등록건수에 있어서의 주목할 만한 특징은 다른 나라에 비해 대학 · 연구기관들의 AI 특허 등록 건수가 많다는 점이다. 전 세계 AI 특허 등록 건수 상위 20개 대학 · 연구기관 중 17곳이 중국의 대학 · 연구 기관이며, 나머지 3곳은 한국전자통신연구원(ETRI) 등 한국의 대학 · 연구기관이다. 특히 가장 많은 AI 특허는 중국과학원(CAS; Chinese Academy of Science)이 등록했는데, 2017년 기준으로 CAS는 가장 많은 508건의 AI 특허권을 보유하고 있다. 더 놀라운 것은 CAS가 기업들까지 포함한 글로벌 특허등록 순위에서도 17위를 기록하였는데, 특히 강세를 보인 분야는 '딥러닝(deep learning)' 분야였다. 그 다음으로는 국가전력망(国家电网), GoerTek(歌尔科技)社, 시안전자과기대, 저장대학, 화난이공대, 베이징항공우주대, OPPO

社, 칭화대, 바이두 등이 그 뒤를 따르고 있다. 외국인 특허권자로는 삼성전자, Qualcomm, MS, Intel, Sony, Fanuc, Boeing, Apple, Nokia, Google 등의 기업들이 Top 10에 올라 있다. 이는 중국이 AI 산업 발전에 있어 연구 · 개발과 기술 혁신이 국가(정부) 주도로 이루어지고 있음을 보여주는 것이다.

다만,중국의 기술 특허 보호 수준은 서방 선진국은 물론 한국, 대만 등에 비해서도 매우 낮다. 이 같은 나쁜 상황을 타개하기 위해 중국 정부는 AI 등 주요 4차 산업 분야에서만큼은 특허 출원 · 등록은 물론, 보호 법규 집행을 강화하는 한편, 특허 보호의 중요성에 대한 교육 · 홍보를 강화하고 있다.

〈표 4-1〉 AI 연구지표별 국가순위

최근 20년간 논문 발표 건수	1위 중국(13만) 2위 미국(11만) 3위 일본(4만) 11위 한국(1.9만)
논문 인용건수	1위 미국(337) 2위 영국(64) 3위 프랑스(36) 4위 중국(34)
연구기관별	1위 프랑스 국립과학연구소 2위 중국과학원

자료: 클래리베이트 애널리틱스

〈그림 4-8〉 2015년 AI 분야 논문 수 및 비중

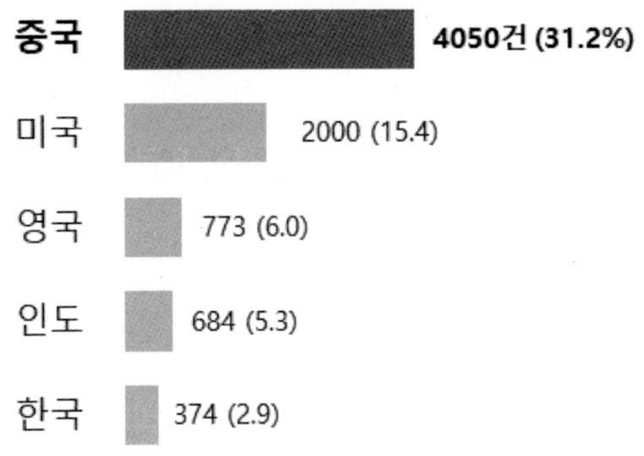

자료: 조선경제, 2017. 11. 27, A6;

〈그림 4-9〉 최근 10년 간 국가별 AI 관련연구 논문 발표 편수

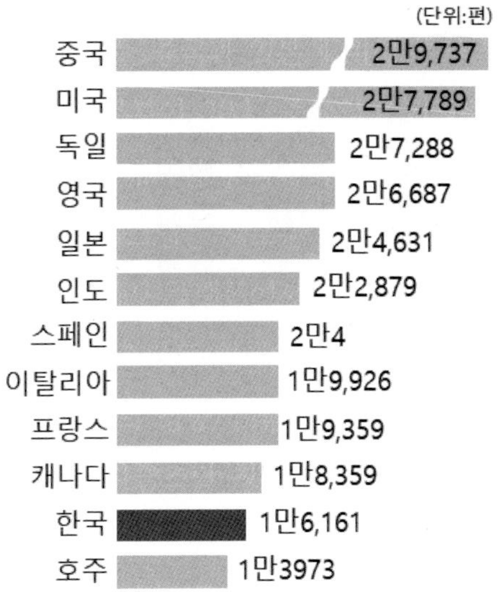

자료: 서울경제신문, 2017. 3. 16, A9

3. 중국 AI 분야의 기술 수준: 현재와 미래

그렇다면 중국의 AI 분야 기술 경쟁력은 어느 정도일까? 우선, AI 응용기술 분야의 경우, 상용화가 가능한 수준에 이르렀다고 할 수 있다. 그 좋은 예로는, 2017년 커다쉰페이(科大讯飞)와 칭화대가 공동 개발한 중국 최초 AI 의사인 '샤오이(曉醫)'가 있다. '샤오이'는 의사 자격시험에서 600점 만점에 456점을 받아 합격하였다. 그러나, AI 관련 기초 기술 수준은 아직도 선진국과 큰 차이가 있다. 〈그림 4-10〉은 2016년 현재 미국 기술 수준을 100으로 놓고, 유럽, 일본, 한국, 중국의 AI 세부 분야별 기술수준을 국제적으로 비교해 놓은 것이다.

〈그림 4-10〉 2016년 AI 기술수준

(미국=100)

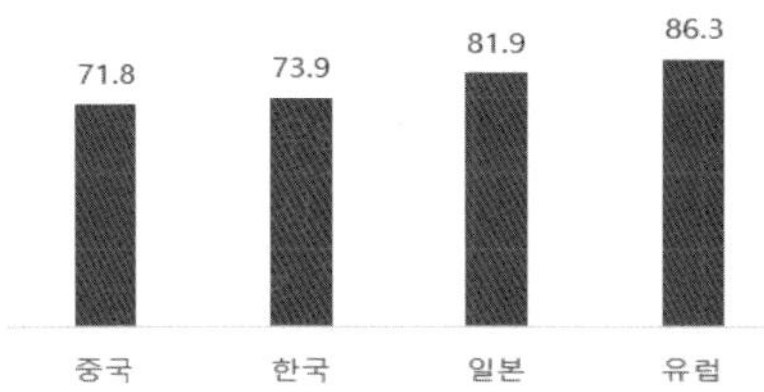

자료: 정보통신기술진흥센터

〈그림 4-11〉 미국과의 AI 기술 격차

(단위:년)

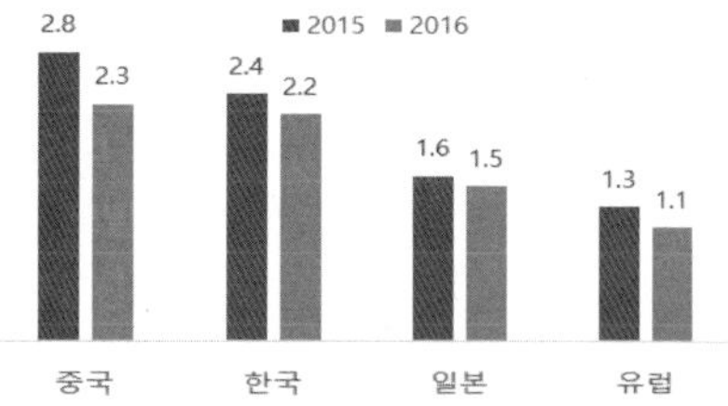

자료: 정보통신기술진흥센터

여기서 알 수 있는 것처럼, 중국은 거의 모든 분야에서 미국, 유럽, 일본과 큰 기술격차를 보이고 있다(정보통신기술진흥센터 자료). 특히 기초연구 분야의 경우 중국의 AI 기술수준은 71.3으로 미국과 28.7점(5년 이상)의 격차를 보이고 있으며, 한국(73.6)에 비해서도 2.3점 정도의 격차가 존재한다. 다만, 전체적 AI 기술역량 면에서는 한국과의 기술격차가 근소해, 한국이 대응을 소홀히 할 경우 2023년이면 중국이 AI 거의 모든 기술 분야에서 한국과 비슷해지거나 앞설 것으로 생각된다. 중국 정부가 2015년 이후 인터넷 플러스, China Brain, 단계별 AI 발전계획 등을 착실히 실행에 옮기고 있기 때문이다.

AI, 빅데이터에 관한 정부주도형 혁신이 앞으로도 이어진다면, 늦어도 5년 뒤인 2025년쯤에는 기초 기술 분야를 빼고는 거의 모든 AI 분야에서 미국과 대등해지거나 미국을 앞지를 가능성도 배제할 수 없다. 특히 AI의 발전에는 빅데이터 경쟁력이 매우 중요한데, 앞에서 소개한 것처럼 중국은 데이터의 수집과 가공 능력에 있어 타국의 추종을 불허하는 비교우위를 갖는다. 우선, 플라스틱 신용 카드를 사용하는 미국과 달리 중국은 모바일 간편결제가 보편화돼 있어 숫자, 문자(SNS 문자), 카메라 동영상 등 데이터의 양이 미국보다 3배나 많고, 빅데이터 분석 알고리즘의 시뮬레이션에 관한 인프라도 비교적 잘 갖춰져 있다. 둘째, 중국은 미국 인구(2019년 현재 3.28억)의 4.4배에 가까운 방대한 14.4억 명의 인구를 가지고 있는데다가, 사생활 및 개인정보 보호 관련 법규의 집행이 느슨하고 민감도도 낮다. 여기에, 개인정보에 둔감한 문화적 프리미엄(1.3배)까지 감안하면 단순 계산만으로도 미국보다 약 20배 강한 데이터 경쟁력을 갖추고 있다고 해도 과언이 아니다.

이 같은 압도적인 데이터 경쟁력, 정부의 AI 육성 정책, 제도적 인프라 등에 힘입어 중국의 ABCD(AI · 빅데이터 · 클라우드 · 드론) 분야 관련 논문의 누적 편수는 2015년 이후 최근 4-5년간 급속도로 늘어나고 있다. AI 관련 논문만 해도 2018년 기준으로 중국의 발표 논문 수는 13만 건으로, 글로벌 1위이다.

한마디로, 양적 성장 면에서는 중국은 미국 등의 선진국을 압도하고 있다. 하지만 AI의 과학적 기초나 기술인력의 질적 수준에 있어서는 미국, 유럽에 아직까지 못 미친다고 할 수 있다. 다만, 향후 4-5년 뒤를 내다보면, 중국은 이미 앞선 전자상거래, 핀테크 소프트웨어나 안면인식 기술 분야에서뿐만 아니라, AI나 빅데이터 관련 기초 과학 연구, 기술 인력의 질(quality) 면에서도 미국을 바짝 추격할 것이고, 상용화 관련 응용기술 분야에서는 미국을 능가할 수 있을 것으로 사료된다.

〈표 4-2〉 세부 AI 기술 수준 (기준:미국=100)

	기초연구	응용 및 개발	사업화	인공지능 전체
유럽	86.5	86.5	85.7	86.3
일본	82.0	82.1	81.5	81.9
한국	73.6	74.4	73.4	73.9
중국	71.3	72.2	71.7	71.8

자료: 정보통신기술진흥센터

〈표 4-3〉 주요국의 AI 산업 발전 최근 동향

국가	인공지능 산업 동향
한국	-삼성전자 · LG전자 · SK텔레콤 · 네이버 · 카카오 등 대기업 위주 AI 투자와 연구 개발 진행 중 -빅데이터 분야는 통합전산센터의 보안 로그 분석, 서울시의 올빼미 노선 개발, 신한은행의 빅데이터 활용 등 공공분야 및 금융권 활용이 높은 편
미국	-IBM의 Watson 기술이 세계적으로 AI 분야를 선도 중 -Apple은 2015년 8월 머신러닝 벤처기업인 투리(Turi)를 2억 달러에 인수한 것을 비롯해 최근 1년간 인공지능 분야 스타트업 6개 인수
일본	-이화학연구소의 혁신지능 통합연구센터는 도요타, 도쿄대, 교토대학 등과 향후 10년간 제조업 부양, 의료 효율화, 노후 인프라 관리 등에 응용 가능한 AI 원천 기술 개발 예정
중국	-중국과학원(SIBET)은 최근 AI 연구센터를 설립 -KPMG 보고서에 따르면 중국정부는 2017년 AI 관련 신생기업에 10억 달러 이상 투자함 -화웨이는 美 US버클리대와 제휴를 맺고 AI 연구에 100만 달러를 투자할 계획 발표 -샤오미는 머신러닝을 통해 앱과 웹사이트를 맞춤식으로 추천하는 AI 스마트 TV 출시
유럽	-영국 DeepMind는 급성 신장병의 조기 조치를 의사 및 간호사가 판단할 수 있도록 돕는 모바일 어플리케이션 Streams 개발을 진행 중 -프랑스 국립정보학자동제어연구소(INRIA)는 Facebook이 설립한 AI 연구소와 공동 연구 진행 중

자료: 정보산업기술진흥센터 자료를 바탕으로 저자가 정리

〈표 4-4〉 주요국의 AI 프로젝트

국가	프로젝트
미국	국가 AI R&D 전략계획
일본	AI산업화 로드맵
중국	차이나 브레인 프로젝트 인터넷플러스 AI 3년 액션플랜

자료: 언론자료 종합

〈그림 4-12〉 중국 AI 분야 대표 유니콘 기업

기술 분야	업체	기업가치(억달러)
컴퓨터비전	Sense Time	60
	Face++	30
음성인식	Unisound	10
AI칩	Cambricon	25
	Horizon.ai	40
알고리즘	4Paradigm	12
	DeepBlue	33
로봇	Ubtech	50
자율주행	Pony.ai	10
의료	iCarbonX	10

자료: 언론 보도자료 정리

4. 중국 데이터 경쟁력 기반 강화: CCTV 설치의 급증

중국의 AI 경쟁력은 압도적 데이터 경쟁력 우위에 의해 뒷받침되고 있고, 수집 채널 또한 인터넷(웨이보), 모바일기기(위챗 등), 폐쇄회로 감시 카메라(CCTV) 등으로 다양하다.

특히 최근 들어서는 공항, 고속철, 지하철, 차도, 횡단보도 등 거의 모든 장소에 설치된 도시지역의 CCTV 및 관련 설비가 영상이미지 데이터 확보에 큰 기여를 하고 있다. 실제로 2016년에만 해도 5천만 대에 불과하던 중국의 CCTV 숫자는 2019년 말에는 4.1억대 수준으로 증가했다. 영국 보안회사 컴페리테크(Comparitech) 자료에 따르면, 전 세계 7억 7,000만 대의 CCTV 가운데 54%(4억 1,580만대)가 중국에 있는 것으로 조사되었다. 2021년이면 전 세계 10억 대의

CCTV 감시 카메라 중 55%인 5.5억 대가 중국 도시 지역에 설치될 것으로 전망되고 있다(IHS 마켓 2020년 7월 발표 자료).

인구 1,000명당 CCTV 설치 대수가 많은 전 세계 도시 20개 중 상위 18개가 중국에 있는 것도 놀랄 만하다. 베이징시의 경우, '후커우(戶口; 중국의 호적)'를 가진 등록주민수가 약 2,000만 명인데, 인구 1,000명당 56.20대의 카메라가 설치돼 있다. 상하이시의 경우, 그 숫자가 39.96대로 베이징보다는 적지만, 주민 수 1,900만 명으로 비슷한 규모의 일본 오사카가 인구 1,000명당 0.11대, 인구 3,700만 명이 넘는 도쿄가 인구 1,000명당 겨우 1.06대인 점을 감안하면 매우 높은 수치이다(인터넷신문 테크플러스, 2020. 7. 27). 서울의 경우, 약 4만 대의 CCTV가 설치되어 있는데, 인구 1,000명당 4.1대로 도쿄, 오사카보다는 글로벌 순위는 53위로 비교적 낮은 편이며, 베이징, 상하이 등 중국 대도시에 비해서는 매우 낮은 편이다.

이처럼 중국 지방 정부가 CCTV를 빠른 속도로 늘릴 수 있는 것은 △범죄자 색출 명분, △'하이크비전(海康威视; Hikvision)'과 같은 글로벌 영상설비 업체의 높은 가격 및 기술경쟁력이 기여하고 있다. 권위주의적 사회주의 체제의 특성상 부패-탈세-인신매매 등의 불법행위를 한 범법자나 기타 법규를 위반한 악덕 혹은 불량시민의 색출, 체제 위협을 초래하는 국내외 정치사범, 테러리스트를 추적하는 등의 공공안전 수요가 증가하고 있는 것도 시진핑 '1인 지배' 체제 하에서 CCTV가 늘어나고 있는 요인이다. 국가안전부, 각 1급시 공안국, 교통운수국 등 공공기관은 물론 2급시와 현급 지방정부도 범죄자나 범법자 색출 목적으로 CCTV 감시카메라를 자주 이용하고 있다. 다만 영상보안 · 감시장비 수요의 급증에도 불구하고 감시장비 단가가 급등하지 않는 것은 하이크비전 같은 대기업이 설비를 증설하고 있고, 지방 중소 민간 영상장비 업체들이 지속적으로 시장에 진입하고 있기 때문이다.

더 놀라운 것은 2015년 이후에 설치된 CCTV에는 인공지능(AI) 기술 기반의 고성능 안면 인식 카메라가 장착돼 있다는 점이다. CCTV를 통해서 수집된 이미지 데이터는 '상탕커지', '이투커지', '메그비' 등의 업체에 의해 분석된 후 빅데이터로 전환된다. 상탕커지(商湯科技; Sense Time)는 안면인식 정확도률 95%를 자랑하는 세계 1위 업체이고, 이투커지(依图科技: Yitu Technology), 메그비(旷视科技; Megvii) 등의 기업도 정확도 90% 이상의 안면인식 기술을 보유하고 있다. 따라서 외국인이라 할지도 중국 입경 시에는 안면인식 및 지문인식 촬영을 하고 들어가야 하므로 보안 및 공안당국의 입장에서는 언제든지 필요하면 입국자의 소재지와 신원 파악이 가능하다. 실제로 2025년경이면 중국은 '조지 오웰의 동물농장(Animal Farm)'처럼 공산당이 독점적 정보우위를 이용해 전 국민과 외국인을 감시할 수 있는 사회가 될 것으로 보인다.

셋째, CCTV를 통해 수집된 영상 이미지 데이터의 라벨링(labelling) 및 알고리즘 분석 능력이 강하다는 점도 중국의 강점이다. 앞에서도 얘기한 것처럼 전 세계에서 중국만큼 데이터를 과학적으로 분석해 라벨링(labelling) 작업을 잘 해낼 수 있는 나라는 없다. 2억 7천만 명을 넘는 농민공들과 도시근교 농촌의 거대한 잉여 인력이 이 같은 라벨링 작업을 수행하고 있기 때문이다. 지방정부와 디디추싱, 알리바바, 징둥 등 빅테크 기업들은 이들 CCTV 및 관련 설비업체, 영상이미지 라벨링 및 가공업체에 투자를 하거나 기술제휴를 함으로써 중국의 데이터 경쟁력을 지속적으로 높여나가고 있다.

5. AI 관련 디지털 생태계의 확장 · 고도화 · 다양화

마지막으로, 중국의 AI 산업 발전과 관련해 기술 경쟁력 못지않게 중요한 것은 중국의 디지털 생태계가 빠른 속도로 확장되고 있다는 점이다. 여기에는 △중국 당 · 정 지도부의 AI 기술에 대한 지대한 관심, △'창업과 혁신'을 통한 질적 성장, △'현금이 필요 없는 경제(cashless economy)'의 구현 등 경제전략 상의 '패러다임 쉬프트(paradigm shift)'가 크게 작용하고 있다. 실제로 2014년 말 리커창(李克强) 국무원 총리가 '대중 창업과 만인에 의한 혁신(大衆創業, 萬人創新) 정책'을 공표한 이후, AI를 비롯한 4차 산업혁명 기제 산업에 진입하려는 혁신적 청년 혹은 '하이구이(海龜 혹은 海歸)'에 의한 창업이 획기적으로 늘어났다. 2012년 인구 1만 명 당 14개에 불과하던 중국 내 신설 기업 수는 2017년에 32개로 늘어난 반면, 같은 기간 동안 한국의 신설 기업 수는 15개로 같은 기간 동안 거의 변화가 없었다.

중국의 AI 스타트업 투자 규모도 급증하고 있다. 2017년 기준으로 중국은 전 세계 AI 스타트업 투자액(152억 달러)의 48%를 차지함으로써 미국(38%)을 크게 앞서고 있다. 베이징, 톈진, 상하이, 난징, 광저우, 선전 등 대도시 중심으로 늘어나는 벤처 캐피털과 PEF(Private

Equity Fund), VC(Venture Capital) 등도 AI 관련 스타트업 기업의 투자를 후방에서 지원하였으며, 2015년 이후 PEF 연평균 투자 증가 속도는 70%에 달했다(〈그림 4-13〉 참조).

〈그림 4-13〉 중국 AI 분야 PE/VC 투자 추이

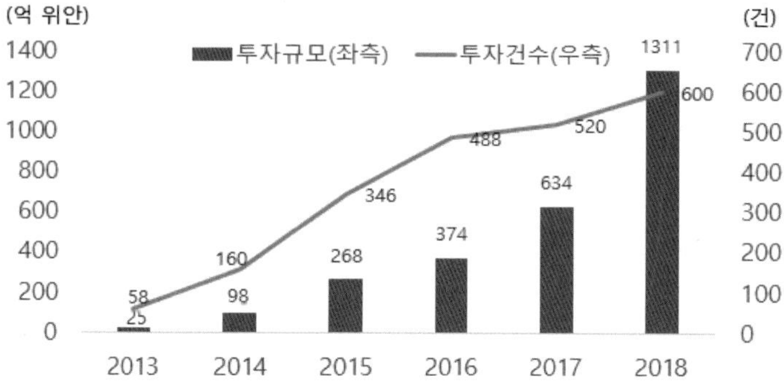

자료: ITJUZI('19. 1.)
주: PE는 사모펀드(Private Equity Fund), VC는 벤처캐피털(Venture Capital)

2015년부터 동부 연해지역 대도시에 늘어나고 있는 인큐베이터(孵化器), 엑셀러레이터(加速器), 벤처캐피털(風险资本) 등도 중국 내 AI 관련 디지털 생태계의 확장에 기여했다. 소재지 지방정부, 기업, 대학, 연구소들은 생태계를 구성하는 이들을 지원하면서도 스타트업들이 필요로 할 경우 심사를 거쳐 자본, 지식, 경험들을 지원해주었다.

민간 ICT 벤처 및 빅테크 기업들은 그들대로 중국 당 · 정 지도부의 '중국제조 2025', '중국 인터넷 플러스', '3단계 AI 발전계획' 등의 정책 수요에 부응하는 전략을 펼쳤다. 이들은 AI는 물론, 5G, 6G, 빅데이터, IoT 등 AI 발전과 직간접적으로 관련된 사업부의 증설과 기업

지원에 적극 참여하였는데, 특히 'BAT'로 대변되는 '인터넷 공룡'들이 그 선도적 역할을 담당하였다. BAT 기업들은 전통적인 경영패러다임에서 벗어나 제조업, 서비스업을 인터넷과 연결하고, 디지털 경제로의 전환에 도움이 되는 성장동력의 발굴과 비즈니스 모델의 비대면화 · 지능화에 힘썼다. 2018년을 예로 들면, 총 21개의 유니콘(기업가치 10억 달러 이상의 벤처기업) 기업이 음성인식, AI칩, 알고리즘 등 AI 관련 분야에서 활동하고 있었다. 이들은 2015년 이후 전개되고 있는 중국 정부의 육성 정책에 순응하면서도 비대면 디지털 전환 트렌드에 편승하기 위해 사업부를 신설하고 기술을 혁신하는 등 전략경쟁을 하기 시작하였다. 90년대 산업화 시대에 검색엔진의 황제로 군림했던 바이두(百度)를 예로 들면, 2016년에 디지털 전환 시대 패러다임에 걸맞게 일찌감치 'AI 기업'으로의 변신을 선언하고, 2018년에는 자연어 인식 및 처리 소프트웨어, 스마트카와 AI칩의 개발을 성장동력 분야로 선정하였다. 그 다음에는 구(舊) 경제 부서를 과감히 정리해 AI 관련 부서에 보다 많은 경영자원을 배치하였다.

화웨이(華爲)의 경우, 2017년에 AI칩 설계업체인 캠브리콘(中科寒武纪; Cambricon) 그룹과 제휴해 'AI신경망 칩을 이용한 연산 전용 프로세서'인 NPU(Neural Processing Unit)를 탑재한 Kirin 970을 개발하였다. 그리고 이후에는 AI, IoT(사물인터넷), 빅데이터를 이용한 스마트 시티 건설에 과거보다 많은 연구 · 개발 투자를 진행하였다. 그리고 2019년 이후에는 스마트 카 중심의 AI 생태계 구축을 하기 위해 〈All in AI〉 프로젝트를 가동해 자율주행 시스템 Apollo와 음성

인식 시스템 DuerOS, AI 칩 쿤룬 등을 개발하고 있다.

알리바바나 텐센트 등 빅테크 기업 그룹의 계열사들도 2017년 이후 AI 기반 기술을 이용한 금융·보험·전자상거래·물류 업무의 지능화, 핀테크 기능의 향상, 자율주행차 알고리즘 개발에 박차를 가하고 있다. 알리바바 그룹의 경우, 산하에 '달마원(達磨院)'이란 R&D 센터를 건립한 다음 이를 중심으로 AI신경망칩의 개발에 매진하고 있다. 증권·금융·보험 업계의 경우 공상은행, 중국은행 등 주요 국유 상업은행들은 AI 알고리즘 업체인 '4Paradigm'에게 대규모 프로젝트를 발주하였고, 화타이(華泰)증권은 AI의 딥 러닝(deep learning) 기술에 기반을 둔 '로보 어드바이저'가 금융자산 포드폴리오를 재편하고 리스크를 관리하고 있다.

대내외 상황 변화도 AI 기술을 활용한 중국 내 비대면 비즈니스와 관련된 디지털 생태계의 확장을 촉진하고 있다. 2019년 말부터 확산하기 시작한 코로나19 감염증은 AI 기술을 이용한 원격진료, 원격교육, 스마트 물류 비즈니스의 성장에 기여하고 있다. 중국 최대의 민간 보험사인 평안보험(中国平安) 그룹의 경우, 보험사고가 날 때 피해자 보험금을 AI 기술을 이용해 비대면 방식으로 산정해 알려주고 있다. 또한 이 그룹의 자회사인 '핑안굿닥터(平安好醫生; PingAn Good Doctor)'는 AI, 빅데이터 기술을 이용해 원격 보건의료 소프트웨어 솔루션을 제공하고 있다. 텐센트(騰訊) 그룹은 산하 '텅쉰헬스(騰訊醫療健康)'를 중심으로 의료와 AI 기술의 융합을 촉진하기 위해 2016년 iCarbonX, VoxelCloud 등의 의료업체의 투자를 유치한 바 있다. 또한 알리바바 그룹 역시 의료 부문 계열사인 '알리헬스(阿里健康; AliHealth)를 통해 보건의료용품의 도소매, 전자상거래와 원격 의료 서비스 솔루션을 제공하고 있다. 텐센트 그룹 계열의 징둥상청(京東商城)은 AI로봇, 빅데이터, 드론을 이용한 배송물품의 과학적 분류와 효율적 배송을 포함한 스마트 물류 비즈니스 비중을 확대하고 있다.

종합정리해보면, 중국 AI 산업의 발전 모멘텀은 중앙 및 지방정부가 디지털 생태계의 법 · 제도적 틀을 정하고 인프라를 조성해주면, 스타트업 기업과 벤처, ICT 대기업, 대학, 연구소, 기업, 금융기관, 벤처 캐피털 등이 유기적으로 협력하고 생태계 조성에 적극 참여함으로써 유지된다고 볼 수 있다.

III. 중국 정부의 AI 산업 육성정책

1. 중앙 정부 차원의 AI 산업 육성

중국의 AI 산업이 단기간 내에 빨리 발전한 데에는 중국 중앙 및 지방정부의 육성정책요인 ('G' 요인)이 크게 작용했다. 특히 2016년 이후 중국 공산당과 국무원은 'AI 굴기(崛起)' 전략을 펼쳤는데, "전통 제조업으로 미국을 능가하는 것은 어렵지만, AI, IoT, 빅데이터, 블록체인 등 4차 산업기제를 이용해 미국을 추월하는 것은 쉬울 수 있다"고 생각했기 때문이다. 당 · 정 지도부는 AI 기술이 경제발전, 비즈니스 효율화는 물론, 사회통제, 군사력과 보안의 강화, 의료, 금융 등의 발전에 필수적이며 매우 유용한 도구라고 인식하게 되었다. 실제로 중국 당 · 정 지도부는 전 국민의 '후커우(戶口)' 정보와 AI 안면인식 기술을 접목하여 단 몇 초 안에 대상자의 신분과 범죄자 여부를 파악할 수 있다. 이외에도 위챗, 웨이보 등 SNS 네트워크 상의 콘텐츠 검열을 통해 부족한 인적정보와 개인별 동향을 파악할 수 있다.

사실 중국 AI 산업의 급속 발전은 시진핑(習近平) 주석의 지대한 관심에서부터 시작되었다. 시 주석은 책장에 AI 관련 최신 서적을 2~3권을 배치하고 틈나는 대로 정독하였고, 2016년 이후에는 정치국 상무위원들과 함께 집단학습 기회를 정기적으로 가져왔다. 2018년 10월 31일 중앙정치국 집단학습 회의 석상에서, 시 주석은 "방대한 데이터와 시장 잠재력을 지렛대 삼아 AI 원천 · 핵심 기술을 발전시킴으로써 일상 업무, 학습, 생활을 스마트하게 바꿔야 한다"고 발언하였다. 이 발언이 나온 이후 중국 국무원은 AI 발전에 관한 행동계획을 수립해 실행에 옮겼다.

국무원 리커창(李克强) 총리 역시 2016년 〈인터넷 플러스〉 전략과 〈AI 행동계획〉을 발표한 데 이어, 2017년 3월 전인대(全人代) 개막식 정부 업무보고(3월 5일)에서 〈전략적 신흥산업 발전계획〉을 발표하며 AI 산업의 대대적인 육성 필요성을 강조하였다. 이어서 2017년 7월에는 "2025년, 아무리 늦어도 2030년까지 미국을 제치고 세계 최고의 AI 강국으로 부상하겠다"는 야심찬 목표를 제시하였다. 이는 중국 지도부가 AI 기술을 중국 과학기술의 현대화와 제조업 및 서비스 산업의 변혁을 이끌 새로운 핵심 기반기술로 인식하는 동시에, AI 기술이

야말로 미국과의 기술 주도권 패권경쟁에서 중장기적으로 우위를 점할 수 있는 핵심 수단으로 생각하기 시작한 것임을 보여준다.

〈표 4-5〉 중국, 미국, 일본 등 주요국의 AI 기술 산업 발전 전략

국 별	주 요 국 의 AI 산 업 육 성 전 략
중 국	- 3단계 발전계획 통해 정부주도 인프라 확충, 인재양성 등 적극 지원 - BAT 등 ICT 대기업 중심 기술혁신, AI시장 조성 및 확대 - 글로벌 기업과의 제휴를 통해 글로벌 AI 연구센터 설립
미 국	- 정부는 민간이 투자할 가능성 낮은 분야를 주도하고 장기투자 (인간-AI간 협업, 안전과 보안 등 7개 분야에 집중) - 민간은 응용 산업에 집중
일 본	- 혁신지능통합연구센터 등 연구거점 마련 - 개방형 AI 플랫폼 구축
프랑스	- 대통령이 직접 글로벌 AI 기업 연구센터 유치
캐나다	- 딥러닝 3인방과 CIFAR 등 탄탄한 연구기반 구축 - 해외 AI 연구인력 유치 정책 강화

〈표 4-6〉 중국 정부의 차세대 AI 산업 발전 촉진을 위한 3년 액션플랜 (2018-2020년)

연도별	AI 산업발전 단계에서의 중국의 위상	AI 분야 정책 내용/시장 규모	연관산업 매출액 (생산유발 효과 반영)
2020	AI 기술응용 선진국	AI 기술 발전 속도 유지	1,500억 위안 (24조 원)
2025	AI 기초이론 및 기술선도국	AI 신돌파 기술 개발	4,000억 위안 (64조 원)
2030	글로벌 AI 혁신 강국/선도국	명실상부한 AI 분야의 독보적 leader 부상 1조위안(약 170조 원)	10조(1,600조 원 위안)

주: 1위안=한화 160원 환율로 일괄 계산
자료: 萬鋼 과학기술부 장관, "新時代人工智能發展規劃," 全國人民代表大會 기자회견; 中國證券報, 2017. 3. 13; 工業信息化部, "關於促進新時代人工智能産業的三年行動規劃" 2017. 12.

2016년 3월에 '2030년 AI 세계 1위 강국'이라는 목표 하에 '3단계의 액션플랜'도 공표했다. 이어서 2016년 5월에는 〈인터넷 플러스 AI 3년 액션플랜〉을, 2017년 7월에는 〈차세대 AI 발전규획〉을 공표했고, 공업정보화부(工業和信息化部)에서는 2017년 12월 〈차세대 AI 산업 발전 촉진을 위한 3년 액션플랜(2018-2020년)〉을 공표하였다. 그 구체적인 내용은 아래 〈표 4-6〉과 같다.

물론 미국도 이런 움직임을 알고 있었기 때문에 중국의 공격적 AI 육성전략을 수수방관하지만은 않았다. 우선, 5G 이동통신 중계기 · 기지국 장비 등 AI와 관련된 시스템 반도체 기술을 보유하고 있는 화웨이, SMIC 등의 IT업체에 전방위적인 수출 규제를 가하기 시작했다. 하지만 중국의 당 · 정 지도부는 이에 굴하지 않고 대미 장기투쟁과 애국 정서를 부추기면서 '기술자립' 의지를 불태우고 있다. 사실 외부의 압박에 처한 중국의 지도부가 외세 저항적인 전략적 리더십을 발휘한 것은 이번이 처음은 아니다. 1989년 6월의 천안문 사태 때에도 정치적 리스크로 인해 중국에 대한 외국인 직접투자가 급감하자 덩샤오핑(鄧小平)은 선전 · 주하이(珠海) 등 남방의 경제특구를 순회한 이후 개혁 · 개방을 더 강력히 추지해야 한다는 '남순강화(南巡講話)'를 1992년에 발표해 어려운 국면을 정면돌파했다. 후야오방(胡耀邦) 총서기 실각 이후 1991년에 권력을 잡은 장쩌민(江澤民) 주석 역시 주룽지(朱鎔基) 총리와 팀을 이루어 국유기업 개혁을 대대적으로 추진하고 전면 대외개방과 적극적 외자 유치 정책을 실시함으로써 경제발전의 모멘텀을 살린 바 있다.

지금의 시 주석과 당 · 정 지도부는 '중국제조 2025'의 큰 틀 안에서 AI 분야를 발전시켜 단기간 내 글로벌 AI 선도국으로의 도약을 꿈꾸어 왔다. 이를 위해 바이오, 제약, 5G 이동통신보다도 우선순위에 두는 'AI First'의 원칙을 견지하면서, 경제 · 사회 · 민생 · 환경보호 · 국가 안보 등의 방면에의 AI 응용을 장려하고 있다. 또한 2030년까지 기금 조성, 재정자금 등을 통해 차세대 국가전략산업인 AI와 반도체에 막대한 돈을 쏟아 부을 계획으로 있다. 구체적 내용을 보면, 신경망칩, 시스템 반도체 등 AI의 기반이 되는 핵심 소재 산업을 육성하는데 약 1조 위안(약 160조 원)을 투입하고, AI 연관산업 육성, 주요 지역별 AI R&D 연구 · 개발기지(R&D clusters) 건립 및 산 · 학 · 연 인프라 확충에 10조 위안(약 1,600조 원)을 투입하겠다는 것이다. 그리고 AI, 빅데이터, 블록체인, 컴퓨터 클라우딩 등과 관련된 대학, 연구소, 기업 등의 디지털 생태계를 조성하고 4차 산업혁명 기술 간의 융복합에 상당한 기술적 성과를 낸 '국가급 선도업체(national champions)'에게는 상용화 기술 등에 관한 막대한 재정 자금을 R&D 보조금 형태로 지급하겠다는 것이다.

이외에도, 중앙정부는 AI 관련 기초과학 기술분야의 해외 석학의 자문을 구하고 핵심 기술 인력을 확보하는데도 많은 정책적 노력을 기울여 왔다. 백인(百人), 천인(千人), 만인(萬人) 계획 등이 그 예인데, 실제로 중국의 대학, 연구소들은 이 계획을 통해 저명한 해외 과학자와 엔지니어를 일정 부분 보강할 수 있었다. 또한 기업과 연구소들은 그들대로 외국기업과의 투자합자 · 합작, 라이센싱, 해외기업 인수 · 합병(M&A) 등을 통해 시장에 기반한 응용 AI 기술을 습득하였다. 다만, 이 같은 다양한 주체에 의한 다방면의 노력에도 불구하고, AI 관련 분야의 외국 IT 기업들은 중국의 정치적 환경, 외국기업에 대한 기술이전 강요, 지적재산권 침해, 각종 행정규제와 진입장벽 등의 외부 환경요인 때문에 중국 시장 진입을 꺼려하고 있다. 더욱이 2018년 이후 미 · 중간의 정치적 갈등과 기술패권 경쟁이 격화되고, 미국의 대중국 ICT(정보기술 및 통신 분야) 및 빅테크 기업에 대한 각종 제재가 강화되면서 '자립갱생에 의한 AI 기술 개발'의 비중을 높여갈 수 밖에 없게 되었다.

그나마 다행스러운 것은 바이두(자율주행차), 알리바바와 화웨이(이상 스마트 도시) 등 중국의 대표적 ICT 기업들이 중국 정부의 정책에 순응하며 차세대 전략 산업인 AI 산업의 상용화에 적극 나서고 있다는 점이다. BAT(바이두, 알리바바, 텐센트) 기업들을 예로 들면, 바이두는 풍부한 자금력과 인력을 바탕으로 톈진에 AI 연구센터를 설립하는 한편, 구글, MS, 퀄컴 등으로 하여금 베이징에 AI 연구센터를 건립하도록 유도한 바 있다. 알리바바와 텐센트 그룹도 AI 신경망 칩, 자율주행차 등에 대한 연구개발 투자를 확대하고 조직을 재편하는 등의 노력을 확대하고 있다.

다만, 중국 AI 산업의 기술 수준이 단순히 천문학적 규모의 예산을 투입하고 보조금을 지급한다고 해서 높아지는 것은 아니다. 반도체 굴기에서의 시행착오가 입증해 주듯이, AI 산업 발전에 있어 중국의 최대 취약점은 핵심 기술인재의 부족이다. 설상가상으로 미국이 기술

패권 전쟁의 과정에서 민감한 이공계 기술 학분 분야에 대한 중국 석·박사 유학생에 비자를 내주지 않고 중국 유학생의 미국 내 취업을 제약하고 있어서 기술 인재의 공급제약(supply constraints) 문제는 앞으로도 상당 기간 동안 중국의 'AI 굴기'를 제약하는 요인이 될 것으로 보인다. 결국 비즈니스 현장, 대학, 연구소 할 것 없이 양적·질적으로도 태부족 상태인 기초 AI 과학기술 분야 인력 부족 문제를 중장기적으로 어떻게 극복하는지가 관건이라고 할 수 있다.

2. 지방정부 차원의 AI 산업 육성 노력

중앙정부뿐만 아니라 성-시-자치구 등 성급 지방정부는 물론 1급시 및 현급 정부들조차 'AI 굴기(崛起)'란 밴드웨곤(bandwagon)에 앞다투어 승차하기 시작하였다. 이들 각급 지방정부는 각 지역의 부존 요소·자원(factor endowment) 여건과 현지 수요(needs)에 맞는 AI 산업 육성정책을 자체적으로 수립해 집행하고 있는데, 외국의 AI 연구소를 유치하는 동시에 특정 세부 분야에 특화된 AI 집적 단지(clusters)를 조성하기 위해 경쟁하고 있다. 지역별로는, 베이징, 광저우, 항저우, 안휘성 허페이(合肥) 등이 특히 적극적인데, 다른 대도시들도 나중에 이 같은 AI 클러스터 단지 건립 경쟁에 가세하게 되었다.

각 도시별 AI 단지 발전 현황을 살펴보자면, 우선, 베이징시는 중국 내 최다 AI 기업 보유 도시로 2017년 9월 말 기준으로 중국 전역의 AI 스타트업 400여 개사 중 40%에 가까운 160여 개사가 입주해 있다. 베이징시 관련 당국은 2017년 1-9월에 51개의 AI 관련 분야별 프로젝트에 모두 102억 4,000만 위안(약 1조 6,793억 원)을 투자했는데, 이는 중국 전체 AI 투자의 50.9%에 해당하는 규모이다. 특히 세계 최초로 AI 테마공원을 하이뎬(海淀)구에 열었는데, AI 테마파크의 보행로에는 운동량 체크센서가 설치되어 있어 개인의 운동 데이터를 자동으로 기록한다. 그리고 공원 내 달리기 트랙에는 AI 안면인식 카메라가 설치돼 있어 시민들의 운동 데이터를 본인에게 자동으로 제공하고 있다.

베이징시의 목표는 2025년까지 차세대 AI 응용 기술력을 세계 선진 수준으로 끌어올리는 것이다. 이 같은 목표 달성을 위해, 2017년 12월 〈AI 산업 육성 가속화 지도의견〉을 반표하고, 중관춘(中觀村)에 AI 테크노파크(科技園)를 열었다. 이 테마파크는 베이징시 AI 산업 발전의 견인차 역할을 담당하고 있는데, 먼터우고우(門頭溝) 지구(地區)정부가 2018년 1월 2일 베이징시 서부에 조성한 것으로 총면적이 60만 ㎡ 규모나 된다. 2018년에 연구단지 조성을 위한 토지 공사가 마무리되었고, 앞으로 3-5년 간 13억 위안(약 2조 300억 원)을 투입할 예정이다. 앞으로의 AI 기업 유치 계획도 야심찬데, 현재의 160개보다 훨씬 많은 400여 개의 AI 기업을 입주시켜 2023년에는 연간 500억 위안(약 8조 2000억 원) 규모의 총매출을 달성할 계획이다. 이 연구단지의 특화 분야는 스마트 자율주행자동차 운행 등 AI와 직간접적으로 연관되어 있는 업종이며, △빅데이터, 클라우드, 사물인터넷 같은 AI 인프라 관련 업종, △음성 화상 생체인식 딥러닝 같은 AI 핵심기술, △의료 등 AI 응용 서비스 등에 종사하는 벤처와 스타트업 기업을 집중적으로 유치할 예정으로 있다.

안후이(安徽)성 정부 역시 AI 산업 육성에 적극적이다. 안후이성은 '음성인식 AI 산업'에 특화하기 위해 2017년 12월 '허페이(合肥) 스마트 음성인식 및 AI 산업기지 발전규획(2018-2025년)'을 발표하고, '중국 음성 밸리(中国声谷)'란 AI 단지를 시내에 건립하였다. 허페이시 음성 밸리 내에는 중국 최대 음성인식 업체인 커다쉰페이(科大訊飛、iFLYTEK、아이플라이테) 본사가 입주해 있다. 계획에 따르면, 안후이성 정부는 AI 음성 밸리에 입주한 기업의 전체 매출이 2025년까지 2,000억 위안(약 32조 8,000억 원)에 도달할 때까지 지원하고 중국 내 음성인식 및 AI 응용제품 사용 인구를 15억 명으로 늘릴 계획으로 있다.

광저우(廣州)시의 경우, 2017년 5월 총 100억 위안(약 1조 6,400억 원)의 AI 산업 발전기금을 조성하고, 이 중 30억 위안(약 4,920억 원)을 투입해 '광둥자유무역구' 내에 〈난샤(南沙) AI산업원구〉를 건립하였다. 그 후, 시 정부는 이 AI 산업원구의 발전을 위해 시 정부 예산의 상당 부분을 투입하고 있다.

한편 저장성 성도인 항저우(杭州)시의 경우 2017년 7월 〈AI 소도시〉(人工知能小鎮)를 조성한 다음, 향후 이 소도시를 세계적인 'AI 기업 집적지'로 키운다는 청사진을 공표하였다. 4-5년 내에 AI 전문 연구소, 기업연구소는 물론 30여 개 전문 창업보육센터 등을 유치해 주로 AI칩 등 비메모리 반도체와 관련 장비 산업을 육성할 계획이다.

이처럼 중국의 베이징, 허페이, 광저우, 항저우 등 전국의 주요 도시들이 각 도시지역의 산업정책, 부존자원, 배후 인프라 등에 맞는 특화된 AI 세부 분야의 단지를 조성하기 위해 경쟁을 벌이자, 한때 관련 당국의 정책적 규제와 외국기업 차별, 인터넷 검열을 피해 대륙 시장을 떠났던 구글, 페이스북 등의 기업들도 다시 중국 시장에의 재진입을 검토하고 있다.

3. 중국 대학의 AI 학과 개설과 커리큘럼 개혁

중국 교육부도 AI와 빅데이터 등 '디지털 전환' 전문 인재 양성을 서두르고 있다. 교육부는 2019년 2월에 전국 주요 대학에 AI 관련 학과나 전공 400여 개를 신설하고 AI 전공 과목 개설 규모를 2018년의 두 배 수준으로 늘리라는 목표를 하달하였다. 이에 따라 각지의 주요 대학들은 AI 관련 학과, 대학원을 신설하는 한편 세부 분야별 해외 석학들을 유치하고 커리큘럼을 바꾸는 등의 노력을 경주하고 있다. 실제로 2018년에 AI 관련 전공 신설을 신청한 중국 내 대학교는 220개였으나 2019년에는 2018년의 2배 수준으로 그 숫자가 증가하였다. 또 AI와 직간접적으로 연관된 컴퓨터과학, 정보 · 통신, 제어공학 전공들의 학생 정원을 늘리고 AI 및 빅데이터 확산 추세에 맞춰 공학 연구 프로젝트 612개도 발주한 바 있다.

4. AI 관련 주요 산업정책 방향

(1) AI 인프라 설비, R&D 투자의 확대

중국 국가발전개혁위원회와 공업정보화부가 추진하고 있는 디지털 전환 관련 산업정책의 최우선 순위는 AI 인프라 및 설비의 확충과 R&D 투자 확대로 집약될 수 있다. 개혁 · 개방 이후 35년여 동안 중국의 성장동력의 원천이었던 풍부한 저임 노동력이 인구 고령화와 생산가능 인구(혹은 노동인구)의 감소로 인해 약화되자, 정부가 AI에 기반을 둔 기술혁신과 제조업 · 서비스업 간의 융복합화로 생산성을 높이고 경제체질을 개선하는 '효율 중시형' 성장전략으로 전환하게 된 것이다.

우선, 중국 정부는 2019년부터 AI 산업의 외부 인프라이자 시스템 기반이라 할 수 있는 5G 통신망의 확충과 반도체 산업 육성에 투자를 집중하였다. 또한 디지털 전환 정책추진 4-5년 뒤에는 주요 IT 기업의 체질이 바뀌게 될 것으로 보고, 관련된 R&D 투자 확대에 관한 보조금 및 세제 상의 인센티브를 확대하고 있다.

그 성과는 이미 중국 내 AI 분야 투자의 확대로 나타나고 있다. 미국의 경우, 연방정부 내 큰 손인 국방부 산하 방위고등연구계획국(DARPA)의 AI 관련 투자가 2013년 이후 5년간 20억 달러로 매년 4억 달러 수준에 머무르고 있는 반면, 중국은 상하이시 한 곳만 봐도 AI 분야 투자 규모가 한 해 15억 달러 수준에 이른다. 환언하면, 세계 최고의 고위험 혁신 연구 전문기관인 미국 DARPA의 AI 투자 규모가 중국 지방정부 한 곳의 4분의 1에 불과하다는 얘기다. 자료가 있는 2016년 한 해만 보더라도, 중국의 AI 분야 투자 규모는 총 55억 달러로 같은 해 미국 투자액(12억 달러)의 4배를 상회하고 있다. 중국은 이런 거대한 투자가 AI 분야에 5년 이상 지속될 경우, 중국의 연간 평균 경제 성장률은 생산성 향상으로 0.8-1.4%p 더 높아질 것으로 전망된다.

이러한 중국의 AI 굴기(崛起) 가능성은 과학저널 '사이언스(Science)'지(2019년 1월호)도 인정하고 있다. 이 학술지는 "글로벌 AI 기술주도권 경쟁의 균형추가 점차 중국 쪽에 유리하게 기울고 있으며, AI 분야의 '미국 추월'이란 목표의 실현도 앞당겨질 가능성을 배제할 수 없다"고 지적한 바 있다.

〈그림 4-14〉 국가별 AI 산업 투자액 (단위: 억 달러)

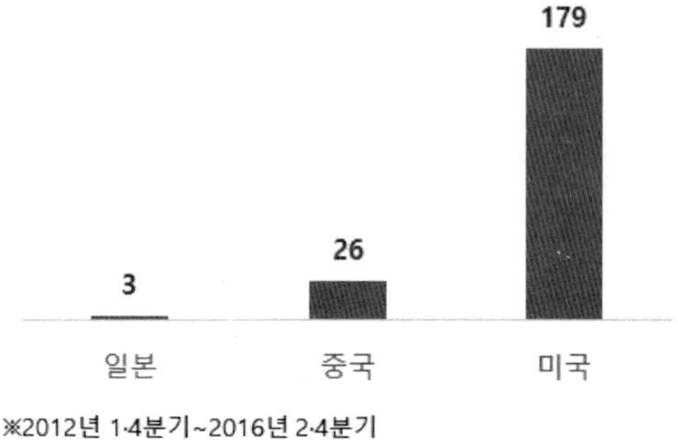

자료: 서울경제신문, 2017. 8. 16, A13

(2) AI 분야별 '국가급 선도기업' 선정 및 육성

중국 정부가 추진하고 있는 AI 굴기 행동계획은 도시별 · 분야별 기술 특성화와 관련 기술의 상업화에 그 중점이 맞춰져 있다. 지역별로 보면, 광둥성 선전(深圳)시의 경우, 안면인식 기술을 특성화 대상 세부분야로 잡고 있으며, 선전시 교통운수국은 안면인식 기술을 이용해 무단 횡단자를 단속하는 시스템을 개발하고 있다. 여기에는 선전에 본사를 둔 글로벌 1위의 안면인식 기술을 가진 상탕커지(商湯科技;

Sense Time)의 공헌이 크다.

한편, 허난성 정저우(鄭州)시의 경우, AI 스마트 안경을 낀 경찰이 범법자나 지명수배자를 적발하고 있다. 안후이성 경찰의 경우, 허페이(合肥)시 '음성 계곡(sound valley)'에서 개발된 음성인식 기술을 이용해 보이스 피싱을 예방하고 있으며, 베이징의 일부 대형 병원은 AI를 질병 진단 검사 도구로 활용하고 있다.

AI 기술 상업화 진행 상황은 〈표 4-7〉을 통해 알 수 있다. 여기서 보는 바와 같이, 중국 정부는 주요 AI 분야별로 '국가급 선도기업(national champion)'을 선정해 집중적으로 육성하고 있다.

〈표 4-7〉 중국의 AI 분야별 대표 기업

주요 AI 연관 분야	국가대표 선정기업	관련 구체적 발전 전략 방향
스마트시티	알리바바, 화웨이	
자율주행차	바이두	2018년부터 3년 내 10만 명 AI 기술 인력을 육성 계획
컴퓨터 비저닝(visioning)을 활용한 의료 진단	텐센트	자가검진 및 원격의료용 OS · 앱 · 시스템 개발
스마트 음성 인식 시스템	아이플라이텍	AI를 이용한 음성 인식과 딥러닝(deep learning)

스마트 시티 건설의 경우, 예컨대, 알리바바가 유통 · 물류망과 스마트 시티에 맞는 플랫폼 이코노미와 클라우딩 시스템을 구축하고 있고, 화웨이는 스마트 시티 내 5G · 6G 통신망 시스템 설계에 매진하고 있다. 이외에도 바이두는 자율주행차 인프라와 교통제어 시스템의 개선에, 텐센트 그룹은 컴퓨터 비저닝(visioning) 기술을 활용한 자가

진단 및 원격 의료용 OS · 앱 · 시스템의 개발에 각각 몰두하고 있으며, 아이플라이테크은 스마트 음성 인식 시스템과 AI를 이용한 딥러닝(deep learning) 기술 개발의 연구와 실험을 진행하고 있다.

〈그림 4-15〉 미 · 중 분야별 AI 기업 비율 (단위:%)

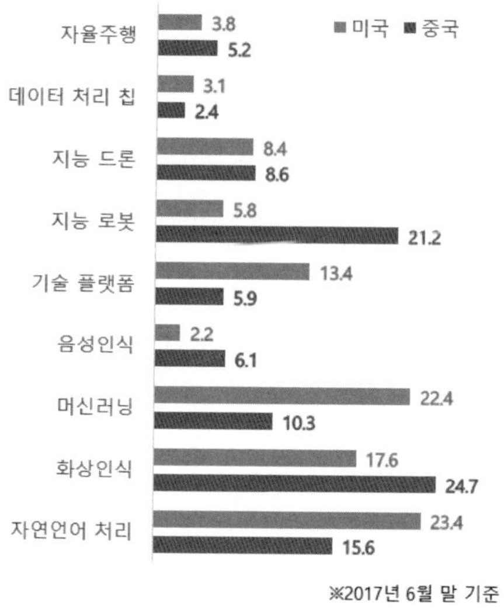

자료: [이코노미조선], 2017. 12. 13, 50-53

국무원의 국가발전개혁위원회(이후 '發改委')는 앞으로 세부 분야별로 더 많은 기업을 추가로 선정해 대상으로 AI 관련 프로젝트를 발주하는 동시에 ICT 업계의 리더들과 더 많은 정보와 의견을 교환하겠다는 방침을 정한 바 있다. 실제로 바이두 그룹의 창업자 겸 CEO인 리옌훙(李彦宏) 회장은 2016년 3월 정치협상회의(政協)에서 AI 기술을 활용한 '스마트 플러스 경제'를 제창하면서 5개의 제안서를 제출하기도 하였다. 이 제안서에는 AI 기술을 활용한 실종 아동 찾기, 교통신호등의 자동제어 등 AI와 타 산업기술의 융복합화를 통한 공익 증진 목적의 여러 가지 실험계획들이 포함되어 있다.

(3) 수퍼컴퓨터 경쟁력의 강화

AI 산업의 중장기적 발전을 위해서는 엄청난 양의 데이터를 신속하고 정확하게 연산·분석할 수 있는 초고성능의 대용량 컴퓨터가 필요하다. 수퍼컴퓨터와 양자 컴퓨터가 이에 해당한다. 수퍼컴퓨터는 일반 고성능 컴퓨터보다 연산 속도가 수천 배 빨라, IT, 제약·바이오 등 미래 산업의 성패를 좌우할 뿐만 아니라 얼마나 좋은 최신 수퍼컴퓨터를 갖고 있는가가 ICT 국가 경쟁력을 비교하는 척도 중의 하나가 되고 있다.

중국은 2000년대부터 차세대 AI 반도체, 자율자동차·드론 등 방대하고 복잡한 데이터 분석에 필수적인 수퍼컴퓨터의 성능 향상을 위해 많은 예산을 투입해왔고, 2015년 부터는 미국, 일본 등 선진국과 수퍼컴 성능을 놓고 경쟁하면서 투자액을 늘려왔다. 세계에서 가장 많은 수퍼컴퓨터를 생산·보유하고 있는 미국의 경우, 1991년 고성능 컴퓨터 법안 제정 이후 매년 수천억 원의 예산을 투입, 전 세계 수퍼컴퓨터 기술 개발을 주도하였다. 2019년 6월 초에는 200페타플롭의 수퍼컴퓨터를 개발하는 등 높은 기술력을 보유하고 있으며, 최근 들어서는 수퍼컴보다 몇 만 배 연산 속도가 빠른 '양자컴퓨터(quantum computer)' 개발에도 힘쓰고 있다.

〈그림 4-16〉 국가별 세계 500대 수퍼컴퓨터 분포 (단위:대)

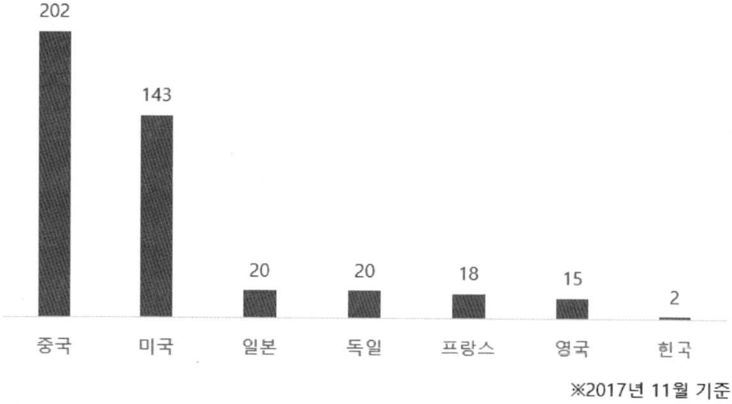

자료: 국제수퍼컴퓨터학회

이 같은 미국을 추월하기 위해 중국은 중국과학원과 칭화대 등을 중심으로 수퍼컴퓨터 개발 노력을 가속화하였고 2019년에 이르러 드디어 미국과 어깨를 나란히 하는 수준에 이르렀다. 중국의 거센 도전에 직면한 미국 정부는 2015년부터 국가 안보 차원에서 인텔의 수퍼컴용 CPU 칩의 대중 수출을 규제하기 시작했다. 그러나 중국의 수퍼컴 개발은 이미 미국이 통제할 수 있는 수준 이상으로 발전한 상태였다. 해외 유학에서 귀국한 중국인 과학 기술자들이 역량을 총집결해 수퍼컴용 CPU 칩을 자체 개발하는 데 성공하였기 때문이다. 그 결과 2018년 11월에는 세계 상위 500대 수퍼컴퓨터 중 202대를 중국이 보유함으로써 '컴퓨터 종주국' 미국(143대)을 추월하게 되었다.

반면, 한국의 경우, 1988년 처음 수퍼컴퓨터를 들어온 후 30년이 경과하였으나 아직도 제대로 된 자체 제작 기술조차 보유하고 있지 않다. 100% 수입산에 의존하며 장비 점검도 외국회사가 맡고 있는 실정이다. 90년대부터 '수퍼컴퓨터 국산화'에 착수했지만 정권 교체 시마다 수퍼컴퓨터 정책이 뒤집어지면서 자체 개발이 지연되었다. 초조해진 한국 정부는 2022년까지 1페타플롭급 수퍼컴 제작을 목표로 2019년부터 본격적인 개발을 시작하였다. 하지만 한국이 자체 고성능 컴퓨터 개발에 있어 미국, 중국, 일본을 따라잡기는 어려울 것으로 보인다. 수퍼컴 개발에는 하드웨어뿐만 아니라 소프트웨어 능력과 운용 노하우까지 갖추어야 하기 때문에 전문성, 일관성이 떨어지기 때문이다.

그러나 더 큰 문제는 미국, 중국, 러시아, EU, 일본 등 강대국들이 수퍼컴보다 수만 배 빠른 양자컴퓨터 개발을 본격화하고 있다는 점이다. 중국과학원 양자정보중점실험실 궈궈핑(郭國平) 부주임에 따르면, "양자컴퓨터는 연산 성능이 상상을 초월하는 '신무기'이다"고 평가한 바 있다(아주경제신문 2020. 10. 19). 예컨대 기존 컴퓨터로 1,000년이 걸리는 비밀 암호 해독을 양자 컴퓨터는 단 4분이면 끝낸다. 1,600대의 컴퓨터로 8개월이 걸리는 129자릿수 소인수분해도 양자컴퓨터는 3-4시간 만에 계산해 낼 수 있다.

특히 중국의 경우, 양자 컴퓨터에 관한 시 주석의 관심이 높아, 우리보다 훨씬 전폭적인 지원을 받는 점이 유리하다고 할 수 있다. 실제로 시 주석은 2020년 10월 16일 '양자 과학기술 연구 · 응용 전망'에 대한 당 중앙정치국 집체학습을 주재한 자리에서 "현재 세계는 100년간 없었던 대격변을 겪고 있다"며 "양자 과학기술 발전의 중요성과 시급성을 인지하고 대세를 파악해 선수(先手)를 쳐야 한다"고 강조한 바 있다(신화사 통신 2020. 10. 18). 중국이 양자 컴퓨터 개발에 성공하면 전 세계 금융 거래와 전자상거래 내역, 군사 · 민간 암호를 쉽게 들여다볼 수 있기 때문에 막강한 데이터 권력을 갖게 된다. 시 주석은 "양자 과학기술은 국가 안보에도 매우 중요하므로 자금 투입을 보장하고 지방정부와 기업의 투자 확대도 이끌어라"고 지시한 바 있다(아주경제신문 2020. 10. 19). 실제로 중국은 안후이성 허페이에 세계 최대 규모의 양자 연구소 건설을 추진하는 등 막대한 연구개발 및 인프라 투자를 진행하고 있다.

한국의 입장에서 봐도, 수퍼컴, 양자컴의 개발은 이제 AI, 빅데이터, 클라우드 컴퓨팅 등 활용에도 필요하지만 국가 안보 차원에서도 반드시 해결해야 할 과제가 되었다.

(4) AI 기술 인재의 양성

중국 정부와 대학, 기업이 일찍부터 AI 기술 인재의 양성과 유치에 많은 노력을 기울여 왔음은 앞에서 언급한 바와 같다. 그동안 AI 기술 개발과 인재양성에 투입한 자금이 연평균 55억 달러(약 5조 9,000억 원)에 달한 것이 이를 증명한다. ICT 기업들도 보통 매출액의 2-4%를 연구개발에 투입하는데, 연구개발비의 10% 이상은 AI, IoT, 빅데이터 등을 이용한 비즈니스 및 경영관리 시스템의 디지털 전환에 투입한 것으로 알려져 있다. 예컨대, 바이두의 경우, 2017-2019년의 기간 동안 자연어처리, 자율주행차 개발 등 AI와 직간접적으로 관련된 기술 인력 10만 명 양성의 목표하에 연구개발비의 30% 이상을 이들 분야에 쏟아붓고 있다.

국가 전체적으로 보아도 중국의 AI 분야 인재 숫자는 한국의 7배에 달하고, 기업 수는 40배 이상인 것으로 조사되고 있다. 국제무역통상연구원이 2019년 1월 10일에 발표한 '2018년 중국 스타트업 사례와 AI 시장 트렌드'를 살펴보면, 중국의 AI 인재는 2018년 말 1만 8,232명으로 미국(2만 8,536명)에 이어 세계 2위이며, 한국(2,664명)의 7배에 달한 것으로 밝혀졌다.

AI 기업 숫자에서도 중국은 총 1,040곳으로 전 세계 AI 기업의 21%를 차지하고 있다. 지역별 AI 기업 숫자를 보면, 역시 수도 베이징이 2018년 말 412개로 가장 많다. 하지만 이 중 대부분은 이름뿐인 AI 기업으로, 진정한 의미에서의 AI 관련 기술을 보유한 기업은 26곳에 불과한 것으로 알려져 있다. AI 기업 숫자가 늘어나다 보니 기업별로 특허 출원·등록 숫자도 늘어났다. 1999-2017년 기간 동안 전 세계에 등록된 AI 관련 특허 10만여 건 중 중국이 37%를 차지하고 있는데, 미국(24.8% 비중)은 물론 일본(13.1%), 한국(8.9%)보다 그 비중이 압도적으로 높다. AI 기초연구 관련 논문도 중국은 약 37만 편으로 미국(32만 7,000편), 영국(9만 7,000편), 일본(9만 4,000편), 한국(5만 2,000편)을 양적으로는 능가한다.

〈표 4-8〉 2016년 AI 주요 연구분야 가장 영향력 있는 학자 수

머신러닝	1위 미국(253명) 2위 중국(100명) 3위 싱가포르(30명)
딥러닝	1위 미국(159명) 2위 중국(80명) 3위 캐나다(32명)
컴퓨터비전	1위 미국(225명) 2위 중국(59명) 3위 영국(22명)

자료: 한국정보화진흥원; 서울경제신문 2017. 6. 1, A14

〈표 4-9〉 글로벌 스마트폰 업체의 AI 인재 및 기업 인수 현황

삼성전자	올해 10월 실리콘밸리 스타트업 비브랩스 인수 지난해 말 이근배 포스텍 교수 영입
애플	올해 10월 러스 살라쿠트디노프 미국 카네기멜런대 교수 영입 지난해 말부터 투리 등 AI 스타트업 6개 인수
구글	2013년부터 딥마인드 등 AI 기업 9개 인수 제프리 힌턴 캐나타 토론토대 교수·미래학자 레이 커즈와일 영입
화웨이	올해 10월 미국와 UC버클리 AI 연구소와 전략적 제휴 100만 달러 투자 2012년 인공지능 R&D 센터 '노아의 방주' 설립
샤오미	올해 초 구글 비밀 연구 '구글X' 모델로 한 '샤오미 연구소' 설립

자료: 조선경제 2016. 10. 19, B3면

AI 인재 풀의 확대, 관련 논문과 특허의 증가에는 대학들의 기여가 컸다. 베이징이공대를 예로 들면, 이 대학은 5천여 명의 청소년 영재(18세 이하) 가운데 31명을 선발하여 차세대 AI 무기 시스템 개발 요원으로 양성하고 있다. 남성 27명, 여성 4명의 청소년 영재 중 총 18명은 기계역학, 전자공학, 무기디자인 등의 전공으로 나뉘어 관련 방위 산업 연구소에 배속되었다. 이들은 박사과정을 마친 후 AI 무기 연구소에 배치되어 AI 기술을 장착한 신무기 체계와 기술을 개발하는 데 이바지하게 될 예정이다. 이 같은 AI 차세대 리더 육성을 통해 중국 지도부는 무기류의 양적 규모와 첨단도, 다양성 등의 면에서

크게 뒤져있던 중국의 군사력을 우세로 전환해 가고 있다.

중국 교육부는 교육부대로 AI 전문 인력 양성을 위한 행동계획을 실행하고 있다. 교육부가 공표한 〈고등교육기관 AI 혁신 행동계획〉에 따르면, 기업과의 협력을 통해 2018년 말까지 AI 분야 교수 100명과 학생 300명을 양성하고 향후 2022년 말까지 전공 교수, 학생 숫자를 각각 500명, 5,000명으로 늘릴 계획이다. 특히 AI 전문 연구대학으로 선정된 100곳의 대학들은 AI 전공 과정을 개설하여야 하고, 2020년 말까지 석사과정 학생을 위한 세계 최고 수준의 AI 교재 50여 편도 제작해야 한다. 이외에도, 중국 교육부는 AI 관련 온라인 강의 시스템 50개를 구축하고 AI 단과대와 연구원, 산학연구센터 등 50곳을 설립하는 한편, AI와 연관된 컴퓨터공학 및 IT 관련 학과에도 커리큘럼을 대거 개편할 것을 주문한 바 있다. 또한 이들 각 대학에게, 청소년과 일반 국민을 위한 AI 서비스 플랫폼을 구축하여 연구자원과 실적을 대외적으로 확산시키는 한편, AI 분야의 미국 유명 대학과의 협력을 확대하도록 권고하고 있다.

중국 교육부는 초·중·고 정규 교육 과정에도 AI 관련 교과 개편을 시도하고 있다. 우리의 주목을 끄는 것은 '차세대 AI 전사'(AI warriors) 양성을 목표로 AI 공용 검정교과서를 만들어 배포하고 있다는 점이다. 베이징, 상하이 등지의 40개 고교에서 수업용으로 널리 사용되고 있는 'AI 기초'라는 교과서는 170쪽으로 AI의 역사, 안면인식 기술을 활용한 공안 시스템, 무인운전 자동차 등 AI의 주요 기초와 응용 사례를 소개하고 있다. 이 교과서는 '상탕커지(商湯科技; Sense

Time)'의 공동창업자인 탕샤오어우(湯曉鷗) 홍콩 중문대 교수와 교육학자인 화동사범대 천위쿤(陳玉琨) 교수가 공동 집필한 책이다. '상탕커지'는 2018년 펀딩 라운드 기준으로 '기업가치가 무려 45억 달러(약 4조 8,000억 원)에 달하며, 안면인식 기술의 정확도가 95%를 넘는 것으로 평가되는 글로벌 1위의 AI 기반 안면인식 기업이다(Baidu.com 검색결과).

민간 기업의 AI 인재양성에 관한 한, 바이두(百度)의 'AI 인재 10만 양병론'이 벤치마킹 대상이다. 바이두의 장야친(張亞勤) 회장은 2018년 4월 말까지 중국 내 AI 부문 종사자는 현재의 5만 명이지만 2018-2020년 3년간 '윈즈(雲智)아카데미'를 통해 AI 인재를 10만 명으로 늘린다는 계획을 실행 중이다. 이렇게 함으로써 2025년에는 AI 분야 1위인 미국을 따라잡는다는 것이다. 다만, 아직까지도 중국은 여전히 AI 전문인재 규모 면에서 미국 대비 열세를 면하지 못하고 있다. 중국의 AI 분야 전문인재 수는 미국(85만 명)의 17분의 1인 5만 명 수준에 그치는 것을 봐도 알 수 있다. AI 기술인재의 질 면에서도, 글로벌 컨설팅업체 맥킨지에 따르면, 미국 AI 엔지니어의 절반 이상이 경력 10년이 넘는 베테랑들이지만 중국은 40%가 경력이 5년 미만인 것으로 조사되었다. 중국이 AI 인재 규모와 질을 높이기 위해 노력을 확대하지 않을 수 없는 이유다.

〈표 4-10〉 미 · 중 AI 부문 비교

미국	구분	중국
절반 이상이 10년 이상	AI 과학자들 경력	5년 이하 경력 자가 40%
1만5317건 (세계 1위)	AI 특허 신청 건수 (2010~2014)	8410건 (세계 2위)
85만명(세계 1위)	AI종사자 수	5만명 (세계 7위)
66% (세계 1위)	민간투자 비중	17% (세계 2위)
세계 8위	데이터 개방도 국제순위	93위

자료: 사이언스

이 같은 인재양성 노력 덕분에 중국의 전문인력은 2018년 말 현재 30만 명으로 증가했지만, 전 세계 기업이 필요로 하는 AI 인재 100만 명인데 비해서는 턱없이 부족한 상황이다. 전 세계에 연구기능을 갖춘 AI 관련 교육기관이 370개나 있지만 여기서 배출되는 인재는 연간 2만 명에 그쳐 공급이 수요를 따르지 못하고 있다. 특히 고급 AI 기술 분야의 경우, 기술인재가 태부족해서 미 · 중 양국 간에 치열한 '인재 쟁탈전(talent war)'이 벌어지고 있다. 분야별로는, 자율주행차, 빅데이터 분석, 음성인식 및 얼굴인증 시스템 등의 인재 부족이 특히 심해, 미 · 중 양국은 이 분야의 AI 전문가를 확보하기 위해 대학원, 업계를 불문하고 입도선매 경쟁을 하고 있다. 구글의 경우 2018년 초, AI 분야에서 우수한 중국 학생을 미국 본토로 유치하기 위해 베이징에 인재 탐색(search) 기지라 할 수 있는 '구글 AI 중국센터'를 건립해 운용 중이다. 중국 또한 'BAT' 기업들을 중심으로 미국 등지에서 AI 인재를 영입하는 데 한창이다. 알리바바 그룹을 예로 들면, 2017년 아마존에서 무인매장 프로젝트에 참여했던 런샤오펑(任曉鋒) 박사를 영입하였다. 바이두는 MS에서 AI 사업총괄인 루치(陸奇) 부사장을 영입하였으며, 텐센트 그룹은 산하 연구기관을 통해 인재 초빙의 대우, 인센티브 패키지, 노하우 등을 소개하는 〈AI 인재백서〉를 발간함으로써 전 계열사가 국내외 핵심 기술인재를 동시다발적으로 탐색·발굴할 수 있도록 돕고 있다.

일본도 중국, 미국의 G2 국가 틈바구니에서 AI 글로벌 인재 유치 경쟁을 벌이고 있지만, 여전히 열세를 면치 못하고 있다. AI 서비스 업체인 미국 팔로알토 인사이트(PaloAlto Insight)의 이시즈미 도모에 CEO에 따르면, 일본 내 데이터 분석가들의 평균 연봉은 4,500만 엔(약 4억 5,480만 원)으로 페이스북, 구글, 아마존 등 데이터 분석가의 평균 연봉에 크게 못 미치기 때문이다. 일본 경제산업성이 조사한 결과에 따르면 미국의 IT 인력은 전 산업의 평균 연봉의 2.4배를 받는 반면, 중국과 인도는 7-9배, 일본은 1.7배밖에 받지 못해 우수 기술인재의 유치에 커다란 어려움을 느끼고 있다.

〈그림 4-17〉 전 세계 AI 인력현황

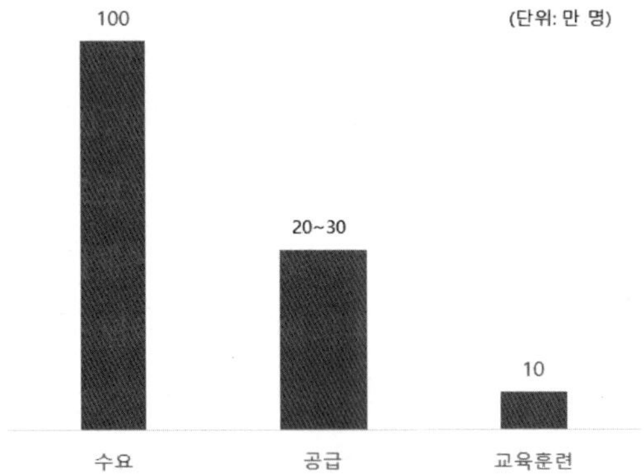

자료: 텐센트 AI 보고서

5. AI 버블과 연쇄 도산 가능성

(1) 누적적자와 과다 부채로 인한 유동성 위기 · 파산 가능성

앞에서 소개한 것처럼, 중국의 AI 산업은 중앙 및 지방정부의 정책적인 지원과 장려, 기업들의 창업과 시장 지향형 혁신, 연구개발(R&D) 투자의 확대, 그리고 대학교 및 연구소 등 기관들의 교과과정 개편과 AI 인재 양성 · 영입 노력 화대 등의 상호 복합작용에 힘입어 급속히 발전하고 있다. 그 결과, 2018년 중국의 AI 시장 규모는 414억 위안으로 전년(237억 위안; 약 3조 9,400억 원) 대비 무려 74.7%나 성장하였는데, 이는 2017년의 성장(전년 대비 67%)에 이은 쾌속 성장이라 할 수 있다.

그러나 중국의 AI 산업이 5–6년의 단기간에 급성장한 만큼, 그에 따른 부작용과 문제점 또한 적지 않다. 우선, 소위 'AI 기업'으로 불리는 업체들은 대부분이 무늬만 AI 기업이고 사실은 제대로 된 기술력조차 갖추지 못한 영세한 업체라는 점이다. 시장 수요와 자사의 기술력 · 자금력을 고려하지 않은 무리한 창업과 설비 확장으로 인해 지속적인 적자를 내거나 유동성 위기로 파산한 기업이 많다. 실제로 2017년 기준으로 중국 내 AI 기업의 90% 이상은 적자이며 50여 곳이 파산하였다. 문제는 지방정부가 상급 정부에 실제상황을 제대로 보고하지 않고 현지의 고용 확대와 재정세수 유지를 위해 오히려 해당 기업에게 적자 보조금을 지급하는 등 창업자나 경영자들의 도덕적 해이(moral hazard)나 경영자원의 낭비가 심각하다는 점이다.

AI 스타트업 기업들의 지속 적자 원인 중의 하나는 차입금(연대 보증 기반의 융자가 대부분임) 의존도가 높기 때문이기도 하다. 이들은 설비 투자 및 연구개발 투자 자금의 상당 부분을 은행 혹은 비은행 금융기관으로부터 빌리고 있는데, 2018년 6월 13-15일 상하이에서 열린 〈2018 세계 스마트 신(新)비즈니스 서밋〉에서 발표된 "2018 중국 AI 상업화 실현 보고서"에 따르면, 2017년 100대 AI 스타트업 기업에 500억 위안 이상이 투자되었지만 이들 기업의 매출은 100억 위안도 되지 않는다.

차입의존 전략 자체가 나쁜 것은 아니다. 하지만 차입에 과다의존하고 설비 투자 확대가 매출 확대로 이어지시 않는다는 것이 문제인 것이다. 다른 IT 분야도 그렇지만, 중국 AI 기업의 과다 차입과 높은 부채 비율은 세계적인 문제이다. 2017년 중국 내 대출은 총 369건, 277억 1,000만 달러로 세계 AI 분야 전체 대출건수(1,208건)의 30.6%, 융자액(395억 달러)의 70.2%를 차지하고 있기 때문이다. 특히 중국의 경우, AI 기업 숫자가 2018년 5월 말에는 4,040곳으로 대폭 늘어나 전체 세계 대출 총액 비중의 70%로 크게 늘지 않았음에도 불구하고, 90% 이상의 기업들이 과다 부채로 파산 위험에 노출되어 있는 상태이다. 2017년 한 해에만 해도, 누적적자, 유동성 부족 때문에 파산을 신청한 기업이 50곳을 넘었는데, 영업이익을 지속적으로 내지 못할 경우 해당 기업은 물론 전·후방으로 연관된 납품업체와 바이어들, 지방은행들도 연쇄파산할 우려가 있다.

중국의 AI 분야 창업자 겸 CEO들도 이 같은 연쇄 파산의 가능성에 동조를 하고 있다. 아이오우(億歐; iYiou)닷컴을 창업한 황옌푸(黃淵普)

CEO는 "중국 AI 서비스와 제품의 '가격'은 높은 반면, 소비자가 누리는 가치(value)는 아직 기대 이하이다. 혁명적인 제품 · 서비스가 등장하려면 시간이 필요하다"고 하였다. 황 대표이사에 의하면 "중국 AI의 상업화 100대 업체 중 하이얼U+, 상탕커지(商湯科技;SenseTime), 한우지(寒武紀; Cambricon), 쾅스(曠視)과기(Face++), 옌선(眼神)과기(Eyecool), 유비쉬안(優必選 · UBTECH), 윈충(雲從)과기(CloudWalk), 잉푸(影譜)과기(Moviebook) 등 8곳만이 2019년도에 10-20억 위안대의 매출을 올릴 수 있을 것"이라고 전망하였다. 황 대표이사뿐만 아니라 '혁신(創新)공장'의 창업자 겸 CEO인 리카이푸(李開復) 대표이사도 "AI가 미래 산업의 대세인 것은 확실하지만, 거품이 많아 2018년 말 상당수 AI 기업이 도산할 수 있다"고 말하며, AI 분야의 버블 붕괴 우려를 경고하였다.

중국의 AI 국내외 환경도 우호적이지 않다. 반도체 등 IT 소재 · 부품 · 장비 분야에 대한 미국의 대중 압박과 수출 규제가 지속되고 있고, 시진핑 주석의 공언에도 불구하고 "중국 내에서 코로나19 감염증이 완전 종식되었다"는 그 어떤 증거도 없다. 이 같은 대내외 환경 속에서도 다른 대안이 없는 AI 관련 업체들은 계속 대출에 의존해야 하는 반면, 기술 상용화 진척은 더디고, 판매 부진으로 인해 투자 자금은 회수되고 있지 않아 대출이나 회사채 원리금 상환이 어려운 상황이다.

한 마디로, 중국 AI 산업 내 대부분의 벤처와 중소기업들은 앞으로 상당기간 동안 '유동성 위기(liquidity crisis)'와 '부채 함정(debt trap)'에서 빠져나오기가 어려울 전망이다. 대내외 상황이 더 악화되면, 알리바바, 징둥 등의 대형 빅테크 그룹을 제외한 AI 중소기업들의 경우 버블이 터지면서 '도미노 파산'이 일어나는 상황도 배제할 수 없다. 전문가들의 예측에 의하면, 2025년까지의 4-5년 동안 소위 'AI 기업'으로 불리는 업체의 약 90%가 사라질 것이며, AI, 빅데이터 핵심 기술과 경쟁력 있는 비즈니스 모델을 확보한 일부 극소수의 기업만 살아남아 중국 AI 시장을 과점할 것이라는 전망이다.

물론 중국 AI 산업의 지속적 생존·발전 가능성에 희망을 주는 긍정적인 요인들이 전혀 없는 것은 아니다. 구체적으로는, △2019년부터 투자액이 많이 소요되는 초기 연구개발 및 설비 투자 비중이 거의 마무리 단계에 있다는 점, △AI 기술의 상용하 과정에서 베타버전에 대한 투자보다는 AI 스피커처럼 쉽게 상용화가 가능한 부분에 관한 시리즈A 투자가 전체 흐름을 주도하고 있다는 점, △중국에서 열린 '아시아 소비자 가전 박람회에서 확인되었지만 AI 스피커 등을 출시한 화웨이(華為), 샤오미(小米), 레노버(聯想), 쑤닝(蘇寧)처럼 향후 1-3년 내 AI 기술을 접목한 혁신적 제품과 서비스가 계속 개발될 것이라는 점, △2025년 이후에는 알리바바, 바이두(百度), 텐센트(腾讯), 징둥상청 (京東商城), 샤오미 등 대기업 그룹의 AI 관련 계열사나 커다쉰페이(科大讯飛) 같은 AI 기업들 중 흑자로 전환하는 기업들이 늘어날 것이라는 점 등을 들 수 있다. 탕샤오어우(湯曉鷗) 상탕커지(商湯科技) 창업자는 "AI 시장은 변동성이 커 불안정하지만 차근차근 단계를 밟으면 성공할 수 있다"라고 하면서 조심스럽지만 비교적 고무적인 전망을 하고 있다.

한편, 미 트럼프 행정부는 중국 AI 산업의 급속발전에 위협을 느꼈는지, 2018년부터 글로벌 AI 산업의 기술 주도권을 빼앗기지 않기 위해 대해 5G 통신장비, 시스템 반도체, 드론 등 AI 산업발전과 직간접적으로 연관된 산업 분야의 대중 압박과 견제에 나서고 있다. 이 같은 대중견제 조치의 구체화에는 2018년 5월 10일에 비공개로 개최된 'AI 서밋'이 큰 역할을 하였다. 이 서밋에 참여한 구글 · 페이스북 · 아마존 · 보잉 · 골드만삭스 등 40여 곳의 미 ICT 기업의 CEO 및 고위임원 100여 명은 "미국이 글로벌 AI 리더로서의 위상을 지키기 위해서는 배전의 노력이 필요하다"는 점에 공감하였다. 특히 인텔의 CEO 브라이언 크르자니크는 "AI 기술 발전에 정부의 R&D 예산이 집중 투입되어야 하며 AI 기술 개발 및 상용화 과정상의 규제를 혁파해야 한다"라고 명시적으로 정부에 건의하기도 하였다. 이 같은 정책 건의를 뒷받침하기라도 하듯이, 트럼프 행정부는 같은 해 하반기에 크라시오스(M. Kratsios) 백악관 기술 고문을 수장으로 하는 과학기술위원회 산하에 AI 위원회를 신설한 다음, AI 관련 규제의 완화와 정책 · 제도적인 지원을 확대하기로 하였다.

IV. 중국 내 AI 기술 · 장비 이용 주요 분야

1. 농축산업: 기업 가치 향상, 가축 건강상태 진단

전자상거래, 핀테크(FinTech) 등의 업종에서의 AI 기술 · 장비 이용은 익히 알려진 사실이다. 그러나 중국의 경우 이외에도 농축산업, 서비스업, 식 · 의약품업 분야는 물론 부패 · 비리 사범 색출 · 적발하는 등의 공익 분야에도 AI 기술 · 장비가 이용되고 있다.

우선, AI, 빅데이터, IoT 등 4차 산업기제를 활용한 중국 스마트 농축산업 현황을 보도록 하자. 농축산업 비즈니스의 디지털 전환에 관해서는 중국의 3대 빅테크(대형 IT) 기업인 바이두, 알리바바, 텐센트 등 'BAT' 그룹 계열사들이 참여하고 있으며, 포털업체인 넷이즈닷컴(網易; www.netease.com)도 농축산업의 스마트화에 일조하고 있다.

농축산업 스마트화의 좋은 예로는 텐센트 그룹 핵심 자회사이자 중국 2위 전자상거래 업체인 '징둥상청'(京東商城; 이하 '징둥')이 참여하고 있는 '스마트 농장' 사례를 들 수 있다. 징둥은 2016년에 허베이(河北)성 헝수이(衡水)시 우이(武邑)현 내 마을과 '런닝(running) 닭' 기술제휴 및 집단 구매 계약을 체결했다. 양계 가구나 양계장에 관련 AI 기술을 전수한 뒤 일정 조건에 만족시키는 런닝닭을 생산하면 계약량만큼 계약조건대로 징둥이 사들인 다음 온라인으로 팔고 있는 것이다. 닭장 안에서 큰 일반 양계장 닭과는 달리, 징둥의 런닝 닭은 발에 만보계를 설치돼 있고 초지대에 방목해 키우기 때문에 운동량이 많아 몸무게가 늘고 육질이 향상되었다. 그 결과, 1,000만 보 이상 달린 '런닝 닭'은 징둥에 팔 때 일반 닭 가격(평균 33위안)의 3배 수준인 100위안에 팔 수 있어, 농가 · 농장은 과거보다 훨씬 더 많은 수익을 올릴 수 있었다. 그리고 징둥은 안전하고 품질 좋은 닭고기를 온라인-오프라인 매장에서 팔아, 품질 좋고 믿을 만한 닭고기를 판다는 명성을 얻을 수 있었다. 참여 농가와 시장의 반응이 좋자, 징둥의 근처

마을의 빈곤 가구 1,000곳 이상이 스마트 농축산 프로젝트에 참여했고, 2018년 춘절에 베이징에 풀린 5,000마리는 마리당 168위안의 고가에 완판되기도 했다.

〈그림 4-18〉 국가별 AI 기업의 숫자

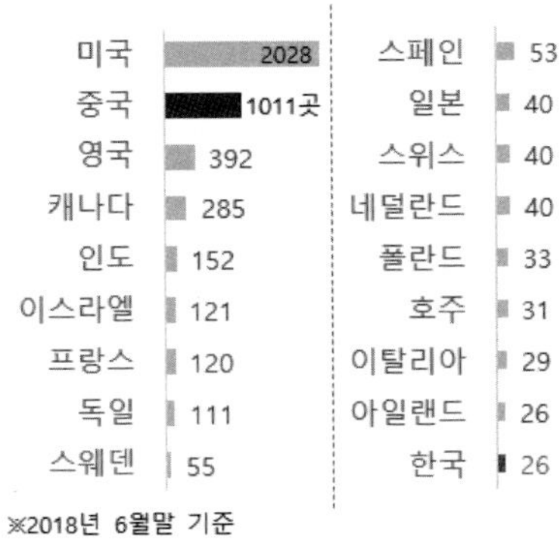

자료: 칭화대, 2018 중국 AI 발전 보고서

〈그림 4-19〉 국가별 AI 논문 발표 건수

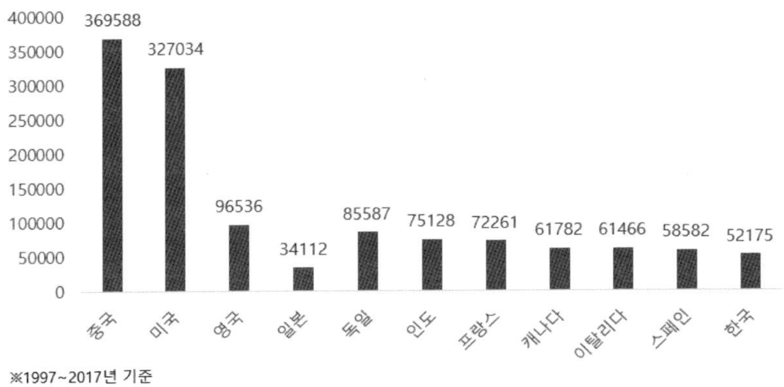

자료: 칭화대, 2018 중국 AI 발전 보고서

'징둥 스마트 양계장이 성공했다'는 입소문이 퍼지자, 근처 20여 개 지방정부 및 기업이 스마트 축산 프로젝트 참가 선언 2개월 뒤에 징둥과 '런닝 닭 기술제휴 및 구매 계약'을 체결하게 되었다. 징둥의 창업자 류창둥(劉强東) 회장은 "내가 런민대(人民大)에 입학했을 때는 마을 주민들이 모아준 500위안과 76개의 계란을 배낭에 넣고 베이징에 갔다"며 자신을 키워준 고향 주민들에게 감사의 마음을 표현했다. 그는 2018년 이후 고향인 장쑤(江蘇)성 쑤첸(宿遷)현에도 2만 마리의 런닝 닭을 키우고 있는데, 관련 기술을 고향 사람들에게 전수할 수 있는 것은 일종의 '보은(報恩)의 기회'라고 회고하였다. 런닝 닭 사육 이외에도, 징둥은 AI, 빅데이터 등 디지털 전환 방식을 이용해 사육 전 과정을 소비자가 볼 수 있는 '천리안' 프로젝트를 도입한 데 이어, 블록체인으로 닭고기 원산지를 확인할 수 있는 기술을 중국 내에 보급 중이다.

한편, 알리바바는 도시 환경보호 · 의료 · 공항 · 공장 등에서 적용해 오던 AI 기술을 농축산업에도 적용하는 소위 〈농축산업 빅 브레인(Big Brain) 프로젝트〉를 추진하고 있다. 그룹의 전 회장 마윈은 "향후 20-30년간 내에 농민들이 인터넷에 기반한 스마트 팜과 신농촌을 건설하게 될 것"이라고 말하였다. 빅 브레인 프로젝트가 최초로 시작된 곳은 산시(陝西)성으로, 알리바바는 이 지역 하이셩(海升)그룹과 AI 기술 전수 및 사과구매 계약을 체결하였다. 과수원의 사과나무를 AI 등 디지털 전환 방식을 통해 맞춤형으로 관리한 결과, 하이셩 그룹은 1무(畝; 666.7 평방미터)당 200위안의 비용을 절감할 수 있었고,

기업 전체로는 과수원 사업에서만 연간 2000만 위안을 절감할 수 있었다. 이에 이어, 알리바바 그룹은 광시(廣西) 장족자치구의 3개 지역에서 스마트 와이너리 경영에도 AI 장비와 기술을 도입 · 실험 중에 있다.

빅 테크 업체들의 스마트 농축산업 경영이 보도되면서 스마트 농 · 축산물 플랫폼 사업도 생겨났다. '후이윈신시(慧云信息技术有限公司)'가 대표적인데, 이 업체는 3,000여 개 과일 매장 체인을 운영하는 중국 내 최대 과일 생산 · 판매 그룹인 바이궈위안(百果園)으로부터 2018년 4월 대규모 투자를 유치하였다(Baidu.com 검색 결과). MS 기술자 출신인 왕슈둥(王筱东) 회장은 "AI를 이용한 스마트 경영을 통해 농장 인건비를 대폭 절감하고 생산 효율을 높이고 있다"고 하였다. 중국 정부도 이 같은 농업의 과학화 · 지능화 노력이 식량 안보, 물가 안정, 식품 안전, 탈빈곤화 등에 도움이 된다고 보고 스마트 농업을 적극 장려 · 지원하고 있다. 실제로, 2018년 3월 리커창(李克强) 총리는 전인대(全人代) 업무보고에서 "AI 기술과 인터넷을 융복합해 농업 부문의 공급 능력을 향상시키겠다"는 방침을 공표한 바 있다. 특히 2020년 남부 곡창지대 홍수와 대미 무역전쟁으로 인해 식량 자급률 제고, 수입대체선 확보가 시급해지면서 스마트 농업의 중요성이 더 커지게 되었다.

알리바바의 'Big Brain' 프로젝트는 양돈 사업에도 도입되었다. 보다 구체적으로, '황금돼지 키우기 프로젝트'라고 불리는 이 사업은 AI 장비 · 기술를 이용해 돼지 얼굴 이미지, 돼지 꿀꿀거리는 소리를 인식해 돼지의 건강 상태를 진단·추적하는 동시에, AI 로봇을 이용해 돼지에게 영양을 최적 공급하고 사육하는 사업이다. 이 프로젝트가 중요한 것은 중국인의 주식이 돼지고기이고 중국이 전 세계 최대의 돼지고기 소비국이기 때문이다.

실제로 이 같은 프로젝트 시행 성과는 매우 성공적인 것으로 판명되었다. 중국의 경우, 돼지 한 마리 당 연간 새끼 돼지 이유(離乳) 마릿수(PSA) 평균이 18마리로 유럽 선진국(24)과 한국(20.7)에 못 미쳤으나, 빅 브레인 프로젝트 시행 이후 32마리 수준으로 높아졌다. 또 돼지당 연간 3마리를 더 낳고 새끼 돼지의 사망률도 3%대로 하락하였다. 왕더건(王德根) 터취그룹 회장도 "2020년까지 1000만 마리 양돈 능력을 갖추려는데 기존의 사육 방식으로는 불가능하다"는 점을 피력하면서 '빅 브레인 프로젝트'의 기여도를 높이 평가했다. 알리바바 클라우드 사업부 후샤오밍(胡曉明) 총재 역시 "좋은 돼지고기의 판단 기준이 무게가 아닌 활동 수준으로 바뀔 것"이라고 하면서 "200근보다 200㎞(걸은 거리)를 볼 것"이라는 의견을 피력했다.

쓰촨성의 간판격 돈육 생산업체 터취(特驅)그룹도 2018년 2월부터 돼지들의 소리로 질병이나 새끼돼지 압사(壓死) 위험을 확인하는 동시에, 또한 화상 인식과 적외선 센서 등으로 걸음 회수 등 디지털 운동량과 건강 상황 파일을 돼지별로 만들어 점검 관리하고 있다.

양돈업에 대한 AI 기술 도입의 필요성은 전염병 확산 등 외생적 요인으로 더 높아지고 있다. 중국의 경우, 돼지 총 사육 두수는 4억 마리나 되는데, 잦은 전염병 창궐로 인해 양돈 농가가 큰 피해를 봐

왔다. 2018년 7월에 발생한 '아프리카 돼지 열병(ASF; African Swine Fever)'이 대표적인 예이다. 이때 100만 마리가 살처분되면서 돼지고기 값이 급등하다가, 2019년 1월에는 수요 급감으로 돼지고기 도매가가 전년 대비 15% 급락하기도 하였다. 문제는, 중국 양돈 농가가 약 2,600만 곳에 달하지만 사업 규모가 매우 영세해 질병 예방의 필요성을 알고 있으면서도 축산업 스마트화에 투자할 수 있는 형편이 안 된다는 것이다.

이 같은 상황에서, 알리바바, 징둥닷컴 등의 IT 기업들이 병에 걸린 돼지를 추적 · 격리하기 위해 '사람에게 쓰는 AI 기술을 양돈 농가에 적용하기 시작하였다. 알리바바 클라우드 사업부(阿里雲)는 돼지 얼굴의 카메라 추적, 돼지 기침 소리 모니터링 등에 AI 안면인식 기술을 사용했고, 징둥은 돼지의 성장 단계나 발육상태에 따라 사료를 조절 · 배급하는 AI 로봇 시스템을 개발하였다. 이외에도 광저우 소재의 IT 업체인 '양쯔테크(揚子科技)'는 돼지의 표정 변화를 분석해 건강 상태를 점검하는 스마트폰용 플랫폼인 '미래 돼지 농장 앱'을 개발 · 보급하였다. 돼지 안면인식 추적은 귀에 인식표를 부착하는 것에서 시작되는데, 빅데이터 분석 등에 드는 비용은 마리 당 7달러 정도이다. 이 모바일 앱을 쓰면 스마트폰에 찍힌 돼지 얼굴과 표정의 변화를 보고 원격지에서도 돼지의 건강상태를 진단하고 치료 처방을 내릴 수 있다. 일종의 원격진료인 셈이다.

2. 서비스업: 원가 절감 및 비가격 경쟁력의 향상

중국의 음식점, 호텔 등 서비스 업계에서도 공상과학 영화에 등장하는 AI · 로봇 · 자율주행과 같은 첨단 기술들이 자주 사용되고 있다. 사람 대신 로봇들이 서비스를 하고, 알리바바, 쑤닝, 징둥 등 전자상거래 업체들은 발렌타인데이나 쇼핑 축제를 위해 이벤트용 위성을 쏘아 올리기도 한다.

2018년 10월 25일 광군제(光棍節) 때의 알리바바의 '고객 메시지 위성 송수신' 이벤트도 살펴볼 필요가 있다. 알리바바는 축제 직전에 산시성 타이위안(太原) 위성 발사기지에서 발사한 전자상거래 전용 미니 우주정거장 '탕궈관하오(糖果罐号)'를 정상 궤도에 진입시킨 다음, 이를 깜짝 이벤트 용도로 사용하였다. 고객 이벤트의 과정은, ① 고객이 먼저 광군제 당일까지 자신의 녹음 음성을 보내고, ② 알리바바가 추첨을 통해 초미니 통신위성 '톈마오 글로벌호'에 저장해 우주로 전파신호를 발사하는 식(예: "선영아, 사랑해" 등의 음성 메시지)으로 진행된다. 그 다음에는 ③ 알리바바 앱을 깐 S폰 사용자가 이 전파신호를 수신해 상대방의 사랑 음성 메시지를 확인하면 된다. 알리바바의 이벤트 위성 발사 4일 뒤인 2018년 10월 29일에 경쟁사인 쑤닝(蘇寧)도 간쑤성 주취안(酒泉) 위성 발사기지에서 일회용 이벤트용 위성을 쏘아 올리면서 업체 간에 AI, 5G, 위성기술을 이용한 본격적인 이벤트 통신위성 경쟁이 격화되게 되었다.

이외에도 AI 기술은 빅데이터 · IoT 등의 다른 4차 산업혁명 기술과 결합되어 금융, 유통, 물류 업계에서는 물론 요식, 호텔 등 타 산업에서도 쓰이고 있다. 이미 중국의 편의점 등 소매유통, 운수, 금융·보험, 식당, 호텔 등의 업종에서는 비대면 비즈니스 모델의 확산으로 비즈니스 모델 및 점포·매장 운영방식, 고용 구조에도 대변혁이 일어나고 있다.

우선, 소매유통 부분을 보면, 중국판 무인 편의점이 2019년 이후 급증하고 있다. 대표적인 브랜드는 '젠24' 체인으로 2018년에 미국의 무인상점 '아마존고(Amazon Go)'를 벤치마킹해 중국 무인편의점 트렌드를 선도하고 있다. 고객이 들어오면 얼굴을 식별하고 알리페이 신용도와 회원 번호를 즉시 파악한다. 이후 고객이 집어 든 제품을 인식해 바로 간편결제하고, 지금까지 무엇을 샀는지, 어떤 제품을 사려다 내려놓았는지도 데이터 기록으로 남긴다. 레노버(聯想) 베이징점도 2018년 10월부터 스마트 결제 시스템을 갖춘 무인 편의점을 실험적으로 운용하고 있다.

금융권에서도 4차 산업혁명이 확산되고 있다. 일례로 중국 내 최대 민간 보험사이자 운용자산(2018년 기준) 2위 실적의 보험사인 '핑안(平安)보험'은 AI, 빅데이터를 활용해 고객 데이터를 분석하고, 그 결과에 기초해 보험 및 대출 상품을 맞춤형으로 추천·권유하고 있다. 구체적인 과정을 보면, 대출 희망자에게 "소득은 얼마인가" 등의 질문을 하고, AI 안면인식 기술을 통해 답변 시의 표정 등을 읽는다. 그 다음, 대출 이력, 대출 목적, 원리금 상환능력 등을 빅데이터를 통해 분석하고, 그 과정에서 거짓말을 하는 대출 신청자에게는 비교적 높은 금리를 적용한다. 이외에도 핑안보험은 AI 안면인식 기술과 빅데이터 분석 기술을 결합하여 폐사(斃死)한 돼지에 대해 보험금을 산정해주고 있다. 핑안의 경쟁력은, 1분 안에 3만 장의 이상의 돼지 얼굴 사진을 99.8%의 정확도로 인식 · 분석할 수 있어서 피해 책임, 보상액 등을 둘러 싼 불필요한 분쟁 없이 신속 · 정확하게 보상할 수 있다는 점이다. 폐사 피해를 당한 농가가 밟아야 할 수속은 죽은 돼지 사진을 찍어 보험사로 송부하는 것이 전부이다. 보험사는 보험사대로 미리 보관해 둔 기존 돼지 얼굴 사진과 대조해 돼지 소유 농가를 특정한 다음 빠른 시간 내에 보상 여부와 보상액을 결정해주기 때문에 원가를 절감할 수 있다.

요식업계의 AI 서빙 로봇 사용도 늘어나고 있다. KFC 차이나의 경우, 2016년 이후 3년간 알리바바, 바이두, 화웨이 등과의 기술협력을 통해 자동 주문, 알리페이 등을 통한 간편결제 방식의 AI 전용 매장을 시범 운영하였다. 2019년에는 안면인식 결제 서비스를 시작하고 로봇 서빙 시스템도 도입하였다. 3차원 적외선 카메라가 설치된 무인 메뉴 주문 기기에서 고객이 1-2초가량 안면인식 절차를 마치고 알리페이에 등록된 휴대폰 번호를 입력하면 바로 결제가 완료된다. 실제로 상하이 KFC에서는 안면인식 결제 방식으로 자신의 메뉴를 주문하고 로봇이 아이스크림을 제공하며, 애플리케이션(앱)을 통해 선호메뉴 추천도 받을 수 있다. AI 기술의 도입으로 인건비, 관리비 등 매장 운영 경비가 크게 절감되고 고객들의 서비스 만족도가 높아지자, 매장 간에 스마트 서비스 도입 경쟁이 일어나기도 했다. 그 결과, KFC는 중국에 진출한 지 30년 만에 매장 수가 두 번째로 빠른 속도로 늘어나는 등 '제2의 전성기'를 맞고 있다. 징둥(京東商城) 텐진점은 2018년 10월 29일 100

석 규모의 스마트 식당 '징둥 미래레스토랑'을 개장하여 1대의 서빙 로봇으로 하여금 세 사람의 일을 하도록 하고 있다. 피자헛도 AI 기술을 도입하였는데, 스마트폰 앱 가입자의 데이터를 분석해 △매장별로 수요를 예측하고, △음식물 쓰레기를 감축하며, △메뉴를 개발하는 등의 노력을 통해 영업마진을 높이는 한편, 신세대 소비자들의 취향을 세분화하여 고객맞춤형 서비스(customized service)를 제공하고 있다.

알리바바의 숙박업계 자회사 '페이주(飛猪)'는 2018년 9월 항저우시에 상주 직원 하나 없는 '미래형 호텔'을 개장하였다. 이곳의 프런트에는 서비스 로봇들이 배치되어 있어 체크인을 처리하고 짐을 엘리베이터 앞까지 갖다주는 등의 일을 수행한다. 바이두는 2018년 9월 12일 우한시 관광단지에서 8인승 자율주행 버스 운영을 개시했다. 5km 길이의 관광코스를 최고 시속 15km으로 안전 운행하는데 성공한 이후 2019년부터는 한정된 공간이 아닌 실제 도로에서 보다 빠른 속도의 자율주행 기술을 실험하고 있다. 후난성 창사(長沙)시가 그 첫번째 실험대상지로 자율주행 택시 100대가 운영되고 있다.

3. 금융거래의 보안성 및 유통 · 물류의 안전성 제고: AI+블록체인 기술의 결합효과

AI 기술은 클라우딩, IoT, 블록체인 기술과 융복합되어서 자본시장 및 금융 · 보험 거래의 안전성 제고에도 기여하고 있다. 블록체인 기술은 네트워크 참가자에게 거래기록의 분산 저장을 가능케 해 금융 · 보험 및 자본시장 거래의 안전성을 높여 준다. 또한 거래자 본인 확인을 인증해주고 중앙감독기관 없이도 비교적 적은 비용으로 거래의 효율성과 투명성을 보장해준다.

AI 기술은 또한 농축산품 및 식의약품의 물류 과정상의 원산지 추적도 가능케 해준다. 미국 월마트를 예로 들면, AI 기술에 빅데이터 분석을 결합해 축산업자의 식재료, 식품, 축산물 이력을 확인해주고 있다. 중국의 경우 가짜 쌀 · 달걀, 석회, 밀가루, 시멘트, 호두 등의 식품 안전사고가 빈번히 발생하고 2008년 '멜라민 분유 파동'이 일어나면서 이후 식 · 의약품 안전성에 대한 우려가 다른 나라에 비해 매우 심각했다. 이 같은 상황에서 중국에 진출한 월마트(WalMart)는 IBM · 칭화대와 함께 소매유통 · 물류 서비스를 위한 블록체인 기술을 개발하여 AI 등의 4차 산업혁명 기술과 융합해 제품 제조와 유통과정 관련 정보를 소비자에게 제공하고 있다. 따라서 고객은 중국산 돼지고기와 미국산 망고의 공급 과정 등을 실시간으로 추적하고, 식재료 생산, 식품 제조, 유통 전 과정을 실시간으로 확인할 수 있다. 먹거리 유통 과정과 식품 안전성 검증을 할 수 있게 하고 있는 것이다. 또 다른 사례로 징둥은 AI, 블록체인 기술을 기반으로 소비자에게 호주산 소고기 이력 정보를 제공한다. 종전에는 식품 이력 확인에 수 주일이 걸렸으나 AI와 블록체인 기술을 도입한 이후 식품 이력의 확인 시간이 줄고, 정보의 위 · 변조도 어려워졌다. 이외에 축산물 가공업체의 경우 이력관리 시스템을 구축하고 있는데 돼지고기, 소고기 등 육고기에 사물인터넷 센서를 부착하고 도축 · 가공 정보를 입력함으로써 운송 과정에서의 온도 · 습도 · 물리적 충격 등의 정보를 고객에게 제공하고 있다.

4. 공익 목적: 반부패 비리사범 및 범법자 적발 · 감시 능력 향상

민간 기업의 비즈니스 혁신 목적 외에도, AI 기술은 IoT, 빅데이터 등 다른 기술과 융합되어 중국의 사회주의 일당독재 체제의 유지 및 반부패 등 공익 증진 목적으로도 자주 활용된다. 가장 좋은 예가 바로 온라인 방식으로 부패사범을 적발 · 감시하는 '링신런(零信任 · Zero Trust)' 시스템의 실험적 도입이다. 이 적발 · 감시 시스템은 AI를 활용해 '부패를 0으로 낮춰 신뢰 사회를 구축한다'는 뜻의 공무원 부패 감시 특별 시스템이다. '링신런'은 허난성 화이양현(縣) 정부가 최초로 도입 · 실시하였는데, AI를 통해 공무원들과 주요 가족의 부동산과 차량, 재산 변동 상황은 물론 가족 · 친지 관계, 계좌 등 개인 정보를 사실상 실시간으로 추적할 수 있게 돼 있다.

중국 공사당은 당 중앙기율검사위원회(서기는 자오러지; 趙樂際) 주도로 부패 당원들을 주로 조사 · 적발하였으나, 2019년 3월에 '국가감찰위원회'를 신설, 반부패 조사 범위를 비(非) 당원까지 넓혔고(김익수 2019, '중국의 부패 관성과 반부패 정책대응' 참조). 링신런은 공무원의 각종 개인 정보 등을 실시간으로 수집하여 사회관계망과 자금 흐름도를 그린 뒤, 수상한 부패 증거가 발견되면, 그 규모와 중요성에 따라 곧바로 해당 반부패 및 공안 당국에 통보한다. 보다 구체적으로 비리 적발 방식과 절차를 보면, 우선, 공무원의 부동산 이전이나 토지 인수, 수상쩍은 입금, 고가 외제차 구입 등 재산의 변동사항을 포착하고 공무원 가족, 지인이 정부의 계약에 응찰했는지를 확인한다. 링신런은 또한 부적절한 예산 집행과정 상의 부패 · 비리, 도로나 다리 건설 등 예산의 합법적 집행 여부, 계획 밖의 재개발 · 재건축 사례 등을 파악하는 과정에서 공직자 본인, 가족과 친지의 인적 정보는 물론 인공위성 촬영 사진 · 영상을 분석하기도 한다. 이에 더해, 중앙 · 지방정부가 보유한 150여 개의 각종 공무원 DB도 참조하므로 원래의 취지대로 제대로만 운용되면 그 위력은 가공하다고 할 수 있다. 실제로 이러한 링신런의 활용으로 2012년부터 링신런을 도입한 시(市) · 현(縣) 등 중국 지방정부 30여 곳은 2012-2018년 7년간 공금횡령, 권한 남용 등 비리 공무원 8,721명을 적발한 바 있다.

그러나 이러한 탁월한 잠정적 초기 성과에도 불구하고, 링신런은 그 가공할 위력 때문에 오히려 본격적으로는 도입되지 못하고 있다. 당 · 정 고위 공직자들이 자신의 비리와 사생활이 낱낱이 공개되는 데 대한 두려움이 큰데다가 지방 정부 공무원들마저 저항하고 있기 때문이다. 2019년 초 현재까지 중국 전체 행정구역 수의 1%인 30여 곳만이 링신런을 가동 중인데, 대부분이 낙후된 소규모 도시나 농촌이고, 일부 성의 시급, 현급 정부에서는 AI 시스템의 불사용 방침을 공언하기도 했다. 후난성의 화이화시, 마양현, 리 현은 아예 이 시스템 실험기관 목록에서 자진탈퇴하였고, 사용하고 있는 성(省)도 '참고용(for reference)'으로만 사용한다. 관영 언론인 인민일보, 신화사, 환구시보(環球時報)도 링신런을 거의 홍보하지 않는 것을 보면, 시진핑 주석을 비롯한 중앙당 · , 최고위층조차 링신런의 본격적 도입과 대대적 확산은 아직 시기상조라고 생각하고 있는 듯하다. 자칫 불필요한 정치적 불안과 권력투쟁을 촉발해 2022년 10월에 열릴 예정인 제20차 당대표대회에서의 시 주석 제3기 집권에 악영향을 줄 수 있다고 보기 때문이다.

이외에도, 앞에서 언급한 바와 같이, 중국 공안부 등 관련 당국은 AI 기술을 탑재한 CCTV 감시카메라를 통해 시민의 성별, 옷차림, 차종을 실시간으로 파악해 '악덕-불량-요주의-보통시민'으로 분류하기도 한다. AI 기술은 또한 모바일 소셜미디어 컨텐츠의 실시간 검열에도 도움을 주고 있는데, 중국이야말로 사생활 보호가 안 되는 '디지털 레닌니즘'의 'AI 빅브라더' 사회로 급속히 변모되고 있다고 해도 과언이 아니다.

한마디로, AI 기술은 민간 비즈니스의 과학화 · 효율화에 도움이 되고, 반부패 등 공익 증진에도 기여하는 것은 사실이지만, 인권과 사생활 침해에 관한 제도적 보호 · 억제장치와 심사 절차 등이 없으면 자칫 독재를 유지 · 강화하기 위한 통제 · 감시수단으로 쉽게 오 · 남용될 수 있는 소지가 큼을 알 수 있다.

V. 중국 기업의 AI 기술 비대면 상용화 전략

1. 비대면 디지털 라이프의 확산

앞에서도 소개했지만, 중국의 인터넷 사용 인구는 7억 7,000만-8억 명이나 된다. 미국과 유럽 네티즌 숫자를 합친 것보다 많고, 이들의 90% 이상은 모바일도 사용한다. 더욱이 디지털 생태계도 빠른 속도로 변모 · 확장하고 있어 AI 등 4차 산업혁명 관련 산업에 종사하는 국내

외 기업의 입장에서 보면 이는 새로운 시장 기회가 열리고 있다고 볼 수 있다. 실제로 중국의 산업 지형은 소매 유통, 물류, 금융, 진료 등에 걸쳐 비대면 디지털 방식이 빠른 속도로 보편화되고 있다. 생활방식도 디지털화 · 비대면화 · 스마트화하고 있어 국내외 기업을 막론하고 이 같은 '생활방식의 스마트화'에 적응하지 못하면 도태될 수 있다.

대도시의 외식업을 예로 들면, 고객은 테이블에 찍힌 QR 코드를 위챗으로 스캔해 직접 주문을 하고 식사 후 앉은 자리에서 바로 결제하면 된다. 종업원은 아예 없거나 고령층 고객을 위한 최소한의 고객만 유지한다. 직장이나 집에 있는 고객들도 배달 앱 '메이퇀디엔핑(美團點評)'이나 '어러머(餓了嗎)'를 통해 스타벅스 커피나 아이스팩에 포장된 시원한 아이스크림을 주문한다.

비대면 원격 스마트 진료 방식의 활용도 점차 늘어나고 있다. 알리바바 그룹의 헬스케어 분야 자회사인 '알리헬스'의 앱을 통해 실시간으로 의사와 채팅 상담을 하면서 처방전과 주의 사항을 전달받고, 약은 알리바바 온라인 약방을 통해 수령한다. 대도시 30대 주민의 쇼핑 과정을 살펴보면, 더 빨리 이해가 된다. 외출 준비를 마친 당사자는 '디디추싱(滴滴出行)'이나 '이다오(易到用車) 차량 공유 앱에 주소를 입력해 차를 부르면 대여섯 종류의 자동차와 운전자의 평점 그리고 예상 도착 시간이 뜨므로 비교 · 선택이 편리하다. 퇴근 후 신선식품 마트 허마셴셩(盒馬鮮生) 부근을 지나가니 갓 들어온 캐나다산 랍스터가 좋다는 알림 메시지가 뜬다. 주문 후 30분 쯤 지나면 집까지 배달된다. 광둥성 광저우시에서는 자동차도 자판기에서 커피 뽑듯이 온라인에서 차를 골라 예약하고 시승 후 구매하는 비즈니스 방식도 등장하였다.

'Z세대'로 불리는 중국 내 25세 이하의 청년의 경우 비대면 디지털 거래 방식에 더 익숙하다. 2억 8,000만 명이나 되는 이들은 디지털 콘텐츠 공유에 있어 밀레니얼 M세대(80년대 초-90년대 중반 출생)보다 더 친숙하고 스마트하며 자기 의사표현에도 적극적이다. 이들이 주로 이용하는 No.1 종합문화플랫폼은 'B사이트(B站)'으로 불리는 '비리비리(嗶哩嗶哩; bilibili)'이다. 2009년 8월 설립 당시만 해도 애니메이션(动画), 만화, 게임(游戏) 공유사이트로 출발했지만 10여 년의 시간이 지난 2020년 9월 말 현재 수많은 창작자, 7천여 개의 다양한 유저층(興趣圈層), 4년 전의 3배를 넘는 2억여 명의 월간 활동 유저(MAU)를 지닌 '다원화된 문화 커뮤니티(多元文化社區)'가 되었다(Baidu.com '嗶哩嗶哩' 검색결과). 비리비리 앱이 이처럼 폭발적 인기를 끌게 된 것은 앱 상단에 위치한 '딴무(彈幕)'라는 메뉴 때문인데, 동영상을 보면서도 자막에 댓글을 달아 이를 쉴 새 없이 뿌릴 수 있게 돼있다. Z세대 방문 최선호 1위 종합문화컨텐츠 플랫폼인 비리비리는 2018년 3월에 미국 나스닥에 상장되었다.

20대 인터넷, 모바일 유저들을 타깃으로 해 AI 기술을 활용한 동영상 광고 솔루션 업체 '비디오 자자(공동창업자 둥휘즈)'는 AI 로봇을 통해 연령대가 다른 소비자층 별로 다른 맞춤형 광고 솔루션을 제공한다. 예컨대, 20대가 공포영화를 즐긴다는 점을 감안, 공포영화 예고편에 20대들이 자주 쓰는 화장품 광고를 내보내는가 하면, 자동차 마니아층이 좋아하는 영화 '분노의 질주' 예고편에는 관련 스포츠카 광고를 삽입하고 있다. 이 모든 것을 사람이 아닌 AI가 자동 실행한다는 것이 과거와 다른 점이다.

종합정리해보면, 모든 중국인들의 생활패턴이 디지털화되었다고 말하기는 어렵지만, 최소한 베이징, 상하이, 선전 등 주요 특대도시 25세 이하의 젊은 층만큼은 이미 '디지털 생태계의 원주민'이 되었다고 해도 과언이 아니다. 여기에는 AI, IoT, 빅데이터 등 4차 산업혁명 기술의 역할이 크며, 특히 BAT(바이두, 알리바바, 텐센트의 앞글자)라고 불리는 '디지털 드래곤'들의 기여가 크다고 할 수 있다. 이들은 중국 도시민들에게 다양한 플랫폼 안에서 일상생활의 거의 모든 것을 해결할 수 있는 '수퍼 앱' 플랫폼을 제공한다. 특히 알리페이나 위챗은 매년 5-10개의 기능을 추가해왔고, 지불이나 메신저의 단순 기능을 넘는 '디지털 라이프 스타일의 플랫폼'으로 진화해왔다. 실제로 이들 BAT 빅테크 기업 그룹들의 시장가치는 한화 500조 원을 넘고 있으며, 벤처에 대한 중국 내 투자 총액의 약 40%, 중국 주요 50개 스타트업 중 절반 이상을 점하고 있다.

2. BAT, 스마트폰 업체 및 화웨이의 AI 전략

(1) 알리바바의 AI 전략

AI 기술은 위에서 보는 것처럼 빠르게 진화하고 있으며, AI 시장 규모 또한 미-중 기술패권 전쟁과 코로나19 사태의 와중에서 놀랄만한 속도로 확대되고 있다. 특히 AI 칩 시장의 발전이 빠른데, 스위스 투자은행 UBS에 따르면 세계 AI 반도체 시장은 2021년에는 350억 달러까지 성장한 것으로 추정되고 있다.

그러면 BAT와 샤오미(小米), 화웨이 그룹 기업들은 각각 어떠한 경영전략으로 중국 AI 시장을 선도하고 있을까?. 우선, 알리바바의 경우, △신소매와 신유통 분야, △뉴 노멀(new normal) 경제, △신에너지, △신제조업의 4대 '신(new)' 전략 산업 분야를 선정하고 이들 경영자원을 여기에 집중하고 있다. 4대 신분야의 공통점은 데이터 분석 의존도가 높고, AI칩(반도체)을 핵심 소재 · 부품으로 이용하고 있다는 점이다. 이와 관련, 알리바바 그룹은 2017년 10월 AI 칩 연구 개발기관인 '다모위안(達磨院 · 달마원)'을 설립한 다음, 2018년부터 3년간 총 150억 달러(약 16조 원)을 투자하여 기존 제품보다 성능이 40배 좋은 AI 칩 '알리 신경망칩(Ali-NPU)'을 개발하고 있는 중이다.

'다모위안'은 미국 등 8개국에서 영입한 300여 명의 AI 연구개발 인력과 지원 직원을 보유하고 있는데, 이미지 및 영상 식별 기술, 클라우드 컴퓨팅, 고성능 신경망 칩의 개발에 최우선순위를 두고 있다. 이외에도, 알리바바는 항저우의 내장형 CPU 제조업체 'C스카이 마이크로시스템'을 2018년 4월 22일 인수한 데 이어, 2019년 9월에는 '핑터우거(平頭哥)반도체유한공사'를 설립, 자율주행차와 스마트 시티, 물류 등의 분야에서 쓰는 AI 칩 개발에도 매진하고 있다.

중국 정부도 알리바바의 이 같은 AI 신경망칩 개발을 적극 장려하고 있다. 특히 트럼프 행정부가 2018년 하반기부터 중국의 ZTE(中興通讯), 화웨이, 틱톡(抖音) 등을 연달아 제재하자 IT(정보기술) 및 기타 첨단산업 분야의 기술 자립과 기술력 향상에 과거 보다 많은 정책적 지원을 하고 있다. 시 주석은 2018년 4월 20~21일 베이징에서 열린 전국 인터넷 안전 · 정보화 업무회의 석상에서 "정보화 전략을 중화민족 도약을 위한 천재일우의 기회로 삼을 것"을 역설하였다. 그후, '중앙인터넷안전 · 정보화 영도소조'를 상설 위원회로 승격시킨데 이어 AI 신경망칩 등 '반도체 굴기'의 행보를 가속화하고 관련 분야의 핵심 인재와 기술을 확보하는데 배전의 노력을 기울이도록 강조하고 있다.

〈표 4-11〉 바이두와 알리바바의 AI 적용 주요 분야

	AI 전략	음성인식	이미지인식	AR/VR	금융	OS	스마트카	기타
바이두	All in AI	Deep Voice	Baidu Eye	Dusee	–	Duer OS	APOLLO 1.5	Baidu Map
알리바바	NASA	Little Fish	–	Buy +	Ailpay, Sesami Credit	Yun Os	Ali OS	Gaode Map

자료: "중국 IT기업 발전전략: 무서운 성장세의 중국 인터넷 기업 BAT 정부와 협업으로 AI(AI) 전략도 추진," [Issue & Analysis], ChindiaPlus, November/December, 2017, Vol. 126, pp.52–53.

〈그림 4-20〉 알리바바 R&D 투자 계획

자료: 서울경제신문 2017. 10. 12. A11

이외에도, 알리바바 그룹은 AI 기술과 클라우드, 빅데이터 간의 융합 노력을 확대하고 있다. 전 세계 260만 개 기업을 대상으로 스마트 시티, 스마트 팩토리, 스마트 농업 등 클라우드 컴퓨팅과 빅데이터 기술을 활용하기 위한 솔루션을 제공할 계획으로 있다. 또한 앞서 소개한 것처럼 농·축산업 농가와 농장에 돼지의 출생 도축 성장 발육 사료양의 조절 그리고 건강 상태에 관한 상황을 종합적으로 스마트하게 감시하고 관리할 수 있는 솔루션을 제공하고 있다.

(2) 텐센트의 클라우드, AI, 산업인터넷 부문 강화

텐센트 그룹의 경우, AI 기술 등 4차 산업혁명 기제를 성장동력으로 삼기 위해 대대적인 조직 개편을 단행한 점에 주목할 필요가 있다. 텐센트 그룹은 설립 이후 줄곧 두 가지 성장동력에 의존해 발전해왔다. 그 중 하나는 인터넷·모바일 게임이고, 다른 하나는 PC버전 메신저 QQ와 10억 명의 이용자를 자랑하는 모바일 소셜 미디어 '위챗(微信; WeChat)', 그리고 개인 블로그인 '웨이보(微博)'이다. 그러나 캐시카우(Cash Cow)였던 게임 사업이 정부규제 등의 요인으로 부진에 빠지자, 2018년 10월 30일 창립 20주년을 앞둔 시점에서 텐센트 그룹 마화텅(馬化騰) 창업자 겸 회장은 대대적인 조직 개편에 착수하였다. 마 회장의 입장에서 보면, 이는 향후 20년을 향한 텐센트 그룹의 미래 도약을 준비라고 할 수 있다.

게임을 제외한 컨텐츠 부문을 통폐합해서 줄이는 대신, 클라우드&스마트(CSIG)와 플랫폼&콘텐츠(PCG) 사업부 두 개를 신설하는 것이 텐센트 그룹 조직 개편의 주요 내용이다. 주목적은 알리바바를 추격하는 것인데, 미래 성장동력이라 할 수 있는 산업용 인터넷 사업부를 확대 개편하는 동시에 그동안 등한시 했던 AI와 빅데이터, 5G 이동통신 등의 분야를 집중 육성하기로 한 것이다. 보다 구체적으로는, 새로 신설된 사업부인 CSIG로 하여금 클라우드 컴퓨팅 이외에 인터넷플러스, 스마트 소매유통, 비대면 교육·의료, 보안, 위치기반서비스(LBS) 등의 산업인터넷 솔루션을 담당하도록 하는 한편, 기술 위원회를 신설하여 AI 등에 관한 R&D 역량을 강화하기로 하였다.

한편, PCG는 QQ(메신저), 브라우저, 영화, 애니메이션, 동영상, 뉴스 등의 사업과 게임 이외의 나머지 콘텐츠 부서를 묶어 상호 간의 시너지 극대화를 추구한다. 이를 위해 마 회장은 PCG 사업부에만 1.1만 명의 인력을 배치해 최대 사업부로 격상시켰다. 그리고 기존의 7개 사업부 중에서 기업발전(CDG), 인터랙티브 엔터테인먼트(IEG), 기술&엔지니어링(TEG), 위챗(WXG) 사업부 4개만 존치시키고, 모바일인터넷(MIG), 소셜네트워크(SNG), 온라인미디어(PMG) 등 3개 사업부는 해체해 다른 사업부에 흡수시켰다.

〈그림 4-21〉 텐센트 조직개편 전 · 후 사업부 비교

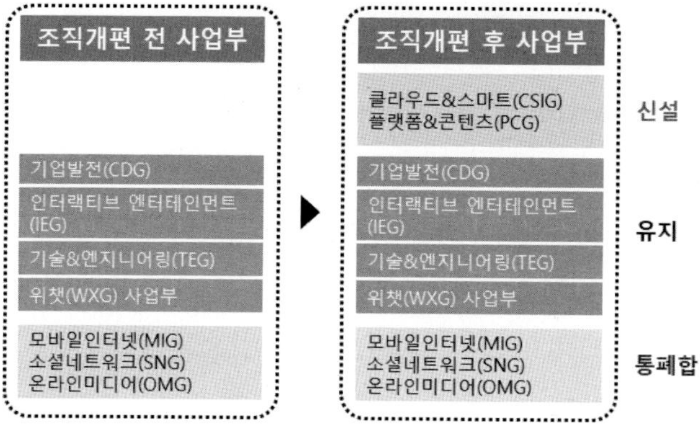

〈표 4-12〉 중국 ICT 분야 선두업체들의 AI 연구개발 행동계획

AI 분야의 R&D	ICT 기업 명	개발대상 기술의 성격, 주요 전략행동
AI 반도체 개발	알리바바 (阿里巴巴)	▶ AI 사업에 2018년부터 향후 3년간 150억 달러(약 16조 원) 투자 ▶ AI 기술 R&D를 위해 '다모위안(達磨院 · 달마원)' 설립(2017. 10) ▶ 기존 성능 40배 향상 AI반도체 칩 '알리 신경망칩(NPU)' 개발 ▶ 항저우의 마이크로프로세서 제조업체 C스카이 마이크로 시스템 인수
AI 스피커 · 음성비서	텐센트 (騰迅 · 텅쉰)	▶ 위챗 연동가능 자체개발 AI 스피커 '텅쉰팅팅' 출시
	바이두 (百度)	▶ '바이두 의료사업부' 폐지 + O2O 브랜드인 '바이두 와이마이(外 賣)' 매각 + 바이두 금융 분사 · 독립 + AI 사업부 통합 ▶ AI 음성인식팀, 두미(度秘 · Duer), AI 스피커로 업그레이드 ▶ 루치 총재 사퇴(2018.7)로 AI 업그레이드 스피커 출시 지연
	화웨이 (華爲)	▶ 아마존의 알렉사(Alexa)를 내장한 AI 스피커 겸 4G 라우터 '화웨이 AI 큐브' 출시(2018.8.31) ▶ 이용자 간 정서적 교감 가능한 '감성 AI 비서' 개발 중
	징둥상청 (京東商城)	▶ AI 스피커 '딩동' 출시 (2015. 4)

(3) 바이두 AI 발전목표 달성은 요원

바이두 그룹(회장 李彦宏; 리옌훙) 역시 앞의 알리바바나 텐센트 그룹처럼 AI 산업 육성의지가 강했다. 전통적 주력 사업인 포털과 검색 광고 수입의 채산성이 날로 악화되자 COO(Chief Operating Officer)인 루치(陸奇) 그룹 총재는 자연어처리, AI 스피커, 아폴로 자율주행차 등 AI 관련 산업을 대대적으로 육성하고자 하였다. 그러나 초기 예상과는 다르게 성과가 지지부진하고 적자가 천문학적으로 늘어나자 2018년 5월 18일 루(陸) 총재는 7월에 사표를 냈다. 바이두 주가는 253.01달러 전 거래일 대비 9.54% 폭락한 채 거래를 마감하게 된다.

루치 총재는 마이크로소프트(MS) 출신으로 매출 증가율이 6.3%로 부진했던 2017년 1월 바이두에 합류하였다. 부임 이후 1년여의 기간 동안 COO로서 AI 기업으로의 대변신을 위해 각종 개혁을 과감히 실행하였고 바이두 주가는 1년 간 무려 60%가량 급등하게 된다. 2018년 1월 발령을 받은 루치 COO는 'All in AI' 전략 방침을 선포하고 적자투성이의 '바이두 의료사업부'를 폐지하고, 금융 사업부를 분사 · 독립시켜 독자 발전을 모색하였다. 또한 O2O(온 · 오프라인 연계) 브랜드인 배달사업인 '바이두 와이마이(外賣)'를 '어러머(餓了嗎)'에 매각하기로 결정했다. 2015년 이후 3년에 걸쳐 바이두가 음식배달과 공동구매 등 O2O사업에 총 32억 달러를 투자하였지만 성과가 좋지 못했기 때문이다. 와이마이의 기업가치는 25억 달러 수준으로 어러머(55억-60억 달러)의 절반에도 미치지 못했으며, 텐센트 계열 메이퇀뎬핑(美團点評), 어러머에 밀려 만년 3위에 머물렀다(연합뉴스 2017. 8. 22).

반면 자율주행 자동차 플랫폼인 아폴로를 키우는 한편, AI 음성 상호 인식 · 소통 시스템인 '두미(度秘 · 영문명: Duer, 바이두의 AI 스피커)'로 업그레이드하였다. 하지만 이 같은 AI 기업으로의 대전환 전략이 성과를 내지 못하자 부진에 책임을 지고 그룹 총재직과 COO직을 2018년 7월 1년 4개월(486일) 만에 돌연 그만두었다. 공식적으로는 수술 후유증으로 인한 건강 악화와 빡빡한 업무 일정, 개인 사정으로 인한 베이징 근무 불가라는 이유를 내세웠지만, 이를 그대로 믿는 사람은 많지 않았다. 외부 관찰자들은 "인사와 재무분야에 권한이 없는 사내 2인자로서 그룹 대변신 임무 수행에 한계를 느껴 다른 기업으로 이직하려는 것"이 진짜 사퇴 이유라고 해석하였다. 실제로 그는 리옌홍 창업자와 전략 추구 방향이 상당 부분 달랐으며 알리바바와 텐센트 등에 비해 낮은 대우를 받은 것도 불만이었던 것으로 추정된다. 리옌홍 회장의 요구로 바이두 그룹의 부이사장직은 맡기로 한 것으로 드러났다. 그 후 루치 부회장은 2018년 8월부터 'Y Combinator'란 기업을 창업하고 이 회사의 CEO 겸 글로벌 연구원장으로 일했으나, 2019년 7월에는 Y Combinator일에 전념하기 위해 바이두 그룹 부이사장 자리마저 내놓은 것으로 확인되었다(https://baike.baidu.com/ 陸奇 검색결과).

3. OPPO, 샤오미, 화웨이의 AI 전략

한편 2019년을 전후해 스마트폰 업체인 샤오미, 오포, 비보는 물론, 5G 통신장비 제조 · 판매에 종사하는 화웨이까지도 AI 사업을 강화하기 시작했다.

우선 OPPO의 경우, 천밍융(陳明永) CEO 역시 '오픈 IoT 플랫폼'을 구축해 AI와 IoT가 결합한 지능형 사물인터넷(AIoT) 기술 개발을 가속화하겠다는 방침을 천명하였다. 그리고 5G 시대용 AIoT 기술을 접목하기 위해 이동통신 단말기 사업부를 신설하고 그 총괄 부서장에 최고구매책임자(CPO)였던 류보(劉波) 오포 부총재를 임명하였다.

이런 상황을 바라보며 샤오미도 AIoT 경쟁력 강화에 나섰다. 레이쥔(雷軍) 그룹 회장은 2018년 11월 '샤오미 AIoT 개발자대회'에서 "향후 5–10년간 AIoT가 샤오미의 핵심 전략이 될 것"이라고 밝히면서 "2019년부터 5년간 AIoT 영역에 100억 위안(약 1조 6,505억 원) 이상을 투자할 계획임"을 공표하였다. 2019년 1월 11일에는 〈스마트폰+AIoT 전략〉을 공개하였는데, 그 중점은 △AIoT 발전에 대한 자신감을 토대로 이케아와의 전략적 제휴 추구, △거대한 스마트폰 관련 AI 하드웨어 생태계의 구축, △온 · 오프라인을 통한 IoT 기기 판매채널의 구축 등에 있었다. 또한 4차 산업혁명 시대에 걸맞은 조직을 만들기 위해 '80後 세대'로 간부를 교체하고 '혁신 가속화'를 위한 행동계획을 실행하기 시작했다.

이외에도 샤오미는 인터넷 기업으로의 대변신을 위해 조직 슬림화에 나서는 등 대대적인 조직개편을 단행하였다. 구체적으로는, TV · 생태계 · MIUI(샤오미 운영체제) · 엔터테인먼트의 4개로 나눠진 사업부를 10개 팀으로 세분화한 다음 사업부문별 의사 결정 단계를 대폭 축소함으로써 의사 결정 속도를 향상하고자 하였다. 2018년 9월부터는 신설된 10개 사업부의 수장(총경리)을 '80後'로 교체해 총경리의 평균

연령대를 38.6세로 낮추었다. 또한 더 젊은 세대를 발탁, TV · 노트북 PC · 스마트하드웨어 · 사물인터넷(IoT)플랫폼 · 생태계 · 전자상거래 · 인터넷1부(MIUI) · 인터넷2부(게임과 음악 등) · 인터넷3부(개발자) · 인터넷4부(TV와 영상, 생방송 등) 등의 간부로 선임하였다. 레이쥔(雷軍) 회장은 "노병이 없으면 계승이 안 되고, 신병(新兵)이 없으면 미래가 없다"고 하면서 조직 내에 그룹 참모부 · 조직부를 신설하였다. 참모부는 그룹의 '두뇌' 역할을 하는데, CEO를 도와 그룹 미래 발전 전략을 짜고 사업부별 전략을 조율하는 것이 주요 기능이다. 조직부는 그룹 조직의 '근육'으로서 고위 간부를 임명 · 교육하며 전체 그룹 조직 구조의 개편과 재설계를 감행하는 등의 대수술을 감행한다.

화웨이의 경우 AI 칩의 개발과 '메이트10'폰 출시 등에 집중하고 있다. 화웨이는 2018년 9월 유럽 최대 IT 전시회인 'IFA 2017'에서 세계 최초로 모바일용 NPU(neuro processing unit)인 AP '기린 970'을 공개하였다. 화웨이는 2017년 10월 16일에 출시된 화웨이의 프리미엄 스마트폰 '메이트10'에 기린 970을 탑재하여 북미, 유럽 등 선진국 시장을 공략할 계획이었다. AP칩 기린 970은 AI 기반 이미지 자동인식 기능이 강해 분당 2,005개의 이미지를 인식하고 촬영대상에 따라 카메라 설정을 최적화한다. 이 같은 화웨이의 움직임은 아마존, 구글, MS, 인텔 등 글로벌 IT 강자들이 "CPU 하나가 메모리, 그래픽 처리 기능 등 다양한 기능이 포함된" 소위 AI 전용 칩을 개발하기 위해 치열히 경쟁하고 있는데 자극을 받은 것이라 할 수 있다.

〈그림 4-22〉 중국 알리페이에 탑재된 앱 개수 변화 및 2017년 기준 90개 앱의 기능 분류

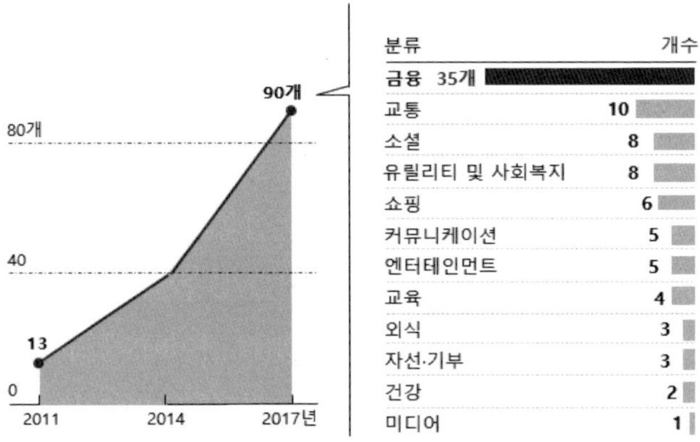

자료: 맥킨지 글로벌 연구소

〈그림 4-23〉 디지털 전환 분야 핵심 신기술에 대한 한 · 중 · 미 벤처캐피털의 투자 규모 (단위: 달러)

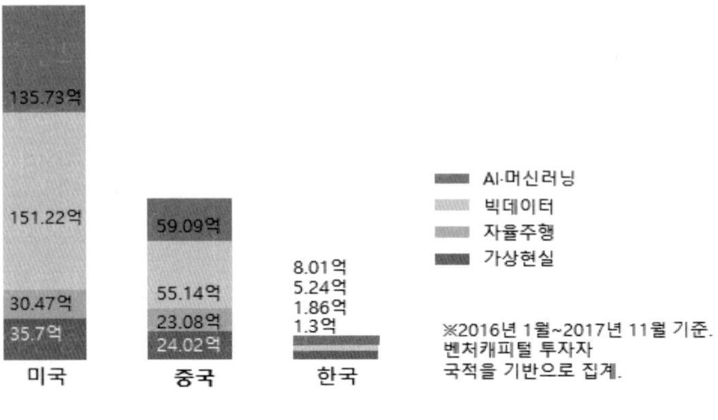

자료: 맥킨지 글로벌 연구소

〈그림 4-24〉 주요 국가 인터넷 사용자 비교

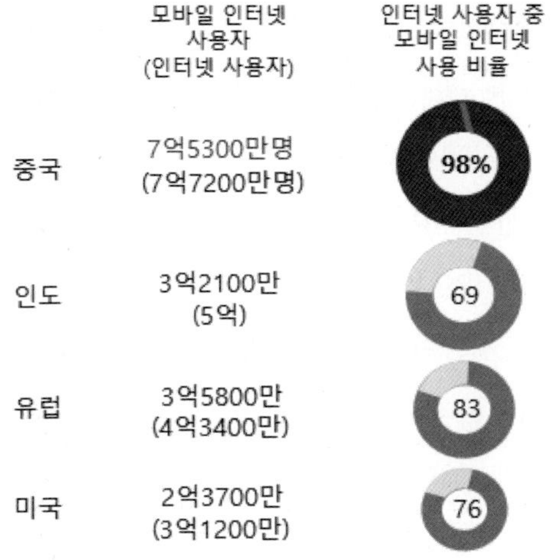

자료: 맥킨지 글로벌 연구소

4. 새로운 도전자들: TMD, 핀둬둬, 샤오훙수

TMD, 핀둬둬(拼多多), 샤오훙수(小紅書) 같은 기업과 앱들도 AI의 상용화에 도전하고 있다. TMD는 '진르터우탸오(今日頭條; 오늘의 톱뉴스)', '메이퇀디엔핑(美團点評)', 디디추싱(滴滴出行)' 등 3개 업체의 한자병음 앞 글자를 딴 약칭이다. 이들은 비상장 스타트업'인 유니콘(Unicorn)으로 알리바바, 징둥 수준은 아니지만 중소기업으로서 중국 내 AI 기술의 상업화를 선도하고 있다. 각 기업의 시장가치가 한화로 50조-70조이어서 3개 기업의 총 기업가치는 150-210원에 달한다.

이중 'T'를 대표하는 '터우티아오'는 바이트댄스(字節跳動) 그룹의 미디어 부문 핵심 자회사이다. 터우탸오는 AI, 빅데이터 기술를 융합해 독자들에게 읽은 기사의 히스토리 데이터를 머신러닝(machine learning) 방식으로 분류한 다음, 독자에게 관련 최신 뉴스 제목을 뉴스를 추천·제안하는 앱이다. 'M'을 대표하는 '메이퇀디엔핑'은 '어러머'와 함께 중국 배달앱 시장을 거의 양분하고 있는 메이저 플레이어이다. 음식 배달, 식당 리뷰, 엔터테인먼트 티켓 판매 등의 라이프스타일 비즈니스 관련 서비스를 제공하는 데 있어 AI, 빅데이터, 드론 기술 등을 활용하고 있다. AI 기술은 특히 고객별 선호 메뉴 분석과 추천, 배달 서비스 시간의 단축 등에 관한 지능화 작업에 주로 사용되고 있다. 'D'를 대표하는 '디디추싱(滴滴出行)'은 중국 차량공유 시장의 점유율 1위 업체이다. AI와 IoT, 클라우드 컴퓨팅, 5G 이동통신 기술 등을 융합해 고객, 운전자 관리, 다양한 차량 공유서비스를 제공하고 있으며, 최근에는 기술 집약도와 부가가치가 높은 자율주행차 분야로의 사업다각화를 시도 중이다.

한편 2015년 9월에 창립되고 2018년 7월 26일에 미국 나스닥에 상장된 '핀둬둬'는 '소셜커머스(social commerce)' 방식으로 알리바바와 징둥닷컴의 아성에 도전하고 있는 쇼핑앱 전문 기업이다. 미국의 그루폰(Groupon)을 벤치마킹해 탄생한 이 앱은 친구, 가족, 이웃 등을 모아 공동구매를 할 경우, 품목과 구매액, 이용빈도 등에 따라서는 최고 90%를 할인해준다. 이 앱의 유저는 2019년 말 약 2억 명에 달하는데, 60% 이상이 알리바바나 징둥 이용에 불편을 느낀 중서부 내륙지역과 도시 근교 중소 도시, 농촌지역에 살고 있는 '비소비자(non-customers)'들이다. 온라인 혹은 모바일 공간에서 할인 인센티브를 제공해 주변의 친척, 친구, 지인들을 끌어 모아 대량 주문을 유도하고 있다. AI, 빅데이터 방식을 이용해 상품 조달, 판매, 재고관리, 간편결제 등을 수행함으로써 가격경쟁 우위를 살려 나가고 있으나, 짝퉁, 위조 상품 관리가 미흡해 사회적 비판을 받고 있다.

마지막 기업은 2억명 이상의 이용자를 가진 '샤오홍수(小紅書)'이다. '중국판 인스타그램'으로 불리우며 이용자의 80% 이상이 20~30대 여성이다. "标记我的生活(나의 생활을 기록하라)"란 슬로건이 대변하듯(위키백과 검색결과), 해외방문자들의 화장품, 패션, 일용품 등 구매 정보나 일상생활 중의 맛집 이용 경험을 올려 공유하는 소위 '사용자 제작 콘텐츠(UGC)' 방식으로 운영된다. AI 기술과 빅데이터, 가상현실(VR) 기술은 고객 커뮤니티의 소셜 네트워킹, 쇼핑 경험 관련 데이터의 분류 검색, 가격 비교서비스, 최종 브랜드 선택 결정과정에서 이용된다.

VI. 한국 정부, 기업에게 주는 전략적 시사점

1. 4차 산업혁명 분야에서의 성공 방정식

4차 산업혁명의 3가지 메가 트렌드는 ① 초연결성(hyper-connectivity), ② 초지능(super-intelligence), ③ 초융합(meta- convergence)의 세 가지로 정리할 수 있다. '초연결성'은 △5G, 6G 이동통신망, 클라우드 컴퓨팅, 사물인터넷(IoT)을 통한 사람간, 사물간, 사람-사물간의 커뮤니케이션 상호 연결성, △분산형 정보 보안을 통해 데이터를 수많은 단말기에 분산 저장 · 관리할 수 있는 블록체인 네트워크 활용 가능성을 뜻한다. '초지능력'이라 함은 연산-저장-커뮤니케이션(모뎀)이 동시에 가능한 '슈퍼 칩'이 나오고, AI 기술이 클라우드 컴퓨팅, 5G-6G 이동통신망과 결합되어 수퍼컴퓨터, 양자컴퓨터 활용이 가능해짐으로써 과거보다 획기적으로 빠른 연산과 스마트한 업무 처리가 가능해졌음을 말한다. 그리고 '초융합'은 크게는 4차 산업혁명 기제와 인터넷-방송 · 통신, 제조업, 서비스업 간의 융합을 말하며, 작게는 AI라는 디지털 전환(digital transformation) 기술 하나만을 사용하는 것보다는 빅데이터, 블록체인, 클라우드 컴퓨팅, 사물인터넷(IoT) 등 다른 4차 산업혁명 기술과 융합해 사용하는 것이 디지털 전환에 더 효과적임을 뜻한다.

한국형 디지털 전환의 성공 방정식은 △위의 세 가지 메가트렌드, △혁신의 효과성과 속도의 중요성, △협력 시너지 등을 고려할 때, 아래와 같은 암묵적 함수로 표현할 수 있다.

$$F_i = f(I, C, S)$$

여기서 F_i는 4차 산업혁명 시대 임의의 기업 i의 성장 동력이다. I, C, S는 각각 혁신(innovation), 협업(collaboration), 속도(speed)이다. 혁신(I)는 자체적인 R&D 투자, 선진기업과의 기술제휴, 교육 · 연구역량의 확대 등에 의해 뒷받침되어야 하고, 협업(C)는 산-학-연, 민-관-정, 글로벌 협업을 포함한다. 그리고 속도(S)는 혁신을 행동에 옮기는 속도를 말하는 것으로, △사내 인큐베이터와 스타트업 액셀러레이터 등을 통한 창업의 활성화, △기업 내 거버넌스와 혁신 관련 의사결정의 효율화, △정부의 탈규제 개혁 트렌드, △5G-6G 이동통신망의 확충 속도 등에 의해 뒷받침된다. 컴퓨터와 스마트폰용 반도체, AP 칩 성능이 향상되고, 데이터의 신속 전송이 가능해지며, 자율주행차의 경우 고속 주행이 가능해진다. 여기에 뇌 과학, 딥러닝 기술이 추가된다면, 초지능인 AI 기술과 타 부문 기술 간의 융·복합이 가능해져 시스템 간 경계를 초월한 협업이 가능해질 수 있을 것이다.

한국의 경우, 4차 산업혁명에 대한 관심은 거의 세계적 수준이다. '다보스 포럼'으로 더 잘 알려진 '세계경제포럼(World Economic Forum, "the FORUM")'의 창시자이자 포럼 회장인 '클라우스 슈밥(Klaus Schwab)'이 쓴 '클라우스 슈밥의 제4차 산업혁명'이란 저서는 전 세계에서 총 100만 권이 팔렸다. 그 중 30만 권이 한국에서 번역서 형태로 팔릴 정도로 한국인은 4차 산업혁명(서양에서는 'digital transformation' 이라고 함)에 대한 관심이 높다. 실제로 IT 강국이라고 일컬어지는 한국은 △5G 이동통신 세계 최초 도입, △세계 최고속도의 인터넷 인프라, △일본, 유럽 기업에 비해 빠른 한국 재벌 기업의 과감하면서도 빠른 미래 산업에 대한 투자 의사결정 등의 요인으로 인해 혁신의 의지, 속도, 규모(대GDP)면에서는 최상위 수준이다. 다만, △정치권의 소모적 정쟁, △점차 두터워져 가는 정부 규제, △AI 관련 고급 전문인재의 부족, △기업들의 단기 실적 지상주의 (short-termism) 등이 혁신의 적시성(timing)과 실효성(effectiveness)을 저해하고 있다.

'자원 기반 관점 (resource-based view)'에서 재조명해 보면, AI 고급 기술인재 부족 문제가 특히 심각하다. 미국의 경우, 고급 기술로 장착한 AI 인력이 1.2만 명이나 있는 반면, 한국은 180명 정도 밖에 없다. 그나마도 이공계 기피 현상으로 대학원에서는 한국 학생을 확보하는 것조차 힘든 상황이다.

결국, 이 같은 장벽을 극복하기 위해서는 '투 트랙(two-track)' 전략밖에 없다. 즉 AI가 발달한 미국 등 선진국에 유학생을 더 많이 내보내는 동시에 AI 기술과 창의력, 도전정신이 강한 해외 전문 기술 인재를 흡수하고, 필요할 때 외국의 핵심 기업을 과감하게 인수·합병하는 것이다.

자체적인 인재 발굴과 교육·훈련 노력도 확대되어야 한다. AI 전문대학원을 설립하는 것도 좋지만, 4년제 대학 졸업생이 전문대나 폴리테크닉에 다시 다니는 낭비를 줄이기 위해서는 4년제 정규 대학의 교과과정을 디지털 전환 시대 트렌드에 맞게 재편하고 실무적 교육을 하는 폴리테크닉 간의 학점교류, 상호 학점인정을 늘려나가야 할 것이다. 특히 대학 교양과정에 창업과 기업가정신, 창의력 교육, 코딩(coding)의 기초 관련 과목을 늘리는 동시에, 컴퓨터 공학이나 AI 관련 과목이 많은 이공계 대학과 경영대학 간에 융합 연계 전공, 교차 강의 프로그램 등을 강화해야 할 것이다.

2. 중앙정부 차원의 정책 대응

(1) 중앙정부와 지방정부는 하나의 팀

앞에서 본 바와 같이, 중국은 'AI 굴기와 디지털 전환'에 관한 한

일당독재 권위주의 체제의 이점을 최대한 살리고 있다.

우선, 2015년 '제조 2025' 방침 공표 이후 중국 중앙 정부는 AI, 반도체 등 4차 산업혁명 관련 산업과 첨단 제조업 분야를 육성하는데 산업정책을 일관성 있게 추진해 왔다. 이 과정에서 중앙정부는 지방정부와 하나의 팀으로서 행동하기 위해 지방정부 당 · 정 관료에게 정책 집행상의 자율권을 주고 성과에 따른 승진과 논공행상 정책을 펼쳐왔다.

둘째, 중앙 및 지방정부가 '기금 조성'과 '보조금 지급' 방식을 통해 반도체, 5G, 등의 산업을 집중적으로 육성하고 있다는 점도 특이이다. 기금 조성을 위해 중앙정부는 지방정부, 국유기업, 지방 기업과 단체, 정책성 은행 등을 총동원해 수십조 원 대의 기금을 조성한 다음 AI, 반도체, 전기차 배터리, OLED 등의 전략 산업 육성에 집중 투입하였다. 또한 WTO 보조금 및 상계 관세 협정 상 연구개발 보조금이 '허용되는 보조금 (green subsidy)'이라는 점을 최대한 이용, AI, 반도체, 전기차 배터리 등의 산업에 천문학적인 액수를 보조해왔다. 물론 돈만 퍼붓는 식의 이 같은 지원방식이 반드시 효과적인 것은 아니었다. 명확한 평가 기준이 없는 보조금 지급은 핵심 기술역량의 강화 없이 CEO의 도덕적 해이, 투자자금의 낭비만을 초래한 것도 사실이다. 그 대표적인 예가 '반도체 굴기'를 위한 무분별한 지원이다. 우한홍신반도체(HSMC; Hongxin Semiconductor Mfg. Corp.)나 칭화유니(淸華紫光)를 예로 들면, 이들 기업의 경우, 기업의 창업자나 CEO가 투자사업의 경제적 기술적 타당성, 시장 수요, 고가 기술 · 장비 도입의 적합성 등에 대한 충분한 검토 없이 보조금을 받기 위해 마구잡

이로 투자함으로써 매출감소, 채산성 하락, 부채 과다 등으로 궁극적으로는 파산 위기에 처하게 되었다. 비록 중앙 정부가 이들 기업 중 일부를 국유화해 일단 수습은 했으나, '반도체 굴기'의 원래 목표를 달성할 수 있을지는 여전히 미지수이다.

이 같은 중국 산업지원 정책은 우리에게도 많은 시사점을 준다.

첫째, 이번 중국 정부의 반도체 산업 초기 지원의 실패에도 불구하고 중국 반도체 굴기의 장기적 성공 가능성 자체를 배제할 수는 없다. 중국의 경우, AI 신경망칩 등 시스템 반도체 쪽은 상하이국제반도체(SMIC) 등이 우리보다 강한 측면이 있고, 낸드, D램 등 메모리 반도체 쪽도 머지않은 장래에 우리를 위협할 가능성이 높기 때문이다. 이에 대비하기 위해서는 삼성전자, SK하이닉스를 중심으로 AI신경망칩, 6G 이동통신 장비와 관련 기술 개발에 힘써야 할 것이다. 또한, AI와 직간접적으로 관련된 5G, 빅데이터, 사물인터넷(IoT), 블록체인, 클라우드 컴퓨팅, 로봇, 드론 등 다른 4차 산업과의 융복합을 촉진하고 산 · 관 · 학의 생태계를 다시 짜야 한다.

둘째, LCD 분야에서 중국 기업에게 추월 당한 경험에 비추어 중국으로의 기술유출, 중국의 지재권 침해에 대한 대응책을 강화해야 한다. 특히 BOE(京東方), CSOT(차이나스타), 하이실리콘 등의 중국기업에 의한 반도체, OLED, AI 관련 핵심기술 인력의 스카우트, 중국업체로의 기술자 이직을 통한 대중 기술유출을 막는 방안을 모색해야 할 것이다. 다만, 중국이 우리보다 앞서 있는 AI 분야, 특히 안면인식 분야, 원격 진료, 신유통 분야 솔루션, 물류 드론 기술, 스마트 시티,

디지털 화폐 등의 영역에서는 중국 기업으로부터 배우고 협력해야 할 부분도 있다는 점을 인정해야 한다. 실제로 화웨이, ZTE 등의 업체는 광둥성 선전 특구, 허베이성 내에 건립되고 있는 국가급 특구인 '슝안신구(雄安新區)' 내의 교통 · 통신 · 물류 시스템에 상당한 R&D 투자를 하는 등 '스마트 시티' 프로젝트에 경영자원을 집중 투입하고 있다. 또 중국은 2014년부터는 원격의료 관련 실험을 해서 상당히 많은 지식과 경험이 쌓여 있다. 따라서 AI 기술 활용과 코로나19 감염증의 공동예방, 공조퇴치 차원에서 △관련 공무원 연구인원의 상호 현지시찰, △학회를 통한 AI 등 디지털 전환 전문가의 상호 교류 등을 촉진해야 할 것이다. 그리고 중장기적으로는 원격진료, 스마트 시티를 담당하는 중국 내 관련 부서, 기술 선도 기업들을 접촉해 관련 시스템, 장비나 기술을 양국이 같이 공동으로 개발하거나 기술 표준 · 인증기준을 통일 · 조화시키는 것을 한 · 중 FTA 후속 과제로 정해 검토할 필요가 있다고 본다.

(2) 중국 반도체, 원격 진료 등 장려 업종에의 투자진출 확대

2020년 12월 중국 정부는 〈외국인 투자장려 업종 목록(鼓勵外商投資產業目錄)〉을 發改委-상무부령 제38호로 발표하고 2021년 1월 27부터 정식 시행에 들어갔다(2020. 12. 27). 전국적으로 장려하는 업종은 총 480개로 전년 대비 65개 늘어났는데, 4차 산업 관련 분야와 반도체 전공정과 후공정 등 첨단 IT 제조업종이 크게 늘어난 점이 눈에 띈다.

분야별로는, AI, 반도체 집적회로, 반도체 패키징 및 테스트 설비장비 제조, 레이저 빔프로젝트, 초고화질 TV 등이 있으며, 보건 · 의료장비라 할 수 있는 호흡기, 인공심폐기(ECMO), AI 보조의료장비 등도 추가되었다. AI, 빅데이터를 활용하는 온라인교육, 원격 의료, 온라인사무 등이 새로 포함되었다는 점도 주목할 만하다(發改委-商務部令 제38호 내용 참조). 그만큼 코로나19 사태 이후 중국 내 시장 수요가 비대면 디지털 업종 쪽으로 쏠리고 있음을 반영한 것이다. 외국인 투자를 장려하기 위해 중국 정부는 외국기업이 이들 장려 업종에 투자할 경우, 관련 설비 수입 시 관세를 면제하고, 공장 부지 임대료를 할인하는 등의 인센티브를 제공하고 있다.

한편 각 성(省)급 정부가 특별히 장려하는 산업도 있다. 이 경우, 해당 지역에 진입한 외국인 기업에 대해서는 일반 법인세율(25%)보다 10%P 낮은 15%를 적용해준다. 본 연구의 주요 관심분야와 관련된 지역을 소개해 보면, 후베이 · 쓰촨 · 충칭 등의 경우, 반도체소재 · 부품, 그래핀, 공업용세라믹 등에 대한 투자를 장려하고 있고, 허난 · 산시 · 광시 장족자치구 등의 경우 의료기기, 방호물자, 생약원료 생산 분야에 대한 투자를 장려하고 있다.

한국 IT, 반도체 기업의 경우, 지금까지는 주로 톈진, 장수성 쑤저우, 산시(陝西)성 시안(西安) 광둥성 선전(深圳), 동관(東莞) 등지에 진출했었는데, 이제부터는 지적재산권이 보호된다는 전제하에서, 후베이성 우한, 충칭, 쓰촨성 청두(成都) 등에의 진출을 보다 긍정적으로 검토할 필요도 있다고 본다.

(3) 인터넷 및 통신 보안과 '데이터 안보' 개념 · 표준의 재정립 필요

중국 정부는 당 주도하에 '황금방패'(Golden Shield) 프로젝트 또는 '진둔공정(金盾工程)'이라 불리는 '인터넷–미디어–통신' 보안 시스템을 운영하고 있다. 이들은 영어권, 중화권, 영어권 사이트를 감시하거나 자국민이 위챗 등 소셜 미디어나 올린 정보를 검열해 삭제하거나 왜곡 · 조작된 댓글을 다는 임무를 수행한다. 반면, 다른 나라에 대해서는 '인터넷은 국가 주권의 일부로 당이 관리한다'는 입장을 내세우며, '방화장성(防火長城; Great Fire wall of China)을 세워 구글, 유튜브, 페이스북, 트위터, 인스타그램 등의 서방 사이트를 차단하고 있다.

이런 면에서 중국은 1984년의 조지 오웰(George Owell)의 동물농장(Animal Farm)이 묘사한 빅브라더 국가와 가장 가까운 나라라고 할 수 있다. 중국은 또한 우주에 수많은 통신위성과 우주정거장을 궤도에 진입시켜 놓고 있는데, '베이더우(北斗)'라고 불리는 독자적인 GPS 시스템을 운용하고 있다. 특히 5G · 6G 위성 통신 분야에서의 미국에 필적하는 높은 기술력을 감안할 때 개인 감찰과 신원 통제는 언제든지 가능하다고 할 수 있다. 실제로 중국에 도착하는 순간 내외국인을 불문하고 누구든지 안면인식 가시망과 CCTV, 우주에 떠 있는 감시용 '스카이넷(天網)을 통한 신원 및 동선 추적 리스크에 노출돼 있다고 할 수 있다.

또한 중국 당 · 정 · 군 내 공안 · 안보 관련 당국은 외국에 수출 판매하는 이동통신 장비 백도어에 스파이웨어를 심음으로써 외국 정부나 기업의 기술, 기밀을 빼내는 노하우를 가지고 있다. 뿐만 아니라, 군사 방어 시스템을 무력화시킬 수 있는 잠재적 파괴력까지도 갖고 있는 것으로 알려지고 있다. 중국의 이 같은 통신장비를 이용한 데이터 해킹과 사이버 공격 가능성 때문에 트럼프 행정부는 화웨이, ZTE 등에 대한 기술 · 장비 · 부품 공급을 제재해왔다. 그리고 2020년 하반기 들어서는 동맹국인 한국에게까지 화웨이 이동통신 장비나 기술을 쓸 경우, 미군을 철수시키겠다고 압박을 가하고 있다.

이러한 상황을 고려할 때, 보안강화 등 다양한 리스크 축소 조치가 필요하다. 우선, 민간 기업이 중국 당-정-군의 직간접적 지휘 · 통제하에 있는 화웨이나 ZTE 장비를 추가로 구입 · 설치할 경우, 반드시 국가안보위원회(NSC)나 국가정보원의 사전심사와 승인 절차를 거치도록 해야 할 것이다. 단순히 가격이 싸고 기능이 좋다고 해서 이를 설치할 경우, 예상치 못한 국가적 안보기밀 누출 사고가 발생할 수 있기 때문이다. 국내 이동통신 사업자의 경우 LG유플러스가 문제의 핵심인데, 이 기업은 3G, 4G 시절부터 전체 통신망의 30%가량을 가격이 경쟁력이 뛰어난 화웨이 통신장비(기지국 및 중계국 장비)를 써왔으며, 5G 시대에 이르러서도 화웨이 장비의 교체를 생각하고 있지 않다. 물론, LG유플러스가 내부적으로는 화웨이 통신장비를 썼을 경우에 발생할 수 있는 통신 교란과 기밀누출 리스크를 검토했을 것으로 보지만, 국가 안보를 위한 보안 수준에는 못미칠수도 있다. 이 같은 딜레마를 해결하기 위해서는 민간 ICT 기업이 중국산 장비를 국산 혹은 서방 장비로 교체하려 할 경우, 국가가 교체비용(예: LG 유플러스의 약 2조 원)의 일부를 보조해주는 방안을 검토할 필요가 있다고 본다.

〈표 4-13〉 주요국의 4차 산업혁명 준비도 순위

	스위스	미국	일본	독일	한국	중국
전체 순위	1	5	12	13	25	28
법률시스템 및 윤리성	6	27	16	22	65	45
혁신역량 및 활동성	1	4	8	5	20	30
노동시장 유연성	1	4	19	22	77	39

자료: 서울경제신문 2017. 5. 18., A5

중국에 의한 사이버 공격, 국방 및 산업 기술 절도, 국내 전략 통신망에 대한 공격을 막기 위해서는 국가 차원의 보안 방화벽(fire-wall)을 더 강화할 필요도 있다. 중국의 사이버 공격 리스크는 우리나라 5G 통신망에 대한 중국 장비의 침투율이 높으면 높을수록 더 커질 것이기 때문에 미국의 압박이 없더라도 국가 차원의 정밀 검토가 필요하다고 본다. 前 미국 국가안보위원회(NSC) 공군 장성 로버스 스폴딩은 "중국이 특정 국가의 5G 이동통신망을 지배할 경우 자본시장이 일시에 마비되고 드론이 여객기 엔진에 날아들고 자율주행차가 인도를 돌진해 운전자 · 보행자 사망사고를 일으키는 등의 대혼란이 야기될 수 있다"고 경고한 바 있다. 통신망이 외국의 통제에 들어가는 순간 우리는 국방 · 안보는 물론 교통 · 통신 · 금융 · 물류 등 거의 모든 사회 인프라에 걸쳐 대혼란과 마비를 겪을 수 있다.

통신망 보안과 밀접히 연관된 '데이터 안보' 정책도 분야별 안보의 틀과 수위와 국제 협력 방향도 보다 명확히 할 필요가 있다. 일찍부터 미국 정부는 '클린 네트워크(clean network)' 프로그램을 공표해 개인 정보 보안과 국가 안보를 최우선 순위에 놓고 중국 기업을 압박해왔다. 이에 대응이라도 하듯이, 중국의 왕이(王毅) 외교부 장관 겸 국무위원은 '글로벌 데이터 안보 이니셔티브'를 공표하였다. 그 핵심 내용인즉 "특정국이 정보 기술을 이용하여 타국의 기간 인프라를 파괴하거나 중요한 데이터를 훔치고, 타국의 국가 안보와 사회 공익을 해치는 행위에 반대한다"는 것이다. 아울러 "IT 제품 및 서비스 공급 기업이 제품 · 서비스에 백도어(backdoor)를 설치하여 불법적으로 사용자의 데이터를 취득하고 사용자 시스템과 장비를 제어 · 조작해서는 안 되고, 제품 의존성을 이용하여 부당 이익을 취하고 사용자가 시스템과 기기를 업그레이드하도록 강요해서도 안 된다"고 언급하였다. 동시에 "인터넷 이용을 통한 개인 정보 침해에 대해서도 각국이 방지 및 제지 조치를 취하고, 정보 기술을 남용하여 타국을 대규모로 감시를 하거나 타국 국민의 개인 정보를 불법 수집하는 것에 반대할 것을 약속해야 한다"고 언급한 바 있다(中国外交部 2020. 9. 8; 新华网 2020. 9. 8; 박소희, KIET 산업경제 2020년 9월호, 77면).

이처럼 미 · 중간의 데이터 안보 이니셔티브 경쟁이 날로 치열해지는 상황하에서 한국도 나름대로의 데이터 안보의 기본 틀과 정보 보호 프로토콜의 표준을 재정립할 필요가 있다고 본다. 청와대 국가안보위원회(NSC)가 주관하되 산하에 '데이터 정보 보호 위원회(가칭)'을 설치해 기획재정부, 산업통상자원부, 국방부 등 관련 부서는 물론, 대학과 연구소, 업계 전문가가 참여해 통찰력, 경험과 지혜를 모을 필요가 있을 것이다.

(4) 데이터 지역화 추이 속 상호주의 원칙 강화

4차 산업혁명 시대에 있어 데이터(data)의 양과 질, 그리고 정부와 기업의 데이터 활용 능력이 각국의 경제발전과 디지털 전환의 속도, 국가경쟁력을 결정한다는 것은 이미 설명하였다.

문제는, 최근 들어 중국을 비롯한 주요국들이 경쟁이라도 하듯이 "국경 내(境內)에서 생성 · 획득한 데이터의 해외반출을 금지 · 제한하는 소위 '데이터 지역화(data localization)' 정책을 강화하고 있다는 점이다. 실제로 중국은 관련법을 공포해 2019년 1월부터는 데이터의 역외 반출을 일체 금지하고 있다. 그러나 중국의 왕이(王毅) 외교부 장관은 미국을 염두에 두고 "자국 기업이 해외에서 생성 · 취득한 데이터를 진출국 내에 저장하도록 강요하지 말아야 한다. 또한 타국의 법적 허가 없이 기업이나 개인을 통해 타국에 있는 데이터를 입수해서도 안 된다"고 상반된 주장을 하기도 했다(中国外交部 2020. 9. 8; 新华网 2020. 9. 8; 박소희, KIET 산업경제 2020년 9월호, 77면).

중국은 이처럼 미국 같은 대국에 대해서는 데이터 반출 허용을 제안하면서도 외교력이 약한 주변 국가에 대해서는 자국 데이터를 최대한 지키면서, 타국 데이터는 최대한 획득하겠다는 '자국 국익 우선주의적' 태도를 보이고 있다. 그러나 이 같은 '데이터 지역화' 정책은 AI,

빅데이터, 의료 서비스 업종 등의 분야에서의 한·중 협력을 어렵게 하고 있다. 산둥성 칭다오(青島)에 1,000베드의 대형 병원을 지어 운영하고 있는 연세대 세브란스 병원을 예로 들면, 현지의 환자 진료, 치료, 수술 과정에서 많은 데이터를 생성하고 있지만, 중국의 데이터 반출 금지 규정 때문에 한국에는 전혀 들여오지 못하고 있다.

반면 EU의 경우, '일반 개인정보보호법(GDPR: General Data Protection Regulation)'에 따라 개인정보의 역외이전을 원칙적으로 금지하고 있지만, 이전 대상국의 개인정보 보호 수준이 EU 국가와 비슷하다고 판단하면 데이터 역외이전을 허용하고 있다.

한국의 입장에서도 EU와 같은 일정 조건 하의 제한된 범위 내에서의 데이터 상호 공유 및 이용을 검토해 볼 필요가 있다. 특히 보건·의료·후생·복지·교육과 관련된 분야에 있어 제한적 범위·수준에서의 대중 데이터 교류는 인도주의적 차원에서 필요할 뿐만 아니라 한·중간 4차 산업 분야에 관한 투자 기술협력의 증진, 양국 산업의 다각화·고도화에도 기여할 수 있을 것이다.

이를 위해서는 우선 내부적으로, 개인정보보호 및 디지털 신(新)무역규범, 국가 간 정보 데이터 공유의 수준과 범위에 관한 우리의 입장을 정리할 필요가 있다. 그리고 한·중간 자유무역협정(FTA) 후속 협상의 일환으로 '상호주의(reciprocity) 원칙에 입각한 '한·중 데이터 교류 협력에 관한 협정'을 체결하고, 관련된 국내 법·제도를 재정비할 필요가 있다고 본다.

(5) 4차 산업 'AI 빅데이터 컨트롤 타워'의 설립 · 운용

〈개인정보보호법〉, 〈정보통신망 이용촉진 및 정보보호 등에 관한 법률(약칭 : 정보통신망법)〉, 〈신용정보의 이용 및 보호에 관한 법률(약칭 : 신용정보법)〉 등의 소위 '데이터 3법 개정안'이 국회 본회의를 통과하였다(2020.1.9). 이들 3법 개정안의 주요 핵심 내용은 △ 데이터 이용 활성화를 위한 가명정보 개념의 도입, △ 관련 법률의 유사 · 중복 규정 정비와 추진체계 일원화 등 개인정보 보호 협치(거버넌스) 체계의 효율화, △ 데이터 활용에 따른 개인정보 처리자의 책임 강화, △모호한 '개인정보' 판단 기준의 명확화로 정리할 수 있는데("데이터 3법: 정책위키, 한눈에 보는 정책," 2020. 1. 9), 우리 나라 AI, 빅데이터 산업에는 매우 좋은 도약의 계기가 될 수 있다.

〈표 4-14〉 각국 데이터 지역화 규제 동향

유럽연합(EU)	지난해 일반 개인정보보호법(GDPR)발효
중국	올해 1월 1일 데이터 지역화 조치 발효
인도	지역 데이터 센터 · 서버팜 설립 강제조치 추진

자료: 서울경제 2019. 3. 14(온라인);
https://www.sedaily.com/NewsVIew/1VGL4NWUII

이 법률 개정안은 대통령 직속 '4차 산업혁명 위원회' 주관으로 관계 부처 · 시민단체 · 산업계 · 법조계 등 각계 전문가가 참여한 '해커톤' 회의 합의결과(2018. 2, 18)와 국회 '4차 산업혁명 위원회'의 특별권고 사항(2018. 5)이 반영된 입법조치이다. 따라서 기업 차원의 데이터 활용이 활성화될 것이지만, 모든 문제가 해결된 것은 아니다. 개정

법안 수립 과정에서 유럽의 개인정보 보호 규정인 GDPR을 참고하였음에도 불구하고 GDPR 수준의 개인정보 보호를 위해서는 아직도 갈길이 멀다("데이터 3법: 한계점," 나무위키 검색결과). 법안은 "'가명'을 쓸 경우, 개인의 동의가 없더라도 정보 제공이 가능하다"고 하였는데, 가명을 사용하더라도 얼마든지 개인정보 오남용의 소지는 많기 때문에 안전하다고 볼 수는 없다.

개인정보 보호 필요성과 기업들의 데이터 활용 필요성 간의 이러한 이해상충 문제를 해결하는 정부기구로 대통령 직속 '4차 산업혁명 위원회'가 있다. 하지만, 상시적으로 AI, 빅데이터 산업발전과 개인정보 보호 간의 이해 상충 문제를 보다 구체적인 법 · 제도적 차원에서 다루기 위해서는 과학기술정보통신부 산하에 'AI 및 빅데이터 관련 정책을 총괄적으로 기획하고 조율할 수 있는 컨트롤타워'를 설치하는 것이 필요하다고 본다. 지금처럼 각 부처 간에 이해대립으로 규제가 혁파되지 못하고, 의견 조정에 시간을 낭비할 경우, 데이터 3법 개정안의 국회 통과에도 불구하고 데이터(D) 면의 취약성은 획기적으로 개선되기 어려울 것이고, 산-학-연간 협력시너지(C)를 내기도 힘들 것이다.

3. 지방정부 차원의 정책 대응

과학기술정보통신부, 중소기업벤처부, 산업통상자원부 등 중앙정부 관련 부서뿐만 아니라 지방정부 차원에서도 AI, 빅데이터 등 4차 산업혁명 시대의 도래에 대응하여 디지털 전환을 위한 대비가 필요하다. 실제로 서울특별시, 광역시, 행정복합도시 등 전국의 각 도 단위 지방자치단체는 '디지털 전환' 정책의 중점 내용을 둘러싸고 치열한 눈치 싸움을 하고 있으며, 관련 인프라 구축과 인적 자원 유치에 관해서도 경쟁을 벌이고 있다. 그러나 분명한 것은 지방정부의 예산과 인적 자원에는 한계가 있고, 경제 기술적 여건도 다르므로 지역별 특성화가 필요하다는 점이다.

부산시를 예로 들면, AI의 여러 세부 분야 중에서도 안면 및 영상 인식 기술의 발전에 집중하고 있다. 이와 관련, 부산시는, 세계적 1위의 AI 이미지 인식 플랫폼 유니콘 기업인 '상탕커지(上湯科技; 센스타임)'와 산하 기업 · 단체들 간의 산업 · 기술적 교류 · 협력을 추진하고 있다. 또한 육안보다 시야가 넓고 더 정확한 인식이 가능한 영상분석(컴퓨터 비전) 기술을 부산시 내 CCTV에 장착하려고 노력하고 있으며, 딥러닝 분야의 최고 중국 기업도 찾고 있는 중이다.

한편, 인천 송도 경제자유구의 경우, 동영상 인식기술, 원격의료 시스템 위주의 4차 산업혁명 허브(hub) 구축을 목표로 하고 있다. 이와 관련, AI · 바이오 · 블록체인 관련 해외 기업을 잇달아 유치하고 있는데, 2019년 2월 19일에는 중국 AI 분야 기업인 '상탕커지'와 협업 의향서를 체결하였다. 의향서의 내용은 △ 송도국제도시 내 글로벌 AI협회 설립, △ 연세대 송도캠퍼스 내 'AI스쿨,' '미래도시 연구센터' 건립 등이 포함되어 있다. 인천경제자유구청은 이를 통해 신산업 성장동력을 확충하고 청년 일자리를 창출하는 동시에 지역경제를 활성화시킨다는 목표를 갖고 있다. 2019년 2월에는 싱가포르 블록체인 기반 공유경제 기업인 '블루웨일'과도 협력협약을 체결했는데, 클라우드 컴퓨팅을 통해 데이터를 분산된 블록에 저장하고 이를 공유케 함으로써 중앙 서버 시스템 없이도 리얼타임 거래, 모든 거래 정보의 시간순 기록 · 관리 · 추적 등이 가능하도록 하였다. 이 밖에도 인천경제자유구청은 2015년 이후 페루, 브라질 등에 원격 의료 시스템 수출한 바 있고, IBM사의 인공지능 암진료 프로그램 '왓슨 포 온콜로지'를 도입한(2016년) 가천대 길병원을 송도시에 유치했다. 길병원은 2019년 8월 AI를 기반으로 한 바이오 · 의료 · 집적단지(Bio Reseach Complex)를 송도시에 개원하였다(네이버 지식백과, 두산백과, '가천대 길병원' 검색 결과).

4. 기업 차원의 전략적 대응

(1) 디지털화되고 있는 시장에의 오적응 · 무적응

중앙 및 지방정부 차원의 정책적 대응과는 별도로 기업 차원의 전략적 대응도 중요하다. 중국 시장이 빠른 속도로 온라인화 · 디지털화하고 있다는 점을 감안하면 비대면 온라인 디지털 거래에 맞는 전략의 틀을 짜야 하는데 안타깝게도 한국 기업들의 대부분은 과거의 관행대로 중국 시장의 '오프라인, 아날로그적 측면(offline, analogue aspects)'에 초점을 맞추어 중국 시장을 공략하였고, 과거의 관성대로 잘못된 전략적 틀과 비즈니스 패러다임으로 대응했다.

2012년까지만 해도 이 같은 전략은 중국 시장에서 어느 정도 통할 수 있었다. 그러나 시진핑 정부 들어 '중국제조2025', '인터넷플러스 전략' 추진과 더불어 디지털화가 본격적으로 진행되면서, 중국 진출 한국 기업의 경영 성과가 나빠지기 시작했다. 그 후 중국 시장의 디지털화 추이는 미-중 간의 패권전쟁, 코로나19의 공습 등으로 가속화되기 시작했다. 하지만, 삼성전자 등을 제외한 기업들은 이 같은 메가트렌드의 변화에 제대로 적응하지 못했고, 무적응(no adaptation) 혹은 오적응(mal-adaptation)으로 일관했고, 그 결과는 참담했다. 2016년의 사드(THAAD) 사태는 그렇지 않아도 어려움에 처한 한국기업을 더 궁지에 몰아넣었다. 한국에서 쓰던 오프라인 소매 유통 방식을 그대로 이식한 이마트, 롯데쇼핑은 중국 시장에서의 철수작업의 일환으로 할인점과 대형 수퍼 체인점의 지분을 매각하기 시작했다. 또한 티몰(天猫), 샤오훙수(小紅書) 등 온라인 · 모바일 유통 채널을 등한시하고 오프라인 로드샵 체인 위주의 중국 사업을 펼쳤던 제일모직(8 Seconds), 에이블씨엔씨(미샤), 아모레 퍼시픽(에뛰드, 이니스프리) 등의 패션 및 화장품 업체들 역시 80후 · 90후 고객들이 대거 이탈하면서 오프라인 플래십(flagship) 매장을 접거나 로드샵 체인을 잇따라 폐점하기에 이른다.

1992년 수교 이후 20여 년간 전개되었던 '중국 진입 열풍(China fever)'의 시대가 끝나고 바야흐로 '탈(脫)중국(China exodus)'의 시대가 열린 것이다.

그러면 기업 차원에서 어떠한 전략을 펼쳐야 '디지털 차이나(digital China)'에서 생존 · 발전할 수 있는가?

중국 시장에 진입한 기업의 임직원은 위챗(微新) 계정부터 열어야 한다. 중국 소비자들이 스마트폰에 어떤 앱을 깔고 모바일 전자상거래를 어떻게 이용하는지 그 행태를 이해하기 위해서이다. 그 다음에는 티몰 등에 상품을 출시해 본 다음 반응이 좋을 경우 수출 물량을 늘리거나 직접투자(FDI) 방식으로 전환해야 중국 시장 진입의 리스크를 줄일 수 있다. 또한 소비재 분야의 중국 시장을 공략할 경우, 반드시 온라인, 모바일 채널을 포함한 멀티채널(muti-channel) 전략을 구사해야 하며, 이 과정에서 '소셜 인플루엔서(social influencer)'라 할 수 있는 '왕홍(網紅)을 잘 활용할 필요가 있다고 본다. 마지막으로, 중국 기업은 AI, 빅데이터, 블록체인, 드론 등의 일부 세부 분야에서 한국에 비해 기술이 앞서 있지만, 그렇다고 해서 모든 세부 분야를 다 잘 하는 것은 아니다. 따라서 한 · 중 양국 기업이 상호 윈윈할 수 있는 세부 분야를 찾아 합자 · 합작을 하거나(joint venturing), 제품 · 기술의 공동 개발, 공동 기술표준의 설정, 제 3국 시장 공동진출 등에 관해 협력하거나, 중국의 자본력과 한국 기업의 비즈니스모델 · 기술을 결합해 제3국 시장을 공략하는 것도 생각해볼 수 있을 것이다.

한류 상품 분야의 제3국 공동진출을 예로 들면, K팝 스타의 피규어에 내장된 챗봇(chat-bot)을 통해 해외 팬에게 서비스를 해 구매를 유도하거나, 중국의 영상비저닝 기술을 활용해 만든 캐릭터나 카툰, 게임을 글로벌 한류 플랫폼에 판매할 수도 있을 것이다.

한편, 보건 · 의료 서비스 분야의 경우, 중국의 '원격 의료 서비스' 관련 조직, 시스템, 경험을 벤치마킹할 필요가 있다. 만일 중국의 보건

관리 시스템이 한국의 선진적 의료장비, 유능한 의료진의 진료 경험과 결합될 수만 있다면 '의료기기-서비스' 융합패키지 서비스(PSS) 제공을 통해 쌍방 모두가 윈-윈할 수 있을 것이다. 그리고 중장기적으로는 한·중합자기업(equity joint venture)을 설립해 당뇨, 고혈압, 골다공증, 천식 등 성인병의 진료와 치료에 관한 한국의 우수 의료기술을 중국의 스마트 원격 의료 업체인 알리헬스(알리바바 계열), 징둥헬스(징둥그룹 계열), 핑안닥터(平安保險 그룹 계열) 등을 통해 중국 시장에서 온라인 방식으로 서비스하는 것도 검토해볼 필요가 있다고 본다.

〈표 4-15〉 한국 기업의 AI 활용 대표 사례

분야	사례
의료 및 헬스케어	질병 치료에 인공지능을 도입하여 진단을 보조함. 진료데이터, 영상정보, 임상데이터를 분석하여 발병률과 최적의 치료법을 제시(뷰노, 루닛) 인공지능이 개인의 신체 정보 및 생활패턴 등을 분석하여 심혈관, 당뇨, 6대암 등 성인병에 걸릴 확률을 예측(셀바스 AI, 네오팩트)
제조	인공지능이 축적된 제조공정 데이터를 분석하여 설비의 이상을 감지하고 머신러닝기법으로 불량제품 검사를 시행함. 생산 최적화가 가능해짐(포스코, 수아랩)
물류	인공지능과 센서를 이용하여 혼잡 시점과 혼잡 구역을 예측하고 배송지에 따른 최적 적재 경로를 안내(CJ대한통운, 롯데백화점)
마케팅	마케팅의 개인화, 자동화, 실시간화를 가능하게 하여 개인맞춤형 서비스를 제공하고, 잠재고객을 확보함(네이버, 롯데백화점)
자율주행	단순 운송단계를 넘어 자동차 차체가 플랫폼이 되는 모빌리티 서비스로 발전 중(기아)
전문서비스	전문 법률 및 금융 지식을 검색해주거나, 직접 보고서를 작성하여 제공(헬프미, 카카오)

자료: 심혜정 수석연구원, 김건우 연구원 (2018), "우리 기업의 AI(AI)을 활용한 비즈니스 모델," Trade Focus, Institute of International Trade(무역협회, 국제무역연구원), 동향분석실, 2018년 3호, 2018년 1월, 1-17쪽.

(2) IoT, 빅데이터 등 타 4차 산업 분야와의 융복합 필요

한국 기업의 AI 기술과 타 4차 산업 분야와의 융복합 노력도 확대되어야 한다. 중국의 경우, AI 기술을 사물인터넷(IoT), 빅데이터, 클라우드(가상 저장공간) 컴퓨팅', 드론 등과 융합해 '신개념'의 O2O(offline to online; online to offline) 신소매 유통 서비스를 제공하고 있다. 대표적인 회사가 바로 알리바바 그룹의 신선식품(채소, 과일, 물고기, 육고기 등을 포함) 체인인 '허마센셩(盒馬鮮生)'이다. 2020년 6월 말 현재 중국 전역에 걸쳐 227개의 매장을 갖고 있으며, 온라인과 오프라인 채널 간의 긴밀한 연계를 뜻하는 O2O 서비스와 '3km 이내 거리는 30분 신속배송'을 원칙으로 하고 있다(일부 지역은 드론 배송). 오프라인 매장을 찾은 고객이 알리페이로 결제하면 구매 관련 데이터가 저장되고, 소비자 구매경험(cosumer experience)은 온-오프라인 채널 간에 공유된다. 그뿐만 아니라, 신선식품의 원산지별 조달가격, 배치경험, 원산지, 물류체인 과정 정보 등에 관한 조달 데이터도 매장 간은 물론 온 · 오프라인 간에도 공유 · 교환된다(컴퓨터 클라우딩+빅데이터).

텐센트 계열의 징둥상청도 2020년 4월말 현재 '7 Fresh'라는 신개념의 신선식품 소매 체인 매장 12개를 운영하고 있다. 징둥이 일부 지분을 보유한 '룽훼이수퍼마켓(永輝超市)'도 61개나 되는 신개념의 소매유통 매장을 운영하고 있다(2018년 11월 현재).

한국에도 '마켓컬리'란 신개념의 샛별 신선식품 배송 계약배달 업체가 있긴 하다. 이 회사는 직거래 매입 방식을 채택, 빅데이터를 통해 미리 판매 수량을 예측하고 생산자로부터 과일 · 채소 등을 매입한다.

그 결과, 과다한 재고 보유와 폐기로 인한 생산자의 비용 부담을 덜면서 소비자들에게는 더 좋은 신선식품, 도시락 등을 합리적인 가격에 안정적으로 공급하고 있다(나무위키 '마켓컬리' 검색 결과).

알리바바의 금융부문 그룹인 '앤트파이낸셜(蚂蚁金服) 역시 AI에 빅데이터를 결합해 소비자들에게 '알리페이(AlilPay; 支拂寶)에 의한 간편결제 서비스를 제공할 뿐만 아니라, AI 로봇어드바이저로 고객의 재테크 패턴을 분석해 개인 간이보험, 대출, MMF 등의 자산운용 포트폴리오 구축 · 개편을 돕는다.

한국 KT의 경우, 5G 이동통신 시대의 초고속 · 초연결성 · 초저지연성을 극대화하기 위해 AI 기술을 5G 통신, IoT, 로봇 등과의 융합해 새로운 비즈니스 모델과 새로운 부가가치를 창출하고 있다. 실제로 KT는 2018년 12월 1일 5G 이동통신 서비스에 잠실 롯데월드타워의 전망대 안내 로봇인 '로타'를 첫 번째 고객으로 가입시켰는데, 로타는 5G 서비스를 통해 롯데월드 놀이기구의 실시간 정보를 관람객에게 전달하고 있다. 2017년에 탄생한 AI 어드바이저 '기가지니'는 5G 서비스 가입을 돕고 있는데, 기가지니는 탄생 이후 2018년 말까지 국내에서 가장 많은 150만 명의 고객을 5G 서비스에 가입시켰다.

(3) AI 기술 개발 및 융복합 인재의 육성

디지털 전환 시대에서 우리 기업이 생존 · 발전하기 위해서는 다른 무엇보다도 AI 기술의 혁신 개발과 IoT, 빅데이터 등과의 융복합을 시도할 수 있는 인재 육성이 필요하다. 특히 금융 · 배달 · 세탁 · 의료서비스 산업의 경우 두 개 이상의 명령어를 복합적으로 동시수행하고 시각정보, 계량정보 등 빅데이터를 분석 · 가공할 수 있는 시스템과 이들 분야의 기술인재를 채용 · 교육 · 훈련시킬 수 있는 시스템을 구축할 필요가 있다. 상용화 분야별로는 시장 수요가 큰 △ 무인 중심 소매유통 및 물류 혁신, △ 기술 콘텐츠 및 소프트웨어(SW) 알고리즘의 개발, △ 이종 산업 결합 관련 기술 등에 종사하는 창의적인 인재의 발굴이 필요하다. 특히 SW 알고리즘 개발자의 능력이 중요한데 이들의 학문적 기초는 뇌과학, 인지과학, 컴퓨터 공학 등과 관련이 깊다. 따라서 이들 분야의 기술인재를 키울 수 있는 KAIST, 대학 이공계 분야, 코딩(coding) 전문 폴리테크닉과의 제휴 · 협력을 확대하는 것이 필요하다고 본다. 문제는, 앞의 절에서도 소개한 바와 같이, AI와 빅데이터 알고리즘 개발에 있어서는 구글 · 아마존 등 미국 IT기업이 세계를 선도하고 있고, 데이터의 축적, 라벨링(labelling), 가공 분야에 있어서는 알리바바, 징둥, 디디추싱 등의 중국 기업들이 한국 기업보다는 경쟁력이 강하다는 점이다. 이들 중국 기업의 우월적 지위 고착화를 막기 위해서는, 한국의 대표적 IT 기업인 삼성전자 · LG전자 등이 △ 모바일 앱과 OS의 개발, △ 관련 알고리즘 인력의 보강, △ 서비스 플랫폼의 구축 등에 더 많은 노력을 기울여야 한다. 삼성전자를 위시한 IT 계열 그룹 자회사들의 경우, 지금은 AI 비서 '빅스비' 버전을 업그레이드하고 가전 · 스마트폰, AI 스피커를 상호 연계시키려고 노력하고 있는데, 보다 근본적인 기술 및 빅데이터 구축 역량을 보강하지 않으면 구글이나 아마존의 하청기업으로 전락할 가능성도 배제할 수 없다.

다행스러운 것은, 삼성전자가 한 · 미 · 영 · 캐 · 러 등 5개국에 AI 연구소를 설립하고, 1,000여 명의 AI 인재를 확보하고 있으며, 그룹 밖의 중소기업, 대학, 연구원 등의 주체들과 '개방형 혁신'을 위한 제도를 정착시켜 나가고 있다는 점이다. LG전자 역시 독자적인 AI 생태계를 넓히기 위해, 자체 AI 비서 '딥씽큐'와 구글 · 아마존 AI 비서를 병행하는 '오픈 플랫폼' 전략을 구축 중이며, 토론토 등 해외에서도 AI 인재를 모집 중이다. 또한 중장기적으로는 AI를 적용한 '지능형 로봇'과 '자율주행차용 전장시스템' 사업을 발전시키기 위해 미국 실리콘밸리에 AI 조직을 만든 다음 해외 핵심기업의 인수 합병(M&A)과 투자 제휴 노력을 공격적으로 펼치고 있다. 이외에도 LG전자는 2020년 말 세계 3위 자동차 부품업체 '마그나 인터내셔널'과 전기차 파워트레인 분야 합작법인을 설립 계획을 밝힌 데 이어 2021년 초에는 미국 실리콘밸리에 본사를 둔 TV 광고 · 콘텐츠 데이터 분석 스타트업인 알폰소(Alphonso)를 인수했다. 그동안의 하드웨어 중심의 TV 사업 포트폴리오를 SW 분야로 다변화하는 한편, 자사 스마트TV 플랫폼을 활용한 광고 사업을 강화하기 위한 포석으로 해석된다.

한편 포털엔진 검색 위주의 사업을 전개했던 네이버, 카카오 같은 플랫폼 기업들도 전자상거래, 핀테크(FinTech), 자율주행차, 자연어 처리 등으로의 비즈니스 다각화를 서두르고 있다. 이를 위해서는 AI, 빅데이터, IoT, 블록체인 기술의 도입과 융복합이 필요한데, 이 분야에서 우리보다 앞서 있는 알리바바, 징둥, 디디추싱 등의 해당 분야 자회사들의 비즈니스 모델을 벤치마킹해 디지털 전환(digital transformation) 노력을 가속화할 필요가 있다고 본다.

〈그림 4-25〉 글로벌 AI 스피커 점유율

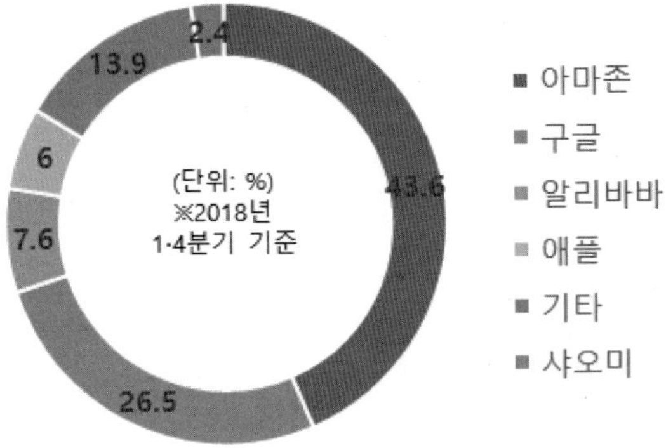

자료: 서울경제신문 2018. 6. 12, A12

(4) AI 신경망 칩 등 시스템 반도체 개발역량의 강화

삼성전자, SK 하이닉스는 글로벌 메모리 반도체 시장의 80%를 장악하고 있다. 그러나 AI시대를 선도하기 위해서는 수요가 폭발적으로 증가하고 있는 AI 반도체 시장을 주도해야 한다. JP모건에 따르면 글로벌 AI 반도체 시장은 2019년 기준으로 40억 달러(약 4조 5,000억 원)에 불과했지만, 2022년이면 300억 달러(약 33조 8,000억 원) 규모 이상으로 커질 것으로 전망된다.

문제는, 미국, 중국이 AI 반도체 시장을 주도하고 있고, 한국은 '추종자(follower)' 위치에 있다는 점이다. AI 반도체 중에서도 가장 주목을 받는 것은 인간의 뇌처럼 '뉴런'(신경세포)과 '시냅스'(뉴런 간 연결

부위)를 디지털 방식으로 구현하고 자체 학습능력을 갖춘 '뉴로모픽 칩(neuromorphic chip)'의 개발능력이 절실하다. AI 신경망칩은 인텔이 2018년 9월 세계 최초로 시제품(뉴로모픽칩 · Neo^{2}C)을 개발 · 출시하였다. 한국의 경우 삼성전자, SK하이닉스가 KIST, 서울대, KAIST, POSTECH, 울산과학기술원(UNIST) 등의 10개 팀과 협력해 2021년까지 자기 학습이 가능하고 저전력으로도 돌아가는 '모사 뉴로모픽 칩'을 개발한다는 목표를 갖고 있다. 이 칩은 임의로 신경망 구조와 알고리즘을 프로그래밍할 수 있는 기능전환의 특성이 있기 때문에 개발되기만 하면 그동안 시스템 반도체 시장에서의 경쟁열위를 상당 부분 극복하게 될 것이다.

중국의 경우, 미국의 반도체 장비 · 기술 수출 규제에도 불구하고, '반도체 굴기 및 관련 기술의 자립'의 기치 하에 상하이 글로벌 파운드리 5위 업체인 상하이국제반도체(SMIC), 화웨이 그룹의 팹리스 시스템 반도체 자회사인 하이실리콘, 캠브리콘, 호라이즌 로보틱스, 디파이 등을 중심으로 AP칩 개발에 매진하고 있다. 이외에도 알리바바 그룹은 '다모위안(達磨院; 달마원)을 설립해 중국 전역에서 뽑은 소수 정예의 영재를 중심으로 인간에 근접한 '심화 학습(deep learning)' 능력을 가진 AI 신경망칩의 개발에 뛰어든 상태이다. 미국의 대중 IT 수출 제재 때문에 개발 속도는 좀 느려지겠지만, 중장기적으로 우리보다 앞선 수준의 AI 신경망칩을 개발할 가능성 자체를 배제할 수 없다.

이외에도, 스마트카, 스마트홈, 스마트 가전 등 지능화 시대에 맞는 '신개념의 CPU나 GPU(graphic processing unit) 등의 시스템 반도체 개발도 중요하다. 미국의 경우, 아마존, 퀄컴, MS, 테슬라 등이 빅데이터를 5G-6G 환경하에서 스마트하게 처리할 수 있는 신개념의 개발에 힘쓰고 있고, 애플도 "자율주행 전기차인 소위 '애플 카'에 쓸 AI 칩을 자체개발하겠다"고 선언한 바 있다.

〈그림 4-26〉 AI 반도체 시장 전망

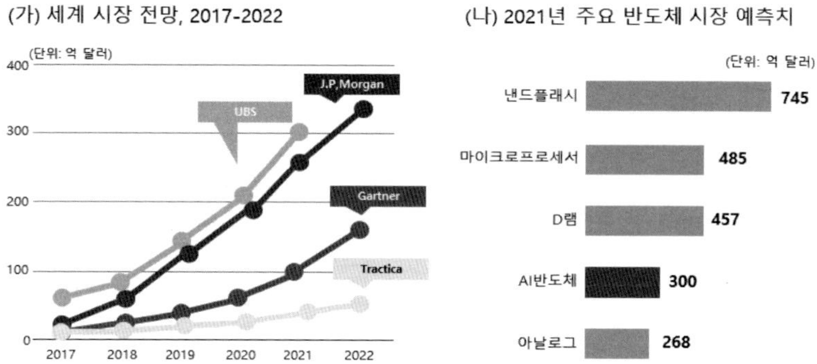

자료: 가트너, 트랙티카, J.P.모건, UBS

한국의 경우, 삼성전자가 거의 유일하게 AI 칩 경쟁에 뛰어들었으나 미국, 중국보다 △ 데이터 처리속도, △ 에너지 효율, △ 네트워크 통제력 등의 면에서 기술 격차가 최소 1년 이상 뒤떨어져 있는 것으로 평가되고 있다. 혹시라도 중국이 자율주행차, 민간드론, 수술 로봇 등의 분야에서 많이 쓰이는 AI칩 개발 경쟁에서 우리를 앞선다면 전기차 배터리 부문에서의 한국의 기술적 우위가 상당부분 잠식당할 수 있다고 본다. 한국 기업의 입장에서는 일단은 이미지나 음성어 등 비정형화된 데이터를 신속하게 처리할 수 있는 능력, 초고속 연산 능력을 가진 AI 반도체의 개발에 집중하는 것이 필요하다고 본다.

(5) 내수시장 중심, '한국향 인바운드', 서비스업 및 4차 산업 중시형 교류 확대

지금까지 우리나라의 대중(對中) 경제협력은 '중국향 아웃바운드(outbound)' 위주, 제조업 위주로 이루어졌다. 그러나 중국의 성장전략과 산업정책의 중점이 점차 내수시장 위주, 4차 산업혁명 산업 위주, 서비스업 위주로 바뀜에 따라, 우리나라의 대중 경제교류의 중점도 앞으로는 이 방향으로 바꿀 필요가 있다.

무엇보다도, 중국의 산업발전 단계상의 강점 · 약점을 감안해 산업 분야별로 차별화된 협력모델을 개발할 필요가 있다. 한국은 메모리 반도체, OLED, 수소차, 산업용 로봇 분야가 상대적으로 강한 반면, 중국은 시스템 반도체, AI 안면인식, 빅데이터, 서비스 로봇, 민수용 드론 분야가 비교적 기술이 앞서 있다. 이 중에서 반도체, OLED, 자율주행차 분야의 경우, 워낙 소요 투자 규모가 크고 투자 회임기간이 길어 앞으로도 중소기업이 이 분야의 대중 산업 · 기술협력을 주도하기는 어려울 것이다. 그러나 급부상하는 신분야인 AI, 빅데이터, 블록체인, IoT 산업의 경우, 양국 정부기관이나 단체들의 자금 · 정보 · 기술 지원을 받을 수만 있다면, 중국 내 AI 혹은 빅데이터 솔루션 분야 청년 스타트업 기업 중 기술력은 좋으나 자금부족에 허덕이는 기업을 인수하거나 이들에 지분 투자를 함으로써 '신개념 · 신차원의 한 · 중 교류 협력 윈도우(window)를 열 수 있을 것이다,

둘째, 한국의 삼성전자, LG전자, 현대차 등 대기업들이나 네이버, 카카오 등 ICT 분야의 빅테크 기업들의 경우 한국 내에서 급부상하고

있는 AI, 빅데이터 분야의 유망한 기술 벤처나 스타트업을 발굴해 동반진출을 지원한 다음, 중국 시장 내에서 같이 동반성장하는 방법도 생각할 수 있다.

셋째, 지금까지의 대중 투자 · 기술교류는 한국기업이 중국에 나가는 '중국향 아웃바운드(outbound)' 형태의 진출이 많았다. 그러나 앞으로는 중국의 빅테크 기업 그룹들이 '저우추취(走出去; Go abroad)의 기치 아래 한국 내수시장을 직접 공략하거나 AI기기, 시스템 반도체 팹리스 분야에 종사하는 한국 기업을 인수해 들어오거나 일정 통제 지분 이하를 재무적 · 전략적으로 투자하는 일이 늘어날 것이다. 알리바바 그룹을 예로 들면, 클라우드 컴퓨팅 부문 자회사인 '알리클라우드 혹은 알리윈(阿里雲)'으로 하여금 한국 파트너(예: lascom.co.kr)를 지정해 한국 시장에서 비즈니스를 수행하고 있다. 주요 사업으로는 클라우드, 데이터 스토리지(data storage) & 네트워킹, 관계형 데이터베이스(relational databases), DDoS 공격방어(Anti-DDoS protection)를 포함한 시큐리티 비즈니스 등이 있다(https://www.lascom.co.kr/). 알리 클라우드는 또한 한국의 정보통신산업진흥원(NIPA)이 주관하는 스타트업 육성 프로그램에도 참여하기도 하였다.

마지막으로, 중국의 선도적 AI 벤처 혹은 중견기업과 라이선싱(licensing) · 합자 · 합작을 하거나 코로나19사태로 유동성 부족을 겪고 있는 스타트업 기업을 인수해 '한국향 인바운드(inbound)' 비즈니스를 하는 것도 시도할 수 있을 것이다. 실제로 현대모비스는 AI 안면인식 기술을 보유한 중국 스타트업 '딥글린트'에 한화 55억 원 규모의 지분 투자를 하였는데, 딥글린트는 얼굴, 신체, 행동 패턴 등의 이미지 분석에 관한 한 세계적 기술력을 보유하고 있는 업체이다. 특히 안면 인식 · 분석 시스템은 50m 거리에서 10억 명 가운데 한 사람의 얼굴을 1초 안에 판별할 수 있으며, '딥러닝(deep learning)' 기술을 활용해 차량 내부 동작을 인식하고 패턴을 분석할 수 있다. 현대모비스는 이 기술을 통해 운전자와 탑승객의 얼굴 표정을 분석해 감정선에 맞게끔 음악 선곡, 조명을 조절하는 등 개인 맞춤형 커넥티드 서비스를 제공하는 기술을 개발할 계획으로 있다.

현대모비스 대중 기술 협력의 중점은 △ 차량 보안 인증, △ 운전자 상태 모니터링, △ 차량 내 가상비서 등이다. 차량 보안 인증은 안면인식 기술을 활용하여 운전자를 인증하고 차문을 열며 시동을 거는 것을 말한다. 운전자 상태 모니터링은 내부 카메라로 운전자의 얼굴, 시선, 표정을 분석하여 졸음운전을 방지하고 전방 주시 불안, 건강 이상 등을 실시간으로 체크한 다음 경고음을 냄으로써 사고를 예방해준다. 그리고 가상비서는, AI 안면인식 기술을 통해 피곤한 운전자에게 음악을 틀어주는 등의 서비스를 하는 것을 말한다.

한컴 그룹도 중국의 AI 벤처와 협력하고 있다. 한컴 그룹은 2018년 3월 14일 중국의 아이플라이텍(iFlytek)에 출자하여 AI 음성인식기술 합자기업인 '아큐플라이AI'를 설립하였다. 초창기인 2018년 5월까지는 주로 AI 통번역 기기와 비즈니스 통번역 서비스를 완성하는데 주력했으나, 2019년 하반기부터는 AI, 빅데이터를 이용해 중국 대형 병원에 의료용 솔루션을 제공하는 사업을 준비하고 있다. 아직 국내 원격 의료 솔루션 시장을 공략하지는 못하고 있지만, 진찰 내용을 번역하는 등의 서비스를 제공하기 위해 노력 중이다. 중국 측 파트너 협력사인 아이플라이테은 4만 명의 중국 개발자, 60만 개의 음성기술 활용 앱을 확보해 자체 오픈 플랫폼을 구축해서 운용 중이다.

한컴 그룹 내에서도 한컴MDS가 아이플라이테과의 협력에 가장 적극적이다. 한컴MDS는 2019년 2월 22일 세계 1위의 안면인식 AI 기업인 '상탕커지(商湯科技; SenseTime)'와의 협력을 통해 국내 시장에서 얼굴인증, 운전자 모니터링, 지능형 통합관제 시스템, 모바일 엔터테인먼트, 스마트 매장 운영 시스템 등의 서비스를 제공하고 있다.

네이버도 샤오미와의 AI 동맹을 통해 국내 AI 시장 개척에 관한 인바운드 협력을 준비하고 있다. 2018년 2월 7일 네이버 그룹의 그린팩토리는 샤오미의 국내 총판 '여우미'(友迷)'와의 전략적 제휴 양해각서(MOU)를 체결하였다. 이 MOU에 따르면 네이버는 국내에서 샤오미 브랜드의 스마트 전구 · 스피커 · 공기청정기를 파는 대신, 국내에 유통되는 샤오미 AI 플랫폼과 IoT 기기에는 반드시 네이버 '클로바'를 탑재하도록 함으로써 클로바의 디지털 생태계를 확대하려 하고 있다. 앞으로는, 샤오미 TV나 모바일기기를 국내 시장에 출시할 때 클로바가 이들 제품의 AI 파트너가 되어 줌으로써 AI 기술 연계의 협력 시너지를 극대화하기로 하였다.

참고문헌

강동균. 2018. “100만 ‘AI 전문가’ 육성 나선 中,” *한국경제신문*, 2018. 4. 13, A9면, retrieved 2021.02.16. from http://news.hankyung.com/article/2018041237611.

강동효. 2018. “30초만에 커피 만들고, 번호 입력하니 바로 음료 전달,” *서울경제신문*, 2018. 12. 28, A14, retrieved 2021.02.16. from https://www.sedaily.com/NewsView/1S8MMOZEM3.

고광본. 2018. “‘AI 반도체’ 개발로 中 굴기에 맞불...“인간뇌처럼 스스로 학습 가능,” *서울경제신문*, 2018. 11. 26, A14, retrieved 2021.02.16. from https://www.sedaily.com/NewsVIew/1S7BROCPZH.

김근정. 2018. “AI 주도 루치 COO, 486일만에 바이두 떠나, 시총 93억 달러 증발,” *아주경제신문(온라인),* 2018. 5. 21, retrieved 2021.02.16. from http://www.ajunews.com/view/20180521105253816.

김묘섭. 2019. “[이슈분석]AI 주도권 경쟁 본격화, 세계는 지금,” *전자신문(온라인)*, 2019.03.12., retrieved 2021.02.16. from http://www.etnews.com/20190312000089.

김서. 2019. “중국 AI 발전 현황 및 시사점,” *CWeekly KDB Report*, 산업은행 중국리서치팀, 6-7쪽.

김익수. 2014. 중국 내 지적 재산권: 침해실태, 원인·배경 및 대응전략, 고려대 아시아 문제 연구소 출판부, 아연 동북아연구총서 시리즈 제14호, 2014. 3. 31.

-----. 2019, 중국의 부패 관성과 反부패 정책 대응: 동학, 성과 및 한계, 고려대 아시아문제연구소 출판부, 아연 동북아연구총서 시리즈 제34호, 2019. 1. 7.

박한신. 2019. “[‘美 일방 통상정책 영향’ 세미나]4차 혁명 시대 디지털 新무역규범 적응 서둘러야,” *서울경제신문*, 2019. 3. 15, A6, retrieved 2021.02.16. from https://www.sedaily.com/NewsVIew/1VGL4NWUII.

배인선. 2018. “[차이나리포트]4차 산업혁명 물결 속 中 인터넷공룡들 ‘체질 개선’ 가속도,” *아주경제신문,* 2018.10.10., retrieved 2021.02.16. from https://www.ajunews.com/view/20181010143251965.

성정민. 2018. “AI 국가대표 키우는 중국 정부,” *조선일보*, 2018. 10. 22, B10, retrieved 2021.02.16. from http://news.chosun.com/site/data/html_dir/2018/10/21/2018102101614.html.

성정민. 2018. “BAT 이어 TMD… 중국 ‘디지털 드래곤’ 속속 등장,” *조선일보*, 2018. 10. 22, B10, retrieved 2021.02.16. from http://news.chosun.com/site/data/html_dir/2018/10/21/2018102101612.html.

오광진. 2018. “AI 밸리 곳곳에 세우는 중국, 베이징에도 조성,” *조선경제(온라인)*, 2018. 1. 4, retrieved 2021.02.16. from http://biz.chosun.com/site/data/html_dir/2018/01/04/2018010401524.html?main_hot3.

오지현. 2018. “[서울포럼2018] 한중 기업가 즉석 네트워킹...”웨이신 있어요?“ 묻기도,” *서울경제신문*, 2018. 5. 9, A5, retrieved 2021.02.16. from http://www.sedaily.com/NewsView/1RZGSUSV8S/GK0101?utm_source=dable.

이희옥. 2019. “어떻게 중국을 추격할 것인가,” *서울경제신문*, 2019. 3. 20, A38, retrieved 2021.02.16. from https://www.sedaily.com/NewsView/1VGNFX3DG1.

장현일. 2019. “AI 기업 또 유치, 송도 ‘4차혁명 허브’ 날개,” *서울경제신문(온라인)*, 2019. 2. 19, retrieved 2021.02.16. from https://www.sedaily.com/NewsView/1VFDIG7JT2.

전지연. 2019. “국내 대학, 융복합 인재 양성 위한 다양한 시도 중,” *전자신문(온라인)*, 2019. 3. 11., retrieved 2021.02.16. from http://www.etnews.com/20190311000162.

조선일보. 2018. “[사설]AI 단체 공부 나선 중국 지도부를 보며,” *조선일보*, 2018. 11. 3, A31, retrieved 2021.02.16. from http://news.chosun.com/site/data/html_dir/2018/11/02/2018110203792.html.

최인준. 2018. “AI의 핵심 수퍼컴퓨터, 중국 202대, 한국 2대,” *조선일보*, 2018. 6. 25, A1, A2, retrieved 2021.02.16. from http://biz.chosun.com/site/data/html_dir/2018/06/25/2018062500156.html#csidx9e7333101b6ebf898353dc78ec35a2e.

클라우스 슈밥 저, 송경진 역. 2016. 클라우스 슈밥의 제4차 산업혁명, 메가스터디북스, 2016. 4. 20.

Chen, S. 2019. “Is China’s corruption-busting AI system ‘Zero Trust’ being turned off for being too efficient," *The South China Morning Post*, Feb, 4.

Lee, Kai-Fu. 2018. *AI Superpowers: AI Super-Powers: China, Silicon Valley and the New World Order*, Boston & N,Y,: Houghton Mifflin Harcourt.

Li, Yuan. 2018. "How Cheap Labor Drives China's A.I. Ambitions," THE NEW WORLD, The New York Times, Nov. 25, 2018, retrieved 2021.02.16. from https://www.nytimes.com/2018/11/25/business/china-artificial-intelligence-labeling.html.

聂洪光, 范海荣. 2020. "基于专利数据的中美人工智能创新能力比较研究", 中国科技论坛, 2020. 5.

中國國家知識産權局(CNIPA). "2017年我国人工智能领域主要统计数据报告," 2018년 10월 17일.

蔡跃洲. 2016. ""互联网+"行动的创新创业机遇与挑战——技术革命及技术-经济范式视角的分析", 求是学刊, 2016. 3.

5장
동북아 3국의 핀테크 발전 현황과 정부 정책

이솔

I. 동북아 3국의 핀테크 발전 현황

1. '핀테크'란 무엇인가

핀테크(FinTech)란 금융(Financial)과 기술(Technology)의 합성어로 금융 서비스와 정보기술의 융합을 통한 금융 서비스 및 산업의 변화를 통칭한다. 핀테크는 제4차 산업혁명이 핵심 키워드인 시대에서 빠질 수 없는 핵심 기술인 빅데이터, 인공지능 등을 기존 금융 서비스에 접목시켜 발전한 금융 서비스 및 신기술이라고 할 수 있다. 우리가 일상생활에서 흔히 사용하고 있는 온라인 뱅킹, 모바일 뱅킹, ATM 등 전자 금융 서비스는 핀테크의 광범위한 범위 안에서 '전통적 핀테크'라고 한다. 기존 금융 서비스를 효율적으로 개선시키는 것을 목적으로 했던 전통적 핀테크와 다르게, 본문에서 다루고자 하는 혁신적인 핀테크는 기존 금융기관을 우회하거나 새로운 정보통신(IT) 기술을 통해 소비자의 금융 서비스 수요를 충족시키는 것을 목적으로 하는 기술과 서비스를 의미한다. 기본적인 예금, 대출, 자산관리, 결제 등 금융 서비스를 제공하는 것 이외에도 금융 관련 소프트웨어나 솔루션, 플랫폼을 개발하기 위한 기술과 IT 기술을 기반으로 한 의사결정, 위험관리, 포트폴리오 재구성, 성과 관리, 시스템 통합 등 금융 시스템의 전반을 아우르는 기술을 모두 포함한다. 본문에서는 4차 산업혁명을 통해 발전한 혁신적인 핀테크를 중심으로 동북아 3국의 발전 현황 및 정부 정책을 비교 분석하고자 한다.

핀테크의 사업 영역은 아래 〈표 5-1〉과 같이 크게 지급 결제 서비스, 금융 플랫폼, 금융 소프트웨어, 금융 데이터 분석으로 나뉘어 진다. 이는 지불결제, 송금, 개인간 거래(P2P), 대중 투자(크라우드 펀딩), 개인자산관리, 보안, 보험, 금융 데이터 분석, 가상 화폐 등으로 더 세분화될 수 있다.

〈표 5-1〉 핀테크 사업 영역 구분

사업영역	내용	세부영역
지급결제	이용이 간편하면서도 수수료가 저렴한 지급결제 서비스를 제공함으로써 지급결제시장의 진입장벽을 완화	인프라 · 온라인 결제 · 외환 거래
금융데이터 분석	개인 및 기업고객과 관련된 다양한 데이터를 수집하여 분석함으로써 새로운 부가가치를 창출	신용 평가 · 자본 시장 · 보험
플랫폼	전 세계 기업과 고객들이 금융기관의 개입 없이 자유롭게 금융거래를 할 수 있는 다양한 거래 기반을 제공	P2P 대출 · 거래 플랫폼 · 비교견적사이트

사업영역	내용	세부영역
금융 소프트웨어	보다 진보된 스마트기술을 활용하여 기존 방식보다 효율적이고 혁신적인 금융업무 및 서비스 관련 소프트웨어 제공	리스크 관리 · 결제 · 은행 · 자산 관리 · 보험 · 회계

출처: 서보익 · 이정 · 박종선(2015)

지급 결제 서비스는 핀테크 중 가장 빠르게 발달하고 활발하게 사용되고 있는 기술 중 하나이다. 한국은행의 정의에 따르면 우리는 각종 경제활동을 할 때 현금, 수표 또는 신용카드와 같은 지급 수단을 이용하는데, 이처럼 거래당사자들 사이에서 발생하는 채권, 채무관계를 지급 수단을 이용하여 해소하는 행위를 지급결제라고 한다. 가장 기본적이고 단순한 지급 수단은 현금이고, 수표, 신용카드, 계좌이체 등의 지급 수단이 현금 거래 대신에 사용될 수 있다. 핀테크의 발달은 기존 지급 결제 방식을 이용이 간편하면서도 수수료가 저렴한 결제 서비스를 중심으로 빠르게 변화시키고 있다. 간편결제 · 송금 서비스는 온라인 환경에서 무료 또는 소액의 수수료를 지불하고 빠르고 간편하게 결제하거나 송금할 수 있는 서비스를 말한다. 최근에는 모바일 기기를 통해 별도의 공인인증서를 요구하지 않고 간단한 지문 · 홍채 인증 또는 비밀번호 입력만으로도 간편하게 결제와 송금이 가능하도록 보안은 강화하고 편의성은 높인 서비스가 제공되고 있다. 동북아 3국 중 간편결제 서비스가 가장 활발하게 사용되고 있는 국가는 중국이다. 중국은 현금 중심 사회로 기존의 신용카드 결제 인프라가 부족했기 때문에 상대적으로 설치 비용이 적게 드는 모바일 결제 시장이 빠르게 성장할 수 있었다. 반면, 한국은 간편결제 서비스 제공 이전에 이미 신용카드 결제가 온 · 오프라인 모두에서 활발히 활용되고 있어 간편결제 서비스가 상대적으로 늦게 발전하였지만, 모바일 결제를 중심으로 빠르게 성장하고 있다. 중국과 더불어 현금 중심 사회인 일본은 중국과는 다르게 여전히 간편결제 서비스가 초기 단계에 머물러 있지만 정부를 중심으로 비현금 결제 확산을 위한 제도적인 지원을 통해 간편결제 시장이 점차 성장하고 있다.

금융 데이터 분석 영역은 개인 및 기업 고객의 금융 데이터를 수집하여 분석함으로써 새로운 부가가치를 창출하는 활동을 말한다. 금융 데이터란 은행 계좌, 신용카드 이용 내역, 보험, 증권 거래 내역, 신용등급 등 금융권에 관련된 모든 데이터를 의미한다. 기존에는 개인의 금융 데이터를 각 금융 기관들이 주도적으로 관리하고 활용하였다. 하지만 빅데이터 기술의 발달과 정부 신사업을 통해 다양한 금융 데이터를 수집하여 분석이 가능해졌고, 이를 활용하여 새로운 금융 서비스가 출시되고 있다. 금융 데이터 분석 서비스는 서로 다른 기업 · 기관에서 발생한 금융 데이터는 하나로 결합하여 분석한 후 표준화 및 암호화를 거쳐 안전하게 금융 데이터가 필요한 핀테크 기업, 금융 회사 등에 제공한다. 이렇게 수집되어 제공된 데이터는 핀테크 기업이나 금융 회사를 통해 개인 맞춤형 서비스 추천이나 맞춤형 재무 분석 등에 다양한 활용이 가능하다. 일본은 2015년 빅데이터 활용 기반의 개정된 개인정보보호법을 마련하여 개인정보 유통을 허용했고, 이를 기반으로 2018년 12월부터 일찍이 정보은행 인정 사업이 시작되었다. 정보은행은 개인과의 계약에 기초해 개인의 금융 데이터를 대신해서 관리해주는 구조로 개인이 사전에 정보은행에 데이터 제공 조건 등을 지시하고, 정보은행은 그 지시에 기초에 제3자에 대한 제공 여부를 결정한다. 일본의 정보은행 사업은 미츠비시UFJ신탁은행, 미즈호은행 등 금융기관을 중심으로 정보은행 서비스를 도입하기 시작하였다. 한국은 2020년 8월부터 데이터 3법(개인정보 보호법, 신용정보법, 정보통신망법) 개정으로 사업자들이 개인의 동의를 받아 금융 데이터를 통합 관리해주는 마이데이터 산업(신용정보관리업)이 가능해졌다. 마이데이터 산업이란 개인이 본인 정보를 직접 내려 받거나 동의하에 제3자에게 제공하여 다양한 분야의 개인 데이터 활용 서비스를 누릴 수 있게 하는 산업을 말한다. 중국은 일본, 한국과는 다르게 사후 규제 체제를 시행하는 국가로 금융 데이터 관련 개인 정보 활용이 비교적 자유로웠다. 2013년 중국 3대 국유 종합 통신사업자(China Mobile, China Telecom, China Unicom)의 대규모 데이터센터 설립을 시작으로 알리바바, 텐센트, 징둥닷컴 등 거대 전자상거래 기업을 중심으로 빅데이터 기반 금융 서비스를 제공하고 있다.

금융 플랫폼이란 다수의 공급자와 소비자가 서로 만나 금융 상품 거래 등의 상호작용을 할 수 있는 공간으로, 온라인 · 모바일 기반의 플랫폼을 의미한다(금융보안원 2019). 핀테크의 발전으로 인해 금융기관의 별다른 개입 없이도 기업과 개인 혹은 개인과 개인이 자유롭게 금융거래를 할 수 있는 플랫폼을 제공할 수 있게 되었다. 기존의 온라인 · 모바일 뱅킹이 가능했던 금융기관이 전통적인 금융 플랫폼이라고 했다면, 최근 대두되고 있는 금융 플랫폼은 간편결제 서비스를 제공하는 결제 플랫폼, 금융 데이터 분석을 통해 맞춤형 금융 상품을 추천해 주는 금융상품 판매 플랫폼 이외에도 우리가 크라우드 펀딩이라고 알고 있는 투자자와 차입자가 온라인 상에서 직접 거래할 수 있는 P2P 플랫폼, 인터넷 은행 등이 모두 금융 플랫폼에 속한다. 이런 금융 플랫폼은 마치 우리가 많은 시중 은행들 중에서도 주거래 은행을 가지고 있는 것처럼 고객 잠금 효과가 존재하기 때문에, 금융 플랫폼 간의 고객을 선점하기 위한 경쟁이 치열하다. 특히 시중 은행과 같은 기존 금융 기관뿐 아니라 기존 IT 기업에서 간편결제와 같은 금융 서비스를 추가하여 시행하고 있는 빅테크 기업과 특정 금융 서비스에 특화되어 발전한 핀테크 기업들이 서로 플랫폼 구축을 위해 공격적인 마케팅을 펼치고 있다. 특히 인터넷전문은행이 허가되면서 빅테크 기업과 핀테크 기업의 영역이 기존 금융기관의 영역까지 확대되고 있다. 중국은 일찍이 2013년 사기업의 온라인 은행 설립을 허가하여 마이뱅크(알리바바), 위뱅크(텐센트)와 같은 IT 대기업에서 설립한 인터넷 은행을 중심으로 이미 결제, 대출 등의 금융 플랫폼이 자리 잡은 상태이며, 정부차원에서는 은행을 중심으로 블록체인 기반 무역 금융 플랫폼을 구축을 위해 노력 중이다. 일본의 경우에도 인터넷 전문 은행 설립이 가능해진 후 전자 상거래 기업, 편의점 등 기존 유통 기업을 중심으로 인터넷 은행이 설립되었다. 일본은 온라인 플랫폼을 중심으로 발전한 한국과 중국과는 다르게 오프라인 유통 점포를 통해 현금자동입출금기(ATM) 금융 서비스를 기반으로 인터넷 은행이 발전했다. 반면 한국은 기존 금융 인프라가 잘 구축되어 있었던 만큼 금융 기관이 아직까지는 우세하나, 정부의 지속적인 핀테크 기업 성장을 위한 지원으로 오픈뱅킹 서비스 시행, 스몰라이센스 도입 추진 등 금융 인프라 개방이 가속화되면서 카카오뱅크, 케이뱅크 등 IT기업, 핀테크 스타트업과 같은 비금융회사의 금융 플랫폼 진출이 더욱 더 확대될 전망이다.

위와 같은 핀테크 기반 금융 서비스를 제공하기 위해 발달한 분야가 금융 소프트웨어 영역이다. 다시 말해 간편결제 서비스, 크라우드 펀딩, 맞춤형 금융 상품 추천 등 고도화된 IT 기술을 활용하여 기존 방식보다 효율적으로 혁신적인 금융 업무 및 서비스 관련 소프트웨어를 통틀어 금융 소프트웨어라 한다. 핀테크 기반 금융 소프트웨어 영역은 크게 위험관리와 자산관리로 볼 수 있다. 위험 관리 소프트웨어는 보안에 관련된 부분으로 모든 금융 서비스의 바탕에 깔려 있는 보안 솔루션을 제공하는 소프트웨어를 통칭한다. 자산 관리 소프트웨어로는 자동자산관리가 가능하도록 해주는 로보어드바이저(Roboadvisor)가 대표적이다. 로보어드바이저란 로봇과 투자 자문을 의미하는 어드바이저의 합성어로 인공지능, 빅데이터 알고리즘 등을 활용하여 고객의 자산운용을 자문하고 관리해주는 서비스를 의미한다(디지털금융연구센터 2019). 기존의 펀드매니저나 애널리스트가 하던 역할을 대신하여 컴퓨터 알고리즘을 통해 온라인 자동 포트폴리오 관리 서비스를 제공한다. 중국은 2015년 핀테크 스타트업을 중심으로 로보어드바이저 시장이 성장하기 시작했다. 이후 화웨이, 알리바바 등 대표 IT 기업들이 로보어드바이저 시장에 뛰어들었고, 2016년부터는 은행, 증권 등 전통 금융사들에서도 뒤따라 로보어드바이저 서비스를 제공하기 시작했다.

중국 정부에도 관련 기업들의 성장을 위해 적극적으로 지원한 결과, 2017년 이미 로보어드바이저를 포함한 핀테크 기반 자산관리 고객이 3억 명을 넘어섰고, 중국 리서치 업체 이관에 따르면 2020년 중국 내 투자자산 관리 규모가 5조 2,200만 위안에 이를 것으로 예측했다(이동현 2017). 핀테크 기반 자산관리가 대중화된 중국과는 달리 한국과 일본은 아직 시장 자체가 초기 단계에 머물러 있다. 2016년 9월 한국에서 처음으로 로보어드바이저 테스트베드가 실시된 이후 자산관리의 대중화를 목표로 다수의 은행, 증권사, 자산운용사 및 투자 자문사 등에서 로보어드바이저를 도입하였다. 국내 로보어드바이저 서비스 이용자 수는 2017년 8월 기준 5,825명에 불과했지만 꾸준히 증가하여 2019년 9월 기준 10만 명을 돌파 20배가량 성장하였다(이승훈 등 2019). 하지만 2018년 기준 한국의 로보어드바이저 시장규모는 1조 원 정도였으며(KEB하나은행 2018), 전체 자산 관리 시장 대비 그 비율이 상당히 낮은 편으로 로보어드바이저 도입 이후 활성화되지 못하고 정체되어 있다고 볼 수 있다. 그러나 2019년 5월 로보어드바이저에 대한 정부 규제가 개선되어 자산관리 기능이 대폭 확대될 것으로 기대된다. 일본에서는 최근 핀테크 기반 자산관리가 자산 증식 도구로 주목받고 있다. 자산 관리 경험이 없는 20-30대 젊은 층 사이에서 상대적으로 낮은 가격에 포트폴리오 관리를 도와주는 로보어드바이저가 인기를 얻어 성장하고 있다. 2016년 서비스를 시작한 일본의 대표 로보어드바이저 서비스인 '웰스내비'는 2018년 7월까지만 해도 관리하는 자산이 900억 엔에 불과했지만, 2019년 11월말 기준 자산관리 규모가 두 배 이상 증가하여 자금 규모가 1,900억 엔(약 2조 원)에 육박할 만큼 빠르게 성장하고 있다(이승훈 등 2019).

지금까지 핀테크의 정의와 주요 서비스에 대해 다루었다. 다음 장에서는 동북아 3국에서의 핀테크 등장 배경을 좀 더 자세히 비교 분석하고, 각 국가의 핀테크 산업 규모와 대표 기업 및 서비스에 대해 다루고자 한다.

2. 핀테크 등장 배경 및 발전 방향

인터넷이 보급되고 모바일 환경이 발전함에 따라 전자상거래 시장이 성장하였고, 전자상거래에서 활용할 수 있는 간편하고 안전한 지급결제 기술이 필요하게 되었다. 또한, 사물인터넷, 클라우드 및 빅데이터 기술 등 IT 기술이 발전함에 따라 소비자의 온라인 구매 행태에 대한 데이터를 수집하고 분석할 수 있게 되면서 소비자 데이터를 결합한 다양한 금융 서비스가 등장하기 시작하였다. 현재 동북아 3국뿐 아니라 전 세계적으로 핀테크 시장은 빠르게 성장하고 있고, 기존 금융기관, IT 대기업, 스타트업들이 시장의 주도권을 쥐기 위해 경쟁하고 있다. 핀테크 관련 스타트업은 소비자의 새로운 금융 서비스 수요를 충족시키기 위한 특정 핀테크 영역에 특화된 서비스를 새로 개발하여 제공하는 방식으로 사업을 넓히고 있고, IT 대기업은 본인들이 가지고 있는 온라인 플랫폼, 소셜 네트워크, 검색 및 전자상거래 등을 통해 발생하는 소비자 데이터를 활용하여 금융 서비스를 출시하면서 핀테크 시장에 뛰어들었다. 이에 맞서 은행, 증권사와 같은 기존 금융기관들은 새로운 IT 기술을 수용하거나 파트너십, 벤처 투자, 혹은 스타트업 인큐베이터를 운영하며 제공하는 금융 서비스의 영역을 확장하고 있다.

동북아 3국, 한국, 중국, 일본은 각 국가가 가진 특성(정치, 경제, 금융 환경, 소비자의 금융 습관 등)에 따라 각자 다른 배경에서 핀테크가 발전하기 시작하였고, 그 발전 방향과 성과가 다르다. 온라인 이용자 중 핀테크 서비스 이용 비중을 나타내는 핀테크 도입 지수 조사(Ernst & Young 2019)에 따르면 핀테크 산업이 가장 많이 성장한 나라는 중국이다. 전 세계 27개국을 대상으로 각 국가의 핀테크 도입지수를 조사한 결과, 27개국 2019년 평균 핀테크 도입율은 64%였으며, 중국은 87%로 인도와 함께 가장 높은 핀테크 도입율을 보였고 한국은 아르헨티나, 홍콩, 싱가폴과 함께 평균보다 약간 높은 67%로 나타났다. 한국은 2017년 핀테크 도입율이 32%에 그쳤던 것에 비해 2년 만에 크게 성장하여 다른 핀테크 신흥국과 비슷한 수준으로 올라온 것으로 나타났다. 미국과 캐나다, 프랑스, 독일, 이탈리아 등 유럽의 주요 국가의 핀테크 도입 지수는 27개국 평균 도입율에 미치지 못했으며, 2019년 일본의 핀테크 도입율은 34%로 27개국 중 가장 핀테크 도입율이 낮게 나타났다. 중국의 핀테크 산업이 빠르게 성장할 수 있었던 배경에는 열악한 기존 금융 서비스와 한국과는 정반대의 정부 규제가 있었다. 한국은 중국에 비해 높은 수준의 IT 기술과 금융 산업의 발달에 비하여 핀테크 산업의 성장세가 더디다. 이는 인터넷·모바일 뱅킹, 카드 결제가 보편적으로 활용될 만큼 기존의 금융 서비스에 부족함이 없었고 비금융 기관에서 금융 서비스를 출시하기 위해서 검토해야 하는 정부 규제가 많았기 때문이라고 볼 수 있다. 반면 정부 차원에서 핀테크를 발전시키고자 하지만 다른 국가에 비해 핀테크 활용도가 낮은 일본은 소비자가 현금 거래를 선호하기 때문에 핀테크가 빠르게 발전하기 어려웠다. 이번 장에서는 동북아 3국에서의 핀테크가 등장하게 된 배경과 발전 방향에 대해 더 자세히 다루고자 한다.

〈그림 5-1〉 핀테크 도입 지수 (27개군, 27,000명 대상 온라인 인터뷰)

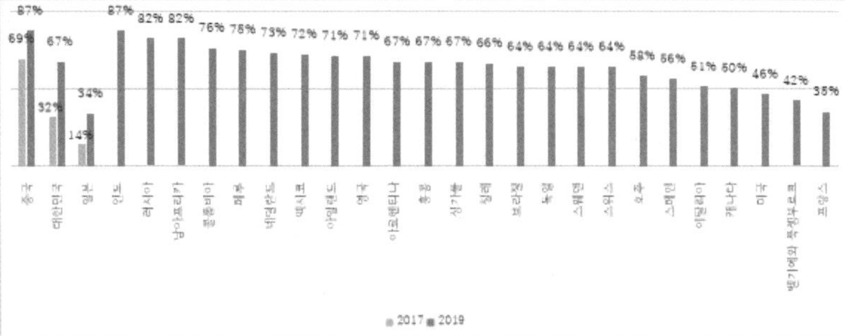

출처:Ernst & Young (2019)

〈표 5-2〉 동북아 3국 핀테크 등장 배경 비교

	한국	중국	일본
금융 환경	만족도 높은 수준의 금융 서비스 有 (인터넷 · 모바일 뱅킹, 온라인 결제 서비스 등)	소규모 금융 서비스의 부재로 인한 소액 금융 거래 수요 증가	늦은 전자상거래 시장 성장 (2018년 이후 온라인 금융 거래 수요 증가)
	높은 신용 · 체크카드 사용률	현금 결제 선호 (거래 시 상호간의 신뢰에 민감)	현금 중심 사회
규제 방식	사전규제	사후규제	사후규제

	한국	중국	일본
	포지티브 규제 (원칙 금지, 예외 허용)	네거티브 규제 (원칙 허용, 예외 금지)	네거티브 규제 (원칙 허용, 예외 금지)
	핀테크 산업 규제 샌드박스 허용 (2019년)	시범적 사업 허용	핀테크 산업 규제 샌드박스 허용
시장 진입 제한	업종별 칸막이 有 (예: 전자금융거래법상 업종을 구분하여 진입요건이 다름)	업종별 칸막이 규정 無	업종별 칸막이 有 → 無 (업종별 종적 규제 → 단일 법률의 횡적 규제, 2018년)
	은산분리 규제 완화 (4% → 34%, 2018년)	산업자본의 은행지분 보유 제한 규정 無	산업자본의 은행 지배 허용 (단, 주요 주주에 대한 사후적 통제장치 강화)
	비금융사의 금융시장 진입 제한적	비금융사의 금융시장 진입 확대	비금융사의 금융시장 진입 허용

(1) 한국

IT 강국인 한국의 온라인 환경은 친핀테크적 조건을 갖추고 있다. 인터넷 속도는 전 세계에서 가장 빠르고, 모바일 인터넷 속도도 빠르게 진화하여 5G 시대를 맞이하고 있다. 또한 국내 온라인 금융서비스 환경은 높은 수준으로 제공되고 있고, 핀테크 기술도 국내 기업을 중심으로 활발히 개발되고 있다. 예를 들어, 보안 분야에서는 간편결제와 2채널 인증을 위한 솔루션, 홍채로 본인 인식과 결재가 이루어지는 기술, 안면 인식 기술 등이 개발되어 상용화를 앞두고 있다. 자산관리 분야에서는 계량적 분석을 통한 투자 종목 분석 솔루션, 글로벌 B2B를 상대로 한 통합 자금 관리 시스템 등이 주목 받고 있다. 이외에도 핀테크에 빅데이터를 접속한 다양한 기술이 개발 중이다. 기술적인 면에서 핀테크 산업이 성장하기 좋은 조건을 갖췄음에도 불구하고 한국의 핀테크 산업이 중국에 비해 뒤처진 것은 중국과 상반되는 금융 서비스 환경과 정부의 규제로 인해서 성장에 제약이 있었던 것으로 판단된다.

중국에서의 핀테크 등장 배경을 다룰 때 뒤에서 더 자세하게 설명하겠지만, 중국은 기존 금융 서비스 수준과 소매 시장에서의 판매자와 소비자간 신뢰도가 매우 낮은 상황이었다. 중국 내 소규모 금융 서비스의 부재로 인해 핀테크가 가진 편리함에 대한 시장 수요가 매우 컸다. 더불어 13억이라는 인구와 모바일의 높은 보급률은 중국의 핀테크 산업이 단기간에 급격히 성장하는 원동력이 되었다. 이에 비해, 한국의 핀테크 산업은 전혀 다른 환경에 처해 있었다. 한국의 소비자들은 이미 고도화된 온라인 결제 서비스를 활용할 수 있었고, 금융기관에서는 수준 높은 IT 기술을 토대로 고객 만족도가 높은 금융 서비스가 제공되었다. 한국에서는 1997년 전자상거래가 일반화되면서 텔레뱅킹 및 CD · ATM 등을 중심으로 비대면 채널이 활성화되기 시작했고, 인터넷의 보급이 확대되면서 인터넷 뱅킹의 활용이 빠르게 증가했다. 2019년 말 국내은행의 인터넷 뱅킹 등록 고객 수는 1억 5,923만 명(모바일 뱅킹 등록 고객수는 1억 2,095만 명 전년 대비 15.5% 증가)으로 전년 대비 8.6% 증가하였으며, 국내 전체 금융 서비스 채널 중 인터넷 뱅킹을 통한 입출금, 자금이체 서비스 이용 비중은 59.3%에 달했다(한국은행 2020). 또한, 현금 중심 사회인 중국과 일본에 비해 한국은 신용카드 사용률이 현금보다 높은 신용 기반의 지급수단이 발달한 나라이다. 그렇기 때문에 핀테크 산업이 등장 전 이미 오프라인에서는 신용카드와 가맹점을 연결시켜 줄 수 있는 나이스정보통신, KIS 정보통신 등의 VAN 사업자들이 발전하였고, 온라인 결제시장에서는 KG이니시스, NHN한국사이버 결제 등 PG사가 발전하게 되었다. 물론 공인인증서와 같은 까다롭고 귀찮은 보안 프로그램을 불편해하긴 했지만 이를 감수하더라도 온라인 · 모바일 뱅킹이 대중화되어 있어 무통장입금과 계좌이체를 손쉽게 할 수 있었고, 온라인 카드 결제 역시 보편화되어 있었다. 따라서 중국과는 다르게 한국은 핀테크를 기반으로 한 새로운 금융 서비스에 대한 수요 자체가 낮았기 때문에 핀테크 산업이 발전하기 어려운 상황이었다. 하지만 한국에서도 2016년부터 간편결제 시장이 빠르게 성장하고 있다. 토스, 카카오페이 등 비금융기관에서 공인인증서 없이 비밀번호나 지문 인증을 통해 간편한 결제 및 송금 서비스를 출시하면서 국내에서도 간편결제 서비스가 대중화되기 시작했다. 최근에는 모바일 뱅킹 서비스에서도 공인인증서 없이 간편한 보안 방식을 통해 금융 서비스를 제공하면서 금융 서비스에 대한 기준이 변화하고 있다.

한국은 엄격한 정부 규제가 핀테크 산업의 발달의 걸림돌이 되기도 했다. 한국에서 새로운 사업이나 서비스를 제공하기 위해서는 고려해야 하는 규제가 많고, 이런 기존의 법률 규제 시스템이 새로운 핀테크 기업이 시장에 들어오기 위한 진입장벽으로 작용했다. 한국의 핀테크 기업의 70.5%가 지난 1년간 규제로 인해 사업에 차질을 겪은 적 있다고 응답했다(대한상공회의소 2017). 상대적으로 규제에 있어서 자유로운 중국과 달리 한국의 경우 법률이나 정책으로 허용된 것 이외의 상품이나 서비스 제공은 모두 허용하지 않는 포지티브 규제 방식이 대부분의 법안에서 적용된다. 하나의 핀테크라고 하더라도 여러 부처

간에 얽힌 규제들로 인해 새로운 사업을 추진하기 위한 심사에만 수년이 걸리고, 새로운 기술이 있어도 사업 등록이 불가능하거나 불필요한 보안 규정들이 발목을 잡기도 한다(전성민 · 박도현 2020). 예를 들어, 지급 결제 기능을 가진 경우에는 은행법, 외국환을 취급한다면 외국환거래법, 지급 수단 중 오프라인 형태인 경우에는 여신전문금융업법, 온라인에서의 지급결제라면 전자금융거래법 등 하나의 지급 결제 서비스를 출시하더라도 매우 복잡하게 법제도가 얽혀있어 새로운 금융 서비스를 출시하기까지 오랜 시간이 걸렸다. 따라서 알리바바, 텐센트 등 온라인 플랫폼을 중심으로 핀테크가 빠르게 성장한 중국과 달리 한국에서는 핀테크 전문 기업이 혁신적인 금융 서비스를 제공하는데 한계가 있었다. 때문에 한국의 초기 핀테크 시장은 주로 은행과 같은 금융 기관이 핀테크를 결합하여 스마트 금융 서비스를 제공하는 것에 그쳤다. 이 같은 문제를 해결하고 핀테크 산업을 활성화하기 위해 정부 차원에서는 금융업과 핀테크 관련 규제를 완화하고 핀테크 활성화를 위한 추진과제를 시행하는 등 정책적으로 지원하려고 노력하고 있다. 2015년 전자금융사업자에 적용된 개인 방화벽, 키보드 보안, 바이러스 백신 등 보안 프로그램 설치와 공인인증서 사용을 폐지했으며, 금융감독원의 보안성 심의제도도 사라졌다. 이 조치에 따라 국내 비금융회사들이 급속도로 성장할 수 있었으며 간편결제 및 송금 서비스가 발전할 수 있었다. 또한, 2018년부터 핀테크 혁신 활성화방안을 추진하면서 오픈뱅킹, 모바일 간편결제, 클라우드 등 핀테크 시장 확대를 위한 지원을 늘려가고 있다. 뿐만 아니라 2019년

4월 금융혁신지원 특별법을 통해 금융규제 샌드박스를 허용하면서 핀테크 산업의 성장 발판을 마련하였다. 한국은 핀테크 산업에 있어 중국에 비해 다소 뒤처져 있는 상황이지만, 뛰어난 IT 기술과 높은 스마트폰 보급률과 같은 시장상황과 정부의 적극적인 지원을 통해 빠르게 성장하는 추세를 보이고 있다.

(2) 중국

2017년 중국 핀테크 산업의 거래규모는 약 1.1조 달러로 2016년 대비 약 35.7% 증가하여 전 세계 1위를 기록했다[1]. 중국의 핀테크 산업이 민영 기업을 중심으로 빠르게 성장할 수 있었던 이유는 초기 핀테크 기술 발전뿐만 아니라 실생활에서 필요한 금융 서비스와 기술을 중심으로 빠르게 전파된 부분이 크다(Chen 2016, Shim and Shin 2016). 인터넷 뱅킹, 온라인 카드 결제 등 기존 금융기관에서 제공하는 금융 서비스가 개인의 필요를 충족시킬 수 있었던 한국과는 달리 중국의 전통적인 금융 시스템은 대규모 거래를 중심으로 발전해왔기 때문에 중소기업과 개인을 위한 소규모 금융 서비스 환경이 열악했다(Chen 2016). 그렇기 때문에 중국의 경제 성장에 따라 국민 소득이 증가하고 소비 규모와 범위가 확대되면서 소비자 금융 서비스의 수요가 증가했으나 기존 금융 환경이 이를 따라가지 못하는 실정이었다. 따라서 핀테크 산업은 취약한 기존 금융 서비스를 보완해주며 시장

1) https://www.statista.com/outlook/295/109/fintech/united-states#market-revenue (검색일: 2018. 2. 19)

규모를 늘렸고, 정부에서도 핀테크 산업 성장을 촉진하는 정책을 수립하면서 빠르게 발전할 수 있었다.

중국에서 가장 큰 성장을 이룬 핀테크 분야는 앞에서 설명한 개념 중 간편결제에 관련된 핀테크 영역에 해당하는 지불 결제 서비스이다. 중국에서 간편결제 서비스가 큰 성공을 이룬 배경에는 중국의 전통적 금융 서비스의 한계와 다른 국가와는 비교할 수 없는 대형의 시장 규모가 있었다. 2000년 이전 중국의 금융 인프라는 다른 국가에 비해 많이 뒤처져 있었다(Shim and Shin 2015). 중국의 금융 산업은 모두 중앙 정부의 관리 아래 실시되었고, 모두 중국인민은행에 의해 규제, 감독되어 왔다. 기존 금융기관인 은행에서 제공하는 금융 서비스는 모두 대형 거래 위주였고, 신용카드 발급 조건 및 높은 수수료, 신용카드와 직불카드 복제 및 위폐 불안감 등으로 인해 새로운 결제 방식에 대한 수요가 높았다. 소액의 금융 거래를 수요가 늘어남에 따라 이를 충족시켜 줄 수 있는 새로운 금융 서비스가 필요한 상황이었다. 또한, 중국은 한국과 달리 현금 결제를 선호하는 문화를 가지고 있으며, 제3자 결제 플랫폼을 통한 온라인 결제를 통해 전자상거래를 이용할 수 있었다. 제3자 결제란 판매자와 구매자가 거래과정에서 쌍방 외 제3자 플랫폼을 통해 대금을 결제하는 방식을 말하며 중국은 현금 거래 시 상호간의 신뢰에 민감하여 제3자 결제 플랫폼이 온라인 결제의 핵심이었다. 하지만 유니온페이(UnionPay)에서 온라인 결제 시스템을 독점하여 여러 가지 불편을 감수하더라도 전자상거래 플랫폼에서는 해당 서비스를 이용할 수밖에 없는 상황이었다. 이 시기에 알리바바에서 기존 금융 시스템

사용에 어려움이 있던 중소기업에 집중하여 온라인 B2B 유통 서비스를 시작하고 효율적이지 못한 결제 시스템과 유니온페이의 독점을 해결하기 위해 TrustPass라는 자체적인 결제 방식을 도입하지만, 중국 내 금융 인프라의 부족으로 인해 크게 주목받지 못했다. 이후 2003년 알리바바에서 유통 플랫폼으로의 초기 시장 장악을 위해 공격적인 마케팅 전략을 추진하며 C2C 플랫폼인 타오바오를 출시하고 중국 문화를 고려한 알리왕왕이라는 메신저 서비스를 통해 소비자들의 신뢰를 얻으며 시장 규모를 넓혔다. 2005년 중국 내에서 흔히 사용하고 있던 거래 방식인 'wiring money' 방식의 결제 시스템을 본인들의 유통 플랫폼에 결합한 알리페이를 출시하였다. 알리페이는 온라인 결제 위험을 줄여주어 온라인 결제의 진입 장벽을 낮추었고, 이미 넓혀진 온라인 유통 플랫폼의 시장 규모를 바탕으로 빠르게 성장할 수 있었다. 이와 같은 알리바바의 성장과 더불어 텐센트에서도 위챗 서비스를 중심으로 온라인 현금 거래가 가능한 위챗페이 서비스를 출시하여 성공하였다. 이처럼 중국의 핀테크 산업은 온라인 유통 플랫폼의 성장과 함께 자체적인 핀테크 서비스가 플랫폼의 시장 규모를 그대로 흡수하여 급속도로 성장할 수 있었다.

중국 내 온라인 시장 규모만이 아니라 우호적인 정부의 정책도 핀테크 기업의 빠른 성장에 기여했다. 중국 정부의 포용적이고 개방적인 태도가 중국에서 핀테크 산업이 성장할 수 있었던 주요 요소라고 판단된다. 한국과는 달리 중국은 산업의 규모가 작을 때에는 별다른 규제가 없다가 규모가 커지면 그에 다라 제도를 정비하여 규제하는 네거티브 규제를 시행하는 대표적인 국가로, 정부에서 지정한 법률이나 정책에서 금지한 행위가 아니면 모두 허용하여 상대적으로 자유롭게 새로운 핀테크 서비스 제공이 가능하다. 따라서 2010년 이전까지는 온라인 금융 서비스에 대한 특정 규제가 없었기 때문에 알리바바, 텐센트와 같은 비금융 기업이 본인들이 가지고 있는 빅데이터와 새로운 핀테크 기술을 바탕으로 금융 서비스를 제공하는데 어려움이 없었다. 중국은 이와 같은 규제 방식을 통해 우선적으로 핀테크 산업을 육성하고 사후에 문제가 발생 시 관리 감독을 강화하는 방식으로 핀테크 시장이 빠르게 성장할 수 있었다. 간편결제를 포함한 새로운 핀테크 서비스가 중국에 정착한 후 핀테크 산업의 규모가 커지자 2010년부터 비금융기업의 온라인 결제 서비스 제공을 법적으로 허가하고 이에 관련된 규제를 강화하기 시작하였다. 또한, 중국은 동북아 3국 중 가장 먼저 온라인 은행 설립을 허가하여 민영 기업에서 적극적으로 온라인 금융 서비스를 제공할 수 있었다. 2013년 3월 중국 은행감독위원회에서 사기업의 온라인 은행 설립을 허가하였고, 중국의 대표 IT 기업인 알리바바와 텐센트에서 민영 인터넷 전문은행인 마이뱅크와 위뱅크을 설립하여 기존 금융 서비스 취약 계층을 위한 온라인 금융 서비스를 제공하기 시작했다. 중국의 인터넷 전문 은행은 온라인을 통한 예금, 대출, 재테크 등 제한적인 은행 업무만 가능하지만 위에서 언급했듯이 기존 금융기관이 포용하지 못했던 중소기업, 소상공인, 개인을 대상으로 소액 은행 업무에 중점을 두고 온라인 금융 상품을 제공하는 것이 특징이다. 정부의 적극적인 지원과 함께 온라인 결제뿐만 아니라 P2P 대출,

크라우드 펀딩, 로보어드바이저 등에 특화된 핀테크 스타트업도 많이 생겨나면서 중국의 핀테크 시장이 성장할 수 있었다. 하지만 2015년 이후 중국 정부의 느슨한 규제로 인해 온라인 지급결제와 온라인 소액 대출의 소비자 피해사례가 증가하고 금융리스크 우려가 커지면서 중국에서도 핀테크에 관련된 관리 감독 및 규제가 강화되었다. 특히, 온라인 대출 사기와 횡령이 많아지면서 투자자들의 피해가 급증하였다. 유령회사에 대한 대출 부실화, 단기운영자금이 급박한 중소상공인에 대한 고금리 대출 판매에 따른 차입자 부실과 함께 P2P 기업의 파산이 증가하면서 중국은행감동위원회는 산업정보부, 공안부, 국가인터넷정보국 등과 함께 P2P 대출 중개기관 영업 관리 조치사항을 발표하고 현재는 규제 감독을 강화한 상태이다. 중국의 핀테크 산업은 취약한 금융 서비스 환경 속에서 취약계층을 공략하고, 대규모 유통 플랫폼을 통해 빠르게 시장을 장악할 수 있었으며 네거티브 규제를 기반으로 중국 정부의 적극적인 지원 아래 핀테크 산업이 성장할 수 있었다. 하지만 중국의 핀테크 산업의 이후 성장 가능성은 예상할 수 없다. 중국이 가진 고유한 금융 환경이 핀테크 산업의 성장 발판이 된 만큼 개선된 금융 환경 내에서 다른 핀테크 영역이 발전할 수 있을지는 알 수 없다. 또한, 중국의 핀테크 산업 성장 시나리오를 다른 국가에 적용하는 데에는 무리가 있다.

(3) 일본

일본은 동북아 3국 중 핀테크 시장의 성장이 가장 느린 국가이다.

일본 국민들의 현금 결제를 선호하는 경향과 핀테크 등장 초기의 엄격했던 정부 규제로 인해 핀테크의 성장이 힘든 환경이었다. 일본은 여전히 현금 중심 사회에 머물러 있다. 이로 인해서 핀테크 성장 초기 온라인 결제 서비스를 중심으로 시장 규모가 성장한 한국과 중국과는 다르게 온라인 결제 서비스가 보편화되지 못했다. 일본 정부에서는 충분하지 못한 신용카드 결제 인프라로 인해 비현금 결제가 성행하지 못한 것으로 보고 중소기업에 카드결제 시스템 설치를 지원하기도 했지만 소비자들이 현금 거래를 더 선호하여 비현금 거래로의 전환이 어려웠다(Chen and Ishino 2020). 하지만 2018년부터 일본에서도 전자상거래 시장이 급성장하면서 온라인 결제에 대한 수요가 증가하였고 이후 온라인 결제 서비스 시장이 급속도로 발전하고 있다. 일본의 간편결제 서비스는 중국과 같이 QR 결제를 중심으로 제공되고 있고, 대표적인 서비스로는 이동통신사인 소프트 뱅크와 야후가 협력하여 출시한 페이페이와 일본 최대의 메신저 네이버 라인과 결합하여 제공하는 라인페이가 있다. 아직 일본 내 간편결제 시장이 초기단계인 만큼 간편결제 서비스를 제공하는 기업들에서 시장 선점을 위해 공격적인 마케팅을 벌이면서 일본 내 간편결제 사용자 수가 급격히 증가했다. 일본 정부에서도 비현금 결제 비율을 높이기 위해 환원제도 정책을 펼치며 적극적으로 지원하고 있어 간편결제 시장 발전 가능성이 꾸준히 높아지고 있다. 다른 국가에 비해 간편결제 시장 규모가 작은 반면 크라우드 펀딩 시장은 2011년 처음으로 일본에서 선보인 이후로 꾸준히 투자총액과 이용자 수가 증가하여 2018년부터는 대표 크라우드 펀딩 기업들이 해외 진출을 공략하고 있을 만큼 성장하였다. 더불어 로보어드바이저 기반 자산 관리 서비스도 최근 들어 일본의 젊은층의 재테크 수단으로 인기를 얻고 있다.

일본의 핀테크 산업 성장은 느리지만 핀테크 활성화를 위한 법, 제도적인 정부의 지원은 다른 국가들에 비해 빨리 시작되었으며 꾸준히 개선되고 있다. 2000년대 초 일본에서는 이미 인터넷 전문 은행 설립이 허가되었다. 초기에 주목받지는 못했지만 2017년부터 전자상거래 기업, 편의점 등 기존 유통 기업을 중심으로 인터넷 은행이 설립되면서 발전하였다. 온라인 플랫폼을 중심으로 발전한 한국과 중국과는 다르게 일본의 인터넷 은행은 편의점과 같은 오프라인 유통 점포를 통해 현금자동입출금기(ATM) 금융 서비스를 기반으로 발전했다. 이는 일본의 인터넷 전문 은행이 현금 중심 사회에 맞춰서 발전한 특성이라고 볼 수 있다. 또한, 2015년 개인정보보호법을 개정하여 개인정보 유통을 허용했고, 이를 기반으로 2018년부터 금융 데이터를 적극적으로 활용할 수 있도록 정보은행 인정 사업이 시작하였다. 이는 은행을 중심으로 정보은행 서비스가 도입되어 금융기관과 비금융회사(핀테크 대기업) 간의 다양한 형태의 제휴를 통한 핀테크 산업의 성장 발판을 마련해 주었다. 그럼에도 불구하고 일본의 핀테크 서비스 성장이 더뎠던 이유는 한국과 같이 새로운 금융 서비스를 제공하기 위한 규제가 까다로웠기 때문이다. 기존의 일본 금융법제는 업종별 법률로 업무를 제한하는 규제 방식을 취하여 금융 서비스를 제공하는데 걸림돌로 작용했다 (한국금융연구원 2017). 이에 핀테크 활성화를 위해 일본 정부에서 2017년 '미래투자전략 2017'을 발표함으로써 4차 산업혁명에 대응하는 Society 5.0 실현 전략을 발표하고 핀테크 분야 집중 지원 정책을 수립하였다. 일본 금융청에서는 금융기관과 IT 기업 혹은 핀테크 스타트업이 제휴를 통해 핀테크의 보급을 촉진하기 위해 2018년부터 횡적 규제 방식으로 동일한 결제 및 송금 서비스에 대해서는 동일한 규제를 부과하기 시작했고, 핀테크 사업에 대한 신규 진입 확대를 위해 소규모 사업자도 진입이 용이하도록 진입 장벽을 낮추는 방향으로 금융 법제를 정비하여 적극적으로 핀테크 활성화를 위해 지원하고 있다. 이처럼 현재 일본은 다른 두 국가에 비해 핀테크 산업의 성장이 느리지만, 정부 차원에서 일찍이 핀테크 산업이 성장하기 위한 법, 제도적 발판을 탄탄하게 만들어 놓고 적극적으로 지원하고 있기 때문에 이후 성장 가능성이 열려있다고 볼 수 있다.

II. 동북아 3국의 핀테크 산업 현황

중국의 핀테크 산업은 민영 IT 기업을 주축으로 성장하였다. 중국의 대표적인 핀테크 기업인 알리바바는 유통 플랫폼 기반 간편결제 서비스인 알리페이의 성공 후 인터넷 전문 은행을 설립하면서 P2P 대출, 보험 등의 핀테크 영역까지 확장시키며 핀테크 시장을 넓혔다. 따라서 대부분의 핀테크 영역에서 알리바바, 텐센트와 같은 초기 핀테크 기업이 우세하다. 반면 한국과 일본은 결제 서비스, 크라우드 펀딩, P2P 대출, 로보어드바이저 등 각각의 핀테크 영역에 특화된 기업들이 분야별로 경쟁하는 구도로 시장이 성장하고 있다. 한국과 일본의 차이점이 있다면 한국은 결제 서비스를 제공하는 핀테크 기업이 상대적으로 규모가 크고 더 빠르게 성장하였고, 일본은 로보어드바이저, 크라우드 펀딩 기업들이 먼저 성장하였다.

1. 한국

한국에서 가장 발전한 핀테크 분야는 지급 결제 서비스라고 할 수 있다. 이는 중국과 비슷하게 가장 실생활에 밀접하게 사용되는 핀테크 서비스이면서 온라인 결제 및 송금 시 불편했던 점을 개선하여 제공한 만큼 빠르게 시장이 성장할 수 있었다고 볼 수 있다. 한국은행에 따르면 결제액을 기준으로 국내 간편결제 시장 규모는 2016년 11조 7,801억 원에서 2019년 10배 이상 성장하여 120조 원을 돌파한 것으로 추정된다(배성수 2020). 금융감독원에 따르면 국민 1명당 평균 3개의 서로 다른 간편결제 서비스를 이용하고 있으며, 특히 20대는 5명 가운데 4명이 간편결제 서비스를 이용한다고 밝혔다(최세인 2020).

〈그림 5-2〉 한국의 간편결제/송금 서비스 이용실적

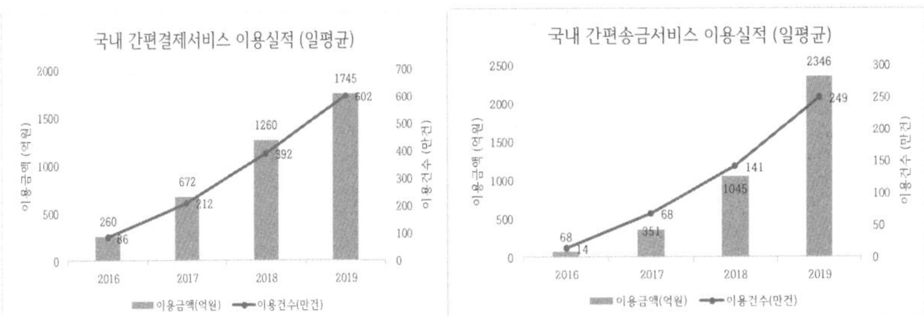

출처: 한국은행

한국의 간편결제 시장에서 총 이용자 수는 카카오페이와 네이버페이가 점유율 1, 2위를 다투고 있으며, 결제 금액으로는 네이버페이가 간편 송금으로는 카카오페이가 우세했다. 카카오페이와 네이버페이 외에도 페이코, 토스, SSG페이(신세계), L.Pay(롯데), 스마일페이(GS), BC Pay 등 다양한 간편결제 서비스가 존재한다. 같은 간편결제 서비스라 하더라도 중국은 알리페이와 위챗페이가 거의 모든 시장을 장악한 것과 달리 한국에서는 결제 용도에 따라 소비자가 사용하는 서비스가 다른 것이 특징이다. 한국은 간편결제 회사마다 초기 시장 공략을 위한 마케팅 전략이 달랐기 때문에 같은 사용자라 하더라도 오프라인에서는 삼성페이를, 온라인 쇼핑에는 네이버페이를, 송금할 때는 카카오페이를 쓰는 형태로 발전하였다. 2014년 9월 카카오에서 한국 최초로 간편결제 서비스를 출시하였다. 하지만 한국은 온라인 환경에서 카드 결제가 보편화되어 있었기 때문에 간편결제 서비스에 대한 수요가 높지 않아 주목받지 못했다. 반면 온라인 환경에서 송금을 하기 위해서는 공인인증서뿐만 아니라 보안카드를 통한 인증이 필요했기 때문에 간편 송금에 대한 수요는 높은 편이었다. 이런 와중에 간편 송금 서비스를 앞세워 성장한 기업이 토스이다. 토스는 2015년 국내에서 처음으로 상대방의 전화번호 또는 계좌번호를 통한 간편 송금 서비스를 출시하면서 불편했던 송금 시스템을 바꾸었다. 하지만 2016년 카카오페이에서 카카오톡 사용자간 간편 송금 서비스를 시작하면서 토스의 자리를 위협하기 시작했다. 카카오페이는 중국의 알리바바와 텐센트가 본인들이 원래 점유하고 있던 시장규모를 이용해 빠르게 성장한 것처럼 한국 내 메신저 점유율 95%에 달하는 카카오톡 내 사용자들 간의 송금 서비스를 토대로 대표 온라인 간편결제 서비스로 급성장할 수 있었다. 결제 금액 기준 국내 점유율 1위인 네이버페이는 2015년 6월 처음 출시되어 국내 1위 포털사이트인 네이버의 인터넷 쇼핑을 통해서 성장하였다. 마치 알리페이가 타오바오의 결제 시스템으로 자리잡아 성장한 것처럼 네이버 쇼핑의 결제 시스템으로 네이버페이를 출시하면서 전자상거래에 특화된 온라인 간편결제 시장을 장악할 수 있었다. 한국의 간편결제 서비스의 또다른 특징은 오프라인 간편결제 시장이다. 중국의 알리페이, 위챗페이, 일본의 라인페이처럼 온오프라인 모두 같은 간편결제 서비스가 주를 이루는 것과 달리 한국의 오프라인 간편결제 시장은 마그네틱 카드 결제와 같은 방식으로 작동하는 삼성페이가 우세하다. 2015년 3월 출시된 삼성페이는 삼성 스마트폰에서 등록된 카드에 대해 개인 생체 인증 기능을 통해 일회용 가상 카드를 생성하여 결제할 수 있는 간편결제 서비스이다. 오프라인 가맹점에서 기존의 카드 단말기를 통해 카드와 동일하게 사용할 수 있어 출시 초기부터 사용자가 급증하였고, 2018년 금융감독원의 자료에 따르면 삼성페이가 오프라인 간편결제 시장의 81.6%인 18조 원을 차지하고 있다(우정호 2019). 카카오페이, 네이버페이 등 다른 기업에서도 오프라인 시장 공략을 위한 전략을 추진 중이지만 중국처럼 QR코드를 이용한 결제 시스템이 어색한 한국에서는 삼성페이와 같은 방식이 아니라면 오프라인에서의 성장은 한계가 있어 보인다.

〈그림 5-3〉 국내 크라우드펀딩 규모 (단위: 억 원)

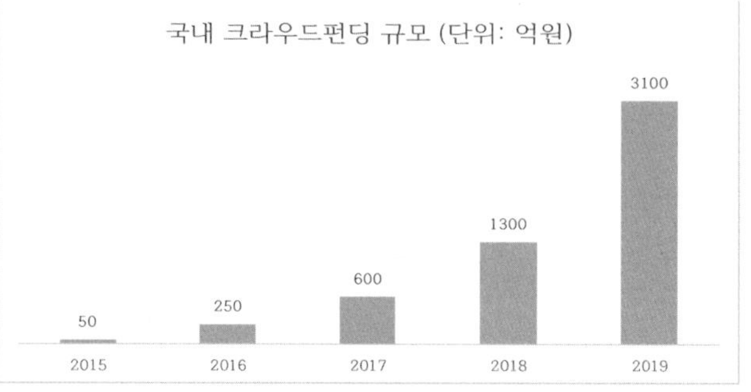

출처: 업계 추산

결제 서비스 이외의 핀테크 영역도 대기업을 중심으로 발달한 중국과는 달리 한국 시장은 각 영역에 특화된 핀테크 중소기업을 중심으로 성장하였다. 대표 기업으로는 보상형(후원형)과 증권형(투자형) 크라우드 펀딩을 다루는 와디즈, 문화/예술에 특화된 크라우드 펀딩을 진행하는 텀블벅, 대출형 크라우드 펀딩이라고 알려진 P2P 금융 플랫폼으로는 테라펀딩, 렌딧, 8퍼센트 등이 있다. 크라우드 펀딩 업계에 따르면 2015년 50억 원에 불과했던 전체 크라우드 펀딩 플랫폼에 모인 투자금액이 2019년 3,100억 원을 넘어섰다. 업계 관계자들은 크라우드 펀딩 시장규모가 계속 성장하고 있으며 2020년 시장 규모가 1조 원이 넘어설 것으로 예상했다(나수지 2020). 특히 최근 정부로부터 주목받고 있는 증권형 크라우드 펀딩은 2016년 제도 시행 이후 2018년 3월까지 총 602건의 펀딩을 통해 총 605억 원의 자금을 모집하였으며 펀딩 성공률 또한 꾸준히 증가하여 2018년 1사분기에 74%를 기록하는 등 꾸준한 성장세를 보이고 있다(자본시장연구원 2019b). 한국 최대 크라우드 펀딩 플랫폼 와디즈는 2018년 총 펀딩금액이 601억 원을 달성하면서 누적 펀딩금액 1,000억 원을 넘어섰다(윤희은 2020). 와디즈는 초기 혁신적인 IT, 전자제품 등 아이디어 상품 제작을 후원하고 제품을 보상으로 받는 방식의 크라우드 펀딩으로 이름을 알리면서 한국의 대표 크라우드 펀딩 플랫폼으로 자리 잡았다. 그 후 증권형 크라우드 펀딩에 본격적으로 뛰어들며 투자에 초점을 맞춰 투자자들이 펀딩 상품을 잘 선택할 수 있도록 투자 노하우를 알려주는 와이드 캐스트 서비스를 시작하고 펀딩에 성공한 기업의 소식을 제공해주며 플랫폼의 규모를 키워 나갔다. 한국예탁결제원 자료에 따르면 2018년 이후 국내 증권형 총 펀딩금액 320억 중 200억이 와디즈 플랫폼을 통해 성사됐으며, 성공건수도 전체 181건 중 103건으로 전체 크라우드 펀딩 시장의 68% 이상을 차지하면서 업계 1위를 유지하고 있다(명순영 · 나건웅 2019). 증권형 크라우드 펀딩에 초점을 맞춰 성장하고 있는 와디즈와 비교하여 문화 · 예술에 특화된 보상형 크라우드 펀딩을 진행하는 텀블벅은 2011년 누적 후원금 1억 원에서 2016년 100억 원, 2018년 550억 원 누적 후원자 수 60만 명으로 증가하며 꾸준히 성장하여(양승희 2019), 2020년 코로나19 시대에 비대면 프로젝트를 진행하며 7월 누적 후원금 1,000억 원을 달성하였다(텀블벅 2020). 텀블벅은 창작에 초점을 맞춰 공연, 디자인, 공예, 출판, 음악 등 문화 · 예술 카테고리의 펀딩 상품을 취급하며 문화 트렌드에 맞춰 페미니즘, 1인가구 취향의 소품, 다양한 게임, 독립출판 등 다양성을 추구하는 펀딩 상품으로 주목받고 있다. 2018년부터 보상형, 증권형 크라우드 펀딩 산업에 대한 정부 규제가 완화되면서 펀딩 업체당 투자 한도 금액이 높아져 크라우드 펀딩 성공 사례가 증가하고 있다. 이로 인해 국내 크라우드 펀딩 생태계가 확대 정립될 뿐만 아니라 추가 규제 완화도 이어지면서 시장이 계속해서 성장하고 있다.

한국의 P2P 금융 시장은 2007년에 트리플리치의 머니옥션, 팝펀딩, 8퍼센트 등 중소 업체가 초기 시장을 견인해 현재 약 220여 개 P2P 기업이 대출 중개 서비스를 제공하고 있다. 한국은 제1금융권, 제2금융권, 제3금융권 사이에 대출금리 격차가 매우 크며 특히 신용등급이 5-6등급에 해당하는 경우 제 1금융권에서 대출을 못 받는 경우 연 15-20% 수준의 고금리로 대출을 받아야 한다. 따라서 온라인 플랫폼을 기반으로 한 P2P 대출은 중개기관을 거치지 않고 자금이 필요한 개인과 사업자들이 직접 대출계약을 체결하는 방식으로 비용을 낮춰 보다 낮은 금리로 대출이 가능하여 1금융권에서 대출이 힘든 개인 또는 사업체들을 대상으로 그 규모가 성장해 나가고 있다. 한국보다 먼저 P2P 대출 시장이 성장했던 중국의 경우에는 초기 규제가 느슨하여 그 부작용으로 사기와 횡령이 빈번히 일어났고 많은 P2P 금융 기업이 파산하며 시장 자체가 후퇴하고 있다. 한국에서는 이를 방지하면서 P2P 금융산업의 발전을 위해 2015년 한국P2P금융협회를 설립하고 매달 공시 자료를 통해 회원사들의 P2P 누적대출액, 연체율, 그리고 부실률을 정기적으로 감독하고 있다. 뿐만 아니라 한국P2P금융협회에 포함되지 않은 P2P 기업들도 자체적으로 업체 연체율, 부실률 등을 공시하며 투명하게 기업을 운영하고 있다. 8퍼센트는

2014년 설립되어 한국의 P2P 금융 선두주자로 불려온 대출형 크라우드 펀딩 스타트업으로 개인, 사업자, 주택담보, 기업대출까지 다양한 형태의 투자 상품을 취급한다. 8퍼센트는 업계 최초로 자동분산투자를 적용하면서 P2P 금융 서비스가 발전하는데 발판을 마련하며 2016년 11월 기준 이미 누적 대출액 517억 원을 돌파하고(온라인 중앙일보 2016) 2019년말 2,706억 원의 누적 신용 대출액을 달성했다(김민주 2019). 렌딧은 다른 P2P 기업과는 다르게 개인신용대출만 취급하며 스타트업으로 창업 후 2015년 누적 대출금 60.3억 원에서 2019년말 기준 누적 대출금 1,962억 원으로 성장하여 P2P 대표 기업으로 자리 잡았다(김민주 2019). 신용 대출 이외에도 한국P2P금융협회에 등록된 P2P 기업은 대부분 부동산 담보 대출을 취급한다. 부동산을 담보로 한 P2P 대출대표 기업인 테라펀딩은 2019년말 기준 누적 대출금이 9,750억 원으로 P2P 업체 최고액을 달성했다(김민주 2019). 이처럼 P2P 금융업에 관련된 규제로 인해 성장이 더뎠던 P2P 기업들이 P2P 금융 산업 발전을 위한 정부의 여러 정책적 지원으로 꾸준히 성장하고 있다. 특히 2019년 'P2P 금융법' 시행으로 P2P 금융 시장의 성장이 더더욱 가속화될 것으로 예상된다. 중국과는 정반대의 정부 규제 방식을 통해 한국은 정부 엄격한 규제와 혁신금융 지원 아래 소비자를 보호하면서 P2P 금융업 시장이 발전하고 있어 P2P 대출 시장이 안정적으로 성장해 나가고 있다.

한국의 로보어드바이저 서비스는 금융기관에서 직접 관련 기술을 개발하여 자체서비스를 출시하거나 로보어드바이저 관련 핀테크 스타트업과 금융기관이 제휴하여 제공된다. 초기 적합한 상품 추천에 그치던 로보어드바이저의 역할은 자산관리, 투자자문 등으로 영역을 넓혀 가고 있다. KEB하나은행은 국내 은행 최초로 로보어드바이저 기술을 자체 개발하였으며 2016년 2월 금융상품 포트폴리오 서비스인 Cyber PB를 출시하였다. 이후 2017년 ㈜크래프트테크놀로지스의 딥러닝 알고리즘을 탑재한 로보어드바이저 상품으로 KEB하이로보를 출시하면서 출시 6개월만에 4000억 원 가입을 돌파하였다(김동기 2018). 하이로보는 주가 지수, 펀드, 경제 성장률 등 금융 시장 데이터와 고객의 과거 투자 프로파일을 분석하여 적합한 투자 포트폴리오를 제공하고 자동화된 자산관리 서비스를 제공한다. 이외에도 우리은행의 우리로보알파, KB국민은행의 케이봇쌤, 신한은행의 쏠리치 등 다른 시중은행에서도 각자의 특색있는 로보어드바이저 서비스를 제공하고 있다. 은행뿐만 아니라 증권사들도 로보어드바이저를 도입하여 서비스 영역을 확장하고 있다. 국내 자기자본 1위 증권사인 미래에셋대우는 2015년 5월부터 국내 최초 로보어드바이저 서비스인 '글로벌 자산배분 솔루션'을 제공하였고, 현재는 혼자 투자하기 어려운 개인 투자자들에 집중하여 포트폴리오를 추천하고 자동 주문이 가능한 모바일 전용 자산관리 서비스인 로보포트와 투자 유망종목을 선정해주는 로보픽이라는 투자 정보 서비스를 출시하였다. 한국과학기술정보연구원에 따르면 2016년 2,017억 원에 머물던 로보어드바이저 시장 규모가 2021년 1조 9,021억 원에 달할 만큼 성장할 것이라고 한다(박창규 2017). 한국의 로보어드바이저 시장은 이제 막 시작단계에 있지만 향후 성장 가능성이 높다. 2019년에서야 금융위원회가 로보어드바이저 활성화를 위해 로보어드바이저 관련 규제도 완화하면서 이후 시장이 더 성장할 수 있을 것으로 기대된다(정보통신기획평가원 2020). 뿐만 아니라 로보어드바이저 시장이 성장할 수 있었던 데에는 핀테크 스타트업들의 관련 기술 발전도 기여했다. 로보어드바이저 테스트베드를 통해 로보어드바이저의 알고리즘에 대한 보안성, 안전성 등 정합성 및 신뢰도를 테스트하여 보다 안정적인 알고리즘 제공이 가능했고, 로보어드바이저 테스트베드에 개인 참여도 허용하면서 적극적인 기술 발전이 이뤄지고 있다. 이처럼 딥러닝 알고리즘의 발전과 함께 금융 환경에 맞춰 실시간으로 대응 가능한 로보어드바이저 서비스는 계속 성장할 것으로 예상된다.

앞서 간편결제 시장에서 본 것처럼 한국은 중국이나 일본과 다르게 용도에 따라 다른 서비스를 이용하는 방식이 대중적이다. 또한 금융권에 따르면 2016년말 기준 한국 국민 1인당 평균 보유 계좌 수가 11.7개에 달한다(오승환 2017). 뿐만 아니라 한 은행이라고 하더라도 원하는 조건과 혜택에 따라 다양한 카드, 대출, 보험 가입이 가능하기 때문에 본인이 보유하고 있는 계좌를 한번에 관리할 수 있는 오픈뱅킹 서비스와 본인에게 적합한 금융 상품을 추천해주는 서비스가 발전할 수 밖에 없었다. 2019년 12월 오픈뱅킹 시스템이 모든 은행을 통해 시행되면서 하나의 금융 어플리케이션 안에서 여러 은행에 산재된 본인 계좌를 한 번에 관리할 수 있게 되었다. 아직은 잔액 조회, 거래 내역 조회 등 간단한 기능에 불과하지만 시스템이 고도화됨에 따라 더 다양한 서비스가 제공 가능하게 될 전망이다. 더불어 개인 종합 자산관리 서비스로 인기를 얻은 뱅크샐러드는 여러 은행의 상품을 종합적으로 비교하여 고객에게 적합한 카드, 예적금, CMA, 대출 등 금융 상품을 추천해주는 서비스를 제공한다. 창업 후 현재까지 700만 명 이상 가입하여 자산 관리 1등 플랫폼으로 성장하였고 2020년 한국의 마이데이터 시행에 맞춰 금융상품 업그레이드와 더불어 건강이나 자동차 관리 등 생활 플랫폼으로의 도입을 준비 중이다(박소정 2020).

2. 중국

핀테크 등장 배경에서 설명했듯이 중국의 핀테크 시장 성장에는 간편결제 서비스의 성공이 크게 기여했다. 중국 내 전자상거래 시장이 성장하고 스마트폰 보급률이 높아지면서 함께 성장할 수 있었던 온라인 간편결제 서비스는 현재 알리페이와 텐페이(위챗페이)와 같이 거대 IT 기업에서 출시한 결제 서비스가 시장을 장악하고 있다. 첸잔산업연구원(前瞻产业研究院)에서 발간한 '중국 모바일 결제 산업 시장 전망 및 투자 전략 계획 분석 보고서(中国移动支付行业市场前瞻与投资战略规划分析报告 2019)'에 따르면 2018년 중국에서 한 해 동안 제3자 모바일 플랫폼(비금융 회사)을 통해 결제된 총 금액이 190.5조 위안으로 전년 대비 58.4% 증가하였다고 한다. 중국 내 모바일 결제가 차지하는 비중은 전체 지불 방식 중 78.5%에 달하며 이 중 오프라인에서 QR코드 방식으로 결제된 총 거래액은 21.4위안으로 전체 제3자 모바일 결제액의 11.2%을 차지한다. 모바일 간편결제 시장이 꾸준히 성장하고 있다고 하더라도 이미 중국은 알리바바 그룹의 알리페이와 텐센트의 텐페이가 중국 모바일 결제시장의 90% 이상을 장악하고 있어 새로운 서비스나 기업이 성장할 수 있는 환경은 아니다. 중국 내 시장 조사기관 아이리서치 자료에 따르면 2019년 3분기 기준 알리페이의 시장점유율은 54.5%로 업계 1위를 고수하며 안정적인 성장세를 이어가고 있고, 2위는 위챗페이를 포함한 텐페이가 39.5%로 조금씩 점유율을 늘려가고 있다(조성영 2020).

〈그림 5-4〉 중국 모바일 지급 결제 시장 현황

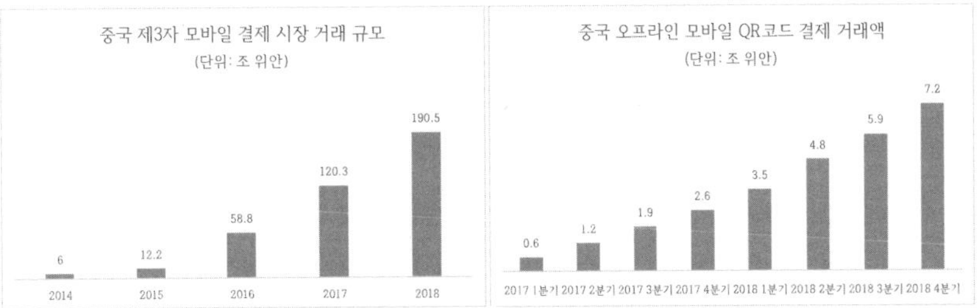

출처: 첸잔산업연구원

2003년 10월 알리바바 그룹에서 만든 제 3자 결제 플랫폼이었던 알리페이는 시작은 C2C 플랫폼 타오바오에서 제공되는 결제 서비스였지만 온라인 결제를 넘어서 모바일 결제 서비스로 성장하면서 2014년 12월 8일부터 알리바바그룹의 계열사인 핀테크 기업 앤트파이낸셜 산하 자회사로 분리되어 현재는 독립적으로 운영되고 있다. 알리페이는 간편결제 플랫폼이면서 중국 온라인 상품 거래의 신뢰성을 보장하는 단초를 제공하여 현재 중국의 간편결제 시장의 성장 발판을 마련하였다는 점에서 큰 기여를 했다. 알리페이의 성공 이후 앤트파이낸셜에서는 결제 서비스 이외에도 펀드 서비스, 자산관리 플랫폼, 신용평가 기구 등을 설립하여 종합 금융 서비스를 제공하는 금융 생태계를 구현하며 핀테크 영역에서의 입지를 확장해 나가고 있다. 텐센트에서도 2005년 9월 텐페이라는 결제 플랫폼을 먼저 출시한 후, 2013년 당시 10억 명이 사용하고 있던 본인들의 모바일 SNS 플랫폼 위챗을 통해 모바일 결제 서비스인 위챗페이를 출시하였다. 위챗페이는 초기 위챗 사용자간 홍바오(세뱃돈)을 주고 받는 기능으로 인기를 끌었으며, 이후 위챗 내 서비스의 결제 수단으로 사용되면서 위챗의 사업 영역이 오프라인으로 확장됨에 따라 오프라인 간편결제 수단으로 발전할 수 있었다. 알리페이와 위챗페이 모두 기존 기업의 서비스가 가지고 있었던 소비 시장 규모를 바탕으로 빠르게 성장할 수 있었고, 이후 오프라인에서 사용할 수 있는 모바일 결제 수단으로 발전하면서 중국 내 소비 필수 도구로 자리잡았다. 두 서비스 모두 현재 해외 시장 확대를 목표로 해외 금융기관 및 지불 업체와 적극적으로 제휴를 맺고 있다. 대표 서비스인 알리페이와 위챗페이 외에도 금융 전문 기업에서 출시한 핑안 이첸바오, 페이팔과 협력하여 해외로 확장하고자 하는 바이두 월렛 등도 간편결제 서비스를 제공하고 있다. 뿐만 아니라 기존 온라인 결제를 독점하고 있던 유니온페이가 적극적으로 NFC 결제 산업에 뛰어들어 기존 네트워크를 기반으로 인롄 윈샨푸를 출시하며 빠르게 NFC 결제 규모가 성장하고 있다.

〈그림 5-5〉 중국 P2P 대출시장 규모

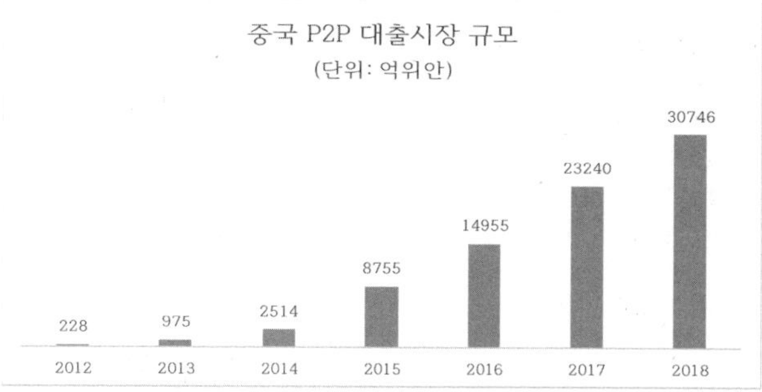

출처: 한국금융연구원

간편결제 서비스로 성공한 알리바바와 텐센트는 2013년 3월 중국 은행감독위원회에서 사기업이 온라인 은행 설립을 허가하면서 다른 핀테크 영역의 서비스로 확장이 용이해졌다. 알리바바에서는 마이뱅크, 텐센트에서는 위뱅크라는 민영 인터넷 전문 은행을 설립하였고, 이 시기를 기점으로 간편결제뿐만 아니라 대출, 투자, 보험, 자산관리 등 핀테크 기반의 다양한 금융 서비스가 출시되기 시작했다. 인터넷 은행을 통해 출시된 대표적인 핀테크 서비스로는 온라인 금융 투자 서비스인 머니마켓펀드(MMF) 서비스를 포함한 크라우드 펀딩 서비스가 있다. 중국 내 리워드형 크라우드 펀딩 서비스는 2011년부터 시작되어 창업 열풍이 더해지면서 2014년에만 120개가 넘는 크라우드 펀딩 플랫폼이 탄생했다[2]. 하지만 간편결제 시장과 같이 중국 내 크라우드 펀딩 시장의 90% 이상을 징둥(JD)과 알리바바에서 점유하고 있다. 징둥은 2014년 본인들의 금융 서비스와 연계하여 징둥금융

2) http://shendaifu.info/archives/62 (검색일: 2020.12.10)

안에 클라우드 펀딩 플랫폼을 개설하였고, 2019년 2월 기준으로 총 펀딩액 70억위안(한화 약 1조 2,000억 원), 펀딩 참가자 3,113만 명에 달하는 중국 최대 크라우드 펀딩 플랫폼이 되었다(김정희 2019). 알리바바는 C2C 플랫폼인 타오바오 내에서 크라우드 펀딩을 시작하여 본인들의 유통망안에서 꾸준히 리워드형 크라우드 펀딩을 진행하고 있다. 우리가 주목할만한 부분은 흔히 P2P 대출이라고 알려져있는 대출형 크라우드 펀딩 서비스의 성장이다. 2013년 6월 알리바바는 본인들의 인터넷 은행인 마이뱅크를 통해 위어바오라는 온라인 금융 투자 서비스를 출시하였다. 위어바오는 대규모 투자만 가능하여 개인의 진입장벽이 높았던 펀드 투자를 소액으로도 투자가 가능하게 한 머니마켓펀드 서비스이다. 알리페이 계좌에 예치한 현금을 톈홍자산운용사에 위탁 운용하여 얻은 수익을 고객에게 돌려주는 형태의 온라인 펀드 서비스로 이미 시장 규모가 큰 알리페이와 연동하여 빠르게 전파될 수 있었다. 또한, 중국의 금융당국이 예금이자를 통제했기 때문에, 저축률이 높은 중국인들이 받는 시중은행의 예금 이자 수준은 고작 1%에 불과했던 것에 비해 위어바오는 기존 금융 서비스 시장에서는 볼 수 없었던 7%라는 수익률을 제공하여 온라인 펀드가 성장할 수 있는 계기를 마련하였다. 또한, 본인들의 온라인 플랫폼안에서 축적된 데이터를 활용하여 회사나 개인의 신용 리스크 등급을 도출하고 이를 바탕으로 소액 융자 서비스도 출시하였다. 이와 같이 중국 내 P2P 대출 시장은 느슨한 정부 규제하에서 다양한 비즈니스 모델을 토대로 성장할 수 있었다. 특히 중소기업 · 개인의 대출 수요와 투자처가 필요한 투자자의 수요가 맞물리면서 2012년 228억 위안이었던 중국 내 P2P 대출 시장이 2016년 1조 4,955억위안에 달할 만큼 시장이 급성장했다(한국금융연구원 2018). 온라인 P2P 대출 서비스를 제공하는 주요기업들은 알리바바의 위어바오를 포함하여, 텐센트의 리차이퉁, 바이두의 리차이, 징둥, 쑤닝 등이 있다. 리차이퉁은 위챗 사용자를 기반으로 온라인 펀드상품을 판매하며, 위챗 고객은 은행카드가 앱과 연계되어 있어서 쉽게 펀드상품을 구매할 수 있다. 2013년 하반기에 서비스를 시작한 바이두의 리차이는 위어바오나 리차이퉁처럼 모회사의 결제 플랫폼과 연동되지는 않지만 그들보다 다양한 펀드상품을 판매하는 것이 특징이다. 전자상거래업체인 징둥과 쑤닝은 2014년 상반기에 펀드상품인 샤오진쿠와 키안바오를 팔기 시작했다. 두 회사는 자사의 전자상거래웹에 연계한 결제시스템과 구매 기능을 통해 고객들에게 펀드상품을 제공한다.

〈그림 5-6〉 중국 핀테크 기반 자산관리 고객 규모

출처: ii-Media

이외에도 민영 IT기업의 금융업 진출이 허가되면서 온라인에서 재테크를 가능하게 하는 금융 서비스인 로보어드바이저 시장이 성장하기 시작했다. 불편한 온라인 결제 시스템으로 인해 모바일 간편결제 시장이 급성장한 것처럼 중국의 로보어드바이저 시장도 최소 투자금과 자문 수수료를 낮게 책정하여 재테크 소외계층이 쉽게 자산관리를 할 수 있다는 점에서 고성장을 할 수 있을 것으로 보인다. 그 근거로 중국 내에서 온라인으로 재테크를 하고 있는 인구가 2016년 기준 3억 1,100만 명에 달할 만큼 온라인 재테크에 대한 관심이 크다(오광진 2017). 이에 로보어드바이저 시장 선점을 위해 모제즈터우(초상은행), 마이차이푸(알리바바), 징둥즈터우(징둥), 텅쉰리차이퉁(텐센트) 등 로보어드바이저 서비스를 제공하는 금융 기관과 IT 기업들 모두가 경쟁하고 있다. 중국의 은행 중에서는 2016년 12월 초상은행에서 처음으로 로보어드바이저를 도입하며 인공지능 기반 자산관리를 시작하였다. 초상은행의 로보어드바이저 플랫폼인 모제즈터우는 개발에만 7년의 공을 들여 인공지능의 데이터 처리 및 모델링의 우수성과 금융 전문인력의 노하우를 접목시켜 IT기업에서 제공하는 서비스와 차별화된 로보어드바이저 상품을 출시하였다. 모제즈터우는 3,400여개의 펀드를 대상으로 매일 자산 가격 변동을 분석해 투자 비중을 조정하여 최적의 포트폴리오를 구성하고 매월 6차례에 걸쳐 자산운용결과를 고객들에게 보고한다. 모제즈터우는 출시 1년 만에 운용자금규모를 50억 위안을 넘기며 중국 내에서 가장 경쟁력있는 로보어드바이저 서비스 중 하나로 성장하였다(이동현 2017). 금융기관과 다르게 본래

IT기업인 알리바바에서는 탁월한 기술력과 자체적으로 축적된 방대한 데이터를 바탕으로 금융기관들과 협력하여 인공지능 기반 자산관리분야에서 영향력을 확대하였다. 알리바바 그룹의 로보어드바이저 플랫폼인 마이차이푸는 알리페이에서 축적된 소액결제 데이터, 리스크 관리, 인공지능 기술 등을 자사의 신용시스템에 접목시킨 개방형 금융서비스 차이푸하오를 펀드사와 시중은행을 통해 제공한다. 이와 같은 금융기관과의 협력을 통해 마이차이푸의 로보어드바이저 상품을 판매하기 위한 유통채널을 확보하면서 시장을 확장해 나가고 있다.

3. 일본

〈그림 5-7〉 일본 모바일 결제시장 규모

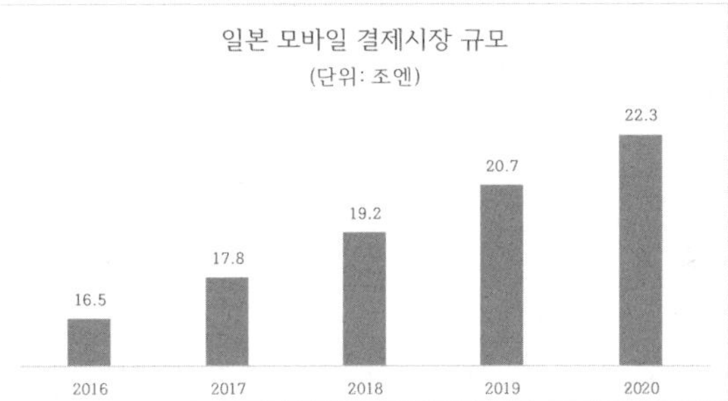

출처: 노무라종합연구소 (2019-2020년은 전망치)

중국과 일본은 같은 현금 중심 사회라 하더라도 핀테크 산업의 발전이 전혀 다른 형태로 시작되었다. 특히 일본은 다른 핀테크 분야에 비해 간편결제 서비스의 발전이 매우 느린 편이다. 일본은 여전히 현금을 선호하는 문화가 있으며 2018년 기준 18.4%에 달하는 비현금 거래(손지영 2018) 마저도 일본 내 편의점과 버스, 지하철 등 교통수단에서 주로 사용하는 스이카, 펠리카와 같은 비접촉 IC카드 결제가 주를 이뤘다. 이에 일본 정부에서 간편결제 서비스 사용을 적극적으로 지원하고 하면서 2020년 1월 일본의 전체 결제 방식 중 현금 결제가 42%, 신용카드가 35%, 간편결제가 7%로 비현금 결제 비중이 많이 높아졌다(정명섭 2020). 2019년 10월에는 소비세율을 높이면서 비현금 거래에 한해 인상된 소비세만큼의 금액을 환원해주는 제도를 도입하여 비현금 거래를 장려하였다. 이 같이 정부가 직접적으로 비현금 거래를 활성화시키기 위해 노력하면서 일본의 비현금 거래 시장 선점을 위해 간편결제 서비스를 제공하는 기업들의 경쟁이 더욱 치열해지고 있다. 일본에서 사용되는 간편결제 서비스로는 네이버 라인에서 출시한 라인페이, 소프트뱅크와 야후재팬에서 함께 만든 페이페이, 그리고 전자상거래 플랫폼에서 출시한 라쿠텐페이가 대표적이다. 라쿠텐페이는 일본의 인터넷 종합 서비스를 제공하는 라쿠텐 주식회사에서 출시한 모바일 결제 서비스이다. 라쿠텐 페이는 라쿠텐 주식회사 산하의 인터넷 쇼핑몰 라쿠텐 이치바, 여행 사이트인 라쿠텐 트래블, 일본 내 최대 고객 수를 확보하고 있는 라쿠텐 카드 등을 통해 쌓인 라쿠텐 포인트를 현금처럼 사용할 수 있다는 점에서 초기 간편결제 시장에서 고객을 선점 하는 듯 보였다. 이후 2018년 출시된 페이페이는 모기업의 자금력을 바탕으로 출시와 동시에 결제액의 20%을 돌려주는 공격적인 마케팅을 추진했다. 총 100억 엔(한화 약 1,090억 원) 어치를 포인트로 돌려준다고 선언하면서('100억 엔 캐시백 캠페인')

연말 시즌과 맞물려 일본 전역에 페이페이 열풍을 일으켰다(박소정 2019). 결과적으로 현금만 받던 일본 내 점포들에서도 간편결제가 확산되었고 2020년 페이페이를 통한 QR코드 결제를 제공하는 가맹점이 185만 개에 달하게 되었다. 페이페이의 캐시백 이벤트의 성공 후 라인페이에서도 2019년 5월 '300억 엔 이벤트'라는 이름으로 라인 사용자에게 1000엔을 무료로 보낼 수 있는 캠페인을 진행하고, 6월에는 페이페이와 동일하게 결제액의 20%를 포인트로 돌려주는 이벤트를 진행하였다(최은경, 2019). 일본 최대 메신저인 라인을 통해 제공되는 라인페이는 해당 마케팅을 통해 일본 내 가입자가 370만 명에 이르는 금융플랫폼으로 성장하였고 한국의 카카오페이와 거의 동일한 형태로 간편결제 서비스를 제공한다. 네이버의 2019년 보고서에 따르면 라인페이의 2019년 영업이익은 671억 원으로 전년대비 51.8% 증가하였다(원충희 2020). 이처럼 일본 간편결제 시장은 라쿠텐페이, 페이페이, 라인페이가 비슷한 수준의 시장점유율을 보이며 삼파전의 양상을 띠는 듯 했지만, 일본 공정거래위원회 발표에 따르면 2020년 1월 기준 페이페이가 일본 간편결제 시장 점유율의 55%를 차지하는 반면 라인페이는 5%에 불과하는 성과를 보였다(정명섭 2020). 하지만 2020년 라인과 야후재팬이 경영통합을 승인받으면서 두 서비스의 미래에 관심이 커지고 있다. 만약 두 간편결제 서비스를 통합하게 된다면 전체 간편결제 시장의 60%를 차지하는 대형 간편결제 서비스가 탄생하여 시장을 주도할 것으로 예상된다. 또한 일본 내 불필요하게 과열된 마케팅 경쟁을 줄여줄 수 있을 것이다.

2017년까지 일본 핀테크 분야는 클라우드형 회계 소프트웨어와 크라우드 펀딩 서비스를 중심으로 성장하였다. 특히 초기에 온라인 결제 서비스를 중심으로 핀테크 산업이 성장한 한국과 중국과는 달리 일본은 크라우드 펀딩 서비스가 가장 빠르게 발전하였다. 일본의 크라우드 펀딩 시장은 2011년 처음으로 선보인 레디포와 캠프파이어를 시작으로 시장 규모와 조달총액이 꾸준히 증가하고 있다. 일본의 크라우드 펀딩 시장규모는 2012년 71억 엔으로 시작하여 2017년 1,090억 엔, 2018년 2,045억 엔에 달하는 수준으로 성장해왔다(자본시장연구원 2018, 하미리 2020). 2018년부터는 금융기관과의 제휴, 미국 기업의 진입 등을 통해 다양한 방향으로 발전되고 있다. 캠프파이어는 일본 크라우드 펀딩 시장에서 67%의 점유율을 가지고 있는 일본 최대의 크라우드 펀딩 플랫폼이다. 캠프파이어는 페이스북, 인스타그램, 라인 등 소셜 네트워크는 물론 신문, TV 등 다양한 형태의 미디어를 통해 진행되고 있는 프로젝트를 적극적으로 노출시키고 유명인들을 통해 마케팅하면서 일본 최대 플랫폼으로 성장했다. 2018년에는 한국의 와디즈와 카카오와의 제휴를 통해 한국에 진출하여 한국의 스타트업과 중소기업이 캠프파이어 플랫폼을 통해 후원을 받아 일본 진출이 가능해졌고, 반대로 한국에서도 일본의 중소기업에 펀딩이 가능한 환경이 만들어졌다. 캠프파이어와 비슷한 시기에 서비스를 시작한 레디포는 사회 공헌이나 국제 지원, 기부를 위한 펀딩을 집중적으로 취급한다는 점에서 다른 크라우드 펀딩 플랫폼과 차별화된 전략을 추구하고 있다. 마쿠아케는 인터넷 광고와 게임 어플리케이션, 미디어 사업으로 성공한 사이버 에이전트 그룹 계열의 회사로 2013년 크라우드 펀딩 사업을 시작하였다. 한국의 와디즈처럼 참신하고 새로운 아이디어 제품을 주로 다루는 보상형 크라우드 펀딩을 취급하는 조달 자금 기준 일본 최대 규모의 크라우드 펀딩 플랫폼이다. 마쿠아케는 서비스를 시작한 이후 6,000건 이상의 누적 프로젝트 중 5,500여건의 펀딩액을 달성하여 펀딩 성사율이 92%에 달하며, 결제 총액은 2016년 10억 엔에서 2019년 약 55억 엔으로 다섯 배 이상 증가했다(하미리 2020). 마쿠아케 역시 일본 내에서 성공에 안주하지 않고 2018년에는 한국의 와디즈와 2019년에는 중국의 알리바바 산하의 크라우드 펀딩 플랫폼인 짜오뎬신훠와 제휴을 체결하며 글로벌 진출 기회를 확대하고 있다.

로보어드바이저 서비스는 일본의 저금리 사회에서 젊은 세대의 자산 증식 도구로 주목받고 있다. 상대적으로 낮은 금액으로 포트폴리오 관리가 가능하다는 점에서 젊은 층 사이에서 인기를 얻으며 성장하고 있다. 온라인 증권사 폴리오는 증권 투자 중개 서비스를 제공하는 플랫폼을 통해 로보어드바이저 기반 개인 맞춤형 투자 포트폴리오를 구성해주는 서비스를 제공한다. 일본의 로보어드바이저 분야 선두 주자인 웰스내비는 2016년 서비스를 시작해 2018년 7월까지만 해도 관리하는 자산이 900억 엔에 불과하였지만, 1년 4개월 만에 그 규모가 두 배 이상 증가하여 2019년 말 1,900억 엔에 육박하는 자산을 관리하고 있다 (이승훈 등 2019). 웰스내비 이용자를 대상으로 한 설문조사 결과에 따르면 일본 내에서 로보어드바이저 서비스를 이용하는 이유 중 가장 높은 비중을 차지하는 것이 은행에 묶여 있는 여유자금을 이용해 자산 관리 및 재테크하기 위한 것으로 나타났다. 이 외에도 로보어드바이저 기반 맞춤형 자산 관리 서비스는 고령화 사회에 발맞춰 노후자금을 마련하기 위한 자산 관리 도구로도 인기를 얻고 있다.

III. 동북아 3국의 핀테크 산업과 정부 정책

1. 동북아 3국의 핀테크 관련 정부 정책 비교

핀테크 산업에 대한 정부 정책은 동북아 3국이 서로 다른 듯하면서도 비슷한 태도를 취하고 있다. 한국은 금융위원회, 일본은 금융청을 통해 법과 규제에 따라 관리된다면 중국은 핀테크 분야에 따라 관리 감독하는 부처 자체가 다르다. 온라인 지급 결제는 중국인민은행에서, P2P 대출과 인터넷 보험은 중국 은행보험감독위원회에서, 크라우드 펀딩 산업은 중국 증권감독관리위원회에서 관리된다. 정책적으로 가장 큰 차이점은 3국의 규제 방식에 있다. 중국은 사후 규제를 취하여 초기에 제한없이 핀테크 산업 분야가 빠르게 발전할 수 있었던 반면 한국은 사전 규제 방식으로 핀테크를 기반으로 제공되는 금융 서비스 분야에 따라 존재하는 규제 안에서 서비스를 제공해야 하여 상대적으로 핀테크 산업의 발전이 늦었다. 일본은 중국처럼 네거티브 규제를 하는 국가임에도 불구하고 금융 서비스에 대한 규제를 업종별 법률로 규제하여 새로운 핀테크 사업으로의 진입장벽이 높았다. 하지만 4차 산업혁명에 따라 핀테크 분야가 주목받으면서 한국과 일본에서도 국가 차원에서 핀테크 산업 육성을 위한 정부계획을 발표하고 정책적으로 소규모 사업자의 시장 진입을 지원하며 빠르게 성장하고 있다. 동북아 3국 모두 핀테크 산업의 발전을 위해 핀테크 기업에 대한 세금 감면 혜택을 제공하고 있다. 한국과 중국은 중소기업과 스타트업을 대상으로 세금을 감면해주고 있고 일본은 중소기업이 아니더라도 핀테크 관련 기업이라면 세금 혜택을 받을 수 있다. 핀테크 산업에 속하는 한국의 중소 스타트업은 창업 후 5년 동안 법인세의 50%를 감면받을 수 있다. 중국은 첨단기술 기업으로 인정받으면 기업 소득세 25%를 감면해 줄 뿐 아니라 기술 양도 또는 라이선스에 대한 소득세를 면제해주고 정부 보조금도 지급한다. 첨단기술 기업이 아니라도 중소기업에게는 세금 감면 혜택, 보조금, 정부 지원 교육 프로그램 등을 제공한다. 일본은 10년 미만의 비상장 벤처기업에 대해 25% 소득공제를 제공하고 연구개발에 관련된 세금 혜택을 제공한다. 동북아 3국 모두 핀테크 산업에만 특별히 적용되는 법이나 규제가 존재하는 것은 아니지만 한국과 일본에서는 핀테크 기업에서 제공하는 금융 서비스가 기존 서비스의 범주에 들어가면 해당 산업에 따른 규제에 따라야 한다. 동일한 금융 서비스를 제공하더라도 업체에 따라 은행은 은행법을, 전자화폐업자는 자금결제법을, 신용카드회사는 할부판매법을 따라야하는 것과 같이 검토해야하는 규제 영역이 복잡하게 혼재했었다. 이에 일본 정부는 이 같은 체계로 인해 핀테크 산업 발전이 어렵다고 판단해 2018년부터 업종이 다르더라도 동일 서비스에 대해서는 하나의 동일한 규제를 적용하도록 개선하였다. 한국은 일본처럼 규제 방식을 자체를 변경하지는 않았지만 전자금융거래법과 금융소비자보호법 등 핀테크 산업과 관련된 법률을 계속해서 개정하면서 핀테크 산업 발전에 기여하고 있다. 한국 금융위원회는 전자금융업의 영위와 감독에 대한 사업법인 '전자금융거래법'을 개정하여 비금융기관 사업자가 전자금융업을 영위하는데 필요한 진입규제, 검사 · 감독에 관한 사항을 체계적으로 규율하는 근거 법률을 마련하였다. 특히 2020년 11월 발표된 금융소비자보호법 시행 제정안에 따르면 2021년부터 비금융기관에 대한 규제를 완화하여 한국에서도 동일한 서비스 업종이라면 동일한 규제를 따르도록 변경된다.

〈표 5-3〉 동북아 3국의 핀테크 관련 정부 정책 비교

	한국	중국	일본
세금 감면 혜택	–중소 스타트업에 한해 5년 동안 법인세 50% 감면	–첨단기술 기업 소득세 25% 감면 및 정부 보조금 지급 –중소기업 세금 감면, 보조금 지급, 교육 지원 등 제공	–모든 핀테크 기업에게 제공 –10년 미만의 비상장 벤처기업 25% 소득 공제
업종별 규제 완화	–2021년부터 비금융기관에 대한 규제 완화 예정	–	– 2018년 단일 법률의 횡적 규제로 완화
P2P 금융 규제	–2020년 온라인투자연계금융업 및 이용자 보호에 관한 법인 'P2P 금융법' 시행 –목적: 투자자들의 권익 보호	–금융 범죄 증가로 인해 P2P 금융 규제 시행 –목적: 신용 위험도가 낮은 P2P 기업만 대출을 허가하여 무분별하게 늘어난 P2P 기업 정리	–

	한국	중국	일본
금융권 데이터 활용	–2020년 '데이터경제 3법' 개정 (개인정보보호법, 정보통신망법, 신용정보법) –마이데이터(본인신용정보관리업), 데이터 거래소, 빅데이터 개방 시스템 등 도입	–'개인정보보호법' 無 –2020년 '데이터규제법(안전법)' 제정 추진	–2015년 '개인정보보호법' 개정 –2017년 익명의 고객정보를 이용하여 상품 및 서비스 개발 허용 –정보은행 도입
규제 샌드박스	–2019년 4월 1일 '금융혁신지원특별법' 제정을 통해 규제 샌드박스 제도 시행 (핀테크 산업에 한해 시행)	–핀테크 발전 계획 2019–2021'의 일환으로 베이징시를 규제 샌드박스 시범구역으로 지정하여 시행 논의 중	–2018년 6월 6일 생산성 향상특별조치법 시행을 통해 규제 샌드박스 창설 (핀테크를 포함하여 인공지능, 사물인터넷 등 신기술 사업 전 분야를 대상으로 함)

세 나라 중 핀테크 관련 법과 규제가 가장 빨리 개정되고 시행된 나라는 일본이다. 일본은 2012년 '액티브 재팬' 전략을 발표하면서 데이터 활용 가능성을 높이고자 1단계 조치로 2015년 '개인정보의 보호에 관한 법률(개인정보보호법)'을 개정해 '익명가공정보' 개념을 도입했으며, 2단계로 2017년 개인정보를 제거한 고객정보를 본인 동의 없이 2차 이용(상품 및 서비스 개발) 및 제3자 판매가 가능하도록 법률을 개정하여 시행되고 있다. 한국은 2018년에서야 데이터 산업 활성화를 위한 '데이터경제 3법' 개정안이 발표되었고, 2020년 8월 5일부터 시행되었다. 데이터경제 3법은 개인정보보호법, 정보통신망법, 신용정보법 개정안을 뜻하며 개인정보보호에 관한 법이 소관 부처별로 나뉘어 있기 때문에 생긴 불필요한 중복 규제를 없애 개인과 기업이 정보를 활용할 수 있는 폭을 넓히기 위해 마련되었다. 일본과

한국의 개인정보보호법 개정은 개인정보를 익명 · 가명으로 통계 작성 연구, 공익적 기록보존 목적으로 처리하는 것을 허용하여 보다 질 높은 금융 서비스 제공이 가능하도록 한다. 이에 따라 일본 정부에서는 개인 데이터를 대신 관리해주는 정보은행 도입을 추진하였고 한국은 금융권 데이터 활용 확대를 위해 마이데이터(본인신용정보관리업), 데이터 거래소, 빅데이터 개방시스템 등의 도입을 위한 정책을 마련하였다. 개인정보에 대한 법안이 체계적으로 발전하고 있는 두 나라와 달리 중국은 개인정보 보호법이 따로 존재하지 않았다. 하지만 중국 내외에서 개인 정보 보호와 관련된 이슈와 범죄가 계속 발생하면서 2020년 중국에서도 정부와 기업이 다루는 데이터 관리를 엄격히 규제하는 첫 법안인 '데이터규제법(안전법)' 제정을 추진하고 있다.

사후 규제 방식을 취하고 있는 중국은 시범적 사업을 허용하여 새로운 핀테크 산업에 대해 시범 기업들에게 실험적인 규제 완화를 적용하여 핀테크 산업 생태계를 구축할 수 있도록 했다. 이를 통해 핀테크 산업이 빠르게 발전할 수 있었지만 그에 따른 금융 사기, 횡령 등 금융 범죄도 함께 증가하였다. 이에 2018년 3월부터 핀테크 산업에 대한 규제를 계속 강화해나가고 있다. 중국인민은행 발표한 핀테크 비즈니스 발전을 위한 국가기본 정책을 다룬 '핀테크 발전계획 2019-2021'에 따르면 모든 핀테크 기업들이 정보 보안, 안전 거래, 사업 지속성과 관련된 규제하에 관리 · 감독되고 있다. 중국 정부에서 핀테크 산업의 지속적인 성장을 지원하고 적절히 감독하기 위한 계획이며 P2P 금융 규제도 이 계획에 해당된다. 한국에서도 P2P 대출과 관련해서 허위 대출, 연체 문제 등 피해사례가 늘면서 2020년 온라인 투자연계금융업 및 이용자 보호에 관한 법인 P2P 금융법을 시행되었다. 중국의 P2P 금융 규제는 자본금을 기준으로 신용 위험도가 낮은 업체만 소규모 대출회사로 전환 가능하도록 하여 무분별하게 수가 늘어난 P2P 업체를 정리하는 목적이 크다. 이번에 한국에서 제정된 P2P 금융법은 P2P 대출 서비스 자체를 제도권 안으로 편입시켜 그동안 보호받지 못했던 투자자들의 권익을 보호하는 것을 주목적으로 한다. 하지만 그 방식이 일정한 자본금 기준을 충족시키는 업체만 P2P 기업으로 등록 가능하고 등록된 업체에서만 P2P 금융서비스를 제공할 수 있다는 점에서 중국과 같다. 일본은 아직까지 P2P 업체에 해당하는 관련 규제는 없지만 2019년부터 핀테크 관련 기업이 많이 생겨나면서 디지털 보안 이슈가 대두되어 디지털 보안에 관련된 기본법을 개정해나가고 있다. 또한 2020년에 발표된 비현금 거래 촉진을 위한 결제 서비스법 개정안에 따르면 선불결제, 전자결제 중개 서비스, 가상화폐 등이 결제 서비스법을 통해 규제될 예정이다.

새로운 금융 서비스를 제공하기까지 까다로운 규제 절차를 거쳐야 하는 한국과 일본에서는 핀테크 산업 발전을 위해 '규제 샌드박스'를 도입하였다. 규제 샌드박스란 금융소비자와 금융시장을 위협하지 않는 범위 내에서 금융 기업 등이 혁신적인 금융서비스를 실제 시장에 출시해 볼 수 있도록 일시적으로 규제를 유예 또는 면제해주는 제도를 말한다. 일본은 정부차원에서 규제 샌드박스 제도를 적극 수용해 국가전략(미래투자전략)에 반영한 최초의 국가로, 2018년 6월 6일 생산성 향상특별조치법 시행을 통해 규제 샌드박스 제도를 창설하였다(자본시장연구원 2019a). 한국은 2019년 4월 1일 '금융혁신지원특별법'이 제정되면서 혁신금융서비스에 대해 금융법상 인허가, 영업행위 등 규제 적용 시 최대 4년간 특례를 허용하는 규제 샌드박스 제도가 본격적으로 시행되었다. 한국에서는 핀테크를 규제 샌드박스 제도의 주요 대상으로 보고 금융규제 샌드박스라고 부르지만 일본은 핀테크 뿐만 아니라 인공지능, 사물인터넷 등 신기술 사업 전 분야를 대상으로 규제 샌드박스 제도를 적용하고 있다. 이런 규제 샌드박스 제도를 통해서 핀테크 기업들은 규제에서 벗어나 핀테크 기반의 새로운 금융서비스로의 확장이 쉬워졌고 소비자에게는 제공되는 금융 서비스가 다양해져 선택의 폭이 확대될 수 있다. 또한 신기술 기반 서비스가 시장에 정식적으로 출시되기 전에 안정성을 확보할 수 있어 소비자 입장에서 안전한 서비스를 제공받을 수 있고 정부 차원에서도 혁신적인 서비스가 시장에 미치는 영향과 관련 규제 개선의 필요성 등을 사전에 검증할 수 있다. 따라서 규제 샌드박스 제도를 통해 선순환 구조가 확립되면 핀테크 산업의 발전이 더욱 가속화될 수 있다. 중국도 2020년에 들어 규제 샌드박스 도입이 논의되고 있다. 앞서 언급했던 '핀테크 발전 계획 2019-2021'의 일환으로 베이징시를 규제 샌드박스 시범구역으로 지정하여 모바일 뱅킹 시스템 구축, 모바일 POS 등 지정된 제품과 서비스에 대한 파일럿 테스트를 진행하고 있다. 사후 규제를 취하는 중국이지만 핀테크 관련 규제가 점점 강화되면서 혁신적인 서비스의 출시가 감소하여 핀테크 산업을 계속 성장시키기 위해 혁신과 리스크의 균형을 맞출 수 있는 규제 샌드박스 제도를 도입하고자 하는 것으로 보인다.

Ⅳ. 동북아 3국의 핀테크 산업 향후 전망

한국의 핀테크 시장은 정부의 엄격한 규제와 편리한 금융 서비스로 인해 발전이 늦게 시작하긴 했지만, 한국만의 금융환경에 맞춰 발전한 서비스 기업들이 정부 규제 아래 소비자 피해를 줄이며 안정적으로 시장에 진입하였고 이후 규제를 완화하는 등 정부의 적극적인 지원을 받아 급성장하는 경향을 보이고 있다. 특히 한국은 핀테크 서비스뿐 아니라 서비스를 뒷받침하는 전산 시스템, 알고리즘 등 다른 국가에 비해 수준이 높은 IT 기술을 바탕으로 규제 샌드박스를 통해 더 다양한 핀테크 스타트업이 나타날 것으로 예상된다. 또한, 카카오페이, 네이버페이 등과 같이 지급 결제 서비스로 시작한 IT 대기업들이 P2P 대출, 자산 관리 등 다른 핀테크 영역까지 진출하면서 본격적인 금융업으로서 성장을 위해 박차를 가하고 있다. 이를 통해 핀테크 금융 기업 간의 적당한 경쟁이 이뤄지며 한국의 핀테크 시장은 더 발전한 모습으로 성장할 것으로 예상된다.

중국의 핀테크 시장은 한국과 일본에 비해 빨리 발전하여 현재 시장 성장률이 다른 나라에 비해 떨어질 수 있다. 또한 중국의 핀테크 기업이 다른 국가로 진출 혹은 타기업과의 제휴를 통해 시장을 넓히려는 모습을 보이고 있지만, 중국의 금융 환경 자체가 다른 나라와 많이 달라서 중국의 핀테크 기업의 서비스가 해외 시장에 진출하는데 한계가 있을 수 있다. 중국 내에서도 초기에 비해 관련 정부 규제가 엄격해져 많은 핀테크 기업들이 사라지고 몇몇 대기업을 중심으로 발전하는 경향이 있지만 중국 내 핀테크 기반 금융 서비스를 필요로 하는 시장 규모와 관련 기술 개발이 적극적으로 이뤄짐에 따라 아직은 성장 가능성이 있다고 본다. 중국의 핀테크 사업이 계속 성장하기 위해서는 핀테크 사업에 대해 체계적인 법규제를 만들어 소비자를 보호하고, 관련 기술을 개발하여 더 안전한 핀테크 서비스를 제공하는 것이 필요해 보인다.

일본의 핀테크 시장은 한국이나 중국에 비해 초기에 머물고 있긴 하지만 전자상거래 시장의 성장과 정부의 적극적인 핀테크 산업 지원을 통해 핀테크 시장이 급속도로 발전하고 있다. 또한, 일본의 젊은 층 사이에서는 기존의 시중은행에서 인터넷 전문 은행으로 옮겨가는 비중이 높아진 것으로 나타났다. 시중은행의 불편한 오프라인 은행 이용과 높은 수수료에 비해 인터넷 전문 은행은 온라인에서 자유롭게 이용할 수 있을 뿐만 아니라 가까운 편의점이나 우체국 ATM을 통해 무료로 입출금이 가능하다. 이처럼 인터넷 전문 은행이 성장하면서 일본의 시중 은행들도 핀테크 기반 온라인 서비스에 뛰어들고 있다. 2020년 상반기 일본 정부에서 발표한 은행법 개정안에 따르면 대형 은행들이 핀테크 기업 지분을 15%까지만 보유할 수 있도록 했던 규제를 완화할 예정이라고 한다. 이처럼 은행 규제가 완화된다면 기존 은행들에서도 핀테크 기업과 협력하여 금융 서비스를 개선시키며 핀테크 산업 성장에 기여할 수 있을 것이다. 최근에는 라인과 같은 IT 기업들에서 자체 어플리케이션을 통해 주식 투자, 보험 가입이 가능한 서비스를 제공하면서 핀테크 기업으로 성장하기 위한 움직임을 보이고 있다. 머지않아 일본에서도 한국의 카카오와 네이버, 중국의 알리바바와 텐센트와 같은 빅테크 기업이 나타나며 핀테크 사업이 급성장할 것으로 예상된다.

참고문헌

금융보안원. 2019. "2020년 디지털금융 이슈 전망," retrieved 2020. 11. 16. from http://www.fsec.or.kr/common/proc/fsec/bbs/42/fileDownLoad/2248.do.

김동기. 2018. "KEB하나銀, '하이 로보' 4,000억 돌파," *BI KOREA*, 2018. 1. 11, retrieved 2020. 12. 10. from http://www.bikorea.net/news/articleView.html?idxno=19163.

김민주. 2019. "국내 P2P금융기업 분야별 대표 기업 발표," *핀테크경제신문*, 2019. 12. 15, retrieved 2020. 12. 10. from https://www.fintechtimes.co.kr/news/article.html?no=13211.

김정희. 2019. "국내 스타트업, JD 크라우드 펀딩 통해 중국 시장 공략," *전자신문*, 2019. 3. 25, retrieved 2020.12.10. from https://m.etnews.com/20190325000093.

나수지. 2020. "몸집 커졌지만…'성장통 앓는' 크라우드펀딩," *한국경제*, 2020. 1. 15, retrieved 2020. 12. 10. from https://www.hankyung.com/economy/article/202001159267i.

대한상공회의소. 2017. "신산업 규제애로 실태조사," retrieved 2020. 11. 16. from http://www.korcham.net/nCham/Service/Economy/appl/KcciReportDetail.asp?SEQ_NO_C010=20120931570&CHAM_CD=B001.

디지털금융연구센터. 2019. “알고리즘•인공지능(AI)을 이용한 투자행위와 손실책임,” *금융브리프*, 28권 4호, 26-29, retrieved 2020. 11. 16 from http://kiss.kstudy.com/thesis/thesis-view.asp?key=3660125.

명순영·나건웅. 2019. “크라우드펀딩 규제 벗고 `두둥실`,” *매일경제*, 2019. 2. 15, retrieved 2020. 12. 10. from https://www.mk.co.kr/news/economy/view/2019/02/93306/.

박소정. 2019. “日 페이페이가 쏘아올린 100억 엔 '쩐의 전쟁' 마케팅… 네이버 '라인페이'도 맞불,” *뉴데일리경제*, 2019. 5. 17, retrieved 2020. 12. 10. from http://biz.newdaily.co.kr/site/data/html/2019/05/17/2019051700084.html.

박소정. 2020. “700만 명 가입한 '뱅크샐러드'의 변신… 건강·자동차도 관리,” *조선비즈*, 2020. 6. 21, retrieved 2020. 12. 10. from https://biz.chosun.com/site/data/html_dir/2020/06/20/2020062001184.html.

박창규. 2017. ““AI야, 어디 투자할까” 은행도 로보어드바이저 시대,” *동아일보*, 2017. 6. 7, retrieved 2020. 12. 10. from https://www.donga.com/news/Economy/article/all/20170606/84744224/1.

배성수. 2020. “100兆 우습다…'페이' 갖는 자 천하를 갖는다,” *한국경제*, 2020. 6. 23, retrieved 2020. 12. 10. from https://www.hankyung.com/it/article/202006237506g.

서보익·이정·박종선. 2015. “금융에서 본 핀테크, IT에서 본 핀테크,” *유진투자증권*, 2015. 1. 27, retrieved 2020. 12. 10. from https://www.eugenefn.com/common/files/amail/20150127_B40_seoboick_334.pdf

손지영. 2018. “"현금 안 받아요" 일본 현금사절 점포 증가,” *KOTRA 해외시장뉴스*, 2018. 9. 7, https://news.kotra.or.kr/user/globalAllBbs/kotranews/album/2/globalBbsDataAllView.do?dataIdx=169335&searchNationCd=101003.

양승희. 2019. “[신년기획 Ⅲ-세상을 바꾸는 작은 돈] ① 세계 크라우드펀딩 100조 시대,” *이로운넷*, 2019. 1. 8, retrieved 2020. 12. 10. from https://www.eroun.net/news/articleView.html?idxno=4160.

오광진. 2017. “중국 AI에 재테크 묻다...화웨이 알리바바도 로보어드바이저 진출,” *조선일보*, 2017. 8. 29, retrieved 2020. 12. 10. from https://www.chosun.com/site/data/html_dir/2017/08/28/2017082802996.html.

오승환. 2017. “국민 1인당 평균 11.7개 금융계좌 보유, 휴면계좌는 최소 1개씩,” *투데이코리아*, 2017. 5. 15, retrieved 2020. 12. 10. from http://www.todaykorea.co.kr/news/articleView.html?idxno=244594.

온라인 중앙일보. 2016. “8퍼센트 "2년간 1인당 투자 1,209만 원, 평균 수익률 9.7%," *온라인 중앙일보*, 2016. 12. 1, retrieved 2020. 12. 10. from https://news.joins.com/article/20951498.

우정호. 2019. “2년 새 3배 커진 간편결제 시장…현금 없는 시대 오나,” *중앙뉴스*, 2019. 4. 23, retrieved 2020. 12. 10. from http://www.ejanews.co.kr/news/articleView.html?idxno=210183.

원충희. 2020. “네이버, 라인페이 적자 1년새 4배 급증,” *thebell*, 2020.03.16, retrieved 2020. 12. 10. from https://www.thebell.co.kr/free/Content/ArticleView.asp?key=202003130733019740107829&svccode=04.

윤희은. 2020. “와디즈, 지난해 1435억 원 크라우드펀딩 모집,” *한국경제*, 2020. 1. 13, retrieved 2020. 12. 10. from https://www.hankyung.com/it/article/202001133937j.

이동현. 2017. “자산관리 걱정 뚝, 24시간 투자비서 로보어드바이저,” 뉴스핌, 2017. 8. 28, retrieved 2020. 12. 10. from https://m.newspim.com/news/view/20170828000158.

이승훈·김강래·정주원·이새하. 2019. “초저금리에 지친 日 3040…핀테크 활용한 자산증식에 눈 떴다,” *매일경제*, 2019. 12. 25, retrieved 2020. 12. 10. from https://www.mk.co.kr/news/economy/view/2019/12/1082934/.

자본시장연구원. 2018. “일본의 크라우드펀딩 제도동향,” *자본시장포커스*, 2018-05호, retrieved 2020. 12. 10. from http://kcmi.re.kr/publications/pub_detail_view?syear=2018&zcd=002001016&zno=1374&cno=4801

자본시장연구원. 2019a. “일본의 규제 샌드박스 동향,” *자본시장포커스*, 2019-01호, retrieved 2020. 11. 16. from http://www.ksri.org/publications/pub_dt_view.php?cno=5096&syear=2019&zcd=002001016&zno=1434&fcd=002001016002&pg=14.

자본시장연구원. 2019b. “국내 증권형 크라우드펀딩 현황과 시사점,” *자본시장연구원 조사보고서*, 19-02호, retrieved 2020. 11. 16. from http://www.kcmi.re.kr/report/report_view?report_no=1054.

전성민·박도현. 2020. "핀테크 산업 규제와 스타트업 활성화 방안에 대한 탐색적 연구: 미국, 중국, 한국 사례를 중심으로," *벤처창업연구*, 15권 1호, 45-57.

정명섭. 2020. “이해진-손정의, 일본 찍고 세계로 간다.” *아주경제*, 2020. 8. 6, retrieved 2020. 12. 10. from https://www.ajunews.com/view/20200805142854017.

정보통신기획평가원. 2020. “인공지능 기반 로보어드바이저 운용 및 기술 동향,” *주간기술동향*, 1948호, 12-23

조성영. 2020. “[중국 경제] 알리페이, 2019년 3분기 모바일 결제 시장 점유율 1위,” *비아이 뉴스*, 2020. 1. 21, https://www.beinews.net/news/articleView.html?idxno=30407.

최세인. 2020. “진화하는 간편결제 시장, 금융업계는 지금 OO페이 전쟁 중,” *SKT 5GX – ICT 칼럼*, 2020. 4. 27, retrieved 2020. 12. 10. from https://www.sktinsight.com/122067.

최은경. 2019. “죽어라 지갑만 열던 일본인들 폰 갖다대기 시작했다,” *조선일보*, 2019. 7. 22, retrieved 2020. 12. 10. from https://www.chosun.com/site/data/html_dir/2019/07/21/2019072102237.html.

텀블벅. 2020. “텀블벅, 누적 후원금 1,000억 원 돌파,” *텀블벅*, 2020. 7. 2, retrieved 2020. 12. 10. from https://tumblbug.com/notices/news/140.

하미리. 2020. “아이디어 제품에 투자 받고 판매까지… 日크라우드펀딩이 제조업 살린다,” *WEEKLY BIZ*, 2020. 1. 3, retrieved 2020. 12. 10. from http://weeklybiz.chosun.com/site/data/html_dir/2020/01/02/2020010202208.html.

한국금융연구원. 2017. “일본의 핀테크 촉진을 위한 금융법제 정비 방향,” *주간금융브리프*, 26권 22호, 19-20, retrieved 2020. 12. 10. from http://kiss.kstudy.com/thesis/thesis-view.asp?key=3555712

한국금융연구원. 2018. “중국 P2P 금융 시장의 현황과 전망,” *주간금융브리프*, 27권 3호, 24-25, retrieved 2020. 11. 16. from http://kiss.kstudy.com/thesis/thesis-view.asp?key=3577860

한국은행. 2020. “2019년중 국내 인터넷뱅킹서비스 이용현황,” *한국은행 지급결제통계*, 2020-04-07호, retrieved 2020. 11. 16. from https://www.bok.or.kr/portal/bbs/P0000559/view.do?nttId=10057369&menuNo=200690.

KEB하나은행 하이로보센터. 2018. “2018 대한민국 로보어드바이저 보고서,” 12

Chen, L. 2016. "From fintech to finlife: The case of fintech development in China," *China Economic Journal,* 9.3, 225-239.

Chen, T., & Ishino, Y. 2020. "Study on Popularization of QR Code Settlement in Japan," *Agents and Multi-agent Systems: Technologies and Applications 2019*. Springer, Singapore, 297-307.

Ernst & Young. 2019. “Global FinTech Adoption Index 2019.”

Shim, Y., & Shin, D. H. 2016. "Analyzing China’s fintech industry from the perspective of actor–network theory." *Telecommunications Policy,* 40.2-3, 168-181.

前瞻产业研究院. 2019.
“中国移动支付行业市场前瞻与投资战略规划分析报告.” 2019.6.

6장
동북아 3국의 디지털 전환: 고용시장에의 영향과 정부 정책

곽도원

I. 디지털 기술도입과 노동수요 변화

1. 거시적 분석

새로운 디지털 기술도입이 거시경제 전체의 노동수요에 미치는 영향에 대한 분석은 다양하게 진행되었다. 대표적인 연구로는 Acemoglu and Autor(2011), Graetz and Michaels(2018), Webb(2019), Acemoglu and Restrepo(2018,2020), Abraham and Kearney(2020)와 OECD (2018, 2019), European Commission(2019), McKinsey & Company (2017), Bain & Company(2018) 등이 있다. 이들 연구에 따르면 디지털 기술 도입은 여러 경로를 통해 노동수요에 영향을 미칠 수 있다. 첫째, 디지털 기술 도입은 기계 대체로 인한 노동의 절약을 통해 전체 생산

비용을 하락시키기 때문에 기계의 노동의 대체로 노동수요를 감소(기술에 의한 노동의 대체효과라고 부름)시킬 수 있다. 둘째, 값비싼 노동을 값싼 생산 요소로 대체하면서 절약한 생산비용을 추가적으로 생산과 노동 고용을 확대하는 사용하여 노동수요를 증가시킬 수 있다. 셋째, 생산비용 감소가 불러온 거시적인 측면에서 비용 절감과 이에 따른 사회전체의 구매력의 확대는 기업의 수익사업을 확장시키고 확장되는 신규 사업에 새로운 노동을 고용하면서 노동수요를 증가시킬(기술에 의한 노동의 복원효과라고 부름) 수 있다. 따라서, 디지털 신기술 도입이 노동수요에 미치는 영향은 신기술이 체화된 기계가 기존 인간 노동자의 업무 대체하는 대체효과와 향상된 기술의 사용에 따른 생산비용의 절약을 통한 생산 확대와 동시에 발생하는 추가고용에 따른 노동수요 확장효과의 상대적 크기에 따라 달라진다. 예를 들어, Autor(2015)와 Bessen(2019)에 의하면 1970년에 개발된 Automated Teller Machines(ATMs)은 2010년까지 400,000대가 시중은행에 도입되었는데 1980년부터 2010년까지 30년 동안 미국 시중은행에서 뱅크 텔러의 수는 1980년 500,000명에서 2010년 550,000명으로 오히려 그 수가 약간 증가하였다. 하지만, 뱅크 텔러의 기존 업무 중에서 현금지급 등의 업무는 ATMs이 완전히 대신하게 되었지만 ATMs의 도입 후에 뱅크 텔러는 금융상품(대출, 투자, 신용카드사업) 소개 및 금융상품 컨설팅 등을 하는 새로운 업무에 집중하게 되었다. 이 예를 보면 신기술 도입은 기존 인간 노동자의 업무를 자동화로 일부 대체하지만 동시에 인간노동자가 수행하는 새로운 업무가 생성시켰다. 이 예에서 보듯 신기술도입이 최종적인 노동수요를 증가 혹은 감소시킬지는 자동화되는 업무의 성격과 새로 생성되는 업무의 형태에 따라 크게 달라질 수 있다. 따라서, 최근 연구는 신기술 도입의 업무 대체효과와 업무 확장효과의 상대적 크기를 실제 데이터를 사용하여 거시경제 전체의 노동수요를 추정하고 있다.

디지털 기술도입과 노동수요에의 영향은 최근에 중요이슈로 떠올랐는데 이는 미국과 유럽의 OECD 국가들에서 1990년대 들어서면서 전체소득 중에서 노동소득이 차지하는 비중이 점차 감소하고(European Commission 2019) 있는 결과가 나타났기 때문이다. 특히, 일부 연구는 그 원인 중 하나로 로봇과 인공지능에 의한 기계의 인간 노동의 대체효과가 확장효과보다 커서 노동수요가 기계의 자동화에 의해 위축되어서 나타나는 것으로 보고 있다. 예컨대, 미국의 노동성과 갤럽의 공동연구(Dell et al. 2020)는 미국의 경우 자동화로 인하여 다수를 차지했던 노동자들이 기존의 직업에서 해고되면서 실업이 늘었고 이후 이들이 재취업을 한 경우에도 새로운 임금이 기존 임금보다 하락하여 노동소득의 비중은 감소한 것으로 보고 있다. MIT와 보스턴대(2017)의 공동연구팀 분석에서도 1990년 이후에서 2007년 사이에 미국 내 산업용 로봇 증가로 67만 개의 일자리가 사라지면서 노동소득의 비중 또한 감소한 것으로 나타났다.

그러나, 디지털 기술 도입의 노동수요의 영향에 대한 반대의 연구결과도 존재한다. Autor and Salomons(2017, 2018)는 한국, 일본, 미국 및 다수 EU 회원국을 포함한 OECD 1960년부터 2008년까지 19개국 자료를 이용하여 기술도입으로 인해 산업의 생산성이 향상된 경우 이 산업에 노동수요 영향을 분석하였는데, 기계의 노동 대체효과로 인해 노동수요가 줄이는 이상으로 주변 산업에 노동수요를 증가시켜 경제 전체의 노동수요는 확장하는 결과를 보여주었다.

Dekle(2020)도 일본에서의 1979-2012년의 산업별 데이터를 사용하여 로봇 도입이 노동수요에의 영향을 분석하였다. 실증분석 결과 로봇이 도입된 산업에서 로봇에 의한 노동의 대체효과는 미미했고 주변산업에 대한 노동수요의 확대 효과는 아주 크게 나타난 것으로 분석했다. Bughin et al.(2018)은 기업의 경영자에 대해서 직접 서베이를 진행하여 신기술 도입 시에 인간 노동자의 고용을 줄였는지 늘렸는지 설문을 해 보았다. 서베이 분석 결과 다수의 기업에서 신기술 도입 시 오히려 노동수요를 증가시켰던 기업이 더 많았던 것으로 밝혀졌다.

Abraham and Kearney(2020)도 1999년부터 2018년까지의 미국의 다양한 자료를 사용하여 분석한 결과 인구 대비 고용비율(employment-to-population ratio)이 감소하고 있는 것을 보여주면서 그 요인으로는 중국 수입 상품 증가에 의한 가격 경쟁 심화가 노동수요 감소의 가장 중요한 요인이었던 것으로 분석했고 디지털 기술 중에서는 로봇의 도입이 인구대비 고용 비율 감소에 가장 크게 기여한 것으로 분석했다. Elsby et al.(2013)에서도 노동소득 비중의 감소는 기술보다는 오프쇼어링(offshoring)에 의한 노동수요의 감소가 더 큰 역할을 한 것으로 분석하였다. Eden and Gaggl(2018) 역시 디지털 관련 신기술도입이 정형화된 업무(routine tasks)에 대해서 노동을 기계로 대체하면서 노동수요를 크게 줄였지만 동시에 비정형적(non-routine) 업무에 고용되는 노동수요는 늘려 전체 노동소득의 비율이 디지털 신기술도입에 의해 줄어들지는 않았던 것으로 분석하였다.

Acemoglu et al.(2020) 그리고 Autor et al.(2020)의 연구는 디지털 관련 신기술 도입 시 기존 일자리가 소멸하고 새로운 일자리가 생성되지만 소멸되는 일자리가 속한 산업과 새로 생성되는 일자리가 속한 산업은 모두 상이해서 새롭게 생성되는 일자리가 얼마나 양질이냐가 경제성장을 위해 중요한 점임을 강조하고 있다. 따라서, 신기술 도입 후에 노동시장의 유연성은 아주 중요하여, 직업교육 등 기술 재교육을 통해서 좀 더 나은 질의 새로 생성되는 일자리로 직업 간 이동을 원활히 하는 것이 국가 거시경제에 아주 중요함을 강조하고 있다. 많은 기술관련 전문가들은 디지털 신기술이 불러오는 급격한 노동자의 직업 간 이동은 특정 국가에 국한 되지 않고 현재 디지털 기술관련 산업이 급속도로 성장하고 있는 많은 국가에서 공통적으로 발생할 것으로 보고 있다. 그리고 이들 연구는 공통적으로 거시경제 전체로 보면 전체 노동수요는 감소하지 않더라도 소멸하는 직업과 생성되는 직업의 수는 대규모로 발생할 수 있어 근로자간의 직업 간 이동이 대량으로 발생할 것이며 이를 통해 소득의 재분배도 아주 큰 규모로 일어날 수 있음을 예측하고 있다. 따라서, 근로자의 소멸직업에서 생성직업으로 직업 간 이동을 하는 기간 중에 실직한 근로자를 어떤 방식으로 소득을 보전할 것인지에 대한 선택도 아주 중요한 정책 결정 문제라고 지적하고 있다.

2. 기술진보와 그에 따른 노동수요 변화

저명한 경제학자인 케인즈와 노벨 경제학상을 수상한 레온티에프도 기술 진보에 의해 인간의 노동은 기계에 의해 대체되어 인간 노동자에 대한 노동수요는 크게 감소할 것이라고 예측한 바 있다. 물론, 신기술 도입이 고용에 미친 영향을 역사적 기록을 통해 살펴보면 신기술 도입은 거시경제 전체로 보면 고용을 증가시켜 이들의 예측과는 크게 다르게 나타났다. 예컨대, 미국에서는 20세기 초반 전체 근로자의 절반 이상이 농업에 종사하고 있었으나, 1970년대까지 대부분의 근로자가 전문직과 사무직으로 구분되는 직업에 종사하는 모습을 보였다. 1980년대 들어서 컴퓨터와 정보통신 산업이 본격적으로 성장하면서 그 전에 노동자의 다수를 차지했던 공장의 기술노동자와 관련 사무직 노동자의 수는 대규모로 감소했고 반면 정보통신기술 관련 서비스업 종사자의 수를 대규모로 늘어났었다. 〈그림 6-1〉은 국가 별로 보았을 때 기존의 중요산업에서 얼마나 많은 비중의 노동 인력이 감소했는지를 보여준다. 예컨대, 일본에서는 1960년대까지 농업부문의 노동수요가 54% 감소해서 농업에서 다른 산업분야로 근로자가 이동했고 1994년까지 기존의 제조업 분야의 노동수요가 30% 감소해서 제조업에서 다른 분야로 이동했다. 역사적으로 보면 산업혁명과 함께 주요산업에서의 노동수요가 급격히 감소했지만 동시에 새로운 산업이 성장하여 노동수요는 증가하였다.

많은 국가의 경험을 보면 제1차, 제2차, 제3차 산업혁명과 같은 과거 급격한 기술진보 시대에도 신기술도입은 과거의 직업을 새로운 직업으로 대체하면서 노동자들의 강력한 저항에 직면하였다. 하지만, 국가 전체로 보면 새로운 일자리가 생성되면서 국가 전체의 노동수요는 증가시켰다. 최근의 디지털 기술진보에 기반한 4차 산업혁명의 시대에서도 로봇 및 인공지능과 같은 신기술의 도입이 노동수요 감소 없이 높은 수준의 경제성장률 달성을 가능하게 할 것인지에 대한 논의가 사회 각 분야에서 심도 있게 진행되고 있다.

〈표 6-1〉 신기술과 새로운 산업구조의 탄생

	1차 산업혁명	2차산업혁명	3차산업혁명
주요기술	증기 기관	전기 에너지	ICT
산업구조 변화	기계화	분업화 대량생산	생산공정 자동화

자료: 제레미 리프킨 (2002)

〈그림 6-1〉 과거의 신기술도입과 노동수요 감소

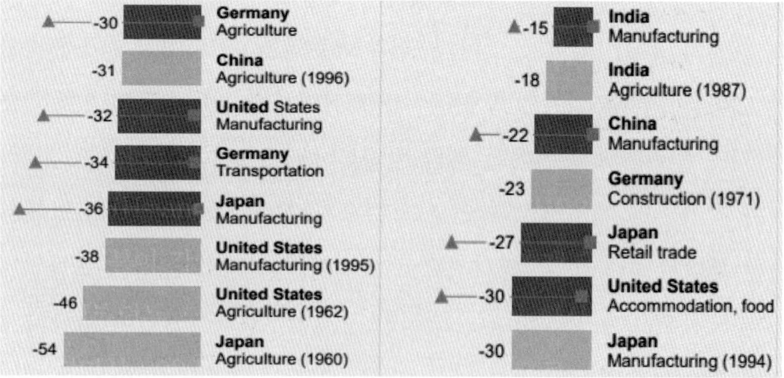

자료: McKinsey and Company (2017); IPUMS USA 2017; Groningen Growth and Development Centre 10-Sector Database; Moody's; IMPLAN; US Bureau of Labor Statistics; FRED; McKinsey Global Institute analysis

최근에 고용과 관련해서 기업과 정부 정책론자에게 가장 중요한 논의 대상은 로봇과 인공지능 등에 의한 디지털화와 자동화도 과거와 같이 기존 직업을 소멸시키고 새로운 직업을 창출하는 양상으로 반복될 것인가이다.

디지털 기술도입의 고용에 대한 영향의 대표적인 연구인 Frey and Osborne (2017)은 미국 일자리의 47%가 향후 20년 이내에 자동화될 것으로 예측하였다. 특히 일상생활에서 많이 접할 수 있는 사무직, 행정직, 생산직 그리고 교통 및 서비스 분야의 직업에서 기존 업무가 자동화에 의해 대체될 것으로 예측하였다.[1] McKinsey & Company(2017)도 미국 내 2000개의 업무를 분석하여 이들 중에서 자동화로 완전히 대체될 수 있는 업무는 전체 5%에 불과하지만, 50% 이상의 직업에서 주로 수행하는 업무가 자동화에 의해 영향을 받아 업무의 성격이 완전히 변화하고 새로운 업무는 새로운 기술을 필요로 할 것으로 분석했다. OECD(2017, 2018, 2019) 보고서 또한 대부분 직업에서 근본적으로 업무를 수행하는 방식이 변화할 것으로 예상하고 있는데 10년 후에 노동시장에 진입하는 세대의 60% 이상이 현재는 존재하지 않는 직업에서 종사하게 될 것이라는 예측하고 있다.[2] Grace et al.(2018)의 연구

1) 한국에서도 2016년 고용정보원이 23개 직종에서 106명의 노동자를 대상으로 설문 조사한 결과 45%의 노동자가 디지털 기술로 인해 직장을 잃을까 걱정하고 있다고 대답했다. 반면 13%의 노동자만이 디지털 기술의 도입과 함께 일자리가 증가할 것이라고 대답했다. 직종별로 보면 실직에 대한 걱정이 가장 큰 곳은 금융 및 보험업 종사자로 82%의 근로자가 일자리를 잃을까 걱정하고 있다고 대답했다. 화학 관련 직종과 재료관련 직종이 걱정이 가장 큰 직종으로 그 뒤를 이었다.

2) 여러 연구들은 급격한 전환 과정에서 일자리 소멸을 우려해 기업과 정부는 자동화 속도를 낮추고 현 상태를 유지하려는 노력을 할 수 있다고 보는데, 현재의

에서도 2060년이면 노동자의 대부분 업무가 인공지능에 의해 대체될 것으로 예측했다. 지금까지 연구에서 공통적으로 신기술에 의해 노동이 완전 대체되지는 않더라도 대부분의 직업은 신기술을 필요로 하는 업무가 많이 생성될 것으로 예측한다.

이러한 비관적인 예측과 함께 낙관적인 전망도 존재한다. 우선 낙관론자들은 비관적인 예측을 뒷받침할만한 경제 전체를 포괄하는 거시적인 실증분석 결과는 없다고 주장한다. 낙관론의 대표적인 연구로 19개의 OECD 국가의 산업 데이터를 사용한 Autor and Salomons (2018)의 분석을 들 수 있다. 이 연구는 기술진보가 발생하면 자동화를 통한 직접적인 대체효과를 통해 산업 내 고용이 감소하는 것으로 나타났지만 실직하지 않은 노동자의 임금은 상승했음을 보였다. 또한 기술진보가 발생했을 때 이 산업의 상품을 중간재 혹은 부품으로 사용해서 연결된 산업에서는 고용과 임금이 동시에 증가한 것을 보였다. 예컨대, 타이어 산업에서 로봇 기술 도입에 의한 자동화로 생산성의 향상이 이루어지면 타이어를 부품으로 사용하는 자동차 산업은 파급효과(spillover effect)를 통해 생산을 확대하고 동시에 고용도 증가시키는 것으로 나타났다. 결론적으로 기술진보의 대체효과와 파급효과를 모두 고려하면 고용은 감소하지 않고 오히려 증가할 수도 있는 것으로 나타났다.

기존의 연구들을 종합해 보면 직업의 자동화 위험도에 대한 예측치

디지털 기술 발전 속도와 정도를 고려할 때 이는 임시방편 조치에 불과해 보인다. 따라서, 각국 정부와 기업의 리더들은 자동화에 따른 노동력 변화가 순조롭게 이루어지도록 다각적 노력을 전개해야 한다고 말하고 있다.

에는 차이가 있지만, 기존 업무가 완전히 기계에 의해 대체되지 않더라도 업무의 상당 부분이 기계에 의해 대체되어 업무 자체의 성격은 크게 달라질 것으로 보고 있다. 부분적으로 기계에 의해 업무 대체가 가능할 직업까지 포함하면 디지털기술 도입은 노동시장에 큰 변화를 예고하고 있다. 따라서, 디지털 전환기에 새로 생성되거나 변화 및 전환되는 업무를 근로자들이 제대로 수행하기 위해서는 필요한 새로운 기술을 보유한 근로자가 노동시장의 변화에 유연히 대처할 수 있도록 돕는 정책적 지원이 필요해 보인다. 특히, 새로운 업무가 요구하는 기술을 습득할 수 있는 직업 훈련과 교육정책을 통해 노동자가 원활하게 직업 간 전환을 할 수 있도록 경쟁력을 갖도록 국가가 돕는 것이 경제성장의 달성을 위해 앞으로 중요하게 될 것으로 보인다. McKinsey and Company(2017) 보고서는 자동화로 없어지는 일자리가 있지만 다양한 노동 수요를 통해 만들어지는 새로운 일자리에 대응해 인간 노동자들이 필요한 기술을 습득을 통하여 유연하게 대응할 수 있도록 기업 및 정부가 역할을 수행하는 것이 중요하다 지적하고 있다. 이에 맞춰 기업 및 교육기관이 필요한 기술을 효과적으로 교육하도록 정책적 재원지원과 인센티브 형성을 통한 제도적 뒷받침할 수 있는 기반을 만들어야 한다. 따라서, 현재 대부분의 기술 선도국에서 기업은 노동자의 업무 전환을 돕도록 자체 직업교육 훈련을 제공하고 있고 대학 및 교육기관과의 산학협력을 통해 교육의 기회를 제공하는 등의 기존 노동자 재교육을 위해 힘쓰고 있다.

II. 디지털화와 고용구조 변화

1. 디지털화와 고용구조 변화 현황

기존 업무를 자동화하는 디지털 신기술 도입은 기존 업무의 자동화를 통해서 노동수요를 감소시키지만 동시에 새로운 업무를 생성시켜 새로운 노동수요를 불러오면서 국가 전체적인 거시적 측면에서 노동수요는 증가시킬 수 있다. 따라서, 디지털 기술 혁신에 따라 자동화로 사라지는 업무 및 직업이 무엇이고 새로 생성되는 업무의 직업이 무엇인지 알아보고 새로 생성되는 직업에서 요구하는 기술을 식별해 내는 것은 아주 중요하다.

OECD(2019)의 연구에 따르면 미국과 유럽의 디지털 선도국은 정부와 기업은 디지털 심화와 함께 미래에 생성될 직업에서 필요로 하는 업무와 그에 필요한 근로자의 기술(skills)은 과거에 주로 활용되었던 기술과는 크게 다를 것으로 인식하고 있다. 다만, 급속도로 진행되는 디지털 신기술 개발과 이로 인해 급속도로 변화하는 기업의 사업 환경의 변화는 새로 생성되는 업무와 업무의 성격이 크게 변화하는 직업에서 각 업무가 필요로 하는 새로운 기술[3]을 정확하게 파악하는 것은 쉽지 않은 것으로 보고 있다.

또한 디지털 기술도입이 심화되고 새롭게 필요한 업무가 변화하면

3) 디지털화의 심화와 함께 업무 간 경계와 그에 따른 분류가 명확하지 않아졌고, 새로 생성되는 업무는 여러 가지 기술이 복합적으로 필요로 한 경우가 많아 한 직업에 대해 대표 기술을 정의하기가 어려워졌다.

서 필요한 기술을 정확히 파악하고 있다 하더라도 이러한 기술을 갖춘 충분한 인적 자원을 시의 적절하게 교육해서 확보하는 것은 기업이 경쟁력을 위해 중요한 문제이다. 최근에 OECD (2019)의 보고서에서 발표된 기업 경영인을 대상으로 한 서베이에서는 대부분이 기술도입 시 전환되는 업무에 필요한 인재 확보가 원활하지 않다고 응답하였다. 예를 들면, OECD 국가들을 대상으로 하여 정보통신산업 분야의 기업에 대한 2019년의 설문조사에 의하면 전문 인력 부족으로 정보통신전문가(ICT specialists)의 신규채용이 어렵다고 설문에 응한 기업이 비율이 독일에서 70%와 영국에서 50% 그리고 EU 28국, 평균 68%으로 나타났다. 2012년과 2019년의 똑같은 설문의 응답을 비교했을 때 모든 설문 대상 국가에서 2019년에 정보통신전문가를 구하기가 더 어려워졌다는 기업의 비중이 크게 상승하였다. 이는 기술 변화에 따른 고용구조의 변화가 큼을 의미하고 새롭게 필요로 하는 기술을 습득한 인력의 생성이 원활하지 않음을 의미한다.

디지털화가 심화되고 있는 시대에 앞으로 생성될 업무에서 필요한 기술을 정확히 예측하고 그에 대해 인재를 육성하는 것은 어려운 일이지만 이를 예측하기 위한 다양한 선행 연구들이 있다. 가장 많이 인용되고 있는 대표적인 연구로 Frey and Osborne(2017)의 연구가 있다. 이 연구에서는 〈표 6-2〉에서 설명되고 있는 (i) 지각력(perception), 창의력(creative intelligence), 사회성 지능(social intelligence)의 세 가지 재능을 현실에서 기계가 인간노동력을 대체하기 어려운 재능 요소로 보고 이를 토대로 자동화 병목현상 지수를 생성하였다. 이

항목에 기반하여 O*NET에서 제공하는 직업마다 필요한 기술 리스트를 이 세 가지 재능요소와 비교하여 자동화 병목현상 지수를 구하였다. 그리고 (ii) 기계학습 학회에 참여한 디지털 기술 전문가에게 각 직업에서 인간 노동자 업무가 기계에 의해 대체 되는 위험도를 설문[4]하여 위험 지수를 구하였다. 이렇게 구한 두 개의 지수 값을 병합하여 미국 노동성에서 분류하는 O*NET의 702가지의 직업에 대해서 업무의 "자동화 위험도"(자동화될 확률)를 수량화하였다. 이렇게 702개의 직업의 업무에 대해서 기계에 의해 자동화 위험도를 계산한 결과 70% 이상으로 자동화될 확률이면 자동화 고위험 업무의 직업으로, 30% 미만의 확률이면 자동화 저위험 업무의 직업으로, 나머지를 중간위험도의 직업으로 3개 그룹으로 구분하였다. 그 결과 702개 직업 중 47% 직업의 업무가 앞으로 20년 내에 자동화될 위험이 아주 큰 자동화 고위험 직업인 것으로 추정되었다. 기존에 자동화가 어렵다고 생각되었던 많은 직업들 중 운송관련 사무직 및 서비스직도 다수 고위험 직업군에 포함되었다. 부표 1은 Frey and Osborne(2017)이 미국데이터를 이용하여 추정한 702개의 직업에 대한 위험도를 보여준다. 특이한 점은 확률 0.9이상의 초 고위험 직업에 저숙련 기술에 기반한 직업뿐 아니라 예컨대 회계사와 신용분석가 등 고등교육이 필요한 전문직도 다수 포함되어 있다. 따라서, 자동화의 취약계층을 단순기술에 기반한 직업으로 한정할 수 없음을 보여준다.

4) 설문 내용은 "Can the tasks on this job be sufficiently specified, conditional on the availability of big data, to be performed by state-of-art computer-controlled equipment?"이고, 설문 참여자는 이 질문에 yes와 no 중에서 선택하여 대답하였다.

〈표 6-2〉 자동화 병목 현상 지수

자동화 병목 현상	O*NET	설명
지각력	손가락 재주 (Finger dexterity)	한 손 또는 두 손의 손가락을 정밀하게 조정하여 매우 작은 물체를 잡고 조작하거나 조립하는 능력.
	손재주 (Manual dexterity)	손, 팔을 함께 빠르게 움직이고, 두 손을 움직여 물체를 잡거나 조작하거나 조립할 수있는 능력
	비좁은 공간에서의 작업 여부 (Cramped spaces)	해당 직업이 얼마나 자주 비좁은 공간에서, 불편하게 일하는 것을 요구하는지 여부
창의력	독창성 (Originality)	관련 주제, 상황과 관련해 독특하고 현명한 아이디어를 내는 능력, 혹은 창의적인 문제해결력
	미술 (Fine arts)	음악, 춤, 시각예술, 연극, 조각을 하는데 있어서 요구되는 기술 및 지식
사회적 지능	사회적 지각력 (Social perceptiveness)	타인의 반응을 인지하고, 이해하는 능력
	협상력 (Negotiation)	타인과 의견차이가 있을때 이를 조율하려는 능력
	설득력 (Persuation)	타인의 행동, 마음을 바꾸기 위해 설득하는 능력
	지원 및 배려 (Assisting and caring)	동료, 고객, 환자를 위한 개인적인 도움, 의학적인 관심, 정서적 지원, 기타 조력

출처: Frey and Osborne (2017)에 기반해서 제작함

Muro et al.(2015)는 미국의 자료를 사용하여 조사한 결과 디지털 신기술 도입은 제조업 분야에서의 고용은 감소시켰지만, 현재 고도성장을 견인하고 있는 고도산업(advanced industries)[5)]에서는 고용을 증가시킨 것으로 분석하였다. 고도산업은 2015년 기준으로는 미국

5) Muro et al.,(2015)의 연구에서 정의한 R&D 투자, 과학, 기술, 엔지니어링 및 STEM 관련 산업 등 50개의 산업을 고도산업으로 정의하였다. 이후 많은 보고서에서 고도산업이라는 용어가 사용되었다.

내 전체고용의 8.7%를 차지하고 이 중에서 60%는 서비스직[6]인데 고도산업 중 서비스관련 산업에서 시간이 지날수록 점점 더 생산 및 고용에서 차지하는 비중이 높아지고 있음을 보였다. 앞으로의 고용성장에서 고도산업의 서비스직에서 생산과 고용의 성장이 전체경제의 고용과 경제성장을 견인 할 것으로 예측하였다. 따라서, 고도산업으로 분류된 산업의 서비스 직군에서 필요로 하는 기술을 식별해서 관련 인재를 충분히 육성할 필요가 있다.

최근 연구인 Webb(2019)은 Frey and Osborne(2017)의 자료를 최근의 자료로 확장하여 디지털 기술을 3종류로 구분하여 기술별 노동수요의 효과를 분석하였다. 특히 최근 화두인 인공지능 기술과 기타 디지털 기술(로봇과 소프트웨어 기술)을 구분하여 디지털 기술도 그 성격에 따라 고용에 미치는 영향을 상이하게 나타날 수 있음을 보여주었다. 또한, 근로자 특성(성별, 연령, 학력 등)에 따라 기술도입의 노동수요에 상이한 효과를 분석하였다. 평균임금이 높은 직업일수록 그리고 대졸자 이상의 노동자 비율이 높은 직업일수록 자동화에 따른 인간노동 대체 확률(자동화 위험도)은 확연하게 작은 값을 갖는 것으로 나타났다.

그러나 디지털 기술을 구분해서 분석했을 때 소프트웨어나 로봇 관련 신기술 도입과는 달리 "인공지능 관련 신기술의 도입"은 "고기술(high-skill) 업무"의 직업에서 인공지능이 인간의 노동을 대량으로 대체할 수 있는 것으로 추정하였다. Webb(2019)의 연구는 고학력

6) 고도 서비스 산업은 컴퓨터시스템 디자인, 소프트웨어, 정보, 통신, 컴퓨터 서비스를 포함한다.

고기술의 직업군에서 신기술 도입에 의해 고용이 감소하는 위험도가 더 높게 나타난 최초의 연구결과이다. 이를 보면, 기존 업무의 새로운 업무로의 전환 및 노동자의 직업간 이동은 모든 학력수준 그리고 모든 기술수준에서 발생할 수 있다. 따라서, 노동시장에서 저학력 비숙련 노동자뿐 아니라 모든 수준의 노동자들이 업무 간 그리고 직업 간 이동을 가능하도록 새롭게 필요로 하는 기술 습득을 위한 직업훈련과 학교 교육은 아주 중요하다.

Nedelkoska and Quintini(2018)도 OECD 32개국 자료를 사용하여 신기술 도입이 고용에 미치는 영향을 추정하였다. 부록 그림 1과 부록 그림 2는 직업별 그리고 산업별 자동화 위험도의 추정치를 보여준다. 디지털 신기술 도입을 통해 대략 14%의 직업에서 추후 15년 이내에 업무가 완전히 자동화될 것으로 추정하였고 32%의 직업에서의 업무가 자동화에 의해 크게 영향을 받아 업무의 성격이 바뀔 것으로 추정하였다. OECD (2019)도 2016년의 G20 선진국 국가 자료를 사용하여 2006년과 2017년 사이 새로운 직업의 43%가 고디지털 산업[7]으로부터 생성된 것이며 고디지털 산업(digital-intensive sector)[8]이 대략 25%의 노동자

7) 고디지털 산업에 포함되는 대표적인 산업은 운송장비(transport equipment), 정보통신 서비스, 금융 서비스, 보험 서비스, 법률 서비스, 회계서비스, R&D, 광고, 마케팅 등이다.

8) OECD는 디지털 의존도를 나타내는 (i) ICT투자, (ii) ICT상품 중간재사용량, (iii) 로봇사용량, (iv) 온라인판매량, (v) ICT전문가 수의 의 5가지 지표를 기반으로 해서 산업을 4분위(high, medium-high, medium-low, low)로 구분하고 지표상 상위 25%의 산업을 고디지털 산업(high digital-intensive industry sectors)으로 정의하였다. 정보통신기술(ICT)산업은 ISIC Rev.4 two-digit분류 기준으로 Division 26 (컴퓨터, 전자, 광학 — computer, electronic and optical products), Division 58 to 60 (출판, 음향 · 영상, 방송 — publishing, audiovisual, and broadcasting activities), Division

를 고용하는 것으로 분석하고 있다. 소셜미디어 관리자(social media manager), 사물인터넷설계자(IOT architects), 인공지능전문가(AI experts)와 같은 직업은 기존에 존재하지 않았고 이 기간 중에 생성된 새로운 직업이다. 따라서, 이들 국가를 보면 고디지털 산업의 성장이 전체 성장을 견인하고 있으며 새로운 일자리도 대량으로 생성하고 있다.

World Economic Forum(2018)은 미래의 일자리 2018 보고서에서 앞으로 새롭게 등장할 업무와 없어질 업무 그리고 기존 업무 중에서 자동화 위험도가 없는 업무 중에서 대표적인 일자리를 예측해서 발표하였다. 〈표 6-3〉에서 보듯 데이터나 소프트웨어 등 정보통신 관련 직무 중 다수는 새롭게 등장할 업무를 포함한 직업 분야로 분류되고 있고, 안정적인 역할 분야에서는 소프트웨어 이외에도 화학, 에너지, 로보틱스 등 다양한 분야의 엔지니어들이 다수를 차지하고 있다. 새로 생성되는 직무는 과학기술 및 디지털기술 관련 직무뿐만 아니라 개인 상담 및 사람 간 교류가 중요한 직무도 있고 저학력 비숙련 노동자를 필요로 하는 직무도 포함하는 등 아주 다양하다. 따라서, 디지털화의 심화가 디지털기술 관련 전문가만을 필요함을 의미하지 않는다. 또한, 이 보고서는 디지털기술 관련 전문가에게도 해당 분야의 전문지식뿐만 아니라 전문지식을 활용해 새로운 상품이나 산업을 창출하고 이를 고객에게 마케팅할 수 있는 종합적인 능력의 인재가 필요하다고 주장한다.

Deming(2017)도 1980에서 2012년까지의 미국 기업의 직업을 분

---

61 (통신), Division 62 to 63 (정보기술서비스 및 기타정보서비스 — IT and other information services)을 포함한다. 본 챕터에서는 디지털기술은 정보통신기술을 포함하며 좀 더 넓은 범위로 개념으로 사용하고 있다.

석한 결과 시간이 갈수록 사회적 기술(social skills)에 대한 보상이 노동시장에서 커지고 있음을 보였다. 구체적으로 높은 수준의 사람 간 교류가 큰 일자리의 비중이 1980에서 2012년 동안 12%p가 증가한 것으로 추정하였다. 놀랍게도 높은 수준의 수리적인 기술과 낮은 수준의 사회적 기술이 필요한 일자리는 같은 기간 중에 오히려 3.3%p 감소한 것으로 나타났다. 요즘 선진국과 한국에서 강조하는 STEM 관련된 많은 일자리가 이 부류에 포함된다. 고용이 많이 늘어나고 임금도 함께 상승한 일자리는 수리적 기술뿐 아니라 사회적 기술 모두 높은 수준으로 필요로 함을 보여주었다. 이에 맞춰 미래의 디지털 사회에서는 수리적 논리적 분석력과 함께 소통 능력과 같은 사회적 역량(Agrawal, Gans and Goldfarb 2018 ;Deming 2017)도 중요할 것으로 보고 있다.

〈표 6-3〉 직무별 자동화 위험도

안정적 직무	새로운 직무	없어지는 직무
CEO 및 경영자*	데이터 분석가 및 과학자*	데이터 입력직
일반 · 운영 관리자*	AI 및 기계 학습 전문가	회계, 부기 및 급여 사무원
프로그램 개발자 · 분석가*	일반 및 운영 관리자*	행정 및 사무 비서
데이터 분석가 및 과학자*	빅데이터 전문가	조립 및 공장 노동자
영업 및 마케팅 전문가*	디지털 트랜스포메이션 전문가	고객 정보 및 고객 서비스 직원*
기술 · 과학 제품 영업 및 도매 및 제조	영업 및 마케팅 전문가*	비즈니스 서비스 및 관리 관리자
인적 자원 전문가	신기술 전문가	회계사 및 감사관
재무 및 투자 고문	조직 개발 전문가*	자재 기록 및 재고 보관 담당자

안정적 직무	새로운 직무	없어지는 직무
데이터베이스 및 네트워크 전문가	프로그램 개발자 및 분석가*	일반 및 운영 관리자*
리스크 관리 전문가	정보 기술 서비스	우편 서비스 사무원
조직 개발 전문가*	프로세스 자동화 전문가	재무 분석가
대학교 및 고등 교육 교사	혁신 전문가	계산원 및 티켓 점원
에너지 및 석유 엔지니어	정보 보안 분석가*	역학 및 기계 수리공
석유 및 천연 가스 정제 플랜트 사업자	전자상거래 및 소셜미디어 전문가	텔레마케터
공급망 및 물류 전문가	사용자 경험 및 휴먼 – 머신	전자 및 통신 설치자 및 수선공
관리 및 조직 분석가	상호 작용 디자이너	은행 계좌 및 관련 사무원
화학 처리 공장 운영자	교육 및 개발 전문가	자동차, 밴, 오토바이 운전자
준법 감시인	로보틱스 전문가 및 엔지니어	판매 및 구매 대행사 및 중개인
로보틱스 전문가 및 엔지니어	사람과 문화 전문가	방문 판매원,
정보 보안 분석가*	고객 정보 및 고객 서비스 직원*	통계, 재정 및 보험 사무원
전기 기술자	서비스 및 솔루션 디자이너	변호사
	디지털 마케팅 및 전략 전문가	뉴스 공급 업체 및 관련노동자

참조: WEF(2018), (*)가 표시된 직무는 다수 컬럼에 중복적으로 나타나는 직무이다. 따라서, 이러한 경우는 특정 산업에서는 해당 직무가 사라질 수 있지만 다른 산업에서는 해당 직무에 대한 새로운 수요가 생성될 수 있는 것을 반영한다.

기존 연구들을 종합해서 보면 앞으로 많은 기존의 일자리는 디지털 신기술도입에 의해 새로운 일자리에 의해서 대체되거나 인간 노동자가 홀로 업무를 수행하던 과거에서 디지털 기술에 기반한 기계와 상호 협력 및 보완하는 새로운 업무 방식의 일자리로 전환 될 것으로 전망된다. 예를 들면, 앞으로의 교육 서비스는 교사가 학생과의 직접 대면을 통해서 강의를 진행하는 교육방식에서 직접 강의식 교육과 디지털 기술에 기반한 온라인 · 비대면 형식을 병합한 기술 보조의 교육으로 전환될 것으로 보고 있다. 따라서, 새로 생성되는 직업과 새로운 업무방식의 직업에서 필요로 하는 기술 및 지식을 정확히 파악하여 이를 보유한 인재를 적절히 육성할 수 있는 교육 및 직업 훈련 시스템을 갖추는 것은 아주 중요하다. 〈그림 6-2〉는 McKinsey & Company(2017)가 세계은행 데이터를 사용해서 디지털 신기술도입으로 예상되는 기존 노동수요 감소의 크기를 추정한 값이다. 세로축은 그 값이 증가할수록 자동화에 의한 노동자 대체 비율이 큰 것인데, 가장 높은 값을 갖는 국가로 서구 선진국인 미국 및 유럽국가들과 한국 일본을 포함하고 있다. 중국은 대체율이 16%로 한국의 25%와 일본의 26%에 비해 상당히 낮게 추정되었다. 또한, 중국과 인도에서 신기술의 자동화에 의해서 대체되는 노동자들의 평균연령이 낮게 나타났다. 일본과 한국은 대체되는 노동자의 평균연령이 45-50세 사이로 나타났으나 중국은 40-45세로 인도는 30-35세로 추정되었다. 그림의 결과를 종합해서 보면, 노동수요의 감소는 동일하게 나타나더라도 국가별로 주력산업과 연령분포 그리고 근로자의 교육수준에 따라 노동수요에의 영향의 정도는 크게 다르게 나타날 수 있음을 보여주고 있다. 〈그림 6-3〉은 Arntz et al.(2016, 2017)가 추정한 국가별 자동화에 의한 노동자대체 위험도 높은 직업 비중을 나타낸다. 한국은 25%의 직업이 고위험 직업으로 추정되었고 일본은 30%의 직업이 고위험 직업으로 추정되었다. 이탈리아와 독일은 40% 이상의 직업이 자동화에 의한 대체 고위험 직업으로 추정되었다.

〈그림 6-2〉 디지털 기술도입과 자동화에 의한 노동수요 감소

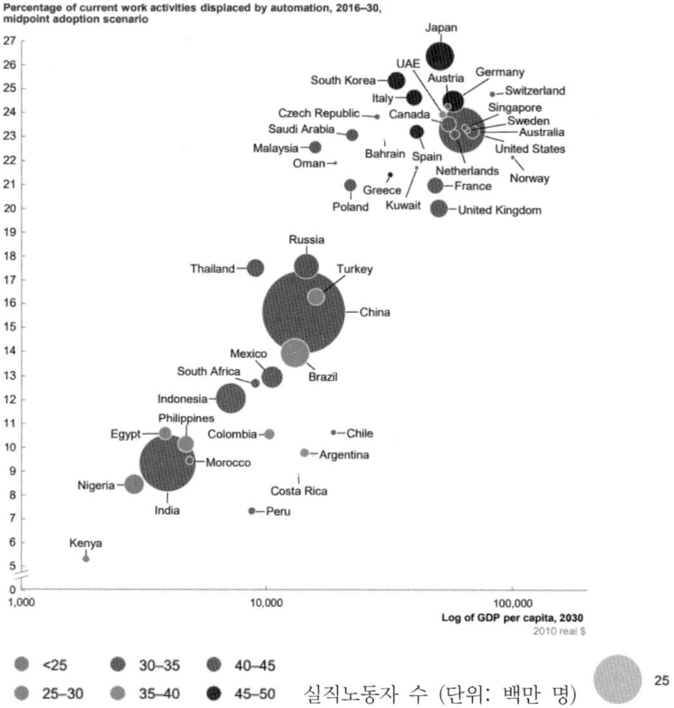

자료: World bank; Oxford Economics; McKinsey Global Institute analysis (2017); 원의 크기는 기계에 의한 인간노동 대체 수 (단위: 백만 명) , 원의 색깔은 평균 노동자의 연령.

〈그림 6-3〉 국가별 인간노동의 자동화 고위험도 직업 비중

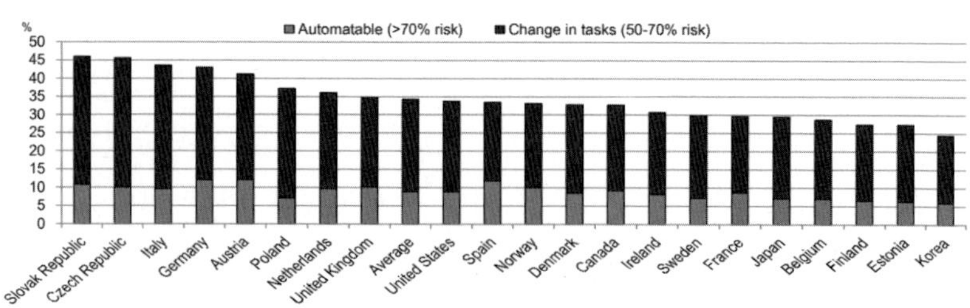

자료: OECD, PIAAC and Arntz, M. T. Gregory and U. Zierahn (2016)

OECD 국가의 경우 각 국가가 집중하는 생산의 산업이 무엇이냐에 따라 자동화 위험에 노동자의 노출 정도가 다르게 나타나지만 영향을 받는 직업의 비율은 가장 낮게 나타난 한국에서도 25% 정도로 자동화 위험도는 상당히 높게 나타났다. 따라서, 이 직업을 제대로 식별하는 것은 아주 중요하다.

한국의 2000년대 초반(2000-2004)과 최근(2015-2018)의 산업별 노동자 수 및 비중 변화를 조사한 구경현(2020)과 구경현 · 김혁황 · 류한별(2020)의 연구에 의하면 표4에서처럼 금속가공, 기계 및 장비, 자동차 및 트레일러의 산업 분야에서 고용 노동자 수의 증가가 가장 크게 나타났고 섬유 의복, 액세서리, 모피 분야에서 고용의 감소가 가장 크게 나타났다. 〈표 6-5〉에서 2000년대 말과 비교해서 2015년 이후에는 직종별로 노동자 수의 비중 변화를 보면 경영, 사무, 금융, 보험 직종에서 노동자 수의 증가가 가장 크게 나타났고 영업, 판매, 운전, 운송과 설비, 정비, 생산직에서 노동자 수의 감소가 가장 크게 나타났다. 이 기간 중에 한국에서 산업별 그리고 직종별 노동자 수의 변화가 크게 나타났고 이는 노동시장의 구조조정이 상당 부분 이루어졌음을 알려준다. 그리고 〈표 6-6〉을 보면 직종에 상관없이 전자부품, 컴퓨터, 영상, 음향 및 통신장비 산업과 기타 운송장비 산업에서 종사자 수의 비중이 가장 크게 줄어들었다. 이들 분야에서 디지털 기술 도입이 크게 이루어졌다고 생각하면 기계에 의한 노동 대체가 한국에서 크게 나타났음을 보여준다. 반면 금속가공이나 기타 기계장비에서는 고용 비중이 크게 늘어났다. 따라서, 새로 생성된 직업을 파악하고 이 직업이 필요로 하는 기술을 파악하기 위한 자료 축적이 필요하다. 축적된 자료를 통해 통계기법을 사용하여 생성직업과 필요 기술을 정확하게 추정을 하는 것도 앞으로 중요한 문제이다. 끝으로, 식별된 직업과 기술에 대해서 신규 노동자들을 대학에서 육성하고 기존 노동자들을 직업 훈련을 통해 교육해서 업무에 필요한 지식을 습득하게 하는 것은 이제는 아주 중요한 문제가 되었다.

〈표 6-4〉 한국의 제조업 산업별 고용 노동자 수 및 비중 변화

산업	고용 노동자 수 변화	비중 변화
식료품	47,320	–0.3
음료	–2,263	–0.2
담배	–997	0.0
섬유	–73,701	–3.0
의복, 액세서리 및 모피	–68,538	–2.8
가죽, 가방 및 신발	–17,732	–0.7
목재 및 나무	–861	–0.2
펄프, 종이 및 종이	9,883	–0.1
인쇄 및 기록매체 복제업	3,876	–0.3
코크스, 연탄 및 석유정	–1,579	–0.1
화학물질 및 화학	31,867	0.1
의료용 물질 및 의약	3,182	–0.1
고무 및 플라스틱	98,104	1.4
비금속 광물	5,371	–0.5
1차 금속	36,119	0.2
금속가공	185,851	3.1
전자부품, 컴퓨터, 영상, 음향 및 통신장비	17,297	–1.7
의료, 정밀, 광학기기 및 시계	60,249	1.1
전기장비	71,944	0.8
기계 및 장비	150,623	2.0

산업	고용 노동자 수 변화	비중 변화
자동차 및 트레일러	113,085	1.5
기타 운송장비	44,567	0.5
가구	17,469	0.1
기타	−2,605	−0.5

참조: 비중은 제조업 종사자 중 에서 각 산업의 종사자 수가 차지하는 비중임. 변화는 2015-18년 종사자 수 및 비중과 2000-04년 종사자 수 및 비중의 차임. (단위: 명, %p)
자료: 구경현 (2020)과 구경현, 김혁황, 류한별 (2020)의 통계청 전국사업체조사 (2020)에 기반한 결과를 인용함.

〈표 6-5〉 제조업 종사자의 직종별 노동자 수 변화

(단위: 명, %, %p)

직종	2007–09년		2010–14년		2015–18년		비중 변화
	노동자	비중	노동자	비중	노동자	비중	
경영 · 사무 · 금융 · 보험직	424,281	29.3	756,440	31.5	994,070	34.0	4.7
교육 · 연구 · 공학기술직	6,742	0.5	11,534	0.5	18,763	0.6	0.2
법률 · 사회복지 · 경찰 · 소방직 및 군인	883	0.1	1,429	0.1	1,921	0.1	0.0
보건 · 의료직	5,497	0.4	8,692	0.4	10,038	0.3	0.0
예술 · 디자인 · 방송 · 스포츠직	10,566	0.7	12,846	0.5	11,170	0.4	−0.3
미용 · 여행 · 숙박 · 음식 · 경비 · 청소직	14,732	1.0	20,957	0.9	24,237	0.8	−0.2
영업 · 판매 · 운전 · 운송직	89,369	6.2	117,010	4.9	118,466	4.1	−2.1
건설 · 채굴직	16,617	1.1	20,186	0.8	21,870	0.7	−0.4
설치 · 정비 · 생산직	878,490	60.6	1,445,883	60.3	1,718,540	58.8	−1.8
농림 어업직	3,189	0.2	4,394	0.2	4,645	0.2	−0.1
소계	1,450,365		2,399,371		2,923,718		

주: 1) 기간평균 피보험자현황을 이용함. 2) 비중은 소계에서 각 직종이 차지하는 비중임. 3) 비중변화는 2015-18년 비중에서 2007-09년 비중의 차임.
자료: 구경현(2020)의 고용행정통계 고용보험 피보험자현황에 기반한 결과를 인용함.

〈표 6-6〉 주요 직종에 대한 제조업 산업별 비중 변화

(단위: %p)

산업	경영사무금융보험직	영업판매운전운송직	설치정비생산직	전 직종 (전국사업체조사)
식료품	1.4	0.8	1.6	-0.3
음료	0.2	-0.3	0.1	-0.2
담배	0.0	0.1	0.0	0.0
섬유제품	0.0	-0.2	-0.5	-3.0
의복, 액세서리 및 모피제품	-0.7	-3.2	-0.5	-2.8
가죽, 가방 및 신발	-0.1	-0.5	-0.1	-0.7
목재 및 나무제품	0.1	0.0	-0.2	-0.2
펄프, 종이 및 종이제품	-0.1	0.3	0.0	-0.1
인쇄 및 기록매체 복제업	-0.9	-0.3	-0.3	-0.3
코크스, 연탄 및 석유정제품	0.1	0.3	0.1	-0.1
화학물질 및 화학제품	1.3	2.9	1.6	0.1
의료용 물질 및 의약품	0.3	0.5	0.4	-0.1
고무 및 플라스틱제품	0.8	0.6	0.7	1.4
비금속 광물제품	-0.8	0.2	-0.4	-0.5
1차 금속	-0.9	-0.4	-0.4	0.2
금속가공제품	0.4	0.2	-0.2	3.1
전자부품, 컴퓨터, 영상, 음향 및 통신장비	-1.0	-1.2	-2.2	-1.7
의료, 정밀, 광학기기 및 시계	0.2	0.3	0.5	1.1
전기장비	0.3	0.4	0.7	0.8
기타 기계 및 장비	0.7	0.2	1.4	2.0
자동차 및 트레일러	0.8	-0.4	0.4	1.5
기타 운송장비	-1.9	-0.9	-2.5	0.5
가구	-0.1	0.0	-0.2	0.1
기타 제품	-0.2	0.6	-0.1	-0.5

주: 1) 비중은 직종별로 제조업 종사자 수에서 해당 산업의 종사자 수가 차지하는 비중임.
2) 비중 변화는 2015-18년 산업별 비중과 2007-09년 산업별 비중의 차임.
자료: 구경현(2020)의 고용행정통계 고용보험 피보험자현황에 기반한 결과를 인용함.

2. 디지털화에 따른 고용구조 변화 예측

IMF, OECD와 세계은행과 같은 국제기구 및 각 국 정부는 최근의 디지털화의 심화에 따라 필요한 기술을 정확하게 파악하기 위한 노력을 강화하고 있다. 먼저 직업과 관련된 필요 기술에 대한 자료수집에서 변화하는 현실을 반영하기 위해 노력하고 있다. 과거에는 대졸, 고졸, 고졸이하 등의 교육수준 구분을 사용하여 직업마다 요구되는

기술과 그 기술에 연결되는 교육수준을 추정해서 직업마다 필요한 교육수준에 대한 자료를 축적하였다.[9] 미국의 통계국의 수석 경제학자로 활동했던 할티와커 교수는 "통계국 자료가 실제 현장에서 이루어지고 있는 기술 동향과 추세를 따라가지 못하고 있다"[10]고 지적하여, 교육수준 이상의 좀 더 구체적이고 다양한 측면에서 직업마다 필요한 기술을 반영하는 지표를 만들고 이 지표를 기반으로 기술과 직업을 연결할 필요성을 주장하였다.

OECD는 PIAAC 데이터를 통해 성인 노동자를 대상으로 언어능력, 수리적능력, 문제해결 능력을 평가하여 노동자마다 세 개 항목의 능력에 대한 성적을 제공하고 있다. 따라서, 직업별로 세 과목의 성적을 보면 새로 생성되는 직업 및 자동화로 업무가 크게 전환되는 직업에서 평균 노동자의 언어능력, 수리적능력, 문제해결 능력을 알 수 있다. 이러한 자료를 이용하면, PIAAC 데이터 사용하면 단순히 직업마다

---

9) 과거의 대부분의 기술과 관련한 통계(skill statistics)는 각 각의 기술에 대비해 필요한 교육수준에 따라 구분하였다. 가장 널리 사용되는 교육수준 지표는 학력(formal education)과 직업훈련(vocational training) 습득 여부에 기반하여 정의하였다. 예컨대, Acemoglu and Restrepo(2018)의 연구에 따르면 노동자를 교육 수준에 따라 크게 저기술(low skill), 중간기술(middle skill), 고기술(high-skill)의 3개의 그룹으로 나누었을 때, 기존의 저기술 노동자가 가장 크게 영향을 받던 것과 다르게 2000년대에 들어서면서부터는 중간기술의 노동자가 실업과 임금하락에 의한 부정적인 영향을 가장 크게 받았다고 보고 있으면 최근의 인공지능의 도입은 고기술 노동자의 실업에도 영향을 미친 것으로 분석하고 있다.

10) Brynjolfsson et al.(2017)도 위키피디아 등과 같은 온라인 지식정보는 경제성장 지표 계산에서 누락되며 와이파이의 광역 커버리지 정도는 삶의 질을 높이는 데 도움이 되지만 경제성장률을 추정하는 지수를 계산하는 데는 누락되고 있는 등 현재의 경제성장 지표는 현실을 제대로 반영하지 못하고 있다. 급변하는 경제 환경의 변화를 반영할 수 있는 지수를 개발하기 위해 노력할 필요가 있다고 주장한다.

필요한 교육수준이 아니라 특정 직업에서 필요한 언어능력, 수리적능력, 문제해결 능력을 파악할 수 있다. 이러한 지표의 개발을 통해 어떤 능력을 갖춘 인력이 급속히 성장하는 직업에서 필요한지 그 수요를 파악할 수 있다.

Eurostat도 더 다양한 측면에서 직업과 필요 기술 데이터를 축적하기 위한 노력의 대표적인 예로 볼 수 있다. Eurostat은 유럽국가의 근로자에 대해서 인터넷사용능력, 컴퓨터사용능력, 모바일디바이스사용능력, 소프트웨어사용능력 등의 디지털관련기술 사용 정도에 따라 개인 근로자의 디지털기술점수(digital skills indicator, DSI)를 제공하고 있다. 이 지표를 사용하면 직업별로 그 직업에 종사하는 근로자의 평균 디지털기술점수를 계산할 수 있다. 이 지표를 사용해서 신규직업과 소멸직업 그리고 업무가 전환되는 직업에 대해서 디지털기술 점수를 알 수 있고 새롭게 생성되는 직업에서 어느 정도의 디지털기술점수를 보유한 인력이 필요한지 추정할 수 있다. 따라서, 정부와 기업은 디지털 기술점수의 세부 항목을 살펴 기존 노동자가 보유한 기술을 보완하기 위해 어떤 내용의 기술교육과 직업 훈련을 제공해야 할지 파악할 수 있다. 그리고 이러한 자료를 통해서 어떤 업무에 어떤 기술과 능력을 보유한 인력이 부족하며 어떤 기술의 인력을 우선 고용할 것인지 예상할 수 있다.

따라서, 우리나라도 PIAAC 데이터나 Eurostat의 데이터처럼 새로 생성되는 직업에서 요구되는 능력(skills)을 정확히 파악할 수 있는 데이터 축적이 필요하며, 이렇게 생성된 데이터를 사용하여 해당 인력을 적절하게 양성할 필요가 어느 때보다도 크게 요구된다.

3. 노동자 특성과 고용구조 변화

앞서 살펴본 것처럼 디지털 신기술 도입에 의한 자동화 위험도는 국가 및 노동자의 특성에 따라 상이하다. 따라서, 어떤 특성의 근로자가 가장 크게 영향을 받을지 알아보는 것은 중요하다. 이번 장에서는 어떤 그룹의 노동자가 가장 크게 영향을 받을 것으로 예측되었는지 기존 문헌에서의 결과를 정리해 보겠다.

(1) 연령

OECD(2020)는 앞으로 자동화 서비스가 적극적으로 도입될 것으로 예상되는 대표적인 업무로 키보드작업자, 의료 및 제약 기술자, 그리고 금속가공업자의 업무를 예로 들었는데, 이러한 직업의 노동자의 연령과 학력을 함께 분석한 결과 상대적으로 고령자와 비고학력자의 경우에 자동화에 의해 실직이 위험이 크며 노동시장에서 직종 전환에 어려움을 겪을 것으로 전망하였다. 이러한 예측의 이유는 교육수준이 낮고 고령의 근로자는 그들이 보유하고 있는 기술과 지식만으로는 새로운 일자리로의 재고용이 어려울 것인데, 반면 기존 자료를 보면 재고용을 위한 효율적인 기술 교육은 고령자와 비고학력자에게서 가장 부진하였다. 특히, 고령 노동자의 경우 인구에서 차지하는 비중이 급격히 증가하고 있어 이들이 생산적인 경제활동을 위해 필요한 기술을 보유하는 것은 국가 경제 전체에도 아주 중요하다. 따라서, 우수한 고령 노동 인력이 낭비되지 않고 경제성장에 기여하도록 유용하게 활용되기 위해 노동시장에서 직업 간 원활한 이동이 되도록 교육 및 훈련 시스템을 갖추는 것은 아주 중요한 정책문제인데, 이에 대한 논의는 아직 미진한 수준이다. 예외적으로, Maestas et al.(2016)은 미국 자료를 이용하여 디지털 기술진보의 생산성 향상 효과는 고연령층을 제외하면 뚜렷하게 나타나지만 고령층만은 생산성 향상 효과가 나타나지 않음을 보였다. Gordon(2017)도 고령층의 비중이 낮아지면 생산성이 떨어짐을 보였다. Aiyar and Ebeke(2017)도 유럽의 EU 28개국의 자료를 이용하여 연령과 생산성의 관계를 분석한 결과 고령 노동인구가 많을수록 생산성이 떨어지는 것을 보였다. Mahlberg et al.(2013)도 고령화로 인한 생산성의 저하가 신기술을 도입하는 저연령층 노동자의 생산성 증대로 상쇄된다는 연구결과를 발표해 신기술 도입 시점에 고연령 층에서 특히 기존의 생산성 유지가 어려움을 보였다. 이들 연구결과는 고연령층이 새롭게 필요한 기술 습득을 통해 노동시장에서 직업 전환이 특히 어려운 계층이 되고 있음을 보여준다.

한국의 경우 OECD의 역량 평가결과에 따르면 한국 고령층의 문제해결 능력은 OECD 국가 중 최하위권으로 평가된 반면 저연령층은 언어, 수리, 컴퓨터 문제해결 능력 모두 상위권의 성적을 갖는 것으로 나타났다(PIAAC 2017). 특히, 한국은 정보통신기술의 사용 정도가 높은 미디어, 금융, 교육 및 보험 산업에는 고령층의 비중이 상당히 높아서 이들의 생산성을 높게 유지하는 것이 국가 경쟁력 유지에 아주 중요할 것으로 보고 있다. 현재 한국에서 이들 산업은 디지털 관련 신기술 도입이 아주 빠르게 진행되고 있어, 신기술을 활용할 기존 고령의 노동자들에 대한 직업훈련과 교육은 생산성 유지에 필수적일 것으로 보고 있다. Göbel and Zwick(2013)은 일반적인 직업 훈련 데이터를 이용하여 특히 고령층 근로자에게는 직업 훈련이 효과가 없음을 보였다. 그러나 Lee, Han and Song(2019)은 한국 데이터를 이용하여 직업 훈련이 고령층에서도 긍정적인 효과가 나타났음을 보였다. Lee, Song and Kwak(2020)도 1980-2012년간 한국의 65개 산업 데이터를 사용하여 직업훈련 교육이 정보통신기술에 대한 교육으로 실시될 경우 고령층의 임금상승 및 재고용에 긍적적인 효과가 나타남을 보였다. 연구결과를 종합하면, 비록 고령층 인구가 직업 간 전환에 어려움을 겪고 있고 생산성 하락도 경험하지만, 직업훈련 및 교육을 받은 고령 그룹은 훈련에 의해 긍정적인 효과를 얻었던 것으로 보고 있다. 따라서, 이들 연구에 의하면 최근에 정보통신기술을 적극적으로 사용하는 산업이 고용증가를 견인하고 있는 상황에서 고령층에 대한 정보통신기술 관련 직업 훈련 및 교육이 적절하게 이루어진다면 급격한 디지털 기술도입 시점에도 고령층은 적절한 훈련과 교육의 습득을 통해 원활한 직업 간 이동 및 생산성 유지가 가능할 수 있음을 보여주고 있다.

(2) 학력

Acemoglu and Restrepo(2018)는 2002-2014년의 자료를 이용하여 노동자를 교육 수준에 따라 크게 저기술(low skill), 중간기술

(middle skill), 고기술(high-skill)의 3개의 그룹으로 나누어서 2000년대 이후 그룹별 노동수요의 변화를 〈그림 6-4〉와 같이 보여준다. 〈그림 6-4〉에서는 2000년 이후에 중간기술의 노동자가 실업과 임금하락에 의한 부정적인 영향을 가장 크게 받은 것을 보여준다.[11] 최근에 OECD의 국가들은 인공지능과 빅데이터 관련 기술에 능숙한 전문가를 대량 생성할 계획을 계속 발표하고 있다. 따라서, 기업과 대학은 정보통신기술을 능숙하게 개발하고 활용할 수 있는 숙련편향적 기술진보를 가속화하기 위한 투자를 높이려고 할 것이다. 숙련편향적 기술진보의 확대는 숙련편향적 전문가에 대한 수요 증가로 이어지고 이는 이들의 임금을 더욱 높여서 교육 시장에서 고숙련기술 습득을 위한 디지털화 관련 대학교육 수요의 확대를 예상케 한다.

11) Acemoglu and Autor (2011)는 이에 대한 근거를 제시했는데, 1963-2008년 미국의 기업데이터를 사용하여 디지털 기술 도입을 통해 기술진보가 발생하면 고졸자에 비해 대졸 이상의 고학력 근로자들의 상대적 수요가 증가하고 대졸자 임금 프리미엄이 지속적으로 증가한 것을 보였다. 따라서, 기술진보 시에 고학력자는 고용이 증가하고 임금이 증가했지만 저학력자는 실업이 증가하고 임금이 감소했다. 이러한 실증분석 결과는 Acemoglu(2002)가 주장한 기술진보의 내생성과 부합한다. 이는 사회에서 대졸자의 공급이 증대가 예상되면 고숙련직 편향된 기술(skill-biased technology)을 집중적으로 개발하여 대졸자에 대한 노동 수요를 높일 것이며 이는 대졸 임금프리미엄과 고용을 높이게 된다. 반대로 고졸자의 공급의 증가가 예상되면 저숙련직 편향 기술(unskill-biased technology)의 개발을 위한 투자를 늘리고 이는 저숙련직 고용을 늘릴 것이라는 입장이다. 이 논의를 따르면 4차 산업혁명으로 디지털기술을 극대화하는 산업을 중심으로 산업구조가 재편되면 인공지능과 로봇 등을 능숙하게 활용할 수 있는 고숙련직 노동자에 대한 수요가 증가할 것으로 예상할 수 있다.

〈그림 6-4〉 학력별 노동 비중의 변화

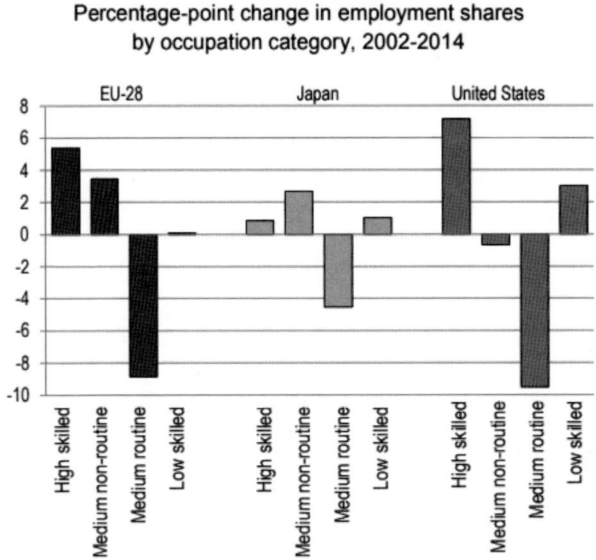

출처: OECD 보고서 — EU는 EU-Labour Force Survey 사용, 일본은 Japanese Labour Force Survey 사용, 미국은 CPS 사용

OECD (2019)의 연구는 앞으로는 소프트웨어, 웹페이지, 전자상거래, 클라우드컴퓨팅, 빅데이터 분석과 관련된 디지털 관련 산업의 빠른 성장하면서 이와 관련된 직업에서 프로그램 개발, 어플리케이션 개발, 네트워크 관리와 연관된 기술을 갖춘 고숙련직 노동자가 대규모로 필요할 것으로 예측하고 있다. 다만 이들을 보완할 개발된 기술을 효과적으로 원활히 활용할 수 있는 기술 및 능력을 갖춘 저숙련 노동자도 또한 다수 필요할 것으로 예측하고 있다. 예컨대, 이 연구는 디지털화가 높은 수준의 능력과 기술(highly skilled)을 갖춘 디지털 전문가 뿐 아니라 데이터 전처리(data cleaning)와 데이터 라벨 표식화(data labelling)를 담당할 저기술(low skilled) 기술자들도 함께 필요로 할 것으로 예측한다.

〈그림 6-5〉 국가별 저기술 노동자의 직업 훈련

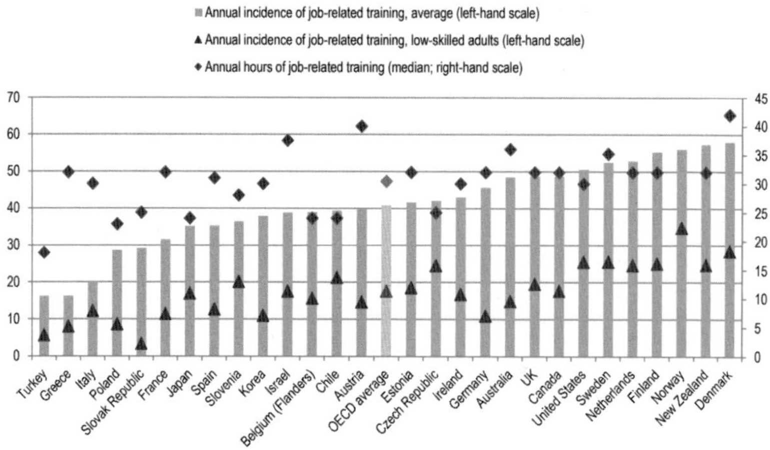

출처: PIAAC (2012, 2015)

〈그림 6-5〉를 보면, 디지털화의 심화에 의해 자동화 위험과 그에 따른 실직 위험이 가장 큰 저숙련 근로자가 그렇지 않은 근로자보다 오히려 필요한 기술 및 직업훈련을 받지 못하고 있다. 특히, 급속한 디지털 기술도입으로 저숙련 실직노동자는 필요한 기술을 갖추지 못해 재취업이 어렵고 장기 실직에 따라 소득 양극화 문제가 더욱 심각하게 나타나는 원인이 되고 있음을 보이고 있다. 따라서, 디지털 전환과정에서 소외받는 저숙련 노동자 계층을 위한 교육과 직업훈련이 이루어지도록 정부차원에서 지원하는 것도 필요할 수 있다.

(3) 디지털 기술의 종류 — 인공지능 vs 로봇과 소프트웨어

Webb (2019)은 최근의 자료를 이용하여 디지털 기술의 도입에 의한 직업 구조전환에의 영향을 분석하였는데 (i) 소프트웨어와 로봇 기술 도입에 의한 자동화는 중간기술 노동자의 실업을 증가시키고 임금을 하락시키는 영향이 크지만 (ii) 인공지능 기술에 의한 자동화는 고학력 및 고기술(high-skill) 노동자에게도 실업 증가와 임금하락으로 크게 영향을 주는 것으로 분석하였다. 〈그림 6-6〉과 〈그림 6-7〉을 보면, 로봇이나 소프트웨어의 자동화는 저학력자 업무의 자동화위험이 가장 크고 학력이 높아질수록 위험도는 하락한다. 그러나 〈그림 6-8〉을 보면 자동화의 위험도는 학력의 증가와 함께 상승하며 고학력 그룹에서 가장 크게 나타난다. 따라서, 인공지능 기술의 발달이 소득불균형을 악화시킬 것이라는 대부분의 기존 연구와는 다르게 Webb (2019)은 인공지능기술의 도입이 상위 90%의 임금을 줄여 소득불평등 정도를 완화시킬 수 있을 것으로 예측했다. 이런 결과는 같은 직업군 내에서도 업무의 성격에 따라 자동화되는 대상이 다를 수 있음을 보여준다.

〈그림 6-6〉 교육수준에 따른 로봇에 의한 인간노동 대체 위험도

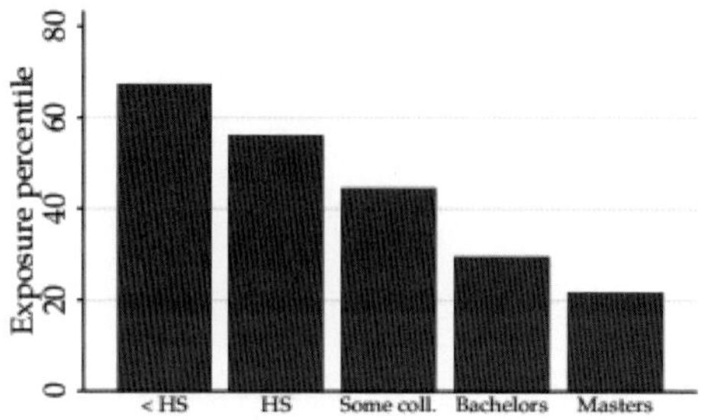

출처: Webb(2019)

〈그림 6-7〉 교육수준에 따른 소프트웨어에 의한 인간노동 대체 위험도

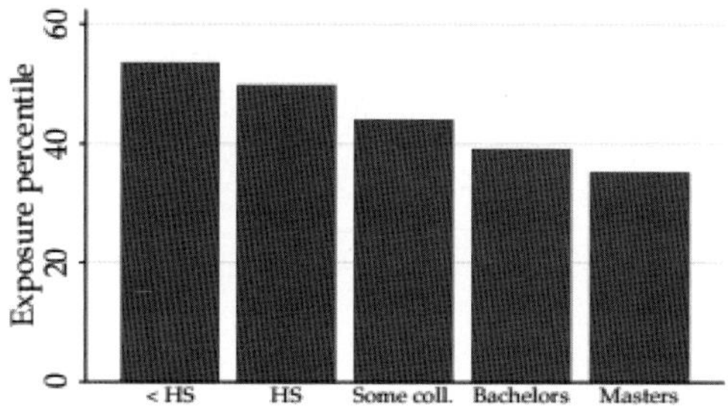

출처: Webb(2019)

〈그림 6-8〉 교육수준에 따른 인공지능에 의한 인간노동 대체 위험도

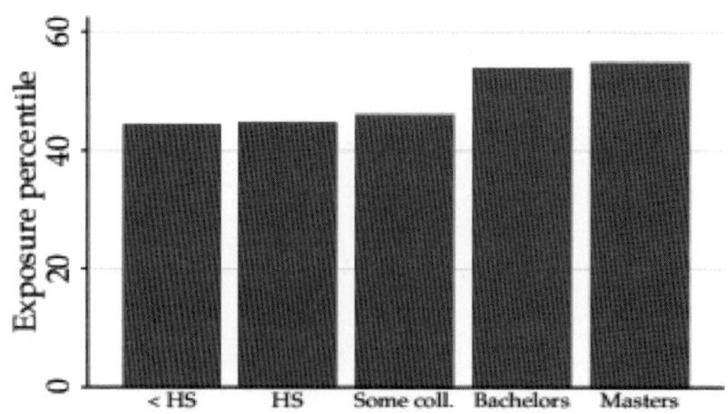

출처: Webb(2019)

(4) 선도기업과 추격기업

Acemoglu, Lelarge and Restrepo(2020)는 유럽의 고용데이터를 분석한 결과 디지털 기술 도입의 선도 기업은 생산 확대와 고용증가 그리고 임금 상승을 경험하지만 반면 선도기업과 경쟁 상태에 있는 기업은 생산의 감소와 함께 고용감소를 경험하는 것을 발견하였다. Autor et al.(2019)의 연구도 인공지능에 의한 자동화는 슈퍼스타 기업의 생산과 고용을 증가시키지만 슈퍼스타와 경쟁관계에 있는 기업의 생산과 고용은 감소시키는 것을 발견하였다. 이러한 연구들은 디지털화의 심화와 함께하는 기술혁신이 불러올 직업 구조 변화는 노동자의 특성에 따라 그 영향이 크게 다를 것임을 의미한다. 근로자가 보유한 기술 뿐 아니라 근로자가 선도기업에서 근무하고 있는지의 여부에 따라 필요한 기술이 다르고 보유한 기술에 따른 보상이 다를 수 있음을 암시한다. 한국의 상황에 적용해 보면, 시장을 선도하는 대기업 근로자가 자동화 위험으로부터 가장 안전할 뿐 아니라 오히려 혜택을 받을 가능성이 크며 중소기업의 근로자는 임금하락과 실업의 가능성 상승으로 크게 영향을 받을 수 있음을 추론할 수 있다.

(5) 성별

세계경제포럼(World Economic Forum 2016)은 4차 산업혁명으로 2020년까지 510만 개의 일자리가 감소할 것으로 예상했는데, 특히 저숙련(low skill) 여성의 일자리 감소폭이 특히 크게 나타날 것으로 예측하였다. 그 이유로는 정보통신기술 산업을 중심으로 급속도로 디지털 기술 혁신이 예상되고 있어 상대적으로 여성 진출이 많은 이 산업의 사무직과 행정직이 자동화의 도입으로 크게 타격을 받을 것으로 예상되기 때문이다. 한국의 경우도 다른 선진국과 유사한 양상을 보인다. Oh et al.(2018)은 한국에서 여성의 경제 활동 참가율은 지속적으로 증가했지만, 대부분 단순 사무직과 서비스직에 집중되어 있었다고 한다. 따라서, 한국에서도 이러한 직업군은 여성들이 집중되어 있고 자동화에 의해 대체될 가능성이 매우 높은 것으로 추정되어 한국에서도 디지털화의 심화에 따른 디지털 신기술도입에 저숙련 여성이 특히 취약함을 보여주고 있다. 또 이 연구는 여성이 노동시장에서 갖는 근본적인 문제는 크게 여성의 최초직업 선택과 경력단절이 노동시장에서 불리한 위치에 놓이는 근본적인 원인으로 지적하고 있다. 따라서, 여성이 노동시장에서 직업 간 원활히 이동할 수 있는 디지털 관련된 신기술 습득을 위한 대학교육과 직업교육 훈련을 통해 현재의 변화하는 환경 속에서 위기를 기회로 바꿀 수 있다고 보고 있다. 이에 맞추어 정부차원에서 다수의 인원이 몰려 있는 저숙련 직종에서 고숙련 직종으로 직업 이동이 가능하도록 정부투자 및 전략이 필요한 것으로 보고 있다.

III. 동아시아 3국의 디지털 기술투자와 인재육성

인공지능 및 최첨단 디지털 기술은 기업이 보유한 우수 인재 및 데이터의 양과 질에 따라 선도기업이 주도하고 핵심 기술력은 시간이 흐름에 따라 그 차이가 가속화될 것으로 보인다. 최첨단 디지털 기술이 활발히 사용되는 산업은 네트워크 효과가 커 후발주자가 따라가기 어려운 구조로 진화하게 될 것으로 예측되기 때문이다. 예컨대, 선도기업은 공통 활용 (범용) 플랫폼을 선점하고 선점된 고객을 바탕으로 효용을 창출하는 네트워크 효과를 활용할 뿐 아니라, 자생적으로 데이터를 생성하고 유통하는 구조를 확보하며 후발주자가 경쟁할 수 없는 환경을 만들 것으로 보고 있다.

따라서, 인공지능과 같이 상용화가 막 진행된 산업에서 기술이 앞서 있는 선도기업은 인공지능 및 최첨단 디지털 기술의 기술력에서 선도적인 위치를 유지하기 위해서 그리고 후발 기업은 선도기업을 추격하기 위해서 사활을 걸고 있다. 최근 선도기업은 사업의 합병 및 확대를 통해 독점력을 더욱 확대해가는 움직임도 나타나고 있다. 예컨대, 아마존은 컴퓨터 비전, 딥러닝, 인식 센서 등을 결합한 "아마존고"를 2017년에 출시하는 등 7,000여 기업과 제휴를 통해 사업 영역을 확장해가고 있고 페이스북도 챗봇 API 공개 후 34,000여 개 기업과 공조를 통해 챗봇 개발에 힘쓰고 있다. IBM도 왓슨도 의료 분야에서 시작되었던 진단 기술을 금융 및 교육산업 등에도 확대해서 적용되면서 해당 전문지식을 지속적으로 축적하는 동시에 왓슨생태계 구축하여 사업영역을 지속적으로 확장하기 위해 노력하고 있다.

또한 기업들은 전 세계적으로 부족한 인공지능 및 최첨단 디지털 기술 관련 고급인재 확보와 선점을 위해 막대한 투자를 벌이고 있다. 2017년까지 아마존은 2,565명, 구글은 1,464명, MicroSoft는 846

명의 인공지능 관련 신규 인력을 선발했으며 2017년에는 신입 직원의 40%를 STEM 전공자에서 선발하였다. 또한, 세계 최고 수준의 '스타 인공지능 전문가' 영입에 사활을 걸고 있는데, 인공지능 관련 최고 전문가로 뽑히는 이들은 모두 미국과 중국의 선도기업에 고용되었다. 예컨대, 제프리 힌튼은 구글에, 얀 르쿤은 페이스북에, 앤드류 응은 바이두에 영입되었다. 핵심인재 선점을 위해 선도기업들은 기술력을 확보한 대학 연구소와 글로벌 협력을 적극 추진하고 있다. 페이스북은 프랑스(파리)에 인공지능 연구실 설치하여 파리대학과 협력하여 기술개발에 힘쓰고 있고, 구글은 몬트리올 대학에 머신러닝 연구실 설치하여 대학과 함께 최첨단 디지털 기술을 개발하고 있으며 2017년에 기업에서 등록한 문제(+데이터)를 대상으로 풀이를 경쟁하는 대회를 운영하는 데이터과학자 커뮤니티인 'Kaggle' 인수하였다. IBM 또한 2015년에 4만 명의 개발자 커뮤니티를 보유한 'AlchemyAPI' 인수하였다.

미국과 EU의 디지털 기술 선도기업을 보유한 국가의 정부는 대학에서 디지털관련 대학전공 과정을 개설하고 데이터 분석, 기계학습, 인공지능 관련 전공 학위자를 매년 증가시키는 것을 권장하고 있다. 예컨대, 기술 선도국인 미국을 살펴보면, MIT슬론 경영대학의 디지털 비즈니스 센터 소장인 에릭 브린욜슨은 디지털비지니스 관련 데이터 분석 전문가를 양성을 위해 매년 2000명 이상에게 관련학위를 수여하고 있으며 스탠포드 경영 대학원의 수잔 에이티(Suan Athey) 교수도 매년 해당전문 교수인력을 최대한 동원하여 수천명 이상의 인공지능 관련 데이터분석 전문가를 양성하고 있다고 밝혔다.

동아시아의 일본, 중국, 한국도 이에 뒤처지지 않기 위해 국가가 전략적으로 신기술 개발을 위한 투자와 해당 인재육성을 위해 노력하고 있다. 이번 장에서는 동아시아 3국이 정책적으로 기술개발 투자와 인재육성을 위해 진행하고 있는 정책들을 살펴보겠다.

〈표 6-7〉 주요국 4차 산업혁명 대응

구분	미국	일본	중국	한국
정부역할	민간주도 하의 정부지원	민관 공동 실행	정부주도의 민간실행	정부주도 하에 민간공동
거버넌스	민관 파트너십	4차 산업혁명 관민회의(정부, 기업, 하계)	정부주도	정부주도
핵심전략	스마트 아메리카 프로젝트	신산업구조 비전 2017 + 소사이어티 5.0	중국제조 2025	4차 산업혁명위원회, I-Korea 4.0
전문가 육성	기업 중심의 인력 확보	고용시스템 유연성 향상, 직업능력 개발 훈련 프로그램 도입	정부주도의 막대한 자본 투자에 기반한 대학 중심의 인력양성	정부 주도의 인력확보가 막 시작된 단계
기술혁신 역량 확보	정부 장기 투자 기반의 민간의 역량확보 유도	산학연 혁신역량 결집을 통한 혁신역량 확보	국가의 대규모 선행투자와 선도기업 중심 전략	정부주도

출처: 천기우(2017); 최성호 · 장경원(2018)

1. 일본

2016년에 다보스포럼에서 4차 산업혁명에 의한 디지털 경제의 개념이 처음 도입된 이후 일본은 정부차원에서 디지털 기술에서 선도적 위치를 차지하기 위한 계획과 정책들을 내놓았다. 디지털화를 기반으로 한 기술 혁신을 통해 일본 사회가 당면한 여러 과제를 함께 해결할 기회로 활용한다는 목표로 대응 전략을 수립하여 제시했다. 인공지능 및 로봇 기술 등을 활용해서 경제성장과 사회문제 해결의 2가지 목표를 달성하려 하고자 한다.

첫째, 일본의 경제산업성은 4차 산업혁명에서 일본이 가지고 있는 강점을 극대화하기 위한 신로봇 전략(예, 로봇혁명실현회의, 로봇신전략 등)에 기반한 "신산업구조 비전: 4차 산업혁명 선도전략(2017, 2018)"을 수립하여 제시하였다. 이는 (i) 데이터 적극적 활용을 위한 인프라 · 플랫폼 구축, (ii) 디지털화관련 인재육성 및 고용 유연성 향상, (iii)기술개발 촉진을 위한 지적재산권 관리 및 국제 표준화 추진, (iv) 벤처투자 촉진과 결제기능 고도화와 핀테크 성장 등을 위한 금융기능강화, (v) 산업구조(기업의 유연한 구조조정) 및 직업구조 변환(노동시장 유연화) 원활화로 기업의 신속한 의사결정능력 향상, (vi) 디지털기술의 중소기업과 지방경제로 확대, (vii) 규제개혁추진 및 국제사회와의 네트워크 강화를 포함하는 7대 추진 전략이다. 특히, 자본과 핵심인력을 집중할 역점 기술분야로 인공지능, 로봇, 바이오, 에너지, 환경기술을 제시하였다.

〈표 6-8〉 일본 제조업 분야 잠재력 분석

		요소	일본의 경쟁력	시장점유율
데이터 취득 채널	제품	산업용 로봇	○	일본 56.5%, 유럽 25.2%
		자동차	○	유럽 31.3%, 일본 23.9%
		공작기계	○	중국 32.9%, 유럽 29.3%, 일본 20.6%
	기기	제어반 CNC	○	일본 60.1%, 유럽 34.5%
		PLC(컨트롤러)	○	미쓰비시전기 18%(세계1위)
		MES(생산공정시스템)	△	IBM, SAP, Siemens, Fujitsu, NEC
		센서 디바이스	○	일본 45.5%, 미국 28.3% 한국 16.9%
데이터 분석 툴	ERP(기업 자원 조달 계획)		×	SAP 26%, Oracle 17%, Microsoft 11%
	제품개발시스템		×	Siemens, Dassault, PTC

출처: 경제산업성, 신산업구조비전 (2017), p.86

둘째, 문무과학성과 내각부(2017, 2018)는 소사이어티 5.0에 기반한 과학기술 개발의 기본 계획을 제시하였다. 소사이어티 5.0은 정보사회 다음 단계의 디지털 사회(초스마트사회로 표현하고 있음)로 전환을 위한 청사진을 제시한다. 과학기술혁신에 기반하여 디지털 기반 사회로 가는데 있어서 디지털 기술개발을 통해 인구감소, 초고령화, 환경악화, 산업경쟁력 약화 등의 경제 사회적 문제도 함께 해결할 전략을 제시하고 있다. 특히, 일본 강점과 약점을 분석하여 강점은 최대한 살리면서 약점은 보완하는 목표의 전략을 제시하였다. 〈표 6-8〉과 같이 일본은 제품 기기에서 강점을 가지고 있음을 보이고 있다. 로봇(산업용 로봇 출하량 점유율 세계 1위), 센서 디바이스(세계 1위이자 세계 시장 점유율 50%), 수퍼컴퓨터(2016년 기준 연산력 세계최고수준) 등 일부 디지털 기술과 잘 구축된 인터넷 인프라와 빅데이터 인프라를 일본의 디지털 기술 분야에서 강점 분야로 분석하고 이 분야에 대한 투자를 집중할 계획을 발표했다. 반면, 디지털 기술관련 약점 분야로 첫째 정보통신 분야(신규학술논문 수와 전문가 수 기준)와 데이터 통계 분석(data analytics)은 미국과 유럽국가에 비교했을 때 현저히 기술개발 건수와 개발 전문가 수가 적은 약점 분야로 지적했다. 둘째, 일반 국민은 사물인터넷, 클라우드 컴퓨팅 및 빅데이터 활용과 중요성에 대한 인식이 아주 저조한 상태여서 일반 대중의 기술 활용은 약점 분야로 인식하고 이를 보완하기 위한 교육 및 훈련의 필요성을 제시하였다.

디지털 전환을 위해서는 이를 위한 기술개발 투자와 인력확보를 위한 투자가 핵심 요소이다. 일본은 기술개발 투자 및 개발된 기술의 분석 활용을 담당할 인력확보 계획도 제시하고 있다. 민간의 힘으로만 연구개발 추진이 힘든 분야는 국가전략 핵심기술로 분류하여 장기적으로 재원을 투입하여 추진하는 계획을 발표했다. 또한 민간 기업과 정부의 협업을 위해서 정부 3개 부처(총무성, 문무과학성, 경제산업성)와 이화학연구소를 중심으로 민간의 디지털 기술 전문가 100인 그리고 도시바, 후지쓰, NEC와 같은 일본 대표기업이 참여하는 혁신지능통합연구센터(2016)를 설립하여 디지털 기술개발을 위해 민간과 정부가 협력하는 체제를 구축하였다. 2025년까지 1,000억 엔을 투자할 것을 발표했다.

일본의 교육 방침은 대학 및 기타 교육기관의 우수인력 유출 방지하고 국내외 우수 인재는 적극적으로 유치하기 위한 시스템 개편을 위한 노력을 하고 있다. 특히, 대학교육은 새로운 교육 시스템의 구축과 수리 및 데이터 과학 교육의 강화(예- 대학 교육에서 수리 정보교육을 필수과목으로 지정)를 통한 고급 전문가 육성을 목표로 한다. 예를 들면, 일본은 인공지능의 도입에서 파생한 새로운 기술, 업무내용과 비즈니스의 변화에 대응할 수 있도록 교육제도와 학습시스템을 전환하는 게 필요하다고 판단하고 있다. 이에 따라 인공지능과 차별화될 수 있는 지식과 능력을 교육하고 평생 교육의 보급에 중점을 두고 있다. 또한 디지털 기술개발을 위해 거점 대학 선정을 통해 선택과 집중 전략을 구사하고 있다. 기업 현장의 수요와 대학교육의 미스매칭을 최소화하기 위한 수요맞춤형 교육방안을 위해 미국 및 유럽 대학 및 연구기관과 MOU를 체결하여 교류 확대도 모색하고 있다. 대학의 교육은 4차 산업혁명 시대를 선도할 새로운 인재육성을 통한 확보에 집중하고 있다.

반면, 직업능력개발 교육은 개발된 기술을 적극적으로 활용할 수 있는 능력 개발을 목표로 하는데 기업에 의한 기술교육 훈련과 국가의 공공시설의 기술교육 훈련이 주요 형태이다. 현재는 제10차 직업능력 개발 사업(2016년-2020년)은 급변하는 환경에서 필요로 하는 근로자의 능력을 향상시키고 이를 통해 직업의 안정성을 높이고 경제와 사회발전에 기여하기 위한 목적으로 시행 중에 있다. 특히 국가기관인 공공직업능력개발 시설에는 공공직업훈련으로 이직, 재직, 장애자, 학졸자 훈련, 구직자 훈련을 구분해서 제공하고 있다. 특히, 고용 시스팀의 유연성을 향상을 목표로 다양한 직업능력 개발 프로그램이 제공되고 있다. 구직자 동향과 훈련수요파악을 위해 일본의 중앙 및 지방정부는 수시로 협의회를 개최하고 있음. 산업계에서 수요가 높은 성장 직업 분야에 대해서는 재직자가 필요한 능력을 획득할 수 있도록 대학과 협력하여 필요한 직업 훈련을 제공하기 위해 노력하고 있다. 일본은 현재 디지털기술 관련 인재의 대략 17만 명 정도 부족한 것으로 추정하고 있고 2020년에는 부족한 인력이 약 37만 명으로 늘고, 2030년에는 약 79만 명까지 확대될 것으로 예측하고 있어 디지털 관련 인재육성이 심각하게 부족한 상황으로 보고 있다.

2. 중국

2008년의 글로벌 금융위기 이후, 중국경제의 성장세가 꺾이기 시작하였는데 이 시점을 기점으로 중국은 품질 경쟁력이 동반되지 못한 양적 성장은 지속적인 성장의 동력이 될 수 없음을 인식하고 질적 성장을 통한 도약을 추진하고 있다. 독일의 인더스트리 4.0을 벤치마킹하여 '중국제조 2025'와 '인터넷+'의 이름으로 디지털 전환에 기반한 정부주도 방식의 성장전략을 제시하였다. '중국제조 2025'는 향후 30년간 중국의 장기 발전 방향을 제시한 것으로 기술혁신능력의 강화를 통해 생산성 향상과 고도의 경제 성장을 달성하는 계획이다.

우선, 국가혁신 주도형 발전 전략강요(연원호 외 2020)에서는 과학기술 혁신 강국 건설을 위해 과학기술 혁신강국 건설의 3단계의 구체적인 전략을 발표하였다. 2020년까지 혁신형 국가 대열에 진입, 2030

년까지 혁신형 국가 선두에 진입, 2050년까지 글로벌 과학기술 혁신강국으로 도약이라는 3단계 장기 비전을 제시하였다. 여기에서 언급된 '혁신형 국가'의 수치상 목표는 R&D 투자가 GDP의 2.5%에 이르고, 지식집약형 서비스업의 부가가치가 GDP의 20%, 경제성장에 대한 과학기술의 기여율이 60% 이상인 국가를 의미한다고 발표하였다.

'중국제조 2025'는 글로벌 제조강국으로 도약하기 위한 장기 목표를 〈표 6-9〉와 같이 3단계로 제시하였다. 2025년까지 독일, 일본 수준의 세계 제조업 강국 대열에 진입하고, 신중국 건국 100주년인 2049년 전까지 미국과 어깨를 나란히 하는 세계 최고 수준의 제조강국 지위를 확보하겠다는 목표를 설정하였다.

〈표 6-9〉 중국의 4차 산업혁명 주요 전략

구분	주요 내용
아이디어	혁신, 품질개선, 친환경발전, 산업구조개선, 인재중심
	1단계: 2016-25년까지 제조업 강국 제2그룹 진입(독일, 일본 수준)
	2단계: 2035년까지 제조업 강국 제2그룹 선두지위 확립
	3단계: 2045년까지 제조업 강국 제1그룹 진입(미국 수준)

참조: 미중 간 기술패권 경쟁과 시사점, 연원호 외, 대외경제정책연구원 (2020)

정보기술, 디지털 제어장치와 로봇, 해양 엔지니어링 설비 및 첨단선박 등 10대 핵심산업 분야를 미래 전략산업으로 육성하여 제조업 경쟁력 강화와 산업고도화를 통해 IT 기반 첨단산업 중심의 제조강국 전환을 목표로 하고 있다. 특히, 과거엔 외국 기업 투자유치로 첨단기술을 도입하고 풍부한 노동력에 기반한 수출 주도 성장을 했지만, 최근에는

‘거대한 내수시장’과 ‘정부의 정책지원’, ‘해외 기술기업 인수합병’을 기반으로 기업이 기술 혁신을 추구하는 성장패턴으로 전환하고자 한다. 특히, 제조, 농업, 에너지, 금융, 민생, 물류, 전자상거래, 교통, 생태환경, 인공지능 등의 분야에서 사물인터넷과 빅데이터 등을 활용하여 데이터 수집, 분석하여 의사결정을 수행하여 4차 산업혁명을 본격적으로 추진하여 중국 산업의 도약을 이룩하고자 한다. 특히, 인공지능 분야를 국가 전략산업으로 인식하고, 정부 주도의 대규모 투자 및 인력양성을 추진하는 한편, 선도기업[12]을 지정하여 지원을 집중한다. 2017년에는 차세대 인공지능발전계획위원회을 설립하여, 3년간 1,000억 위안(약 18조 원) 투입하여 인공지능 분야에 투자할 계획이다.

최근 중국의 R&D 투자 및 특허 출원 건수는 정부의 다양한 정책지원을 통해서 급격히 증가하였다. 예를 들어 12차 5개년 계획(2010-15)은 2015년까지 GDP의 2.2%에 해당하는 R&D 지출 목표를 설정했는데, 중국은 2.07%를 달성하였다. 3차 5개년 계획(2015-20)에서는 2020년까지의 목표를 2.5%로 설정했다. 2018년 OECD 국가들은 평균 GDP의 2.4%를 R&D에 지출하였는데, 중국은 GDP의 약 2.2% 지출에 도달했다. 중국의 R&D 지출은 2000년 410억 달러에서 2018년 5,261억 달러로 약 13배 증가했다. 이는 전 세계 R&D 지출의 약 20%를 차지하며, 일본, 독일, 한국의 R&D 지출을 합한 것보다 큰 규모이다. 현재 중국은 R&D 총 지출 측면에서 미국에 이어 전 세계 2위 국가이다. 이러한 막대한 R&D 투자와 함께 2017년에 약

12) 바이두(자율주행차) , 텐센트(의료 헬스), 알리바바(스마트시티), 아이플라이텍(음성인식)

170만 명의 과학자들이 R&D 연구에 투입되었으며, 2010-2016년 동안 세계 최대의 R&D 인력풀을 6년 연속 유지하고 있다. R&D 지출과 연구자 수가 증가함에 따라 과학기술 저널에 실리는 논문 수와 특허 출원 수도 폭발적으로 증가하였다. 중국의 특허도 지난 10년 동안 급격히 증가해 총 특허 수는 2017년에 140만 건이라는 압도적으로 많은 특허를 출원하였고, 세계에서 두 번째로 많은 PCT 국제특허 출원을 하였는데 미국(세계 1위)과 중국은 각각 5만 6,142건과 5만 3,345건의 PCT 국제특허 출원을 하였다.

2010년 6월 국무원이 발표한 "국가 중장기 인재발전 규획강요(2010- 20년)"에 기반한 인재정책은 과학기술 관련 국내외 인재 유치에 초점을 맞추고 있다. 인민일보의 2018년 기사에 의하면 중국 출신의 중국인 유학생의 수는 2017년까지 약 516만 4,900명으로, 그 중 313만 2,000명 이 학업을 마치고 중국에 귀국한 것으로 알려져 있다. 특히, 이 중에서 2012년 이후 학업을 마치고 귀국한 인원수는 231만 3,600명에 달해 최근 6년간 귀국한 유학생 비율이 전체 귀국 유학생의 74%가 넘는 것으로 나타났다. 2014년 PNAS는 과학기술 분야에서 중국이 급속히 발전한 요인으로 중국 정부의 과감한 교육 투자를 들었다. 중국 정부는 1999년부터 10년간 과학기술과 관련된 고등교육기관의 수를 2배 이상 늘렸으며 이를 통해 과학기술을 공부하는 학생의 수도 같이 증가시켰다. 또한, 막대한 인적 자본 투자를 통해 첨단기술과 혁신을 촉진하고 대학, 연구소 및 기업의 연구 역량을 강화시켰다.

중국은 인공지능 분야의 인재 저변이 넓다는 장점이 있다. 예컨대,

세계 대학평가 랭킹에서도 컴퓨터사이언스 부문의 톱 20에 중국의 3개 대학이 포함되었다. 중국의 바이두, 알리바바, 텐센트 3사는 풍부한 자금력을 바탕으로 인공지능 관련 연구조직의 설립이나 외부 기업과의 협력, 벤처기업에 대한 출자 및 인수합병 등을 시행하여 인공지능을 활용한 신규 산업 육성에 매진하고 있다. 중국 정부도 2018년에는 중-미 대학 공동 인공지능 인력양성을 포함한 중국대학 인공지능 인재 국제육성계획을 발표했다. 2020년까지는 인공지능 기술의 적용제품 응용범위를 확대하고, 인공지능 관련 전반의 핵심기술 향상을 도모, 글로벌 시장 선점을 위해 주력할 계획이다.

2017년 중국은 국가 교육 전략으로 "전 국민 스마트 교육"을 실시할 계획이라고 발표하였다. 초 · 중 · 고등학교에 디지털기술 관련 과목을 개설하여 스마트 교육을 확산할 계획이다. 특히, 중국 공정원(Chinese Academy of Engineering)은 초 · 중 · 고등학교에 각각 적용할 학생 맞춤형 표준 인공지능 교과과정 개발을 진행 중에 있다고 밝혔다. 중국 18세 이하 청소년 4%가 STEM 교육을 받을 것이라는 시나리오 하에서 현재 96억 위안인 STEM 교육 시장은 향후 5년 이내 520억 위안까지 성장할 전망하고 이에 대비하고 있다. 이 계획에서 교육의 중점은 고급 인재 육성이 핵심 관건이며, 중국 내 인재를 양성할 뿐만 아니라 해외 인재도 적극적 도입하여 필요한 인재를 육성할 계획이라고 발표하였다. 중국 내 대학의 디지털 기술 관련된 교수의 자질을 향상시키기 위해 중미 대학 간 교육 및 연구 교류 및 협력을 확대하기 위해 노력하고 있다. 또한, 중국 대학에 인공지능학과 개설하고 중미 인공지능 인재육성 협력 프로그램을 개발하고 미국 대학과 공동으로 인공지능 연구를 수행하기 위한 양국 간 교육 교류 및 협력 증진을 위한 동맹을 체결하고 있다. 2018년에 교수 100명과 학생 300명을 육성할 계획을 시작으로 향후 5년 내 인공지능 교수 500명, 학생 5,000명을 육성할 계획이다. 교수 육성 프로그램을 우선 추진하고, 이어서 학생 육성프로그램을 실시할 계획이라고 발표했다.

3. 한국

정보통신기술산업 선도국들이 인공지능을 비롯한 디지털 산업의 핵심 기술의 잠재력에 대해 국가가 전략적으로 투자 정책과 인재육성 정책을 발표하는 것을 보고 우리 정부도 2018년에 I-Korea 4.0을 발표하여 국가 차원에서 기술개발을 위한 투자 전략과 인력양성을 위한 전략 정책을 발표했다. 다만, 과학기술부(2018)의 분석에 따르면 각종 지표에 의하면 최근에 시간이 지날수록 선도국과 비교해 오히려 기술력 격차는 심화 되고 있는 상황으로 파악되고 있다. 또한, 기업은 여전히 최첨단 디지털 기술 관련 전문인력 확보에 어려움을 호소하고 있고 기술 혁신을 달성하기 위한 생태계 구축은 아주 미진한 상태이다.[13] 다만, 국내 인공지능 기술력은 미국과 중국 대비 취약하나 인공

13) IITP의 인공지능 분야의 기술격차 체감도에 대한 기업 서베이에 의하면 알파고 대국 이후 국내외 인공지능 분야의 기술격차는 오히려 심화되었다가 61.5%로 완화되었다 19.3%보다 훨씬 더 높게 나타났다. 공통활용(범용) AI 플랫폼 분야에서 미국 기업들이 선도하고 있고 격차가 크게 나고 있다. 예컨대, 미국의 아마존은 클라우드를 기반으로 데이터를 수집 및 저장, 데이터를 학습하여 각종 인공지능 서비스를 개발해서 모든 솔루션을 제공하고 있다. 중국도 대규모 데이

지능 기술을 개발해서 "활용"할 수 있는 여건[14]은 상대적으로 양호한 편으로 디지털 기술의 활용 측면에서는 성장 잠재력을 가지고 있는 것으로 보고 있다. 과학기술부(2018)는 현시점을 많은 산업 분야에서 최첨단 디지털 기술의 적용이 시작되는 단계로 보고 국가가 전략적으로 재원과 인력을 총동원하여 경쟁력의 확보를 위해 노력해야 하는 시점으로 파악하고 있다. 과학기술부(2018)은 국가 재원의 효율적인 사용을 위해서 기술 혁신을 위한 투자의 우선순위 결정 등 투자 전략을 정립하고, 국내 연구 역량을 결집하여 필요한 인재 육성에 힘써야 하고 최첨단 디지털 기술개발이 될 수 있는 생태계를 조성하기 위해 힘을 결집해야 함을 강조하였다.

최근까지 국내 최첨단 디지털 기술 관련 투자와 인재 육성은 기업이 주도가 되어 진행되었다. 최근에는 기업 주도의 디지털 기술투자와 인재 육성을 위한 노력이 학계와 연결되어 산학협력의 형태로 진행되고 있다. 예컨대, SK는 2016년부터 진행한 자사 인공지능 전문가들이 현업 경험을 토대로 기술 이론과 비즈니스 사례 등을 강의하는 인공지능 커리큘럼을 2020년 하반기부터 16개 대학으로 확대하여 대학교에서 해당 수업을 제공한다. 2020년 2학기부터 대학 수업에 음성인식 인공지능 플랫폼 '누구(NUGU)'를 비롯해 음성인식, 영상인식, 추천 기술 등 인공지능 관련 기술 분야별 박사급 전문가 15명의 강의를

터의 축적과 풍부한 연구 인력을 기반으로 강력한 정부의 주도로 디지털 혁신기술 개발을 추진하고 있어 안면 인식 등 일부 분야에서 이미 세계 최고 수준의 인공지능 서비스 제공하고 있다.

14) 스마트폰 앱 활용율 및 인터넷 보급률 등 국내의 디지털 활용 지수는 상대적으로 높게 나타타고 있다.

담은 49편의 교육 영상으로 구성된 실무형 교육 과정을 제공할 예정이며 인공지능, 빅데이터, 클라우드 등 4차 산업 관련 교육 콘텐츠 113편도 강의 보조자료로 함께 제공할 예정이다. 학생들이 전문가와 직접 소통할 수 있는 질의응답 세션도 추가로 운영할 계획이다.[15] SK는 기업이 보유한 인공지능 기술 역량과 정보기술(IT) 자산을 대학과 지속적으로 공유해서 궁극적으로는 아직은 부족한 국내 인공지능 전문 인력 양성하고 및 관련 기술 개발을 위한 인공지능 생태계의 확보를 목표로 하고 있다. 삼성SDS도 2017년에 성균관대학교와 '빅데이터 분석 기술 활성화와 공동 연구 등을 위한 산학협력 양해각서(MOU)'를 체결했고 2018년 부터는 정원 60명 규모의 대학원 과정 '데이터사이언스융합학과'를 신설해서 빅데이터 분석 전문가를 양성하기 위해 노력하고 있다. 빅데이터분석 교육은 성균관대학교 교수진이 빅데이터 분석 기술 관련 이론 강의를 담당하고 삼성SDS 연구원은 겸임 교수로 실습과 사례를 강의하는 형태로 진행되고 있다. 네이버도 2020년 중장기 연구를 전담하는 '네이버 AI랩'을 신설해서 차세대 공통 이미지 · 비디오 인식 기술, 멀티모달 생성 모델, 차세대 대규모 언어 모델, 새로운 인공지능 학습 기법, 인간과 상호작용(HCI)을 고려한 AI 기술 등 다양한 주제의 혁신적인 중장기 선행 기술에 대한 연구를 진행할 계획을 발표했다. 또한 2020년에는 연세대와 산학을 통해 인공지능(AI) 하드웨어 및 소프트웨어 관련 교육 및 산학 프로그램 협력을

15) 16개의 참여 대학은 경북대, 경희대, 고려대, 광운대, 서강대, 서울대, 성신여대, 아주대, 연세대, 인하대, 전남대, 중앙대, 충남대, 충북대, 한양대, DGIST(대구경북과학기술원)으로 일부 대학에서는 30학점이 인정되는 정규 과목으로 강의가 제공된다.

위한 '네이버 클로바 AI-연세대학교 전기전자공학부 IT 기술 혁신 및 경영 강의 교육 업무 온라인 협약식'을 진행했다. 이 협약을 계기로, 네이버와 연세대학교는 인공지능 관련 학부 및 대학원 교육과정을 공동 개발 및 운영하고, 인공지능과 인터넷 영역의 연구를 공유하며, 심포지엄 등을 공동주최하는 등 전 방위에 걸친 협력을 통해 디지털 기술개발 촉진과 해당인재를 육성해 나간다는 계획이다. 삼성카드도 2017년 서울대와 '인공지능을 활용한 공동연구'를 위한 산학협약을 체결해 산학협력을 통한 첨단 디지털관련 기술의 활용 비전을 제시했다. 최근 업계 및 학계에서 활발히 연구 중인 인공지능(AI)를 활용한 개인화 마케팅 모델 개발 등에 대해 공동 연구하고 그 결과를 상호 활용하는데 협력하기로 했다. 특히, 삼성카드가 보유하고 있는 방대한 빅데이터와 서울대학교가 보유하고 있는 최신 인공지능 기법을 활용하여 고객 맞춤형 상품과 서비스를 제공할 수 있을 것으로 기대하고 있다. 카카오의 인공지능 자회사인 카카오엔터프라이즈도 2020년 들어 인공지능 관련 전공 박사 후 연구원(포스트닥터)을 위한 '카카오 i 리서치 프로그램' 지원자 모집에 나섰다. 카카오 i 리서치 프로그램은 2017년 말부터 시작한 인공지능 인재 지원 프로그램으로 그 동안 석·박사생을 대상으로 상시 연구 인턴십, 학비 및 연구비 등을 지원하는 연구 장학생 프로그램, 해외 학회 참관 지원 프로그램 등을 운영해왔다. 엔씨소프트는 2011년부터 AI 연구를 시작, 인재 육성에 매진 중이다. 현재 AI 센터와 NLP(자연어처리) 센터 산하에 5개 연구소(Lab)를 운영 중이며 전문 연구인력은 200명에 달한다. 특히 지난 5월부터 인공지능(AI) 인재 육성 프로그램 '2020 NC 펠로우십(Fellowship)'을 진행 중이다. NC 펠로우십은 국내 주요 대학의 AI · 전산 관련 동아리가 참여해 교육, 과제수행 등을 통해 AI 연구에 대한 경험과 지식을 쌓을 수 있는 AI 인재 육성 프로그램이다. 엔씨소프트는 자사가 보유한 AI 기술을 토대로 KB증권, 디셈버앤컴퍼니의 금융 데이터를 접목한 'AI PB(Private Banking)' 개발에도 동참한 상태다.

이에 발맞춰 한국 정부 역시 2018년 들어서 최첨단 디지털 기술력을 갖추고자 이에 대한 투자와 기술개발을 수행할 생태계 조성을 위한 2.2조 원 규모의 정부 지원 계획을 발표하였다. 2019년에는 인공지능 대학원 신규 지정 등 고급인재 양성과 더불어 산업 분야별 인공지능 융복합 인재양성 등 인적 자원 확보에 주력할 계획을 발표했다. 인공지능 대학원을 신설을 통해 2022년까지 고급인재 1,400여 명과 융복합 인재 3,600여 명 등 5,000여 명의 인공지능 관련 인재육성 계획을 발표하였다. 구체적으로는 인공지능관련 석박사급 세계적 선도 연구자 350명을 양성을 목표로 2022년까지 6개의 인공지능 관련 대학원 신설 추진하며 최대 10년(5+5)동안 연간 20억 원 수준으로 지원할 계획이다. 또한 인공지능 관련 전문 교수 10명(전임 70% 이상) 이상, 그리고 연 50명 수준의 대학원생 참여 조건을 충족하는 대학원을 선정하여 AI 최고급 인재를 집중 양성할 계획이다. 정부는 또한 이들 인재가 다양한 기술 및 산업 분야에서 AI 기술을 다양한 분야에 활용하여 혁신적인 지능화 서비스를 창출할 수 있도록 하는 인공지능 인력 양성하는 목표를 발표하였다. 또한, 해외 유명인사 교수 초빙을 우대하고,

국제 공동연구 추진 및 글로벌 기업 등에서의 인턴십을 통해 해당 인재의 글로벌 역량 강화를 위한 지원 계획도 발표하였다. 기업 수요 기반의 연구개발 및 현장 중심의 석박사급 고급 인재를 양성하기 위해 산학협력 활동 강화하는 권장하였다.

직업 훈련에서도 인공지능 분야 6개월 집중 교육훈련으로 2021년까지 산업 맞춤형 청년 인재 600명 육성계획을 발표하였다. 졸업예정자, 취업준비생 대상으로 한 교육지원 계획도 발표하였는데, 민간 교육기관 (예- 대학)과 기업 컨소시엄을 통해 국내 최고전문가(산업체 경력 10년 이상) 가 AI 프로젝트 수행(50% 이상)과 응용 분야(자율차 등)에 대해 교육을 수행하고 이를 수행하는 기관 당 4년간 20-50억원 규모로 지원할 계획을 발표하였다. 취업 연계 강화를 위해 참여기업의 수요 의견 등을 교육과정에 설계 반영하고 수료생 중 50% 이상의 참여기업 채용 조건 부여하고 취업률 75% 이상 컨소시엄에 운영비를 지원하는 구체적인 계획도 발표하였다. 또한, 양질의 인공지능 관련 온라인공개강좌(MOOC) 개발 및 제공을 위해 '2022년까지 관련 강좌 수를 총 70개 규모로 확대하고 대학의 우수 AI 강좌를 온라인으로 수강할 수 있도록 AI와 관련된 강좌를 기초, 중급, 고급 및 응용까지 정부 차원에서 종합적으로 제공할 계획을 발표하였다.

Ⅳ. 디지털화 심화와 정책 시사점

디지털화의 심화와 함께 직업구조의 전환 속도가 빠르고 적용 범위 또한 넓어지고 있어 노동시장의 유연성을 높이는 것은 그 어느 때보다 중요하다. 또한, 고령화와 고령 인구의 건강상태 개선으로 개인 노동자가 노동시장에서 머무는 기간 또한 증가하여, 평생 직업 훈련의 중요성도 점차 커지고 있다. 최근에 고용노동부(2020)은 기존 근로자를 대상으로 2020년에 근로자의 직업적합성을 높이기 위해 수강할 수 있는 훈련과정 12,450개를 공급할 계획을 밝혀 신기술교육에 대한 공급을 대폭 늘리고 있다. 이는 근로자가 기존 업무가 변화하여 새로운 업무를 효과적으로 수행하기 위해 필요한 신기술 습득을 위해 이용할 수 있는 훈련과정의 한 예로 정부가 노동시장의 유연성을 높이기 위해 노동자의 새로운 기술 습득을 돕기 위해 적극적으로 투자하며 노력하고 있음을 보여준다.

현재의 상황이 인공지능 등 디지털 기술이 적극적으로 도입되기 시작하는 시점이라고 볼 때 국가적 차원에서 신기술 개발을 위한 투자와 이에 대한 인재육성을 위한 투자를 통해 디지털 기술에 선도적 위치를 점하는 것이 어느 때보다 중요하다. 인재육성은 새롭게 노동시장에 진입하는 인재육성과 기존 노동자의 신기술 습득을 통한 인재육성으로 구분할 수 있다. 첫째, 신규인재 육성을 위한 교육은 인공지능 및 빅데이터 그리고 데이터 사이언스 등 대학에서 신설학과 개설과 관련학과의 산학협력을 통해 좀 더 실용적인 형태로 교육이 제공되고 있다. 둘째, 기존 노동자의 신기술 습득을 통한 인재육성은 단기 직업 훈련과 같은 정부 및 산학 협동의 교육 서비스 공급의 증가를 통해서 이루어지고 있다.

필요한 디지털 신규 인력을 적절히 공급하기 위해서는, 디지털화의 심화로 인해 앞으로 생성될 직업과 그 업무에서 필요로 하는 새로운 기술을 정확히 식별해 내는 것이 중요하다. 이를 정확히 식별하기 위해서는 직업 및 업무별 근로자가 보유하고 있는 기술에 대한 데이터의 축적이 필요하고, 식별된 직업 및 업무의 노동자가 보유한 기술에 대한 교육을 통해 해당 기술을 보유한 인재를 육성하는 전략이 필요하다. 또한, 고령화의 진행으로 기존 근로자의 재교육이 중요해 짐에 따라 정부는 신기술 습득의 필요를 느낀 교육의 수요자가 좀 더 유연하게 교육 서비스를 받을 기회를 제공할 필요가 있다. 예컨대, 최근 양질의 온라인공개강좌(MOOC)가 많이 늘어나고 있고 스마트 훈련 교육을 통한 온라인강좌에 대해 수강할 수 있는 대상의 주제가 점점 넓어지고 있는데 현재로는 내용이 아주 빈약한 수준이어서 이에 대한 투자를 통해 효율성을 높일 필요가 있다. 특히, 온라인 공개강좌의 경우 초기 투자비용이 상당하지만 일단 강좌가 생성되면 별 추가비용 없이 강좌를 지속적으로 제공할 수 있다는 장점을 생각해 이 분야의 성장을 위해 투자를 늘릴 필요가 있다. 고용노동부(2020)도 이에 맞춰 비대면 교육 및 스마트 직업훈련 교육의 활성화를 통해 신기술 습득에 필요한 교육과정을 공급하는데 노력을 하고 있는데 스마트 훈련도 현재 막 시작하는 단계이어서 앞으로 이러한 방식에 의한 직업 훈련 교육의 효과성 연구도 필요해 보인다.

끝으로, 앞으로 인재육성 교육에 기업 주도의 교육의 확대도 고려해 볼 필요가 있다. 디지털화의 심화와 함께 기업의 노동자가 필요로 하는 기술은 빠른 속도로 변화하고 있다. 그에 따라, 대학에서 제공하는 전문적인 지식 뿐 아니라 기업 현장에서 실무 경험을 통해 습득한 지식 및 기술을 빠른 속도로 제공하는 기업의 경쟁력 확보를 위해 아주 중요하다. 따라서, 정부는 디지털 인재 육성을 위해 기업과 학계와 서로 협동하여 시너지를 낼 수 있도록 적극적으로 도와야 한다. SK가 2016년부터 시행하는 것처럼 기업의 인공지능 전문가들이 현업 경험을 토대로 기술 이론과 비즈니스 사례 등을 대학에서 강의하는 인공지능 커리큘럼의 확대는 신기술 습득의 속도를 향상시킬 수 있다고 생각한다. 그리고 현장과 교육기관의 연결성의 심화는 기업이 필요로 하는 기술을 좀 더 정확하게 제공하는 것을 가능하게 할 것으로 예상한다. 끝으로 이러한 교육프로그램의 제공을 대학 내의 교육으로 제한할 것이 아니라 MOOC이나 온라인 강좌를 통해 기존의 근로자들도 참여할 수 있도록 교육제공의 범위를 확대하기 위한 노력도 필요할 것으로 생각한다.

참고문헌

고용노동부. 2020. "하반기, 코로나 이후 시대를 대비하여 비대면 훈련 활성화."

과학기술정부통신부. 2018. "I-Korea 4.0 실현을 위한인공지능(AI) R&D 전략."

구경현·김혁황·류한별. 2020. "무역구조의 변화가 국내 고용구조에 미친 영향과 정책 시사점," *KIEP 연구보고서*.

구경현. 2020. "무역구조의 변화가 국내 고용구조에 미치는 영향과 대응 방안,"

2020 KIEP 통상전략포럼.

오은진·문지선·최윤정·장희영·장혜원. 2018. “기술발전에 따른 여성 일자리 전망과 대응 전략,” *한국여성정책연구원*, 연구보고서 24.

천기우. 2017. “주요국의 4차 산업혁명 대응전략과 시사점,” *NRF R&D Brief*, 2017-33호, 1-8.

최성호·장경원. 2018. “4차 산업혁명 대비 주요국 동향과 직업능력개발 훈련의 방향,” *한국산업인력공단*.

일본 내각부. 2017. 경제재정백서 일본경제 2016-2017.

일본 내각부. 2018. 인공지능기술전략실행계획(안), 2018.6.26.

일본 문부과학성. 2016. 과학기술백서 2016

일본 경제산업성. 2017. 신산업구조비전

일본 경제산업성. 2018. Society 5.0 실현을 향한 교육·창의인재의 육성

Abraham, K. G., & Kearney, M. S. 2020. “Explaining the Decline in the US Employment-to-Population Ratio: A Review of the Evidence,” *Journal of Economic Literature*.

Acemoglu, D., & Autor, D. 2011. “Skills, Tasks and Technologies: Implications for Employment and Earnings.” in O. Ashenfelter and D. Card, eds., *The Handbook of Labor Economics Volume IV*, Amsterdam: Elsevier.

Acemoglu, D., Lelarge, C., & Restrepo, P. 2020. “Competing with Robots: Firm-Level Evidence from France,” In AEA Papers and Proceedings (Vol. 110, pp. 383-88).

Acemoglu, D., & Restrepo, P. 2018. “The race between man and machine: Implications of technology for growth, factor shares, and employment,” *American Economic Review*, 108(6), 1488-1542.

Acemoglu, D., & Restrepo, P. 2020. “Robots and jobs: Evidence from US labor markets.,” *Journal of Political Economy*, 128(6), pp.2188-2244.

Agrawal, A., Gans J., & Goldfarb, A. 2018. “Economic policy for artificial intelligence", *NBER Working Paper*, No. 24690.

Aiyar, M.S., & Ebeke, M.C.H., 2017. "The impact of workforce aging on European productivity," *International Monetary Fund.*

Autor, D. 2015. "Why Are There Still So Many Jobs? The History and Future of Workplace Automation," *Journal of Economic Perspectives* 29(3), pp.3 – 30.

Autor, D., Dorn, D., Katz, L.F., Patterson, C., & Van Reenen, J. 2020. "The fall of the labor share and the rise of superstar firms," *The Quarterly Journal of Economics*, 135(2), pp.645-709.

Autor, D., & Salomons, A. 2017, "Does productivity growth threaten employment?"Robocalypse now"?." In presentation at European Central Bank Annual Conference, Sintra, Portugal (Vol. 27).

Autor, D., & Salomons, A. 2018. "Is Automation Labor Share-Displacing? Productivity Growth, Employment, and the Labor Share," *Brookings Institution Press*.

Arntz, M., Gregory, T., & Zierahn, U. 2016. "The risk of automation for jobs in OECD countries: A comparative analysis," *Working Papers.*

Arntz, M., Gregory, T., & Zierahn, U. 2017. "Revisiting the risk of automation," *Economics Letters,* 159, pp.157-160.

Bessen, J. 2019. "Automation and jobs: When technology boosts employment," *Economic Policy*, 34(100), pp.589-626.

Brynjolfsson, E., Rock, D., & Syverson, C. 2017. "Artificial intelligence and the modern productivity paradox: A clash of expectations and statistics," *NBER Working Paper*, No. 24001.

Bughin, J., Hazan, E., Lund, S., Dahlström, P., Wiesinger, A., & Subramaniam, A. 2018. "Skill shift: Automation and the future of the workforce," *McKinsey Global Institute.*

Dekle, R. 2020. "Robots and industrial labor: Evidence from Japan," *Journal of the Japanese and International Economies*, 58, p.101-108.

Dell, K., Nestoriak, N., & Marlar, J. 2020. "Assessing the Impact of New

Technologies on the Labor Market: Key Constructs, Gaps, and Data Collection Strategies for the Bureau of Labor Statistics."

Deming, D. 2017. "The Growing Importance of Social Skills in the Labor Markek," *Quarterly Journal of Economics*, 132(4): 1593-1640.

Eden, M., & Gaggl, P. 2018. "On the Welfare Implications of Automation," *Review of Economic Dynamics*, Vol 29, p. 15-43.

Elsby,M., Hobijn, B., & Şahin, A. 2013. "The decline of the US labor share," *Brookings Papers on Economic Activity*, 2013(2), pp.1-63.

Frey, C. B., & Osborne, M. A. 2017. "The future of employment: How susceptible are jobs to computerisation?." *Technological forecasting and social change*, 114, 254-280.

Göbel, C., & Zwick, T. 2013. "Are personnel measures effective in increasing productivity of old workers?." *Labour Economics*, 22, pp.80-93.

Gordon, R.J. 2017. *The rise and fall of American growth: The US standard of living since the civil war* (Vol. 70). Princeton University Press.

Grace, K., Salvatier, J., Dafoe, A., Zhang, B., & Evans, O. 2018. "When will AI exceed human performance? Evidence from AI experts," *Journal of Artificial Intelligence Research*, 62, pp.729-754.

Harris, K., & Schwedel, A. 2018. *Labor 2030: The Collision of Demographics, Automation, and Inequality*, Bain & Company.

Graetz, G., & Michaels, G. 2018. "Robots at work," *Review of Economics and Statistics*, 100(5), 753-768.

Lee, J.W., Han, J.S., & Song, E. 2019. "The effects and challenges of vocational training in Korea," *International Journal of Training Research*, 17(sup1), pp.96-111.

Lee, J.W., Song, E., & Kwak, D. 2020. "Aging labor, ICT capital, and productivity in Japan and Korea," *Journal of the Japanese and International Economies*, Volume 58, 101095.

Maestas, N., Mullen, K.J., & Powell, D. 2016. *The effect of population aging on economic growth, the labor force and productivity* (No. w22452). National Bureau of Economic Research.

Mahlberg, B., Freund, I., Cuaresma, J.C., & Prskawetz, A. 2013. "Ageing, productivity and wages in Austria," *Labour economics*, 22, pp.5-15.

McKinsey & Company 2017. "Jobs lost, jobs gained: Workforce transitions in a time of automation," *McKinsey Global Institute analysis*.

Muro, M., Rothwell, J., Andes, S., Fikri, K., & Kulkarni, S. 2015. *America's Advanced Industries: What They Are, Where They Are, and Why They Matter*. Washington, D.C.: The Brookings Institution.

Nedelkoska, L., & Quintini, G. 2018. "Automation, skills use and training, OECD Social, Employment, and Migration," *Working Papers*.

OECD. 2017. *Getting Skills Right: Skills for Jobs Indicators*, OECD Publishing,

OECD. 2018. *The Future of Education and Skills: Education 2030*.

OECD. 2019. *Going Digital: Shaping Policies, Improving Lives*, OECD Publishing, Paris, https://dx.doi.org/10.1787/9789264312012-en.

Servoz, M. 2019. "The Future of Work? Work of the Future," *On how artificial intelligence, robotics and automation are transforming jobs and the economy in Europe. In AI report* 44 (2019): 10-2307.

Webb, M. 2019. "The impact of artificial intelligence on the labor market," Available at SSRN 3482150.

World Economic Forum. 2016. "The future of jobs: Employment, skills and workforce strategy for the fourth industrial revolution," *Global Challenge Insight Report*.

World Economic Forum. 2018. "The future of jobs report 2018," World Economic Forum, Geneva, Switzerland.

부록

〈부표 1〉 직업의 자동화 위험도 랭킹 (낮은 순에서 높은 순)

(단위: %)

자동화 지수			
순위	확률	직업	
1	0.0028	Recreational therapists	레크리에이션 치료사
2	0.003	First-line supervisors of mechanics, installers, and repairers	기계공, 설치자 및 수리공의 일선 감독자
3	0.003	Emergency management directors	비상 관리 전문가
4	0.0031	Mental health and substance abuse social workers	정신 건강 및 약물 남용 사회 복지사
5	0.0033	Audiologists	청각 학자
6	0.0035	Occupational therapists	작업 치료사
7	0.0035	Orthotists and prosthetists	보건전문가
8	0.0035	Healthcare social workers	의료 사회 복지사
9	0.0036	Oral and maxillofacial surgeons	구강 악안면 외과 의사
10	0.0036	First-line supervisors of fire fighting and prevention workers	소방 및 예방 근로자의 일선 감독자
11	0.0039	Dietitians and nutritionists	영양사 및 영양사
12	0.0039	Lodging managers	숙박 관리자
13	0.004	Choreographers	안무가
14	0.0041	Sales engineers	영업 엔지니어
15	0.0042	Physicians and surgeons	의사 및 외과 의사
16	0.0042	Instructional coordinators	교육 코디네이터
17	0.0043	Psychologists, all other	심리학자, 기타 모든

자동화 지수			
순위	확률	직업	
18	0.0044	First-line supervisors of police and detectives	경찰과 형사의 일선 감독관
19	0.0044	Dentists, general	치과 의사, 일반
20	0.0044	Elementary school teachers, except special education	특수 교육을 제외한 초등학교 교사
21	0.0045	Medical scientists, except epidemiologists	역학자를 제외한 의료 과학자
22	0.0046	Education administrators, elementary and secondary school	교육 관리자, 초등학교 및 중등 학교
23	0.0046	Podiatrists	족부 전문의
24	0.0047	Clinical, counseling, and school psychologists	임상, 상담 및 학교 심리학자
25	0.0048	Mental health counselors	정신 건강 상담사
26	0.0049	Fabric and apparel patternmakers	직물 및 의류 패턴 제작자
27	0.0055	Set and exhibit designers	디자이너 세트 및 전시
28	0.0055	Human resources managers	인적 자원 관리자
29	0.0061	Recreation workers	레크리에이션 노동자
30	0.0063	Training and development managers	교육 및 개발 관리자
31	0.0064	Speech-language pathologists	언어 병리학 자
32	0.0065	Computer systems analysts	컴퓨터 시스템 분석가
33	0.0067	Social and community service managers	사회 및 커뮤니티 서비스 관리자
34	0.0068	Curators	큐레이터
35	0.0071	Athletic trainers	운동 트레이너
36	0.0073	Medical and health services managers	의료 및 건강 서비스 관리자
37	0.0074	Preschool reachers, except special education	특수 교육을 제외한 유아원

자동화 지수			
순위	확률	직업	
38	0.0075	Farm and home management advisors	농장 및 주택 관리 고문
39	0.0077	Anthropologists and archeologists	인류 학자 및 고고학자
40	0.0077	Special education teachers, secondary school	특수 교육 교사, 중등 학교
41	0.0078	Secondary school teachers, except special and career/technical education Clergy	특수 및 직업 · 기술 교육을 제외한 중등 학교 교사
42	0.0081	Clergy	성직가
43	0.0081	Foresters	산림전문가
44	0.0085	Educational, guidance, school, and vocational counselors Career/technical education teachers, secondary school	교육,지도, 학교 및 직업 상담원 직업 · 기술 교육 교사, 중등 학교
45	0.0088	Career/technical education teachers, secondary school	직업 · 기술 교육 교사, 중등 학교
46	0.009	Registered nurses	등록 간호사
47	0.0094	Rehabilitation counselors	재활 상담사
48	0.0095	Teachers and Instructors, all other	교사 및 강사, 기타 모든
49	0.0095	Forensic science technicians	법의학 기술자
50	0.01	Makeup artists, theatrical and performance	메이크업 아티스트, 연극 및 공연
51	0.01	Marine engineers and naval architects	해양 엔지니어 및 해군 건축가
52	0.01	Education administrators, postsecondary	교육 관리자, 고등 교육
53	0.011	Mechanical engineers	기계 엔지니어
54	0.012	Pharmacists	약사
55	0.012	Logisticians	물류 전문가
56	0.012	Microbiologists	미생물 학자

자동화 지수			
순위	확률	직업	
57	0.012	Industrial–organizational psychologists	산업 조직 심리학자
58	0.013	Coaches and scouts	코치와 스카우트
59	0.013	Sales managers	영업 관리자
60	0.014	Hydrologists	수 문학자
61	0.014	Marketing managers	마케팅 관리자
62	0.014	Marriage and family therapists	결혼 및 가족 치료사
63	0.014	Engineers, all other	엔지니어, 기타 모든
64	0.014	Training and development specialists	교육 및 개발 전문가
65	0.014	First–line supervisors of office and administrative support workers	사무실 및 행정 지원 근로자의 일선 감독자
66	0.015	Biological scientists, all other	생물 학자, 기타 모든
67	0.015	Public relations and fundraising managers	홍보 및 모금 관리자
68	0.015	Multimedia artists and animators	멀티미디어 아티스트 및 애니메이터
69	0.015	Computer and information research scientists	컴퓨터 및 정보 연구 과학자
70	0.015	Chief executives	최고 경영자
71	0.015	Education administrators, preschool and childcare center/program	교육 관리자, 유치원 및 보육 센터 · 프로그램
72	0.015	Music directors and composers	음악 감독 및 작곡가
73	0.016	First–line supervisors of production and operating workers	생산 및 운영 근로자의 일선 감독자
74	0.016	Securities, commodities, and financial services sales agents	증권, 상품 및 금융 서비스 판매 대리점
75	0.016	Conservation scientists	보존 과학자
76	0.016	Special education teachers, middle school	특수 교육 교사, 중학교

자동화 지수			
순위	확률	직업	
77	0.017	Chemical engineers	화학 엔지니어
78	0.017	Architectural and engineering managers	건축 및 엔지니어링 관리자
79	0.017	Aerospace engineers	항공 우주 엔지니어
80	0.018	Natural sciences managers	자연 과학 관리자
81	0.018	Environmental engineers	환경 엔지니어
82	0.018	Architects, except landscape and naval	건축가 (조경 및 해군 제외)
83	0.018	Physical therapist assistants	물리 치료사 보조
84	0.019	Civil engineers	토목 기술자
85	0.02	Health diagnosing and treating practitioners, all other	건강 담당가
86	0.021	Soil and plant scientists	토양 및 식물 과학자
87	0.021	Materials scientists	재료 과학자
88	0.021	Materials engineers	재료 엔지니어
89	0.021	Fashion designers	패션 디자이너들
90	0.021	Physical therapists	물리 치료사
91	0.021	Photographers	사진 작가
92	0.022	Producers and directors	프로듀서 및 감독
93	0.022	Interior designers	인테리어 디자이너
94	0.023	Orthodontists	치열 교정 의사
95	0.023	Art directors	아트 디렉터
96	0.025	First-line supervisors of oorrectional officers	구직 담당관의 일선 감독자
97	0.025	Directors, religious activities and education	종교 활동 및 교육 감독가

자동화 지수			
순위	확률	직업	
98	0.025	Electronics engineers, except computer	컴퓨터를 제외한 전자 엔지니어
99	0.027	Biochemists and biophysicists	생화학 자 및 생물 물리학자
100	0.027	Chiropractors	척추 지압사
101	0.028	Occupational therapy assistants	작업 치료 보조자
102	0.028	Child, family, and school social workers	아동, 가족 및 학교 사회 복지사
103	0.028	Health and safety engineers, except mining safety engineers and inspectors	광업 안전 엔지니어 및 검사관을 제외한 건강 및 안전 엔지니어
104	0.029	Industrial engineers	산업 엔지니어
105	0.029	First-line supervisors of transportation and material-moving machine and vehicle operators	운송 및 자재 운반 기계 및 차량 운영자의 일선 감독관
106	0.029	Veterinary technologists and technicians	수의 기술자 및 기술자
107	0.03	Industrial production managers	산업 생산 관리자
108	0.03	Industrial engineering technicians	산업 공학 기술자
109	0.03	Network and computer systems administrators	네트워크 및 컴퓨터 시스템 관리자
110	0.03	Database administrators	데이터베이스 관리자
111	0.03	Purchasing managers	구매 관리자
112	0.032	Postsecondary teachers	고등 교사
113	0.033	Environmental scientists and specialists, including health	보건, 환경 과학자 및 전문가
114	0.033	Substance abuse and behavioural disorder counselors	약물 남용 및 행동 장애 상담사
115	0.035	Lawyers	변호사

자동화 지수			
순위	확률	직업	
116	0.035	Craft artists	공예가
117	0.035	Operations research analysts	운영 연구 분석가
118	0.035	Computer and information systems managers	컴퓨터 및 정보 시스템 관리자
119	0.037	Commercial and industrial designers	상업 및 산업 디자이너
120	0.037	Biomedical engineers	생의학 엔지니어
121	0.037	Meeting, convention, and event planners	이벤트 기획자
122	0.038	Veterinarians	수의사
123	0.038	Writers and authors	작가와 작가
124	0.039	Advertising and promotions managers	광고 및 판촉 관리자
125	0.039	Political scientists	정치 과학자
126	0.04	Credit counselors	신용 상담사
127	0.04	Social scientists and related workers, all other	사회 과학자 및 관련 근로자, 기타 모든
128	0.041	Astronomers	천문학 자들
129	0.041	Ship engineers	선박 엔지니어
130	0.042	Software developers, applications	소프트웨어 개발자, 애플리케이션
131	0.042	Fine artists, including painters, sculptors, and illustrators Psychiatric technicians	예술가
132	0.043	Psychiatric technicians	정신과 기술자
133	0.045	Landscape architects	조경사
134	0.045	Health educators	건강 교육자
135	0.047	Mathematicians	수학자
136	0.047	Floral designers	꽃 디자이너

자동화 지수			
순위	확률	직업	
137	0.047	Farmers, ranchers, and other agricultural managers	농부, 목장주 및 기타 농업 관리자
138	0.048	Forest fire inspectors and prevention specialists	산불 검사관 및 예방 전문가
139	0.049	Emergency medical technicians and paramedics	응급 의료 기술자 및 구급대 원
140	0.055	Editors	편집자
141	0.055	Prosthodontists	보철 전문의
142	0.055	Healthcare practitioners and technical workers, all other	의료 종사자 및 기술 근로자, 기타 모든
143	0.057	Travel guides	여행 가이드
144	0.058	Licensed practical and licensed vocational nurses	면허 실무 및 면허 직업 간호사
145	0.059	Sociologists	사회 학자
146	0.06	Arbitrators, mediators, and conciliators	중재자, 중재자 및 조정자
147	0.061	Animal scientists	동물 과학자
148	0.064	Residential advisors	주거 상담가
149	0.066	Aircraft cargo handling supervisors	항공기화물 취급 감독관
150	0.066	Respiratory therapists	호흡기 치료사
151	0.067	Broadcast news analysts	방송 뉴스 분석가
152	0.069	Financial managers	재무 관리자
153	0.07	Nuclear engineers	원자력 엔지니어
154	0.071	Construction managers	건설 관리자
155	0.074	Musicians and singers	음악가와 가수
156	0.075	First-line supervisors of non-retail sales workers	비 소매 영업 직원의 일선 감독자

자동화 지수			
순위	확률	직업	
157	0.076	First-line supervisors of personal service workers	개인 서비스 근로자의 일선 감독자
158	0.077	Food scientists and technologists	식품 과학자 및 기술자
159	0.08	Compliance officers	준법 감시인
160	0.08	Fish and game wardens	물고기 및 게임 감시자
161	0.082	Graphic designers	그래픽 디자이너
162	0.083	Food service managers	음식 서비스 관리자
163	0.084	Childcare workers	보육원
164	0.085	Fitness trainers and aerobics instructors	피트니스 트레이너 및 에어로빅 강사
165	0.091	Gaming managers	게임 관리자
166	0.097	Electrical power-line installers and repairers	전력선 설치 및 수리공
167	0.098	Police and sheriff's patrol officers	경찰 및 보안관의 순찰 관
168	0.099	Travel agents	여행사
169	0.1	Chefs and head cooks	요리사와 수석 요리사
170	0.1	Animal trainers	동물 조련사
171	0.1	Radio and television announcers	라디오 및 텔레비전 아나운서
172	0.1	Electrical engineers	전기 엔지니어
173	0.1	Chemists	화학자
174	0.1	Respiratory therapy technicians	호흡기 치료 기술자
175	0.1	Physicists	물리학 자
176	0.11	Hairdressers, hairstylists, and cosmetologists	미용사, 헤어 스타일리스트 및 미용사
177	0.11	Reporters and correspondents	기자 및 특파원

자동화 지수			
순위	확률	직업	
178	0.11	Air traffic controllers	항공 교통 관제사
179	0.13	Dancers	댄서
180	0.13	Nuclear medicine technologists	핵 의학 기술자
181	0.13	Software developers, systems software	소프트웨어 개발자, 시스템 소프트웨어
182	0.13	Management analysts	경영 분석가
183	0.13	Dietetic technicians	영양 기술자
184	0.13	Urban and regional planners	도시 및 지역 기획자
185	0.13	Social and human service assistants	사회 및 인간 서비스 도우미
186	0.13	Self-enrichment education teachers	자기 강화 교육 교사
187	0.13	Sound engineering technicians	건전한 엔지니어링 기술자
188	0.14	Optometrists	검안사
189	0.14	Mining and geological engineers, including mining safety engineers Physician assistants	채광 안전 엔지니어를 포함한 채광 및 지질 엔지니어 의사 보조
190	0.14	Physician assistants	의료 보조 인력
191	0.15	Kindergarten teachers, except special education	특수 교육을 제외한 유치원 교사
192	0.15	Electricians	전기 기사
193	0.16	Petroleum engineers	석유 엔지니어
194	0.16	Desktop publishers	데스크톱 게시자
195	0.16	General and operations managers	일반 및 운영 관리자
196	0.17	Occupational health and safety specialists	산업 보건 및 안전 전문가
197	0.17	Firefighters	소방관

자동화 지수			
순위	확률	직업	
198	0.17	Financial examiners	재무 심사관
199	0.17	First-line supervisors of construction trades and extraction workers	건설업 및 채굴 작업자의 일선 감독관
200	0.17	Middle school teachers, except special and career/technical education	특수 및 직업 · 기술 교육을 제외한 중학교 교사
201	0.18	Public relations specialists	홍보 전문가
202	0.18	Commercial divers	상업 다이버
203	0.18	Manufactured building and mobile home installers	제조 건물 및 이동 주택 설치
204	0.18	Airline pilots, copilots, and flight engineers	항공사 조종사, 부조종사 및 비행 엔지니어
205	0.19	Adult basic and secondary education and literacy teachers and instructors Epidemiologists	성인 대상 강사
206	0.2	Epidemiologists	역학자
207	0.2	Funeral service managers, directors, morticians, and undertakers	장례 서비스 관리자, 이사, 장의사 및 장의사
208	0.21	Information security analysts, web developers, and computer network architects Actuaries	정보 보안 분석가, 웹 개발자 및 컴퓨터 네트워크 설계자 보험 계리사
209	0.21	Actuaries	계리사
210	0.21	Animal control workers Concierges	동물 통제 노동자 안내 원
211	0.21	Concierges	컨시어지
212	0.22	Computer occupations, all other	컴퓨터 직종, 기타 모든
213	0.22	Statisticians	통계 학자
214	0.22	Computer hardware engineers	컴퓨터 하드웨어 엔지니어

자동화 지수			
순위	확률	직업	
215	0.23	Survey researchers	조사 연구원
216	0.23	Business operations specialists, all other	비즈니스 운영 전문가
217	0.23	Financial analysts	재무 분석가
218	0.23	Radiologic technologists and technicians	방사선 기술자 및 기술자
219	0.23	Cardiovascular technologists and technicians	심혈관 기술자 및 기술자
220	0.24	Agents and business managers of artists, performers, and athletes	예술가, 공연자 및 운동 선수의 에이전트 및 비즈니스 관리자
221	0.24	Engineering technicians, except drafters, all other	기계 전문가 (제도사 제외)
222	0.25	Geographers	지리학자
223	0.25	Occupational health and safety technicians	산업 보건 및 안전 기술자
224	0.25	Probation officers and correctional treatment specialists	보호 관찰관 및 교정 치료 전문가
225	0.25	Environmental engineering technicians	환경 공학 기술자
226	0.25	Managers, all other	관리자, 기타 모든
227	0.25	Ambulance drivers and attendants, except emergency medical technicians	응급 의료 기술자를 제외한 구급차 운전사 및 승무원
228	0.25	Sales representatives, wholesale and manufacturing, technical and scientific products Career/technical education teachers, middle school	영업 담당자, 도매 및 제조, 기술 및 과학 제품 직업 · 기술 교육 교사, 중학교
229	0.26	Career/technical education teachers, middle school	직업 · 기술 교육 교사, 중학교
230	0.27	Captains, mates, and pilots of water vessels	수상 선박의 선장, 동료 및 조종사

자동화 지수			
순위	확률	직업	
231	0.27	Occupational therapy aides	작업 치료 보조원
232	0.27	Medical equipment repairers	의료 장비 수리공
233	0.28	First-line supervisors of retail sales workers	소매 판매 직원의 일선 감독자
234	0.28	Athletes and sports competitors	운동 선수 및 스포츠 경쟁자
235	0.28	Gaming supervisors	게임 감독자
236	0.29	Skincare specialists	스킨 케어 전문가
237	0.29	Wholesale and retail buyers, except farm products	농산물을 제외한 도매 및 소매 구매자
238	0.3	Biological technicians	생물학 기술자
239	0.3	Medical assistants	의료 보조원
240	0.3	Zoologists and wildlife biologists	동물 학자 및 야생 생물 학자
241	0.3	Cooks, private household	요리사, 개인 가정
242	0.31	Human resources, training, and labour relations specialists, all other	인적 자원, 교육 및 노사 관계 전문가
243	0.31	Private detectives and investigators	사립 탐정과 수사관
244	0.31	Film and video editors	영화 및 비디오 편집자
245	0.33	Financial specialists, all other	금융 전문가, 기타 모든
246	0.34	Detectives and criminal investigators	형사 및 형사 수사관
247	0.34	Surgical technologists	외과 기술자
248	0.34	Radiation therapists	방사선 치료사
249	0.35	Plumbers, pipefitters, and steamfitters	배관공, 배관공 및 증기 배관공
250	0.35	Flight attendants	승무원
251	0.35	Diagnostic medical sonographers	진단 의료 초음파 기사

자동화 지수			
순위	확률	직업	
252	0.36	Bailiffs	집행관
253	0.36	Computer numerically controlled machine tool programmers, metal and plastic Furnace, kiln, oven, drier, and kettle operators and tenders	컴퓨터 전문가
254	0.36	Telecommunications equipment installers and repairers, except line installers	통신 장비 설치자 및 수리자 (라인 설치자 제외)
255	0.37	Furnace, kiln, oven, drier, and kettle operators and tenders	용광로, 가마, 오븐, 건조기, 주전자 운영자 및 입찰자
256	0.37	Cleaners of vehicles and equipment	차량 및 장비 클리너
257	0.37	Funeral attendants	장례식 수행원
258	0.37	Helpers-extraction workers	도우미-추출 작업자
259	0.37	Actors	배우
260	0.37	Mine shuttle car operators	광산 셔틀 카 운영자
261	0.38	Electrical and electronics repairers, powerhouse, substation, and relay	전기 및 전자 수리공, 발전소, 변전소 및 릴레이
262	0.38	Surveyors	측량사
263	0.38	Mechanical engineering technicians	기계 공학 기술자
264	0.38	Packers and packagers, hand	포장업자 및 포장업자, 손
265	0.38	Interpreters and translators	통역사 및 번역사
266	0.39	Home health aides	가정 건강 보조원
267	0.39	Upholsterers	실내 장식가
268	0.39	Elevator installers and repairers	엘리베이터 설치 및 수리공
269	0.39	Gaming cage workers	게임 케이지 작업자
270	0.39	Audio-visual and multimedia collections specialists	시청각 및 멀티미디어 컬렉션 전문가

자동화 지수			
순위	확률	직업	
271	0.4	Judges, magistrate judges, and magistrates	판사, 치안 판사 및 치안 판사
272	0.4	Mobile heavy equipment mechanics, except engines	엔진을 제외한 이동식 중장비 역학
273	0.4	Health technologists and technicians, all other	건강 기술자 및 기술자, 기타 모든
274	0.41	Graders and sorters, agricultural products	그레이더 및 분류기, 농산물
275	0.41	Structural metal fabricators and fitters	구조용 금속 제작자 및 설치자
276	0.41	Judicial law clerks	사법 사무원
277	0.41	Electrical and electronics repairers, commercial and industrial equipment	전기 및 전자 수리공, 상업 및 산업 장비
278	0.42	Forest and conservation technicians	산림 및 보전 기술자
279	0.42	First-line supervisors of helpers, labourers, and material movers, hand	도우미, 노동자 및 물질 이동 자의 일선 감독자, 손
280	0.43	Locker room, coatroom, and dressing room attendants Physical scientists, all other	라커룸, 코트 룸 및 탈의실 수행원 물리 과학자, 기타 모든 사람
281	0.43	Physical scientists, all other	물리 과학자, 기타 모든
282	0.43	Economists	경제학자
283	0.44	Historians	역사가
284	0.45	Medical appliance technicians	의료 기기 기술자
285	0.46	Court, municipal, and license clerks	법원, 지방 자치 단체 및 면허 사무원
286	0.47	Compensation, benefits, and job analysis specialists	보상, 복리 후생 및 직무 분석 전문가
287	0.47	Psychiatric aides	정신과 보좌관

자동화 지수			
순위	확률	직업	
288	0.47	Medical and clinical laboratory technicians	의료 및 임상 실험실 기술자
289	0.48	Fire inspectors and investigators	소방관 및 조사관
290	0.48	Aerospace engineering and operations technicians	항공 우주 공학 및 운영 기술자
291	0.48	Merchandise displayers and window trimmers	상품 진 열기 및 창 트리머
292	0.48	Explosives workers, ordnance handling experts, and blasters	폭발물 작업자, 병기 취급 전문가 및 블래스터
293	0.48	Computer programmers	컴퓨터 프로그래머
294	0.49	Crossing guards	횡단 경비대
295	0.49	Agricultural engineers	농업 엔지니어
296	0.49	Roof bolters, mining	지붕 설치가
297	0.49	Telecommunications line installers and repairers	통신 라인 설치 및 수리공
298	0.49	Police, fire, and ambulance dispatchers	경찰, 소방 및 구급차 파견
299	0.5	Loading machine operators, underground mining	로딩 기계 운영자, 지하 채굴
300	0.5	Installation, maintenance, and repair workers, all other	설치, 유지 보수 및 수리 작업자
301	0.5	Court reporters	법원 기자
302	0.51	Demonstrators and product promoters	시위자 및 제품 홍보 자
303	0.51	Dental assistants	치과 조수
304	0.52	Shoe and leather workers and repairers	신발 및 가죽 노동자와 수리공
305	0.52	Architectural and civil drafters	건축 및 토목 제도사
306	0.53	Rotary drill operators, oil and gas	로타리 드릴 작업자, 석유 및 가스

자동화 지수			
순위	확률	직업	
307	0.53	Hazardous materials removal workers	유해 물질 제거 작업자
308	0.54	Embalmers	유체보존기술가
309	0.54	Continuous mining machine operators	지속적인 채굴 기 운영자
310	0.54	Slot supervisors	슬롯 감독자
311	0.54	Massage therapists	마사지 치료사
312	0.54	Advertising sales agents	광고 판매 대리점
313	0.55	Automotive glass installers and repairers	자동차 유리 설치 및 수리공
314	0.55	Commercial pilots	상업 조종사
315	0.55	Customer service representatives	고객 서비스 담당자
316	0.55	Audio and video equipment technicians	오디오 및 비디오 장비 기술자
317	0.56	Teacher assistants	교사 조교
318	0.57	First–line supervisors of farming, fishing, and forestry workers	농업, 어업 및 임업 노동자의 일선 감독관
319	0.57	Chemical technicians	화학 기술자
320	0.57	Helpers–pipelayers, plumbers, pipefitters, and steamfitters	배관공
321	0.57	Cost estimators	비용 견적
322	0.57	Transit and railroad police	대중 교통 및 철도 경찰
323	0.57	First–line supervisors of landscaping, lawn service, and groundskeeping workers	조경, 잔디 서비스 및 조경 작업자의 일선 감독자
324	0.58	Personal financial advisors	개인 재정 고문
325	0.59	Millwrights	기계공
326	0.59	Museum technicians and conservators	박물관 기술자 및 보호자

자동화 지수			
순위	확률	직업	
327	0.59	Mine cutting and channeling machine operators	광산 절단 및 채널링 기계 작업자
328	0.59	Transportation, storage, and distribution managers	운송, 보관 및 유통 관리자
329	0.59	Recreational vehicle service technicians	레저 용 차량 서비스 기술자
330	0.59	Automotive service technicians and mechanics	자동차 서비스 기술자 및 기계공
331	0.6	Correctional officers and jailers	교도관
332	0.6	Camera operators, television, video, and motion picture	카메라 운영자, 텔레비전, 비디오 및 영화
333	0.6	Slaughterers and meat packers	도축업자 및 육류 포장업자
334	0.61	Electronic equipment installers and repairers, motor vehicles	전자 장비 설치 및 수리공, 자동차
335	0.61	Physical therapist aides	물리 치료사 보조원
336	0.61	Costume attendants	의상 수행원
337	0.61	Market research analysts and marketing specialists	시장 조사 분석가 및 마케팅 전문가
338	0.61	Reservation and transportation ticket agents and travel clerks	예약 및 교통 티켓 대행사 및 여행 사무원
339	0.61	Water and wastewater treatment plant and system operators	상하수 처리장 및 시스템 운영자
340	0.61	Life, physical, and social science technicians, all other	생명, 물리 및 사회 과학 기술자, 기타 모든
341	0.61	Food cooking machine operators and tenders	식품 조리 기계 운영자 및 입찰자
342	0.61	Welding, soldering, and brazing machine setters, operators, and tenders	용접, 납땜 및 브레이징 기계 세터, 운영자 및 입찰

자동화 지수			
순위	확률	직업	
343	0.62	Motorboat operators	모터 보트 운영자
344	0.62	Tapers	테이퍼 전문가
345	0.62	Pipelayers	파이프 레이어 전문가
346	0.63	Geoscientists, except hydrologists and geographers	수 문학자 및 지리학자를 제외한 지구 과학자
347	0.63	Control and valve installers and repairers, except mechanical door	제어 및 밸브 설치자 및 수리공 (기계식 도어 제외)
348	0.63	Healthcare support workers, all other	의료 지원 근로자
349	0.63	First-line supervisors of food preparation and serving workers	음식 준비 및 서비스 근로자의 일선 감독자
350	0.63	Construction and building inspectors	건설 및 건물 검사관
351	0.64	Cutters and trimmers, hand	커터
352	0.64	Maintenance and repair workers, general	유지 보수 및 수리 작업자, 일반
353	0.64	Administrative law judges, adjudicators, and hearing officers	행정법 판사, 재판관 및 청문 관
354	0.64	Stock clerks and order fillers	재고 점원 및 주문 필러
355	0.64	Power distributors and dispatchers	배전 및 디스패처
356	0.64	Insulation workers, mechanical	절연 작업자, 기계
357	0.65	Social science research assistants	사회 과학 연구 조교
358	0.65	Machinists	기계공
359	0.65	Computer support specialists	컴퓨터 지원 전문가
360	0.65	Librarians	사서
361	0.65	Electronic home entertainment equipment installers and repairers	전자 홈 엔터테인먼트 장비 설치 및 수리공
362	0.65	Heating, air conditioning, and refrigeration mechanics and installers	난방, 에어컨, 냉동 기계 및 설치자

자동화 지수			
순위	확률	직업	
363	0.65	Hoist and winch operators	호이스트 및 윈치 작업자
364	0.66	Pest control workers	해충 구제 작업자
365	0.66	Helpers-production workers	도우미-프로덕션 작업자
366	0.66	Statistical assistants	통계 보조원
367	0.66	Janitors and cleaners, except maids and housekeeping cleaners	청소부 및 청소부 (하녀 및 청소부 제외)
368	0.66	Motorboat mechanics and service technicians	모터 보트 정비사 및 서비스 기술자
369	0.67	Paper goods machine setters, operators, and tenders	종이 제품 기계 세터, 운영자 및 입찰
370	0.67	Foundry mold and coremakers	파운드리 몰드 및 코어 메이커
371	0.67	Atmospheric and space scientists	대기 및 우주 과학자
372	0.67	Bus drivers, transit and intercity	버스 운전사, 대중 교통 및 시외
373	0.67	Lifeguards, ski patrol, and other recreational protective service workers	인명 구조 원, 스키 순찰 및 기타 레크리에이션 보호 서비스 근로자
374	0.67	Industrial machinery mechanics	산업 기계 역학
375	0.68	Postal service mail carriers	우편 서비스 우편 사업자
376	0.68	Roustabouts, oil and gas	Roustabouts, 석유 및 가스
377	0.68	Boilermakers	보일러 메이커
378	0.68	Mechanical drafters	기계 제도 자
379	0.68	Dental hygienists	치과 위생사
380	0.69	Light truck or delivery services drivers	경트럭 또는 배달 서비스 기사
381	0.69	Maids and housekeeping cleaners	가정부 및 청소부

자동화 지수			
순위	확률	직업	
382	0.69	Painters, transportation equipment	화가, 운송 장비
383	0.7	Eligibility interviewers, government programs	자격 면접관, 정부 프로그램
384	0.7	Tire repairers and changers	타이어 수리공 및 교환기
385	0.7	Food batchmakers	식품 배치 제작자
386	0.7	Avionics technicians	항공 전자 공학 기술자
387	0.71	Aircraft mechanics and service technicians	항공기 역학 및 서비스 기술자
388	0.71	Airfield operations specialists	비행장 운영 전문가
389	0.71	Petroleum pump system operators, refinery operators, and gaugers	석유 펌프 시스템 운영자, 정유소 운영자 및 게이지
390	0.71	Construction and related workers, all other	건설 및 관련 근로자, 기타 모든
391	0.71	Opticians, dispensing	안경점, 조제
392	0.71	Laundry and dry-cleaning workers	세탁 및 드라이 클리닝 작업자
393	0.72	Amusement and recreation attendants	오락 및 레크리에이션 수행원
394	0.72	Pharmacy aides	약국 보조원
395	0.72	Helpers-roofers	도우미-수탉
396	0.72	Tank car, truck, and ship loaders	탱크 카, 트럭 및 선박 로더
397	0.72	Home appliance repairers	가전 제품 수리공
398	0.72	Carpenters	목수
399	0.72	Public address system and other announcers	전관 방송 시스템 및 기타 아나운서
400	0.73	Textile knitting and weaving machine setters, operators, and tenders	섬유 편직 및 방직 기계 세터, 운영자 및 입찰

자동화 지수			
순위	확률	직업	
401	0.73	Administrative services managers	행정 서비스 관리자
402	0.73	Glaziers	유리공
403	0.73	Coil winders, tapers, and finishers	변압기 전문가
404	0.73	Bus and truck mechanics and diesel engine specialists	버스 및 트럭 정비사 및 디젤 엔진 전문가
405	0.74	Computer, automated teller, and office machine repairers	컴퓨터, 현금 자동 인출기 및 사무 기기 수리공
406	0.74	Personal care aides	개인 간병 보조원
407	0.74	Broadcast technicians	방송 기술자
408	0.74	Helpers-electricians	도우미-전기 기사
409	0.75	Postmasters and mail superintendents	우체국 장 및 우편 관리자
410	0.75	Tile and marble setters	타일 및 대리석 세터
411	0.75	Painters, construction and maintenance	화가, 건설 및 유지 보수
412	0.75	Transportation attendants, except flight attendants	승무원을 제외한 교통 승무원
413	0.75	Civil engineering technicians	토목 기술자
414	0.75	Farm equipment mechanics and service technicians	농기구 기계공 및 서비스 기술자
415	0.76	Archivists	기록 보관소
416	0.76	Chemical equipment operators and tenders	화학 장비 운영자 및 입찰
417	0.76	Electric motor, power tool, and related repairers	전기 모터, 전동 공구 및 관련 수리공
418	0.76	Fallers	Fallers
419	0.77	Environmental science and protection technicians, including health	건강을 포함한 환경 과학 및 보호 기술자
420	0.77	Locksmiths and safe repairers	자물쇠 및 안전 수리공

자동화 지수			
순위	확률	직업	
421	0.77	Tree trimmers and pruners	나무 다듬기 전문가
422	0.77	Bartenders	바텐더
423	0.77	Purchasing agents, except wholesale, retail, and farm products	도매, 소매 및 농산물을 제외한 구매 대리인
424	0.77	Dishwashers	식기 세척기
425	0.77	Hunters and trappers	사냥꾼
426	0.78	Medical equipment preparers	의료 장비 준비 자
427	0.78	기계 커팅 전문가	절단, 펀칭 및 프레스 기계 세터, 작업자 및 입찰, 금속 및 플라스틱
428	0.78	Computer operators	컴퓨터 운영자
429	0.78	Gas plant operators	가스 플랜트 운영자
430	0.79	Postal service mail sorters, processors, and processing machine operators	우편 서비스 우편 분류기, 프로세서 및 가공 기계 운영자
431	0.79	Heavy and tractor–trailer truck drivers	대형 및 트랙터 트레일러 트럭 운전사
432	0.79	Shampooers	미용사 (머리 감겨주기)
433	0.79	Drywall and ceiling tile installers	건식 벽체 및 천장 타일 설치자
434	0.79	Helpers–installation, maintenance, and repair workers	도우미 – 설치, 유지 관리 및 수리 작업자
435	0.79	Motorcycle mechanics	오토바이 역학
436	0.79	Aircraft structure, surfaces, rigging, and systems assemblers	항공기 구조, 표면, 리깅 및 시스템 조립 업체
437	0.79	Logging equipment operators	벌목 장비 운영자
438	0.79	Floor layers, except carpet, wood, and hard tiles	카펫, 목재 및 단단한 타일을 제외한 바닥 층
439	0.8	Barbers	이발사

자동화 지수			
순위	확률	직업	
440	0.8	Derrick operators, oil and gas	석유 전문가
441	0.81	Cooks, fast food	요리사, 패스트 푸드
442	0.81	Word processors and typists	워드 프로세서 및 타이피스트
443	0.81	Electrical and electronics drafters	전기 및 전자 제도 자
444	0.81	Electro-mechanical technicians	전기 기계 기술자
445	0.81	Cleaning, washing, and metal pickling equipment operators and tenders	청소, 세척 및 금속 산세 장비 운영자 및 입찰
446	0.81	Property, real estate, and community association managers	부동산, 부동산 및 커뮤니티 협회 관리자
447	0.81	Medical secretaries	의료 비서
448	0.81	Pressers, textile, garment, and related materials	압착기, 섬유, 의류 및 관련 재료
449	0.82	Engine and other machine assemblers	엔진 및 기타 기계 조립 업체
450	0.82	Security and fire alarm systems installers	보안 및 화재 경보 시스템 설치자
451	0.82	Refractory materials repairers, except brickmasons	벽돌공을 제외한 내화물 수리공
452	0.82	Nonfarm animal caretakers	비농업 동물 관리인
453	0.82	Sheet metal workers	판금 작업자
454	0.82	Pile-driver operators	파일 드라이버 연산자
455	0.82	Brickmasons and blockmasons	벽돌 공예가
456	0.83	Fishers and related fishing workers	어부 및 관련 어업 종사자
457	0.83	Structural iron and steel workers	구조용 철 및 강철 작업자
458	0.83	Railroad brake, signal, and switch operators	철도 브레이크, 신호 및 스위치 운전자
459	0.83	Railroad conductors and yardmasters	철도 차장 및 야드 마스터

자동화 지수			
순위	확률	직업	
460	0.83	Cooks, institution and cafeteria	요리사, 기관 및 카페테리아
461	0.83	Sailors and marine oilers	선원 및 해양 급 유자
462	0.83	Mixing and blending machine setters, operators, and tenders	기계 혼합, 작동 담당자
463	0.83	Helpers-brickmasons, blockmasons, stonemasons, and tile and marble setters	도우미 - 벽돌공, 블록 메이슨, 석공, 타일 및 대리석 세터
464	0.83	Segmental pavers	분절 포장기
465	0.83	Insulation workers, floor, ceiling, and wall	단열 작업자, 바닥, 천장 및 벽
466	0.83	Printing press operators	인쇄기 운영자
467	0.83	Automotive and watercraft service attendants	자동차 및 선박 서비스 직원
468	0.83	Septic tank servicers and sewer pipe cleaners	정화조 서비스 및 하수관 청소기
469	0.83	Baggage porters and bellhops	수하물 포터 및 벨보이
470	0.83	Gaming change persons and booth cashiers	게임 변경 담당자 및 부스 계산원
471	0.83	Rolling machine setters, operators, and tenders, metal and plastic	기계, 금속 및 플라스틱 작업자
472	0.83	Paving, surfacing, and tamping equipment operators	포장, 표면 처리 및 탬핑 장비 운영자
473	0.84	Tool and die makers	기계 도구 제작자
474	0.84	Electrical and electronics engineering technicians	전기 및 전자 공학 기술자
475	0.84	Plasterers and stucco masons	미장가
476	0.84	Layout workers, metal and plastic	레이아웃 작업자, 금속 및 플라스틱

자동화 지수			
순위	확률	직업	
477	0.84	Lathe and turning machine tool setters, operators, and tenders, metal and plastic	선반 및 선삭 공작 기계 세터, 작업자 및 입찰, 금속 및 플라스틱
478	0.84	Security guards	경비원
479	0.84	Tailors, dressmakers, and custom sewers	재단사, 양장점 및 맞춤형 하수도
480	0.84	Wellhead pumpers	유정펌프전문가
481	0.84	Proofreaders and copy markers	교정자 및 카피 마커
482	0.84	Parking enforcement workers	주차 단속 작업자
483	0.85	Labourers and freight, stock, and material movers, hand	화물 운반가
484	0.85	Sales representatives, wholesale and manufacturing, except technical and scientific products	영업 담당자, 도매 및 제조 (기술 및 과학 제품 제외)
485	0.85	Meter readers, utilities	가스 소비 확인자
486	0.85	Power plant operators	발전소 운영자
487	0.85	Chemical plant and system operators	화학 플랜트 및 시스템 운영자
488	0.85	Earth drillers, except oil and gas	석유 및 가스를 제외한 지구 천공기
489	0.85	Nuclear technicians	원자력 기술자
490	0.86	Executive secretaries and executive administrative assistants	집행 비서 및 집행 행정 보조
491	0.86	Plant and system operators, all other	공장 및 시스템 운영자, 기타 모든
492	0.86	Food servers, nonrestaurant	웨이터 (레스토랑이 아닌 곳)
493	0.86	Sawing machine setters, operators, and tenders, wood	재보들 기계 설정자, 작업자 및 입찰자, 목재

자동화 지수			
순위	확률	직업	
494	0.86	Subway and streetcar operators	지하철 및 전차 운영자
495	0.86	Veterinary assistants and laboratory animal caretakers	수의 보조원 및 실험실 동물 관리인
496	0.86	Cutting and slicing machine setters, operators, and tenders	절단 및 슬라이싱 기계 세터, 작업자 및 입찰
497	0.86	Real estate sales agents	부동산 판매 대리점
498	0.86	Computer-controlled machine tool operators, metal and plastic	컴퓨터 제어 공작 기계 작업자, 금속 및 플라스틱
499	0.86	Maintenance workers, machinery	유지 보수 작업자, 기계
500	0.86	Correspondence clerks	통신 사무원
501	0.87	Miscellaneous agricultural workers	기타 농업 노동자
502	0.87	Forest and conservation workers	산림 및 보호 노동자
503	0.87	Pourers and casters, metal	푸어 러 및 캐스터, 금속
504	0.87	Carpet Installers	카펫 설치자
505	0.87	Paperhangers	페이퍼 행거
506	0.87	Buyers and purchasing agents, farm products Furniture Finishers	구매자 및 구매 대리인, 농산물 가구 마감재
507	0.87	Furniture Finishers	가구 피니셔
508	0.87	Food preparation workers	음식 준비 노동자
509	0.87	Floor sanders and finishers	바닥을 닦는 노동자
510	0.87	Parking lot attendants	주차장 승무원
511	0.87	Highway maintenance workers	고속도로 정비 작업자
512	0.88	Construction labourers	건설 노동자
513	0.88	Production, planning, and expediting clerks	생산, 계획 및 급행 사무원
514	0.88	Semiconductor Processors	반도체 프로세서

자동화 지수			
순위	확률	직업	
515	0.88	Cartographers and photogrammetrists	지도 제작자 및 사진 측량사
516	0.88	Metal-refining furnace operators and tenders	금속 정제로 운영자 및 입찰자
517	0.88	Separating, filtering, clarifying, precipitating, and still machine setters, operators, and tenders Extruding and forming machine setters, operators, and tenders, synthetic and glass fibers Terrazzo workers and finishers	기계의 분리, 여과, 정화, 침전, 압출 전문가
518	0.88	Extruding and forming machine setters, operators, and tenders, synthetic and glass fibers	기계 세터, 작업자 및 입찰, 합성 및 유리 섬유 압출 및 성형
519	0.88	Terrazzo workers and finishers	Terrazzo 작업자 및 피니셔
520	0.88	Tool grinders, filers, and sharpeners	도구 그라인더, 파일러 및 샤프너
521	0.88	Rail car repairers	철도 차량 수리공
522	0.89	Bakers	빵집
523	0.89	Medical transcriptionists	의료 녹음 사
524	0.89	Stonemasons	석공
525	0.89	Bus drivers, school or special client	버스 운전사, 학교 또는 특별 고객
526	0.89	Technical writers	기술 작가
527	0.89	Riggers	기계 전문 상인
528	0.89	Rail-track laying and maintenance equipment operators	철로 설치 및 유지 보수 장비 운영자
529	0.89	Stationary engineers and boiler operators	고정 엔지니어 및 보일러 운영자
530	0.89	Sewing machine operators	재봉틀 운영자

자동화 지수			
순위	확률	직업	
531	0.89	Taxi drivers and chauffeurs	택시 기사 및 운전사
532	0.9	Human resources assistants, except payroll and timekeeping	급여 및 시간 관리를 제외한 인사 보조원
533	0.9	Medical and clinical laboratory technologists	의료 및 임상 실험실 기술자
534	0.9	Reinforcing iron and rebar workers	철근 및 철근 작업자 강화
535	0.9	Roofers	지붕수리공
536	0.9	Crane and tower operators	크레인 및 타워 운영자
537	0.9	Traffic technicians	교통 기술자
538	0.9	Transportation inspectors	운송 검사관
539	0.9	Patternmakers, metal and plastic	기계, 플라스틱의 패턴 제작자
540	0.9	Molders, shapers, and casters, except metal and plastic	제작자 (금속 및 플라스틱 제외)
541	0.9	Appraisers and assessors of real estate	부동산 감정사 및 감정사
542	0.9	Pump operators, except wellhead pumpers	유정 펌프를 제외한 펌프 작업자
543	0.9	Signal and track switch repairers	신호 및 트랙 스위치 수리공
544	0.91	Gaming and sports book writers and runners	게임 및 스포츠 서적 작가 및 주자
545	0.91	Musical instrument repairers and tuners	악기 수리공 및 튜너
546	0.91	Tour guides and escorts	투어 가이드 및 에스코트
547	0.91	Mechanical door repairers	기계식 문 수리공
548	0.91	Food and tobacco roasting, baking, and drying machine operators and tenders	식품 및 담배 로스팅, 제빵 및 건조 기계 운영자 및 입찰자
549	0.91	Gas compressor and gas pumping station operators	가스 압축기 및 가스 펌핑 스테이션 운영자

자동화 지수			
순위	확률	직업	
550	0.91	Medical records and health information technicians	의료 기록 및 건강 정보 기술자
551	0.91	Coating, painting, and spraying machine setters, operators, and tenders	코팅, 페인팅 및 스프레이 기계 작업자
552	0.91	Multiple machine tool setters, operators, and tenders, metal and plastic	기계 작동 작업자
553	0.91	Rail yard engineers, dinkey operators, and hostlers	철도 야드 엔지니어, dinkey 운영자 및 호스트
554	0.91	Electrical and electronics installers and repairers, transportation equipment	전기 및 전자 제품 설치 및 수리공, 운송 장비
555	0.91	Dining room and cafeteria attendants and bartender helpers	식당 및 카페테리아 직원 및 바텐더 도우미
556	0.91	Heat treating equipment setters, operators, and tenders, metal and plastic	열처리 장비 세터, 작업자 및 입찰, 금속 및 플라스틱
557	0.91	Geological and petroleum technicians	지질 및 석유 기술자
558	0.91	Automotive body and related repairers	자동차 차체 및 관련 수리공
559	0.91	Patternmakers, wood	패턴 메이커, 목재
560	0.91	Extruding and drawing machine setters, operators, and tenders, metal and plastic	압출 및 드로잉 머신 세터, 작업자 및 입찰, 금속 및 플라스틱
561	0.92	Office machine operators, except computer	컴퓨터를 제외한 사무실 기계 운영자
562	0.92	Pharmacy technicians	약국 기술자
563	0.92	Loan interviewers and clerks	대출 면접관 및 사무원
564	0.92	Dredge operators	수로 운영자
565	0.92	Insurance sales agents	보험 판매 대리점
566	0.92	Cabinetmakers and bench carpenters	가구 제작자 및 벤치 목수

자동화 지수			
순위	확률	직업	
567	0.92	Painting, coating, and decorating workers	작업자 페인팅, 코팅 및 장식
568	0.92	Fence erectors	울타리 건설자
569	0.92	Plating and coating machine setters, operators, and tenders, metal and plastic	도금 및 코팅 기계 세터, 작업자 및 입찰, 금속 및 플라스틱
570	0.92	Retail salespersons	소매 판매원
571	0.92	Combined food preparation and serving workers, including fast food	패스트 푸드를 포함한 결합 된 음식 준비 및 서빙 근로자
572	0.92	Production workers, all other	생산 노동자, 기타 모든
573	0.92	Helpers-carpenters	도우미 - 목수
574	0.93	Cooling and freezing equipment operators and tenders	냉각 및 냉동 장비 운영자 및 입찰
575	0.93	Fiberglass laminators and fabricators	유리 섬유 라미네이터 및 제작자
576	0.93	Service unit operators, oil, gas, and mining	서비스 단위 운영자, 석유, 가스 및 광업
577	0.93	Conveyor operators and tenders	컨베이어 운영자 및 입찰자
578	0.93	Outdoor power equipment and other small engine mechanics Locomotive firers	실외 전력 장비 및 기타 소형 엔진 역학 기관차 소방관
579	0.93	Locomotive firers	기관차 소방관
580	0.93	Machine feeders and offbearers	기계 관리 담당자
581	0.93	Model makers, metal and plastic	모델 제작자, 금속 및 플라스틱
582	0.93	Radio, cellular, and tower equipment installers and repairs	라디오, 셀룰러 및 타워 장비 설치 및 수리
583	0.93	Butchers and meat cutters	정육점 및 고기 절단기

자동화 지수			
순위	확률	직업	
584	0.93	Extruding, forming, pressing, and compacting machine setters, operators, and tenders	기계전문가 – 기계 조작, 압축, 주조
585	0.93	Refuse and recyclable material collectors	쓰레기 및 재활용 가능한 재료 수집가
586	0.93	Tax examiners and collectors, and revenue agents	세무 조사관 및 징수 원, 세입 대리인
587	0.93	Forging machine setters, operators, and tenders, Metal and Plastic	기계전문가 – 단조 기계 세터, 작업자 및 입찰, 금속 및 플라스틱
588	0.93	Industrial truck and tractor operators	산업용 트럭 및 트랙터 운전자
589	0.94	Accountants and auditors	회계사 및 감사
590	0.94	Drilling and boring machine tool setters, operators, and tenders, metal and plastic	드릴링 및 보링 공작 기계 세터, 작업자 및 입찰, 금속 및 플라스틱
591	0.94	Mail clerks and mail machine operators, except postal service	우편 서비스를 제외한 우편 사무원 및 우편 기계 운영자
592	0.94	Waiters and waitresses	웨이터와 웨이트리스
593	0.94	Meat, poultry, and fish cutters and trimmers	육류, 가금류, 생선 절단기 및 트리머
594	0.94	Budget analysts	예산 분석가
595	0.94	Cement masons and concrete finishers	시멘트 석공 및 콘크리트 마감재
596	0.94	Bicycle repairers	자전거 수리공
597	0.94	Coin, vending, and amusement machine servicers and repairers	동전, 자판기, 오락기 서비스 및 수리공
598	0.94	Welders, cutters, solderers, and brazers	용접기, 절단기, 납땜기 및 브 레이저
599	0.94	Couriers and messengers	택배 및 메신저

자동화 지수			
순위	확률	직업	
600	0.94	Interviewers, except eligibility and loan	자격 및 대출을 제외한 면접관
601	0.94	Cooks, short order	요리사, 짧은 주문
602	0.94	Excavating and loading machine and dragline operators	굴착 및 적재 기계 및 드래그 라인 작업자
603	0.94	Helpers-painters, paperhangers, plasterers, and stucco masons	도우미-화가, 종이 걸이, 미장이, 치장 벽토 석공
604	0.94	Hotel, motel, and resort desk clerks	호텔, 모텔 및 리조트 데스크 직원
605	0.94	Tire builders	타이어 빌더
606	0.94	Door-to-door sales workers, news and street vendors, and related workers	방문 판매 직원, 뉴스 및 노점상 및 관련 직원
607	0.94	First-line Supervisors of housekeeping and janitorial workers	가사 및 청소 노동자의 일선 감독자
608	0.94	Agricultural inspectors	농업 검사관
609	0.94	Paralegals and legal assistants	법률 보조원 및 법률 보조원
610	0.95	Manicurists and pedicurists	매니큐어 전문가
611	0.95	Weighers, measurers, checkers, and samplers, recordkeeping	계량기, 측정기, 체커 및 샘플러, 기록 보관
612	0.95	Textile cutting machine setters, operators, and tenders	섬유 절단기 세터, 운영자 및 입찰
613	0.95	Bill and account collectors	청구서 및 계정 수집가
614	0.95	Nuclear power reactor operators	원자력 원자로 운영자
615	0.95	Gaming surveillance officers and gaming investigators	게임 감시관 및 게임 조사관
616	0.95	Library assistants, clerical	도서관 보조원, 사무직
617	0.95	Operating engineers and other construction equipment operators	운영 엔지니어 및 기타 건설 장비 운영자

자동화 지수			
순위	확률	직업	
618	0.95	Print binding and finishing workers	제본 및 마감 작업자 인쇄
619	0.95	Animal breeders	동물 사육자
620	0.95	Molding, coremaking, and casting machine setters, operators, and tenders, metal and plastic	기계 제작자
621	0.95	Electrical and electronic equipment assemblers	전기 및 전자 장비 조립 업체
622	0.95	Adhesive bonding machine operators and tenders	접착 본딩 기계 운영자 및 입찰
623	0.95	Landscaping and groundskeeping workers	조경 및 조경 작업자
624	0.95	Grinding, lapping, polishing, and buffing machine tool setters, operators, and tenders, metal and plastic	기계설비자
625	0.95	Postal service clerks	우체국 사무원
626	0.95	Jewelers and precious stone and metal workers	보석상과 보석 및 금속 노동자
627	0.96	Dispatchers, except police, fire, and ambulance	경찰, 소방 및 구급차를 제외한 파견자
628	0.96	Receptionists and information clerks	접수 및 정보 사무원
629	0.96	Office clerks, general	사무원, 일반
630	0.96	Compensation and benefits managers	보상 및 복리 후생 관리자
631	0.96	Switchboard operators, including answering service	응답 서비스를 포함한 교환 원
632	0.96	Counter attendants, cafeteria, food concession, and Coffee Shop	카운터 승무원, 카페테리아, 음식 판매 및 커피 숍
633	0.96	Rock splitters, quarry	암석 분할기, 채석장

자동화 지수			
순위	확률	직업	
634	0.96	Secretaries and administrative assistants, except legal, medical, and executive	법률, 의료 및 임원을 제외한 비서 및 행정 보조
635	0.96	Surveying and mapping technicians	측량 및 매핑 기술자
636	0.96	Model makers, wood	모델 메이커, 목재
637	0.96	Textile winding, twisting, and drawing out machine setters, operators, and tenders	섬유 감기, 비틀기 및 기계 세터, 작업자 및 입찰
638	0.96	Locomotive engineers	기관차 엔지니어
639	0.96	Gaming dealers	게임 딜러
640	0.96	Fabric menders, except garment	의류 수리가
641	0.96	Cooks, restaurant	요리사, 레스토랑
642	0.96	Ushers, lobby attendants, and ticket takers	안내자, 로비 승무원 및 티켓 수령자
643	0.96	Billing and posting clerks	청구 및 게시 사무원
644	0.97	Bridge and lock tenders	다리, 운하 관리자
645	0.97	Woodworking machine setters, operators, and tenders, except sawing	톱질을 제외한 목공 기계 세터, 작업자 및 입찰
646	0.97	Team assemblers	팀 조직자
647	0.97	Shoe machine operators and tenders	신발 기계 운영자 및 입찰자
648	0.97	Electromechanical equipment assemblers	전자 기계 장비 조립 업체
649	0.97	Farm labour contractors	농장 노동 계약자
650	0.97	Textile bleaching and dyeing machine operators and tenders	섬유 표백 및 염색 기계 운영자 및 입찰
651	0.97	Dental laboratory technicians	치과 실험실 기술자
652	0.97	crushing, grinding, and polishing machine setters, operators, and tenders	분쇄, 연삭 및 연마 기계 세터, 작업자 및 입찰

자동화 지수			
순위	확률	직업	
653	0.97	Grinding and polishing workers, hand	전동 공구 전문가
654	0.97	Pesticide handlers, sprayers, and applicators, vegetation	살충제 처리기, 분무기 및 도포 기, 초목
655	0.97	Log graders and scalers	목재 가치 측정자
656	0.97	Ophthalmic laboratory technicians	안과 실험실 기술자
657	0.97	Cashiers	계산원
658	0.97	Camera and photographic equipment repairers	카메라 및 사진 장비 수리공
659	0.97	Motion picture projectionists	영화 영사
660	0.97	Prepress technicians and workers	프리 프레스 기술자 및 작업자
661	0.97	Counter and rental clerks	카운터 및 임대 점원
662	0.97	File clerks	파일 사무원
663	0.97	Real estate brokers	부동산 중개인
664	0.97	Telephone operators	전화 사업자
665	0.97	Agricultural and food science technicians	농업 및 식품 과학 기술자
666	0.97	Payroll and timekeeping clerks	급여 및 시간 기록 사무원
667	0.97	Credit authorizers, checkers, and clerks	신용 승인자, 체커 및 사무원
668	0.97	Hosts and hostesses, restaurant, lounge, and coffee shop	호스트 및 여주인, 레스토랑, 라운지 및 커피 숍
669	0.98	Models	모델
670	0.98	Inspectors, testers, sorters, samplers, and weighers	계량기 검사자
671	0.98	Bookkeeping, accounting, and auditing clerks	부기, 회계 및 감사 사무원

자동화 지수			
순위	확률	직업	
672	0.98	Legal secretaries	법률 비서
673	0.98	Radio operators	라디오 운영자
674	0.98	Driver/sales workers	운전사 · 판매원
675	0.98	Claims adjusters, examiners, and investigators	청구 조정자, 심사관 및 조사관
676	0.98	Parts salespersons	부품 판매원
677	0.98	Credit analysts	신용 분석가
678	0.98	Milling and planing machine setters, operators, and tenders, metal and plastic	금속, 플라스틱 가공가
679	0.98	Shipping, receiving, and traffic clerks	배송, 수령 및 교통 사무원
680	0.98	Procurement clerks	조달 사무원
681	0.98	Packaging and filling machine operators and tenders	포장 및 충전 기계 운영자 및 입찰 담당가
682	0.98	Etchers and engravers	기계 조각가
683	0.98	Tellers	텔러
684	0.98	Umpires, referees, and other sports officials	심판, 심판 및 기타 스포츠 관계자
685	0.98	Insurance appraisers, auto damage	보험 감정사, 자동차 손상 전문가
686	0.98	Loan officers	대출 담당자
687	0.98	Order clerks	점원 주문
688	0.98	Brokerage clerks	중개 사무원
689	0.98	Insurance claims and policy processing clerks	보험 청구 및 정책 처리 사무원
690	0.98	Timing device assemblers and adjusters	타이밍 장치 조립 자 및 조정자

자동화 지수			
순위	확률	직업	
691	0.99	Data entry keyers	데이터 입력가
692	0.99	Library technicians	도서관 기술자
693	0.99	New accounts clerks	새 계정 생성 전문 사무원
694	0.99	Photographic process workers and processing machine operators	사진 처리 작업자 및 가공 기계 운영자
695	0.99	Tax preparers	세무사
696	0.99	Cargo and freight agents	화물 및화물 대리점
697	0.99	Watch repairers	시계 수리공
698	0.99	Insurance underwriters	보험업자
699	0.99	Mathematical technicians	수학 기술자
700	0.99	Sewers, hand	바느질 전문가
701	0.99	Title examiners, abstractors, and searchers	부동산 소유권 심사자
702	0.99	Telemarketers	텔레마케터

출처: Frey and Osborne (2017)의 추정 결과를 번역함. 자동화 가능성에 따라 직종의 순위를 매겼으며 가장 낮은 자동화 수준에서 가장 높은 자동화 수준까지 확률로 표시되어, 각각 직업에 대해서 '0'(자동화 완전 불가능)과 '1'(자동화 완전가능)의 사이 값으로 표시됨. 값이 계산된 직업은 전체 직업의 10%에 해당함.

7장
동북아 3국의 스마트 공장 현황과 정부 지원 정책

방형준

Ⅰ. 스마트 공장이란?

2000년대에 들어서면서 인터넷을 포함한 각종 정보통신 기술이 발전하고, 이러한 기술을 구현하는 하드웨어의 성능이 개선되면서 사회 여러 분야에서 디지털화가 진행되고 있다. 예를 들어 개인과 개인 간, 그리고 기업과 소비자 간의 상거래에서는 20여 년 만에 디지털화된 전자상거래가 보편적인 거래 수단으로 자리 잡았고, 블록체인이나 빅데이터 등이 일상에 침투하여 우리의 생활을 변화시키고 있다. 제조업 역시 이러한 변화에서 예외는 아니며, 특히 최근 10여년 간 생산방식과 기업 관리 측면에서 커다란 변화가 일어나고 있다. 1970년대 이후 컨베이어 벨트로 대변되는 자동화 시스템은 이제 IT 기술과 결합하여 무인 공장이나 무인화된 공정을 비롯한 최첨단 자동화 설비로 대체되고, 작업자와 작업자, 공정과 공정, 공장과 공장, 기업과 기업, 그리고 기업과 소비자를 연결하는 무선통신 기술을 도입하여 작업 전 공정부터 소비자까지 IoT 기술을 통해 한 번에 연결하고 있다.

특히 대외의존도가 높은 한국 경제의 특성상 제조업에서의 디지털 전환은 우리나라에서는 국제경쟁력을 유지하기 위해서라도 필수적이다. 따라서 디지털화에 따른 부작용이 있다 하더라도 이를 보완해가며 제조업의 디지털 전환 프로세스를 지속적으로 추진해 나가야만 한다.

더하여 다른 나라에서는 제조업에서 디지털 전환을 어떻게 추진하고 있으며 어떠한 양상인지도 살펴보아 배울 점을 찾고 이를 통해 다른 나라에 비해 뒤처지지 않도록 해야 한다. 특히 기계 · 금속 · 가공 및 절삭 분야에서 많은 원천 기술을 보유한 일본과 최근 글로벌 시장에서 가장 큰 제조업 생산기지로 등장한 중국의 사례는 우리에게 많은 시사점을 던져줄 수 있을 것이다.

여기서는 사회 전반에서 일어나고 있는 디지털 전환 프로세스가 제조업에서는 어떻게 일어나고 있는지를 스마트공장에 초점을 맞추어 살펴보고, 중국 및 일본과의 비교를 통해 이후 제조업에서 추구해야 할 디지털 전환의 방향을 모색해 보고자 한다.

1. 스마트공장의 개념

스마트공장이 무엇인지에 대한 사전적 정의는 존재하지 않으며, 사람마다 기업마다 그리고 국가마다 다양한 의미와 형태를 사용하고 있다. 심지어 스마트공장이라는 용어 역시 여러 나라와 사회에서 일관되게 사용되는 것이 아니라서 지능형 공장(intelligent factory)이나 영리한 공장(brilliant factory), 스마트 제조(smart manufacturing) 등 다양한 용어가 혼재되어 사용되고 있다.

이는 궁극적으로 스마트공장이 추구하는 방향이나 목적이 각기 다르기 때문이다. 고도로 자동화된 생산 공정을 추구하느냐, 기업 내 조직 간의 혹은 공정 간의 연결성을 강조하느냐, 생산 공정의 자동화와 스마트화에 초점을 맞추느냐 아니면 생산에서 소비자까지 모두 하나로 연결하는 시스템에 중점을 두느냐 등 스마트공장이라 지칭되는 디지털 전환의 개념은 제조업에서는 실로 다양하다. 특히 제조업이라 통칭하지만, 전기 · 전자, 자동차, 종이 및 인쇄업, 가구업 등 다양한 특성을 가진 하위 산업들을 모두 포괄하는 것이 제조업이기 때문에 제조업 내 업종별로 추구하는 스마트공장의 방향성과 지향점은 다를 수 있다. 더하여 기업 규모에 따라서도 구축하고자 하는 스마트공장의 수준이나 범위가 상이할 수 있다. 따라서 여기서도 스마트공장이 무엇인지에 대해서 구체적인 정의를 내리지는 않고 핵심적인 요소들을 중심으로 스마트공장의 개념을 알아볼 것이다.

(1) 제약의 완화

Padovano, Antonio et al.에서는 스마트공장을 "cyber-physical systems communicate and cooperate with each other and with humans in synchronic time both internally and across organizational services offered and used by participants of the value chain."이라고 하고 있다. 즉 조직 전체 그리고 생산 과정에 참여하는 모든 주체들이 서로 의사소통하고 협력할 수 있는 가상의 물리적인 시스템이 스마트공장의 핵심이라는 것이다.

여기서 초점은 공정 내부뿐만 아니라 기업의 모든 구성원과 생산 과정에 참여하는 다양한 경제 주체들이 동시에 한 공간이 아닌 여러 곳에서 서로 소통하고 공동 작업을 할 수 있다는 점이다. 즉, 서로가 의사소통하고 문제를 같이 해결하는 데 있어 한데 모일 필요가 없으며 거리가 아무런 제약을 가하지 않는다. 따라서 시간적 물리적 제약이 완화되며, 공정의 통제가 생산 현장에서만 이루어지는 것이 아니라 원격으로 원거리에서도 가능해진다. 만일 조직 구성원이 서로 협업하기 위해서 반드시 모여서 작업해야만 한다면 이는 고도화된 스마트공장이라 할 수 없다.

(2) 참여의 확대

스마트공장에 대한 유사하지만 또 다른 정의로 Chen, Baotong et al.의 것을 들 수 있다. 이들은 스마트공장을 "물리적 현실에 대한 가상 공간을 제공하여 개별적인 의사결정이 가능하도록 하는 가상의 물리 시스템(cyber-physical systems monitor physical processes, create a virtual copy of the physical world and make decentralized decisions.)"이라 하였다. 여기서 초점은 의사결정이 중앙집권적으로 결정되지 않고 개별적으로 이루어진다는 것이다. 스마트공장에서는 의한 정보 공유에 대한 제약이 완화되면 자연스럽게 물리적 시간적 한계로 인해 기존에는 의사결정 과정에 참여하지 못하거나 참여가 제한되던 사람들이 의사결정에 참여할 수 있게 된다.

생산기지가 여러 곳으로 분산된 기업의 경우, 기존에는 해당 공정에서 작업하거나 이동해 있는 사람들만 현장의 정보를 눈으로 확인하고, 본사의 경우 이를 서류상으로만 확인하며, 여타 생산기지에서는 본사에서 제공하는 한정된 정보만을 받아볼 수 있었다. 그러나 스마트공장에서는 이러한 제한에서 벗어나 실시간으로 회사 전반의 생산 현황 및 불량률 등을 점검할 수 있으며, 공정별 진행 속도에 따라 다른 공정의 운행 여부나 속도를 조절하는 것도 가능하다. 따라서 기업의 의사결정에 보다 많은 사람들이 참여할 수 있으며, 각자가 새롭게 수집한 정보에 따라 의사결정에 개입할 수 있다. 따라서 스마트공장에서는 필연적으로 의사결정에 참여하는 사람들이 늘어나고, 따라서 의사결정이 중앙집중적이지 않게 된다.

(3) 연결성

스마트제조혁신추진단에서는 스마트공장을 "제품의 기획부터 판매까지 모든 생산 과정을 ICT(정보통신)기술로 통합해 최소 비용과 시간으로 고객 맞춤형 제품을 생산하는 사람 중심의 첨단 지능형 공장"으로 정의하고 있다. 여기서 핵심은 모든 생산 과정을 통합한다는 것이다. 앞서 스마트공장의 두 가지 다른 특성으로 제약의 완화와 참여의 확대를 언급하였는데, 이 두 가지를 관통하는 핵심이기도 한 것이 바로 연결성이다.

스마트공장에서는 개별 공정이나 생산 전 과정이 각각 단절적으로 돌아가고 이를 중앙에서 조율하는 전통적인 생산 방식을 따르지 않고, 소비자의 기호를 반영하여 제품을 기획하고 설계하며, 소비자의 일정과 상황에 맞게 생산 속도 등을 조절하는 다품종 소량생산이 가능하다. 앞서의 두 가지 개념이 생산 과정에서 각 부분 간의 연결을 강조하는 것이라면, 궁극적으로 스마트공장은 생산자와 소비자를 연결하며, 최종적으로는 생산자와 소비자 간의 경계를 허물어뜨린다.

스마트공장에서는 소비자의 기호나 선호에 따라 제품의 생산을 유연하게 조절한다. 따라서 과거에 축적된 계절별, 지역별, 혹은 연령별 선호를 모두 빅데이터로 축적한 후 맞춤형 제품을 내놓아 판매량을 늘린다. 즉, 상품 시장에서는 기업이 생산자이고 소비자는 기업이 생산하는 제품을 소비한다. 하지만 기업이 생산을 위해서 분석하는 데이터는 소비자가 생성하는 것이다. 소비자가 어떠한 제품을 구매하는지, 구매한 제품에 대한 만족도는 어떠한지, 상품별 재구매율은 어느 정도인지 등등의 정보는 모두 스마트공장에서 생산 최적화를 실현하기 위해 필수적으로 요구된다. 따라서 상품에 대한 데이터에 있어서는 소비자가 생산자이고 기업은 소비자가 생산한 데이터를 소비, 가공하여 최종적으로 생산 계획이라는 결과물을 만들어낸다. 그러므로 상품 시장에서의 생산자와 소비자가 다시 데이터 시장에서의 소비자와 생산자로 연결되며, 따라서 스마트공장에서는 생산자와 소비자 간에 높은 수준의 연결이 이루어진다.

2. 스마트공장의 요소

스마트제조혁신추진단에서 분류하는 스마트공장의 스마트화 유형은 크게 여섯 가지로 나뉜다. MES(현장 운전 정보), ERP(전사적 자원 관리), SCM(공급 사슬 관리), PLM(제품 개발 지원), FEMS(공장 에너지 관리), IoT(사물 인터넷)이 그것이다. 여기서 MES와 ERP는 이미 오래 전에 나와 널리 보급된 시스템이지만, 기존의 시스템은 스마트공장에서의 MES 및 ERP와 다르다.

ERP는 기업에서 원자재 및 중간재와 최종 생산물의 재고 현황을 쉽게 파악하고 관리를 용이하게 해주며, 최근에는 물적 자원뿐만 아니라 인적 자원이나 금융 자원, 그리고 시간 자원까지 포함하여 기업의 경영 활동에서 소요되는 대부분의 것들도 관리 가능하다. 기존의 ERP는 재고 현황이나 물건의 출납을 사람이 수기로 현장에서 기입하고 이를 중앙에서 취합하여 관리하는 형태였다. 그러나 스마트공장에서는 물건의 출납이나 사람의 오고감, 그리고 현금 흐름 등이 자동으로 시스템에 기입되어 한 눈에 알아보기 쉽게 표시되며, 이를 사내 구성원 누구나 쉽게 접근할 수 있도록 한다.

컴퓨터가 도입된 이후에도 기존의 ERP는 사람이 현장에서 파악한 것을 시스템에 기입한 후, 각 자원별로 중앙에서 취합하여 전사적 흐름을 관찰하였으므로 반드시 사람의 작업을 필요로 했다. 이 경우 작업자가 실수할 가능성도 있을 뿐만 아니라 정보가 정리 · 취합되는데 시간이 소요되었으며, 전사적 흐름을 파악할 수 있는 정보는 소수의 사람들에게만 공유 가능했다. 하지만 스마트공장에서는 이러한 작업들이 자동화되어 실시간으로 기입, 관리됨에 따라 오차의 가능성도 줄어들고 정보가 실시간으로 업데이트되며 구성원 모두에게 공유 가능하다. 이처럼 기존에 이미 널리 보급되었던 시스템도 스마트공장에서는 조직의 모든 요소 및 구성원들과 유기적으로 연결되어 즉각적이고 체계적이며 효율적인 방식으로 정보가 취합, 관리된다. 이러한 특성은 SCM이나 MES에서도 마찬가지여서, 이미 기존에 나와 있던 개념들이 하나의 시스템하에서 보다 체계적이고 유기적으로 연결되어 기업의 효율성 제고(提高)에 보다 효율적이다.

이처럼 스마트공장에서는 방대한 양의 데이터가 실시간으로 자동으로 수집되고 관리되는데, 이것이 중요한 이유는 기존의 MES나 ERP에서는 축적된 정보들을 한눈에 파악하거나 쉽게 분석하는 것이 어려워 정보의 축적에 따른 활용성이 떨어졌다. 그러나 스마트공장에서는 빅데이터와 접목하여 축적된 정보들이 모두 시스템 내에서 분석되거나 쉽게 활용될 수 있다. 각종 재고 현황의 변동이 기록된 서류들이나 엑셀 파일들을 모아서 보는 것과 스마트공장에서 통합 시스템을 통해 그래프로 출력된 것을 보는 것은 분석에 소용되는 시간과 활용성에서 큰 차이를 낼 것이 분명하다. 따라서 스마트공장에서 ERP와 MES 및 SCM은 역할이나 기능은 스마트공장 이전과 크게 다르지 않으나, 보다 빠르게 업데이트되고, 더 많은 사람들에게 공유되며, 보다 쉽고 다양한 방법으로 활용 가능하다는 점에서 큰 차이가 있다.

더하여 스마트공장에서 새롭게 도입된 주요 요소는 FEMS와 IoT다. FEMS는 공장 곳곳에 센서를 장착하는 등의 방식으로 실시간으로 에너지 사용량을 분석하여 어느 부분에서 에너지를 절감할 수 있으며 어떻게 에너지를 배분하는 것이 효과적인지를 알려주는 시스템이다. 갈수록 온실가스와 에너지 사용에 대한 규제가 강화되는 추세에서 FEMS는 생산 과정에서 낭비되는 에너지 사용을 감지하여 궁극적으로 비용을 절감함과 동시에 환경 관련 규제를 충족시킬 수 있도록 도와준다.

IoT는 공정의 여러 부문 혹은 기기가 하나의 네트워크 안에서 연결되어 상호 통신할 수 있도록 하는 기술이다. 사물인터넷 하에서는 개별 장치나 설비들이 어떻게 운전되고 생산 공정은 어떻게 진행되고 있는지에 대한 데이터를 실시간으로 수집하여 모니터링하고 제어할 수 있다.

FEMS와 IoT는 필연적으로 센서를 활용할 수밖에 없다. 센서가 필요한 이유는 공장의 각 지점의 상황, 혹은 기기의 각종 운행 정보 등을 실시간으로 감지해서 네트워크 내에서 공유하기 위해서이다. 즉, 스마트공장의 연결성을 위해서는 기업의 생산 현장에 네트워크가 깔리고 센서를 통해 각 파트가 연결되어야만 한다. 그리고 이렇게 만들어지는 정보는 앞서 언급했듯이 모든 구성원에게 공유되고 한눈에 알아보기 쉽게 축적 · 관리 · 분석된다.

이상의 스마트공장의 핵심 요소를 파악함으로써 스마트공장이 기존의 생산 방식과 비교하여 차별화되는 점을 두 가지로 압축할 수 있다. 하나는 높은 수준의 연결성이다. 공정 내의 각 기기 간, 각 공정 간, 기업 내 여러 부서 간, 기업 내 구성원 간, 그리고 궁극적으로는 기업과 소비자 간에 높은 수준의 연결성을 제공하는 것이 스마트공장의 핵심적인 요소 중 하나이다. 이러한 연결성이 기기 간에 구현되면 사물인터넷이며, 공정 간에 되는 경우에는 MES나 ERP이다. 그리고 이러한 연결성을 통해 시간과 공간의 제약이 줄어들기 때문에 의사결정에 참여하는 사람들의 숫자가 늘어나 의사결정의 정확성이 올라가며, 계단식 결재 구조를 거치지 않기 때문에 의사결정의 신속성도 제고된다.

다른 하나는 방대한 데이터가 축적, 관리되며 쉽게 활용된다는 점이다. 기존의 ERP 시스템으로는 사람이 직접 재고를 파악해야 하기 때문에, 재고 현황이 일단위 혹은 짧아도 몇 시간 단위로만 업데이트 된다. 반면, 스마트공장에서는 재고 현황이 분 단위나 초 단위로 수집되므로 보다 방대한 양의 데이터가 축적된다. 이는 생산 공정에서도 마찬가지여서 공정의 진행 상황이나 속도, 불량률, 목표 달성률 등에 대해서도 분이나 초단위로 파악 가능하며, 이렇게 파악된 현황은 바로 데이터로 저장된다. 그러면서도 클릭 몇 번으로 간편하게 이러한 재고 현황의 변동 사항이나 특성을 1개월 단위, 혹은 분기나 반기 단위로 변환하여 한 눈에 쉽게 볼 수 있으며, 필요에 따라 다양한 여러 항목과 결합하거나 비교하는 것도 가능하다. 제조업에서도 생산의 효율화를 위해 빅데이터를 축적하고 활용하는 것이 가능해지는 디지털 전환의 한 모습인 것이다.

Ⅱ. 주요국의 스마트공장 현황

1. 독일

독일은 스마트공장 분야의 대표적인 선도국가이다. 세계에서 가장 널리 쓰이는 ERP 시스템을 제작하는 SAP부터가 독일 기업이다. 그리고 스마트공장에서 가장 핵심적인 기술이 바로 높은 수준의 ERP 시스템이며, 특히 SAP사는 클라우드 컴퓨팅 회사를 인수하여 기존의 ERP 시스템을 인더스트리 4.0(Industry 4.0)에 접목시킨 지능형 기업을 위한 솔루션 프로그램으로 만들어 대기업뿐만 아니라 전 세계 다양한 중소기업에도 스마트공장 시스템을 판매하고 있다.

스마트공장의 가장 대표적인 성공 사례로 꼽히는 곳은 미국이나 중국, 일본 기업이 아닌 암베르크에 소재한 독일 기업 지멘스의 공장이다. 1980년대에 1만 ㎡의 면적에 세워진 암베르크 공장은 10,000여 가지의 원재료를 이용하여 1,000여 종에 가까운 제품을 생산해내는 대표적인 다품종 소량생산 시스템을 갖춘 곳이다. 이곳은 현존 세계 최고 수준의 스마트공장이라 평가받는데, 〈표 7-1〉에 제시된 스마트공장의 수준 중에서 4레벨인 중간 2단계 수준이다. 이곳은 특히 스마트공장의 6가지 요소 중 PLM과 MES에서 상당히 높은 수준을 구축하였는데, 이를 통해 제품의 불량률을 11/1,000,000로까지 낮추었고, FEMS를 통해 전력 소비량이 기존 공장의 30%에 불과하며, 설계 변경이나 새로운 제품 주문에 대해서도 99.7%의 상품에 대해서 24시간 내에 출고 가능한 시스템을 구축하였다.

〈표 7-1〉 스마트공장의 수준

등급	수준	특성	조건
Level 5	고도화	맞춤 및 자율 (Customized & Autonomy)	모니터링부터 제어, 최적화까지 자율로 운영
Level 4	중간2	최적화 & 통합 (Optimized & Integrated)	시뮬레이션을 통한 사전 대응 및 의사결정 최적화
Level 3	중간1	분석 & 제어 (Analyzed & Controlled)	수집된 정보를 분석하여 제어 가능
Level 2	기초2	측정 & 확인 (Measured & Monitored)	생산정보 실시간 모니터링 가능
Level 1	기초1	식별 & 점검 (Identified & Checked)	부번적 표준화 및 실적정보 관리
Level 0	ICT 미적용	미인식 & 미적용	미인식 및 ICT 미적용

출처: 대한상공회의소

이곳에서는 제품의 설계와 제조, 판매와 유통 및 A/S까지 전 과정에서 변화가 발생하거나 업데이트가 있을 때마다 작업자가 직접 입력하는 것이 아니라 주문과 필요에 의해 자동으로 작업이 전환되며, 수만 개의 부품마다 일련번호가 부여되어 제품에 이상이 발생하면 어느 라인의 어떠한 부품이 잘못되었는지를 실시간으로 확인할 수 있다. 또한 공정 내 기계들의 상태도 실시간으로 점검하여 고장이 발생하거나 불량품이 생산되기 전에 사전적으로 유지 · 보수를 위할 수 있는 시스템을 갖추어 불량률도 낮추고 생산 효율도 높이고 있다.

또한 독일은 하드웨어에서의 뛰어난 기술력을 바탕으로 높은 수준의 정밀도가 요구되는 스마트공장에서 필요한 기기나 부품, 기계를 양산하고 있으며, 앞서 언급한 SAP 등의 소프트웨어 제작 회사들을 통하여 하드웨어와 소프트웨어가 유기적으로 결합되는 체계를 갖추어 나가려고 하고 있다. 이는 스마트공장을 설치하는 과정에 외부 로봇 제작사와 대학 및 연구소, 그리고 컨설팅 기업까지 모두 참여하도록 하여 여러 요소들이 유기적으로 결합되도록 하기 때문에 가능한 일이다.

2. 미국

미국은 스마트공장을 구축하기에 유리한 환경이 조성되어 대기업뿐만 아니라 다양한 중소기업에서도 스마트공장이 나타나고 있다. 세계에서 가장 우수한 IT 기술 생태계가 조성되어 있으며, IT 분야에서 우수한 인재를 확보하기에도 용이하고, 오바마와 트럼프 정부에서 적극적인 리쇼어링 정책을 펼치면서 정부가 스마트공장 구축을 적극적으로 지원하고 있다는 것이 미국의 강점이다. 대표적인 미국의 스마트공장은 GE(Genenral Electric)이다.

GE 스마트공장의 특징은 공장의 모든 물리적 정보를 데이터베이스화해서 사이버 공간에 동일한 가상의 공장을 만든 뒤 여기서 여러 가지 시뮬레이션을 진행하거나 다양한 운영 경험을 재현하고, 이를 통해 문제점을 파악하거나 개선점을 발견해내는 '디지털 트윈(digital twin)' 기술을 구현했다는 점이다. GE는 디지털 트윈을 통해 공정 한 사이클에 소요되는 시간과 불량률이 각각 20%씩 감소하고 생산 안정화 기간은 무려 40%나 단축하는 성과를 거두었다. 디지털 트윈을 위해서는 인공지능과 빅데이터, IoT 그리고 VR 기술이 필요한데, 이들 모두가 높은 수준의 기술력을 요구한다는 점에서 디지털 트윈이 당장 확산되고 있지는 않다. 또한 디지털 트윈은 많은 센서와 고도의 이미징 기술을 필요로 하여 초기 비용이 많이 들어간다는 단점이 있다.

그러나 현실에서 물리적으로 동일한 공장을 미리 짓거나 운영해 보고 사전에 단점을 파악하는 것은 시간도 오래 걸릴 뿐만 아니라 많은 비용이 소요된다. 하지만 사전에 미리 공장을 시운영해 볼 수 있다면 초기의 시행착오 및 오류 개선에 많은 도움이 될 뿐만 아니라 다양한 설계나 운영 방식을 직접 비교해보고 어떠한 방식이 가장 좋은 선택인지를 알아볼 수 있다면 생산성 제고에 매우 효과적임은 분명하다. 따라서 디지털 트윈 기술은 높은 기술력과 비용 문제만 해결한다면 장기적으로 제조업 분야에서 널리 확산될 것은 분명하다.

3. 중국

(1) 중국 스마트공장 현황 및 사례

글로벌 제조업 시장에서 주요 생산기지 역할을 담당하고 있는 중국은 빠르게 인건비가 상승하면서 스마트공장을 육성하기 위한 정책을 적극적으로 펼치고 있다. 중국의 제조업 육성을 위한 핵심 정책인 '중국제조 2025'의 5대 주요 프로젝트 중 하나가 바로 '스마트 제조공정'이다. 이를 위해 중국 정부는 2017년까지 428건의 스마트 제조 표준화 검증 프로젝트를 시행하고 206건의 스마트 제조 시범 프로젝트를 펼치고 있다. 이러한 중앙 정부의 스마트공장 육성 기조에 발맞추어 각 지방정부에서도 스마트공장의 구축과 확산을 위한 다양한 방안을 발표하고 있으며, 일부 지방은 스마트공장을 해당 지방에 특화된 산업으로 육성하기 위한 계획을 세우고 있기도 하다.

중국의 스마트공장 보급 속도는 매우 빠른데, KOTRA 해외시장뉴스에서 분석한 바에 따르면, 중국의 스마트공장 시장 규모는 2018년에 이미 약 2조 위안(약 325조 원)에 이르렀으며, 2020년에는 3조 위안(약 487조 원)까지 증가할 것으로 예상된다. 시장 규모뿐만 아니라 양적 성장도 빨라서, 2010년부터 2013년까지 중국 내 스마트공장의 숫자는 연평균 약 14% 증가하였으며, 2015년부터 2020년까지는 매년 20%를 상회하는 성장률을 기록할 것으로 전망되고 있다.

대표적인 중국의 스마트공장으로는 쿠트스마트(Kutesmart)를 꼽을 수 있다. 중국의 맞춤 정장 생산업체 쿠트스마트는 의류업계 스마트공장의 표준이라 불릴 정도로 성공적인 시스템을 구축하여 개인 맞춤형 정장을 대량 생산할 수 있는 역량을 갖추게 되었다. 쿠트스마트의 스마트공장의 핵심은 소비자와 생산자를 직접 연결하는 C2M(customer to manufacturer) 방식이다. 소비자가 원하는 정장을 선택하여 주문하면 7일 이내에 본인이 주문한 맞춤형 정장이 생산되는데, 현재 쿠트스마트는 치수, 디자인 및 옷감 등이 상이한 각기 다른 정장을 하루에 4천 벌 이상 생산하고 있다.

쿠트스마트의 스마트공장이 성공한 데에는 여러 이유가 있으나 그중 한 가지 요인은 성공적인 재고 관리이다. 일반적으로 몸에 딱 맞는 맞춤형 정장 대신 기성품 정장을 구매하는 이유는 괜찮은 품질과 디자인의 옷을 빠른 시간 안에 합리적인 가격에 구매할 수 있기 때문이다. 그러나 쿠트스마트는 소비자가 주문하면 생산이 돌입하는 계획생산 방식을 택했기 때문에 최종 생산품의 보관을 비롯한 여러 재고관리 비용을 효율적으로 절약하여 가격을 낮추면서도 소비자의 기호에 맞는 제품을 빠르게 생산할 수 있었다.

쿠트스마트의 또 다른 성공 이유는 빅데이터에 있다. 1995년 설립된 쿠트스마트는 2000년대 초반까지 주로 OEM 생산을 하였다. 이 과정에서 쿠트스마트는 시장의 선호에 대한 데이터를 축적, 분석하여 소비자가 가장 선호하는 정장이 무엇인지를 파악하였다. 현재 쿠트스마트에는 수만 종의 디자인, 1천만 개 이상의 패턴, 그리고 3만여 개 이상의 원단에 대한 데이터베이스가 구축되어 있으며, 이를 활용하여 생산 공장은 스마트화되어 있다.

쿠트스마트의 마지막 성공 이유는 완전 자동화된 스마트공장이 아니라 수작업이 혼합된 스마트공장을 만들었다는 점이다. 옷을 제작하는 대부분의 공정은 자동화 기계에 의해 이루어지지만, 섬세함이 요구되는 일부 바느질 작업과 품질검사는 여전히 사람이 직접 수작업으로 진행한다. 즉, 무조건적인 고도의 자동화 설비를 추구하기보다는, 장기적으로는 자동화 설비가 효과적인 대부분의 공정들은 스마트화된 기계를 도입하되 수작업이 효율적인 공정에서는 사람이 직접 투입된다. 많은 스마트공장들이 무조건적인 무인화를 추구하거나 인건비 절감을 위해 과도한 수준의 자동화 설비를 갖추었다가 도리어 생산성이 저하되거나 효율이 낮아지는 경우를 많이 겪고 있다. 하지만 작업자와 자동화 설비가 조화를 이룬 스마트공장을 통해 인간의 실수와 시스템 및 기계의 오류를 모두 최소화하면서 인간과 기계가 각자 효율적인 영역에서 일을 나누어 분담함으로써 생산성을 높인 것이다.

이러한 사람과 기계의 조화는 또 다른 측면에서 찾아볼 수 있는데, 자신의 치수를 잘 모르는데 치수를 재기 어려운 사람들이나 온라인 주문에 익숙치 않은 사람들에게는 사람이 치수 측정을 해준다는 점이다. 치수 측정은 쿠트스마트 매장 어디에서나 가능하며, 만일 인근에 매장이 없거나 방문이 어려운 경우 측정 차량을 호출하면 재단사가 찾아가서 치수를 측정해준다. 만일 고도로 무인화된 시스템만을 추구한다거나 온라인 거래에만 집중하고 비용 절감을 위해 오프라인 매장을 없앤다면 이러한 서비스는 불가능하다. 하지만 직접 사람이 주문을 도와주는 서비스를 제공함으로써 온라인 주문을 위한 정보를 모르는 사람들이나 혹은 온라인 주문 자체에 익숙치 않은 고령층 등도 쿠트스마트를 이용할 수 있도록 문턱을 낮출 수 있었다.

(2) 스마트공장과 생산 기지 이전

다만 중국에서 스마트공장이 보급되면서 각국의 리쇼어링 정책과 맞물려 중국에서 이탈하는 기업이 발생하고 있다는 점은 중국 정부의 고민거리이다. 스마트공장이 고도화되면서 작업 현장에서 일하는 인력이 감소하고 오히려 연구개발과 디자인, 판매에서 차지하는 인력의 비중이 늘어남에 따라 저렴한 인건비를 찾아 중국으로 생산 기지를 이전했던 일부 글로벌 기업들이 리쇼어링을 하고 있기 때문이다.

대표적으로 스마트공장을 구축하면서 생산 기지를 자국으로 U턴한 기업으로 아디다스를 들 수 있다. 아디다스는 2016년 중국 내 생산기지를 각각 독일과 미국의 고도화된 스마트공장으로 옮기기로 결정했다. 특히 당시 독일과 미국 정부가 적극적인 리쇼어링 정책을 펼치면서 스마트공장 구축에서 많은 지원을 받았다. 독일과 미국 내에 설치된 스마트공장에서는 3D 프린터를 적극 활용하여 인건비를 줄이고 자동화율을 높였다. 비록 2019년 이렇게 독일과 미국으로 이전한 스마트공장은 가동을 중지하였으나, 주 원인은 스마트공장 운영의 실패라기보다는 글로벌 공급망(Global Supply Chain)에서의 문제였다. 신발 제작에 필요한 주요 원재료들이 아시아에서 주로 공급되었기 때문에 원재료를 독일과 미국으로 운송하는 과정에서 생산성이 떨어지고 비용이 상승한 것이다. 아디다스는 생산 기지를 다시 동아시아로 이전하되 스마트공장 기술을 적극 활용하기로 했다. 특히 코로나19(COVID-19)로 인해 글로벌 공급망을 구성할 때 단순히 비용 절감만이 아니라 생산 기지가 위치한 곳의 사회경제적 안정성과 정치경제적 자유 등이 주요한 고려 대상으로 떠올랐기에 이후 스마트공장이 더욱 보급되면 아디다스와 같이 자국으로 생산 기지를 이전하려는 글로벌 대기업은 더욱 늘어날 것이다.

반면 아디다스와는 달리 중국을 떠나 리쇼어링에 성공한 기업 사례들도 있다. 대표적인 사례로 독일의 모형기차 제조사인 메르클린은 저렴한 인건비를 쫓아 2000년대에 중국으로 생산 기지를 이전하였다. 그러나 제품의 품질이 낮아짐에 따라 독일에 고도화된 스마트공장을 구축한 후 생산기지를 이전시켰다. 모형 기차의 표면을 다듬는 작업을 중국에서 12명 이상의 작업자가 수행하였으나 이제는 독일 스마트공장에서 로봇이 그 역할을 대신하고 있다.

미국의 컨설팅업체 AT Kearney에 따르면 미국의 리쇼어링 지수가 2019년에 크게 반등한 것으로 나타났다. 특히 대 중국 제조업 수입이 감소한 것이 가장 큰 요인으로 작용하여, 2019년에는 對 중국 제조업 수입이 2018년과 비교하여 17%나 감소하였으며, 중국에서 이탈한 공급망은 베트남, 멕시코, 자국 내 등으로 이전한 것으로 파악되었다.

중국 정부의 고민은 스마트공장을 고도화시키고 더욱 많이 보급시킬수록 이러한 리쇼어링이 가속화될 것이라는 우려와 그럼에도 불구하고 국제 경쟁력을 유지시키기 위해 스마트공장의 보급을 멈출 수 없다는 점이다. 자국 기업들의 제품 품질을 향상시키고 가격을 낮추기 위해서는 스마트공장을 지속적으로 보급해야만 한다. 하지만 이렇게 스마트공장을 보급하면 글로벌 공급망 내에서 중국이 가졌던 장점인 저렴한 인건비와 풍부한 내수 시장의 가치가 희석된다는 점이다. 앞서 언급한 메르클린의 경우에도 중국 공장이 가졌던 장점인 저렴한 인건비를 고도화된 스마트공장을 구축함으로써 상쇄시켰다. 이러한 중국으로부터의 이탈은 특히 부가가치가 높은 고가의 제품들 위주로 나타나고 있다. 중국의 평균적인 소득 수준이 낮기 때문에 저가의 제품을 생산하는 기업들에게는 중국의 내수 시장은 여전히 매력적인 요소이지만, 고가의 전자장비나 가구, 또한 고도의 기술을 요구하는 각종 전기 기기나 그 부속품 및 가공 금속 제품을 중심으로 미국 및 유럽으로 생산 기지를 이전하는 리쇼어링이 활발하게 진행되고 있다.

따라서 중국 정부로서는 차후에도 중국 내 생산품의 국제 경쟁력을 유지하기 위해 스마트공장을 지속적으로 보급하되, 생산 기지를 중국 내에 붙잡아둘 수 있는 유인책을 글로벌 기업들에게 제공해야 하는 숙제를 안고 있다 하겠다.

4. 일본

(1) 일본 스마트공장의 현황 및 사례

전통적인 제조업 분야에서 선도국 역할을 했던 일본은 최근 자국 내 인구 감소로 인한 인력 부족 문제와 자국 제조업의 국제 경쟁력 하락을 막기 위해 제조업 내에서 디지털 전환을 적극적으로 장려하고 있다. 그 일환으로 2017년 '커넥티드 인더스트리즈(Connected Industries)'를 발표하고, 산업용 로봇, 자율주행 모빌리티, IoT, 스마트공장 구축 및 테스트베드 시범 사업 등을 펼치고 있다.

또한 자국의 스마트공장 기술을 널리 알리고 스마트공장 시스템 판매 업체의 시장 개척을 돕고자 매년 스마트공장 엑스포를 개최하고 있다. 스마트공장 엑스포에서 일본 내 스마트공장 관련 공급 기업들은 현재 구현 가능한 기술 및 판매 상품들을 전시하여 스마트공장을 구축하고자 하는 동아시아 기업들이 쉽게 원하는 시스템을 구매할 수 있도록 하며, 스마트공장 수요 기업들에게는 어떠한 기술이 구현 가능하고 다른 업체들은 어떠한 스마트공장을 설치하여 어떻게 운영하고 있는지를 살펴볼 수 있는 기회를 제공하고 있다. 참가 업체의 다수가 일본 기업이지만 갈수록 중국과 한국 기업들의 참가도 늘고 있으며, 아시아의 여러 기업들이 특히 관심을 가지고 참가 폭을 넓혀가고 있다. 그 결과 2017년 1회 엑스포에서는 100여 개에 불과했던 참여 기업 수가, 2018년 175개 사, 2019년 246개 사, 2020년에는 300여 개 이상의 기업으로 늘어났다.

일본의 대표적인 스마트공장은 미쓰비시 전기(Mitsubishi Electric)의 e-F@ctory이다. e-F@ctory의 특징은 엣지 컴퓨팅(Edge Computing)으로 대변되는 각 생산 공정별 실시간 연계 및 효율적인 데이터 처리이다. 엣지 컴퓨팅에서는 각 공정이나 기계에서 생산되는 데이터를 중앙 서버에 보내지 않고 각각의 엣지 컴퓨팅 수준에서 먼저 처리한 후 중앙 서버에는 추후에 데이터나 분석 결과를 보내는 것이다. 보통 공장에서는 각 생산 공정이 쉬지 않고 돌아가고 있기 때문에 문제가 감지되었다고 해서 이를 중앙 서버에 보낸 후 이를 서버에서 분석하고, 이에 기초하여 개선 조치가 결정된 이후에 이를 문제가 있는 공정에 적용하는 것은 긴 시간을 소요한다. 따라서 각 기기나 공정별로 즉각적인 대응이 필요하며 수정 및 개선 사항에 대한 오류가 명확한 경우에는 해당 기기나 공정에 대한 자료를 수집하는 엣지 컴퓨팅 수준에서 분석하여 처리하고 그 결과를 중앙 서버에 전송한다. 따라서 의사결정 구조가 더욱 탈 집중화되며, 공정 개선 및 수리 등이 보다 빠르게 이루어질 수 있다. 또한 이를 바탕으로 불량이 만들어지고 있는지 불량의 원인은 무엇이며 어떻게 개선할 수 있는지를 파악하고 수정하는데 소요되는 시간을 단축하여 생산성을 높이고 있다.

엣지 컴퓨팅이 가능하게 하는 두 요소는 AI와 클라우드 플랫폼이다. 개별 공정 단위에서 발생한 정보를 즉각적으로 분석하고 대응책을 제시하는 엣지 컴퓨팅은 개별 공정별로 부착된 센서와 컴퓨터에 AI 기술을 접목시킨 것이다. 또한 클라우드 플랫폼을 통해 생산 과정에서 발생하는 방대한 자료를 모두 중앙 집중식으로 전송 · 수집하는 대신 엣지 컴퓨팅 단계에서 데이터를 저장 · 가공 · 분석하며, 만일 다른 파트에서 해당 공정의 데이터를 필요로 하는 경우에는 클라우드 플랫폼을 통해 공유한다. 따라서 대규모 중앙 서버가 필요치 않다는 장점이 있다.

e-F@ctory는 앞서 살펴본 다른 국가별 사례들과 달리 스마트공장의 궁극적인 목표를 빠른 속도에 두었다. 개별 공정에서 오류가 발생해도 엣지 컴퓨팅을 통해 전체 공정에 영향을 주지 않고 빠르고 즉각적으로 개선하여 전체 공정에서 생산 속도를 유지하도록 한다. 또한 클라우드 플랫폼을 통해 생산 현장 전체가 연결되기 때문에 중앙 처리 과정을 거치지 않고 필요한 정보들만 핀셋으로 모아서 개별 공정 단위에서 분석하거나 활용함으로써 의사결정의 속도를 높인다. 이를 바탕으로 제조 현장에 투입되는 로봇의 안정성과 효율을 높임으로써 생산 현장 전반에서 가동의 속도를 높이는 것이 e-F@ctory의 핵심이다.

(2) 간편한 스마트공장

최근 일본의 스마트공장 관련 정책에서 주목받고 있는 것은 '간편한 스마트공장'이다. 앞서 언급한 각국의 사례들은 모두 고도화된 스마트공장이지만, 이러한 스마트공장을 구축할 수 있는 기업들은 대기업에 한정된다. 하지만 이미 높은 수준의 자동화를 이룬 대기업의 생산 공정보다는 여전히 전통적인 노동 집약적인 방식으로 생산하고 있는 중소기업에 스마트공장을 도입하는 것이 생산성 측면에서 훨씬 효과적이다. 따라서 일본에서는 지금 있는 공장 시설을 활용하면서 스마트공장 시스템을 일부에서만 도입하는 방식이 주목받고 있다.

즉, 스마트공장을 도입하면서 전면적인 스마트공장을 만드는 것보다는 기존의 공장에서 일부 설비, 혹은 부분에 대해서만 스마트 설비를 도입하는 것이다. 이러한 접근은 크게 두 가지 방향으로 나뉘는데, 하나는 '작은 시작(소액으로 시작하는 스마트공장)'이며, 다른 하나는 '오래된 설비의 IoT화'이다. 스마트공장이 제조업 전반으로 퍼지기 위해서는 중소기업에 스마트공장을 널리 보급해야 하기 때문에 이 두 가지 방안이 나온 것이다.

스마트공장을 부분적으로 도입하게 되면 '작은 시작'이 가능하다. '작은 시작'은 두 가지 장점이 있다. 하나는 기존 공장을 부분적 스마트공장 혹은 낮은 단계의 스마트공장으로 만드는 것이기 때문에 스마트공장을 설치하기 위해 소요되는 금액이 적어져서 중소기업 입장에서 스마트공장 도입에 따른 비용 부담이 줄어든다. 다른 하나는 기존 작업자들이 보다 쉽게 적응할 수 있다는 점이다. 전면적인 고도화된 스마트공장에서는 기존의 작업자들이 새로운 기기나 시스템의 조작에 낯설어 하며, 업무의 전환이나 재배치가 필요할 수도 있어 적어도 단기적으로는 적응을 위한 막대한 비용과 시간이 소요되며, 이 과정에서 일시적으로 생산성이 저하될 수 있다. 일부 몇몇 중소기업들의 경우 고도화된 스마트공장의 설치 이후 시스템을 운용하기에 적합한 IT 기술을 가진 작업자들을 구하지 못하여 오히려 생산성이 떨어지거나 기존의 공장 형태로 되돌아가는 경우도 있었다. '작은 시작'은 기존의 생산 방식에 급격한 변화를 주지 않으면서도 스마트화를 통해서 가장 큰 이득을 볼 수 있는 부분에 대해서만 핀셋 방식으로 도입하여 생산성은 올리면서 부담은 줄이는 스마트공장 보급 방식이다.

또 다른 방향인 '오래된 설비의 IoT화'는 IoT를 도입하여 가장 큰 이득을 얻을 수 있는 부분에 우선적으로 IoT 설비를 도입하는 것으로, 공장 전체에 IoT 시설을 도입하기보다는 스마트공장 설비 설치에 있어 우선순위를 설정하여 순차적으로 도입하려는 것이다. 앞서 언급한 '작은 시작'을 실행하기 위해서는 그렇다면 어떤 공정이나 어떤 기기부터 스마트공장화 해야 하는가에 대한 답이 바로 '오래된 설비의 IoT화'이다. 오래된 설비는 일반적으로 고장이 잦거나 불량이 발생할 확률이 높기 때문에 이를 자동으로 감지하는 센서를 부착하는 등으로 불량이 얼마나 발생하는지 파악하고 보다 구체적인 교체 주기를 알아낼 수 있다.

'작은 시작'과 '오래된 설비의 IoT화'는 스마트공장을 중소기업에 본격적으로 보급하기 위한 움직임이라 할 수 있다. 기존의 고도화된 스마트공장이 주로 대기업에 설치되었다면, 이제는 스마트공장 시장을 중소기업으로까지 넓힘으로써 제조업 전반의 자동화 및 기계화 수준을 높이려는 것이다. 이는 현재 일본이 직면한 인구 감소 및 제조업 종사자들의 평균 연령 상승에 대한 대응책의 성격도 있다. 한편으로는 앞서 중국에서 스마트공장에 따른 리쇼어링이 일어나는 문제와 맞물려, 저임금 지역으로 이전한 자국 생산 기지를 국내로 U턴시키기 위한 방안 중 하나로 스마트공장의 보급을 더욱 촉진하려는 목적이 있기도 하다.

Ⅲ. 한국의 스마트공장 현황

1. 스마트공장 보급 현황

한국은 제조업과 해외 무역이 경제에서 차지하는 비중이 여타 고소득 국가와 비교하여도 매우 높은 편이라서 제조업의 국제경쟁력을 유지하기 위해서 중소벤처기업부를 중심으로 한 정부 차원에서 적극적으로 스마트공장을 보급하기 위한 정책을 펼쳐오고 있다.

〈표 7-2〉 한국의 스마트공장 보급 현황

연도/규모	중견	중소	전체
2014	0	277	277
2015	27	936	963
2016	72	1,488	1,560
2017	147	2,056	2,203
2018	127	2,752	2,879
계	373	7,509	7,882

출처: 노세리, 방형준, 김하나. (2019) "일터혁신의 고용효과", 고용노동부, 한국노동연구원

〈표 7-2〉에는 2014년부터 2018년까지의 보급 사업 현황이 나타나 있다. 이 표는 스마트제조혁신추진단의 스마트공장 보급 사업에 참여한 중소기업과 중견기업의 숫자이며, 현실에서는 사업에 참여하지 않고 자체적으로 스마트공장을 구축하는 기업들도 있을 것이므로 저 숫자가 최솟값이라고 할 수 있으나, 방형준 · 노용진(2018)에 따르면 중소기업과 중견기업 중에서 스마트공장 지원 사업에 참여하지 않은 업체들 중에 스마트공장을 자체적으로 구축한 기업은 거의 없는 것으로 조사되었다. 이는 스마트공장을 구축하는데 최소 수천만 원의 금액이 소요되는데 한국의 중소 · 중견기업의 실정에서 이러한 금액을 정부 지원 없이 스스로 마련하는 것은 힘들기 때문이다. 따라서 〈표 7-2〉의 숫자는 대기업을 제외한 중소기업에서 한국에 보급된 전체 스마트공장의 숫자와 크게 차이나지는 않을 것이다.

2014년 처음 사업을 시작했을 당시에는 스마트공장을 구축한 기업의 수가 277개소에 불과하였으나, 5년 만에 참여 업체 수가 10배 이상 증가한 2,879개소에 이르렀으며, 누적 숫자로도 2018년 약 8천 개소에서 2019년에는 1만 2천여 개까지 늘어났고, 내년에는 2만여 업체에서 스마트공장이 구축될 수 있도록 지속적으로 스마트공장을 보급하려 하고 있다. 이러한 적극적인 보급 정책으로 정부는 오는 2022년까지 스마트공장을 3만개 보급하는 것을 목표로 추진하고 있다. 따라서 양적 측면에서는 스마트공장의 숫자가 결코 적다 할 수 없는 수준에 이르렀다.

하지만 스마트공장을 구축한 중소기업의 80% 이상이 기초 단계에 머물러 있으며, 중간 2단계나 그 이상을 도입한 기업은 전체의 1%도 채 되지 않는 것으로 조사되어(방형준 · 노용진 2018) 이후에는 스마트공장의 숫자를 늘리는 양적 확대보다는 스마트공장의 수준을 높이는 질적 측면에 주목할 필요가 있다. 이를 위해 스마트제조혁신추진단에서도 고도화된 스마트공장 구축을 위한 사업을 발족하거나 추진 중에 있다.

현재까지 구축한 스마트공장에서 도입한 시스템의 현황은 〈표 7-3〉에 제시되어 있다. 전체 도입 시스템의 약 69% 정도가 MES이며, ERP가 14% 정도로 그 뒤를 잇고 있으며, 나머지의 합은 17% 정도에 불과하다. MES와 ERP는 스마트공장을 구축하기 위한 필수적인 시스템이자, 중소기업 생산 현장에서는 가장 생산 효율을 높일 수 있는 분야이다. IoT나 SCM, FEMS 등은 고도화된 스마트공장에서 찾아볼 수 있는 것으로 이들의 비율이 낮다는 것은 아직 한국 중소기업에는 고도화된 스마트공장이 널리 보급되지 않고 있다는 또 다른 증거이기도 하다. 하지만 한편으로는 이렇게 기초적인 스마트공장 시스템이 깔려야만 이후 고도화가 진행될 수 있기에 기초 단계에 머물러 있는 스마트공장을 많이 보급하는 것이 반드시 문제라 할 수는 없다. 또한 중소기업에서는 ERP와 MES가 생산성을 높이는 가장 필요한 시스템이라는 점에서 기업들이 스마트공장을 도입하면서 생산성을 높이기 위해 합리적인 선택을 하고 있다고 할 수 있다.

〈표 7-3〉 스마트공장 도입 분야별 도입 현황

	연도					계
	2014	2015	2016	2017	2018	
ERP	25	137	230	310	39	741
MES	242	684	1110	1488	139	3663
PLM	10	44	54	87	9	204
SCM	0	16	20	24	18	78
POP	0	0	0	0	23	23
WMS	0	0	0	0	2	2
IoT	0	0	0	0	2	2
FEMS	0	1	16	198	1	216
기타	0	96	147	120	19	382

출처: 노세리, 방형준, 김하나. (2019) "일터혁신의 고용효과", 고용노동부, 한국노동연구원
주 1) 한 기업에서 중복하여 여러 시스템을 도입한 경우에는 해당 시스템들을 각각 하나씩 도입한 것으로 계산

2. 한국의 스마트공장 사례 1 – 동양 피스톤

동양 피스톤은 자동차용 피스톤을 제조하는 국내 시장 점유율 1위 업체이다. 동양 피스톤은 스마트공장을 도입하기 이전에도 일부 공정에서는 자동화를 통해 제품을 생산하고 있었으며, 제품 설계 역시 디지털로 진행하고 각 공정에 대해서도 실시간으로 모니터링하는 시스템을 갖추고 있었다.

그러나 동양 피스톤은 스마트공장을 구축하면서 GE의 디지털 트윈과 마찬가지로 가상 환경을 이용하며 또한 각 기계에 센서를 부착하여 빅데이터를 수집 · 활용하는 스마트공장을 구축하였다. 동양 피스톤은 현장의 환경을 센서를 통해 파악하여 서버에 그대로 구현한 가상 환경을 구축해 놓았다. 이러한 가상 물리 시스템을 통해 제품과 공정에 대한 설계를 먼저 가상 환경에서 실행한 후, 이를 바탕으로 실제

환경에서 공정을 설계하거나 로봇이 자동으로 제품을 제작한다. 이를 통해 제품이나 공정을 설계할 때 들어가는 시간적, 금전적 비용을 크게 절감했을 뿐만 아니라, 가장 효율적인 공정을 탐색하는 데에도 활용하고 있다.

한편 가상 환경에서의 설계와 실제 공정에서의 작업에 대한 데이터는 모두 IoT 센서를 통해 구축되어 품질이나 사고율, 불량률 등에 대한 정보가 빅데이터로 저장된다. 이렇게 저장된 빅데이터를 활용하여 각 공정별로 불량률이 얼마이고 생산성이 얼마인지 계산되어, 가장 효율적인 생산 방식이 무엇인지를 결정할 때 다시 빅데이터 분석을 활용한다.

스마트공장을 도입하면서 특히 주조 공정에서 기존에 작업자들이 수동으로 진행하던 것들을 자동화하였다. 이에 따라 주조 과정에서 생산성과 품질이 향상되고 불량률이 낮아짐에 따라 자연스레 가격 경쟁력이 높아져 판매량이 늘었다고 한다.

이러한 생산성 증대로 인해 오히려 채용 인원이 늘어나고 있다는 점도 고무적이다. Acemoglu and Restrepo(2017)은 로봇 도입이나 자동화에 따라 제조업에서 두 가지 고용 효과가 나타날 수 있다고 하였다. 하나는 로봇이 기계를 대체하여 일자리가 감소하는 노동 대체 효과이며, 다른 하나는 로봇 도입 및 자동화로 인해 기업의 생산성이 올라가 경쟁력이 강화됨에 따라 기업 규모가 커져서 오히려 일자리가 늘어나는 생산성 증대 효과이다. 동양 피스톤의 사례는 스마트공장에서도 마찬가지로 노동 대체 효과와 생산성 증대 효과가 동시에 존재하며, 생산성 증대 효과가 노동 대체 효과보다 클 가능성이 있음을 암시한다. 특히 수출이 고용 상황에 미치는 영향이 큰 한국 상황을 감안하면, 스마트공장의 도입으로 일자리가 증가하거나 혹은 적어도 노동 대체 효과가 생산성 증대 효과에 의해서 상쇄될 가능성도 발견할 수 있다.

스마트공장이 일자리에 미치는 영향은 단순히 채용을 늘리는 것에만 한정되지 않는다. 동양피스톤에 따르면 스마트공장과 자동화 이후, 기존의 작업자들은 각종 수기로 진행하던 서류나 업무 처리들이 자동화됨에 따라 근무 만족도가 높아졌다. 또한 공정 전반의 진행 상황이나 필요한 정보를 실시간으로 조회하고 즉각적으로 대응할 수 있게 되어 작업자들의 노동생산성도 올라간 것으로 보고 있다. 더하여 스마트공장을 도입하면서 수작업 과정에서 작업자가 부상을 입거나 위험한 환경에서 노출되는 빈도가 줄어든 것도 생산성 향상과 직무 만족도의 제고에 영향을 준 것으로 보고 있다.

3. 한국의 스마트공장 사례 2 - 프론텍

중소기업 중에서 스마트공장을 도입한 우수한 사례로 많이 거론되는 기업은 프론텍이다. 프론텍은 자동차용 너트와 수공구를 생산하는 자동차 부품 회사로, 부품 제작사의 특성 중 하나는 대량 생산 방식과 소량 생산 방식을 혼재하여 사용하고 있다는 점이 특징이다. 프론텍은 주로 쇳밥을 배출하지 않고 금속을 성형 · 가공하는 전조탭이나 금속 소재를 상하로 압축하여 높이를 줄이고 단면을 넓히는 업세팅 등의 기술을 바탕으로 100여 종에 이르는 너트와 고강성 구조로 신뢰성을 높인 50여 종의 공구 세트를 생산하고 있다. 프론텍은 2010년대 들어 기업의 경영 성과에서 둔화 조짐이 나타나면서 스마트공장을 도입하기로 결정했다. 이에 2015년 스마트공장 구축 지원 사업에 참여하여 2016년에 MES 시스템을 도입하고, 2017년에는 공장 모니터링 시스템을 구축하였으며, 2018년에는 인공지능 검사기와 물류 자동화 시스템을 구축하였다. 여기에 그치지 않고 2019년에는 사물인터넷을 생산 현장에 도입하였으며, 2020년에는 협동 로봇까지 설치하는 등, 기존 공장을 단기간에 빠르지만 순차적인 방식으로 상대적으로 고도화된 스마트공장으로 전환하였다.

프론텍에서 구축한 MES는 제품 수주에서 시작해서 원자재 구입, 원자재가 최종 제품으로 되어 가는 작업공정, 제품의 저장과 출하 등에 관한 정보를 담고 있다. 제품 생산 과정에서 원자재에서 최종 제품까지의 생산 실적 정보가 실시간으로 입력될 수 있도록 관리하는 시스템이다. 다만 프론텍의 MES는 아직 ERP를 연동하고 있지는 않다는 한계점이 있다.

또한 생산 설비에 대한 실시간 모니터링을 위해서는 공장모니터링 시스템을 구축하였는데, 자동화된 단조 기계에 사물인터넷(IoT)를 부착하여 실시간으로 기계가 운영되는 현황을 모니터링하고 있다. 조립의 경우에는 스마트공장을 공정의 진척도를 관리하는 개념으로 사용하고 있는데, 작업자 개인별 생산량과 불량률 및 라인별 종합 효율을 수치화하여 관리하고 있다. 프론텍의 스마트공장 시스템에서는 목표량, 표준공수, ST에 따른 진척률, 달성률, 초 · 중 · 종물 품질 데이터가 실시간으로 모니터링 가능하다. 이러한 데이터를 개인별로 집계하여 작업자별 품질 항목별 점수가 지속적으로 화면에 표시된다. 단조의 경우 작업자의 진척률보다는 설비의 진척률을 게시하여 설비 운영상 필요한 정보들을 실시간으로 모니터링하면서 설비를 다루는 작업자들이 실시간으로 설비를 관리하거나 상황을 점검할 수 있도록 하고 있다. 이러한 MES와 실시간 모니터링 시스템을 통해 납기 준수율이 높아지고 불량률이 감소하였으며 제품의 품질이 향상되어 회사 경영성과가 개선되었다고 한다. 또한 제품 제조 완료 시점이 데이터를 통해 예측되어 나오기 때문에 이를 바탕으로 작업자들이 작업 진척속도 등을 조절함에 따라 공정의 효율성이 높아졌다고 한다.

프론텍은 최종 제품의 검사를 AI를 활용하여 실시하고 있다. 검사기에 AI기술을 접목하여 검사 데이터로 머신러닝을 통해 학습시켜 지속적으로 검사의 정확성을 높여가고 있다. 아직까지도 학습을 위해 축적된 데이터의 양이 많지 않으며, 학습 방법에 대한 회사의 이해도도 높지 않아서 AI 검사에 한계가 있으나, 2019년 도입 이후 지속적으로 데이터를 모으면서 활용도를 높이고 있다.

프론텍이 구축한 스마트공장의 마지막 요소는 로봇을 활용한 물류자동화(Auto Guided Vehicle; AGV) 체계이다. 이는 2019년도에 도입한 것으로, 현장 조립라인에 자재를 공급할 때 중량이 나가는 자재를 자동으로 옮겨주는 시스템이다. 자재가 들어있는 상자는 약 30kg으로, 물류 자동화 시스템 도입 이전에는 작업자들이 하루에 250여

박스 이상을 6개의 생산 라인에 공급해야 했는데, 상자가 무겁기 때문에 두 명의 작업자가 함께 작업을 하였다. 그런데 이러한 운반 작업자들에게서 계속해서 근골격계 질환이 발생하여 해당 작업 담당자들의 퇴사가 이어졌다. 현재는 물류 자동화 시스템을 MES와 연동하여 재고 수치가 일정 이하로 떨어지면 자동 운반 로봇이 움직여 자재를 공급하고 있다.

물류 자동화를 원자재에 적용하는 것에 그치지 않고 완제품에 대해서도 자동화 창고를 구축하였다. 창고를 전면적인 자동화 시스템으로 움직이게 한 것인데, 기존에는 지게차를 이용하여 작업자가 직접 자신의 키보다 3배 높은 곳에 물건을 올리고 내리는 작업을 반복해야 했다. 효율성의 관점에서 더 큰 문제는 작업자가 필요한 제품을 그때그때 일일이 찾아야 했다는 것이다. 이로 인해 완제품 창고 작업자들이 쉽게 피로해지고 그 결과 잦은 퇴사로 이어졌으며, 다른 하나는 재고 관리가 효율적으로 이루어지지 않았다. 완제품 저장고에 입고하는 제품을 체크하여 엑셀에 입력하고 이를 적당한 장소를 찾아서 적재하는 등의 과업을 한 작업자가 수행하는 것에 대한 피로도 호소가 컸으며, 이로 인해 작업자의 퇴사 및 교체가 빈번하다보니 완제품 재고 현황을 제대로 파악하는 작업자가 거의 없게 되고 빈 공간에 제품을 쌓아놓는 형태로 완제품 관리가 이루어졌다. 재고 관리가 원활하게 이루어지지 않다보니 이미 생산된 제품을 추가적으로 생산하는 경우도 발생하였으며, 따라서 완제품 재고 관리의 효율성은 점점 저하되었다. 이를 해결하기 위해 업체는 완제품에 대한 물류 자동화 시스템도 MES와 연동시켜 활용하고 있다.

2020년에는 협동로봇을 도입하였는데, 조립 막지막 단계에서 완성된 제품을 상자에 적재하는 공정에 배치하였다. 이 단계에서는 약 2.7kg정도 되는 제품을 일평균 800개 정도 박스에 담는다. 박스는 높이가 약 80cm 정도인데, 사람이 하는 경우에는 제품을 든 후 허리를 숙여서 상자에 제품을 적재해야 한다. 이 과정은 현재 수작업으로 진행되는 공정 중에서 작업자가 감당해야 하는 육체노동의 부분이 다른 어느 공정보다 컸기 때문에 로봇을 도입하기로 하였다. 그러나 문제는 제품에 따라 크기와 박스가 상이하다는 점인데, 이로 인해 로봇이 박스에 완제품을 넣더라도 검사와 박스 포장을 작업자가 직접 해야 해서 속도가 빠른 산업용 로봇보다는 작업자를 보조적으로 도와줄 수 있는 협동로봇을 설치하였다. 협동 로봇은 자동화 로봇과 비교하여 작업 속도가 빠르지는 않으나 작업자들의 업무 일부를 보조해준다는 점에서 공정의 효율을 높여주고 있다.

프론텍이 스마트공장을 설치하는 과정에는 두 가지 특징이 있다. 하나는 급격하게 고도로 자동화된 스마트공장을 구축하기보다는 오랜 시간을 두고 점진적으로 스마트화해 나갔다는 점이다. 따라서 개별 과정마다 비용이 많이 들어가지 않았을 뿐만 아니라, 작업자들이 적응해야 하는 시스템의 수준이 높지 않았다. 따라서 적응 시간도 단축되었고 작업자들에게 수용성도 높았다. 다른 특징은 가장 육체적으로 힘든 부분들에 스마트공장을 설치해 나갔다는 점이다. 스마트공장이 작업자를 대체하기 위해 도입해야 한다는 생각에 사로잡혀 있다면 이러한 생각을 하기가 힘들었을 것이다. 그러나 지속적으로 퇴사자가 발생하거나 작업자들이 피로를 호소하는 공정에 우선 스마트공장을 도입함으로써 작업자들의 이탈을 방지하여 공정 전반에서의 숙련 수준이 올라갔으며, 이로 인해 생산성이 증가하였다. 더하여 산업재해 및 병가 등이 줄어들었기 때문에 회사 입장에서도 비용을 아낄 수가 있었다.

4. 한국의 스마트공장 사례 3 – 화신정공

화신정공은 자동차 변속기의 모듈 부품을 생산하는 정밀 가공 업체이며, 부품 산업의 특성상 총 300여 종의 제품을 고객사에 납품하는 다품종 소량생산을 하고 있다. 화신정공은 2010년대 중반 자동차 산업의 불황기에 로봇을 적극적으로 도입하였으나, 로봇을 활용하는 공정에서도 필요한 인력을 찾기 힘들며, 기존의 작업자들이 고령화되면서 설비의 활용도 등이 떨어지는 문제가 발생하였다. 따라서 청년층의 취업을 유도하기 위해 생산 현장의 환경을 개선하려고 노력하였고, 그 일환으로 MES 시스템을 갖춘 스마트공장을 구축하였다.

화신정공에서 스마트공장 도입 이전에는 생산 라인 당 한명의 작업자가 적게는 3대에서 많게는 6대 이상의 설비를 관리하였으며, 개당 9kg에 이르는 소재를 직접 다루면서 기계 사이를 들고 다녀야 했다. 따라서 작업자의 일평균 이동 거리가 5km 가까이 될 정도였다. 이러한 작업 조건 때문에 작업자들의 업무 피로도가 높았으며, 산업재해도 자주 발생하고, 퇴사자 역시 많았다. 화신정공 대표는 이러한 문제점을 해결하기 위해 로봇을 포함한 스마트공장을 구축하여 MES와 HRMS(Hwashin Robot Monitor System) 시스템을 구축하였다.

MES와 6축 관절 로봇을 도입하여 화신정공은 생산 현장의 산업 재해율을 0.15%에서 0%로 낮출 수 있었다. 또한 과거에는 청년 인력의 확보가 어려웠으나, 로봇에 의해 공정이 자동화되고 작업장의 위험성이 낮아지면서 과거 2-3명에 불과했던 청년층 직원이 20여 명 가까이로 크게 늘어났다. 스마트공장은 IT 기술과 생산 현장의 접목이기 때문에 IT 기술에 익숙한 세대들이 보다 쉽게 적응할 수 있으며 또한 이들이 기기와 설비 운용 측면에서 고령자보다 나은데, 이러한 점에서 화신정공에 청년층 인력이 대거 유입된 것은 스마트공장을 통해 생산성이 높아지고 작업 환경이 개선되고, 이로 인해 청년 입사자가 늘며, 그 결과 다시 기존 설비의 생산성이 높아지는 선순환 구조가 발생할 수 있는 여지를 확인시켜 준다.

화신정공이 스마트공장을 도입한 이후의 생산성 변화는 주목할 만한데, 스마트공장 이전에 시간당 완제품 생산량이 19개였던 반면 이제는 26개로 35% 이상의 생산성 향상이 있었으며, 불량률 역시 1,800ppm(parts per million)에서 150ppm으로 급감하고, 원가는 4억 원 이상 감소한 대신 매출은 매년 5억-10억 원 정도씩 증가하고 있다. 불량률이 낮아지고 납기 준수율이 높아지면서 기존의 현대차그룹 외에도 미국 전기차 부품 업체와 납품 계약을 체결하는 등 수출까지 하게 됨에 따라 추후 지속적으로 기업이 성장할 것으로 보인다.

화신정공의 스마트공장에는 HRMS 시스템이 깔려 있는데, 이는 스마트공장에서 사용하는 로봇을 관리하는 것이다. 로봇의 운용 상황, 상태, 속도 등에 대한 정보를 실시간으로 빅데이터 형태로 수집하여 선제적으로 로봇과 부품을 관리하고 큰 고장을 막는 것이 HRMS 시스템의 목적이다.

화신정공의 스마트공장 도입상에서의 특징은 스마트공장의 설치부터 교육까지 작업자들을 적극적으로 참여시켰다는 점이다. 회사 대표가 스마트공장을 도입해야겠다고 결심하고 기존에 스마트공장을 구축한 업체들을 탐방한 후, 화신공정에 적합한 스마트공장을 도입하기 위해 작업자들과 스마트공장의 도입에 대해서 소통을 하였다. 이를 통해 로봇 도입 이후 직무에 대한 수요 조사를 실시하여 현 직무를 수행하기를 원하는 사람들은 지속적으로 현 직무를 수행하되, 재배치를 원하는 근로자들은 최대한 원하는 직무로 전환하였다. 약 1/3의 근로자들이 직무 전환을 원하여 이들은 검사나 포장 등 같은 제품의 다른 공정으로 이동하거나 혹은 다른 제품의 생산 라인으로 재배치하였다. 그리고 이동한 작업자들의 빈자리는 청년 신규 취업자들을 통해 메웠다.

같은 직무를 수행하는 작업자들의 업무 수행 방식도 이전과 달라졌다. 스마트공장 도입 이후, 작업자들의 업무는 주로 담당 공정에서 로봇을 제어하면서 생산 공정에 대한 검사를 진행하는 방식으로 바뀌었다. 이를 위해 작업자들은 약 3개월 간 로봇 제어에 관한 교육·훈련을 받았다. 이를 통해 로봇을 담당하는 작업자들은 간단한 문제는 공정 담당자가 스스로 해결하는 것이 가능한 수준에 이르렀다.

화신정공의 사례는 스마트공장의 도입에 대한 사회적 우려에 한 가지 메시지를 던져주고 있다. 현재 전체 임금 근로자의 약 90%는 중소기업에서 일하고 있지만, 청년층의 중소기업 선호도는 매우 낮아 대다수의 중소기업이 인력난을 겪고 있다. 하지만 화신정공은 스마트공장 도입 이후에 청년층이 보다 선호할 만한 방향으로 작업 환경을 개선하여 기존에 청년들이 취업하기 싫어하던 기업에서 청년 작업자가 크게 늘어난 사업장으로 바뀌었다. 전체 종사자 규모 역시 스마트공장 도입 이후 증가하여 스마트공장을 비롯한 디지털 전환 이후 제조업 전체에서 일자리가 감소하는 현상에 대한 우려 역시 불식시키고 있다.

즉, 청년층의 중소기업 기피 현상과 중소기업의 고질적인 인력난 두 가지 문제를 해소할 수 있는 해결책을 제조업의 디지털 전환인 스마트공장에서 찾을 수 있다는 것이다. 더군다나 청년층은 디지털 문화와 기기에 익숙한 세대이기 때문에 제조업이 디지털화하면 청년층 유입으로 인한 생산성의 향상은 더욱 크게 나타날 것이다.

Ⅳ. 결론 및 정책제언

우리 사회 곳곳에서 일어나고 있는 디지털 전환 프로세스의 흐름에서 생산 현장과 제조업도 예외는 아니다. 로봇과 IoT 기술 및 빅데이터를 받아들인 스마트공장은 제조업에서 일어나는 이러한 디지털 전환의 한 모습이다. 본 장에서 우리는 스마트공장은 무엇이며, 기존의 생산 방식과 어떻게 다르고, 또한 다른 나라들과 한국에서 스마트공장은 어떠한 모습을 하고 있는지 살펴보았다. 특히 우리나라와 인접한 중국과 일본은 자국 내 제조업의 경쟁력 강화와 자국 내 생산기지의 유지를 위하여 적극적으로 스마트공장을 도입하고 있는 것을 확인하였다. 따라서 제조업 여러 분야에서 양국과 경쟁하고 있는 우리나라 역시 스마트공장의 도입을 보다 가속화하여 국내 제조업의 국제경쟁력을 유지해야 할 필요가 있다. 다른 나라의 스마트공장 보급을 위한 노력과 스마트공장의 여러 사례를 통해 우리는 다음과 같은 결론을 얻을 수 있다.

첫째, 스마트공장은 고도의 연결성을 중시하는 시스템이며, 따라서 사물인터넷과 빅데이터 등이 결합되었을 때 그 효과가 크게 나타난다. 이는 스마트공장을 단순한 컨베이어 벨트나 자동화 시스템과 구별지어주는 요소이기도 하다. 이러한 연결은 많은 경우 기기나 공정 간의 연결을 지칭하지만 반드시 그에 한정된 것만은 아니며, 소비자와 생산 공정을 이어주는 다양한 정보들도 연결성을 높이는 빅데이터 중 하나이다. 앞서 살펴본 지멘스나 한국의 세 스마트공장의 경우, 기기 간의 연결을 중점에 두는 스마트공장을 구축하여 불량률을 줄이고 공정의 효율성을 높였다. 반면 쿠트스마트의 경우, 고객들이 과거 10여년 간 주문한 정보들은 고객의 신장, 거주지, 구매 이력, 취향 등의 형태로 빅데이터로 처리되어 수요를 예측하고 효율적으로 생산 공정을 조정하는데 사용되었는데, 이러한 빅데이터는 단순히 기기와 공정만을 연결하지 않고 고객과 생산자, 즉 기업을 연결하고 있다. 따라서 많은 제조업체들은 단순히 스마트공장의 시스템 일부만을 설치하고 운용하는데 만족하지 않고, 각 기기별, 공정별, 그리고 제품의 판매 상황 등 생산 전 과정에 대해서 체계적으로 데이터를 수집하고 구축해 놓아야 한다. 당장 스마트공장을 구축하지 않더라도 스마트공장 시스템을 도입한 이후 데이터를 쌓기 시작한다면 스마트공장 설치 이후에도 한동안은 빅데이터 분석이 불가능하여 스마트 시스템의 활용도도 일정 기간 동안에는 제한될 수밖에 없다. 따라서 기업가는 스마트공장을 단순한 자동화 시스템이 아니라 데이터를 활용하는 고도의 연결 시스템으로 인식하고, 이를 위해서 스마트공장을 도입하기 전부터 생산 과정에서 발생하는 모든 데이터를 체계적으로 수집, 관리, 분석할 필요가 있다. 이를 통해 기업가는 어떠한 스마트공장 시스템을 도입하는 것이 가장 효과적인지 파악할 수 있을 뿐만 아니라, 이러한 경험을 통해 스마트공장을 도입하고 나서 효율적으로 운용하고 빅데이터를 관리하고 분석하여 활용할 때 도움이 될 수 있다.

둘째, 스마트공장은 고도의 연결성을 제공하기 때문에 모든 의사결정이 중앙 집중적일 필요가 없으며, 이는 스마트공장 시스템 역시 마찬가지라는 것이다. 스마트공장에서는 수집된 정보들이 모두 중앙 서버로 수집되어 체계적으로 관리, 분석될 수 있다. 프론텍의 사례는 이렇게 집중된 정보를 바탕으로 공정 작업자들이 공정 속도나 기기 운용에 대해서 직접 의사결정을 내릴 수 있도록 함으로써 연결성을 바탕으로 의사결정의 분권화를 실현하였다. 그러나 미쓰비시 전기의 e-F@ctory는 스마트공장에서 생산되는 정보를 수집하고 분석하는

데 있어서도 중앙 집중적일 필요가 없다는 것을 보여준다. 한국의 많은 중소·중견 스마트공장에서는 가격의 문제나 운용 인력의 부재(不在)로 데이터의 수집과 관리, 분석을 위한 중앙 서버 장치를 설치하지 못하고 있는데, e-F@ctory는 이에 대한 대안을 제시하고 있다. 물론 이를 위해서는 개별 기기마다 인공지능 프로그램을 장착시켜야 하지만, 궁극적인 스마트공장의 한 형태는 데이터의 수집과 관리마저 분권화된 시스템일 수 있다는 것을 보여준다. 따라서 스마트공장의 정보를 반드시 중앙 집중화시켜 모든 정보를 가진 중앙에서 의사결정을 주도하려는 것보다는 가능한 한 데이터와 의사결정 권한을 나눌 수 있는 인사 조직과 기업 문화를 동시에 구축해야 스마트공장이 본래의 취지를 달성할 수 있다.

셋째, 스마트공장의 가장 중요한 특징은 앞서 언급했듯이 연결성이지만, 이러한 연결이 모두 기계나 사물인터넷에 의해 자동화되어야만 할 필요는 없다. 다시 말해서 스마트공장의 궁극적인 목표는 생산성 향상과 효율성 제고이지 무인화가 아니어야 한다. 앞서 살펴본 쿠트스마트의 경우, 수작업이 보다 효율적인 공정에서는 과감하게 인력을 투입하여 기계가 아닌 사람이 작업을 수행하도록 하였다. 프론텍과 동양 피스톤의 사례도 스마트공장은 작업자와 기계, 시스템이 상호 유기적으로 연결되었을 때 보다 효과적이라는 것을 보여주고 있다. 테슬라가 무조건적인 고도의 무인화 공정을 추구하였다가 생산량이 줄어든 것은 스마트공장의 목표가 무인화가 되어서는 안 된다는 점을 여실히 보여주는 사례이다. 또한 프론텍과 화신정공의 사례는 스마트공장을 도입할 때부터 작업자들이 어떠한 공정에 자동화 시스템을 도입하기를 원하고 어떠한 부분이 스마트공장으로서 가장 큰 효과를 낼지 파악한 것이 주효한 것으로 나타났다. 따라서 앞으로 추구해야 할 스마트공장은 노동 배재적인 무인화 공장이 아닌 작업자와 조화를 이루는 노동 보완적인 스마트공장이어야 한다. 이는 디지털 전환 프로세스가 사람을 배제하는 것이 아니라 사람을 돕고 사람과 조화를 이루어 나가야 한다는 전체 취지에도 부합한다.

이러한 노동 보완적인 스마트공장은 일본의 간편한 스마트공장과도 연결된다. 스마트공장을 도입하면서 바로 고도화된 스마트 시스템을 구축하기 보다는 가장 효율적인 공정부터 하나하나 스마트공장을 도입해 나가는 것이 중소기업에게는 보다 효율적이다. 이러한 간편한 스마트공장은 앞서 언급했듯이 비용 문제를 해결해 줄 뿐만 아니라, 고도화된 스마트공장 시스템을 운용할 수 있는 숙련 인력을 당장 확보하기 어려운 중소기업 입장에서는 기존 작업자들이 쉽게 적응할 수 있는 범위 내에서 스마트공장을 설치하는 것이 합리적이기 때문이다. 이러한 간편한 스마트공장은 스마트공장을 제조업에서 널리 보급하는데 효과적인 방법임과 아울러 비용 대비 생산성 제고 효과가 큰 방법이기도 하다.

이러한 측면에서 현재 스마트공장을 구축한 우리나라 중소기업 다수가 기초적인 수준에 머물러 있다는 것은 한편으로는 문제이기도 하지만 한편으로는 장점이기도 하다. 스마트공장의 수준이 낮기 때문에 일반적인 자동화 공정과 큰 차별점을 찾기도 어려울 뿐만 아니라 생산 효율에서의 증대 효과 역시 크지 않다는 점은 앞으로 개선해야 할 문제이다. 하지만 기초 단계의 스마트공장 시스템이 없이 고도화된 시스템을 구축하는 것은 어불성설이며, 오히려 낮은 단계의 스마트공장에서 충분한 경험을 쌓은 후 이를 바탕으로 고도화된 공장을 대비하여 차근차근 스마트공장 운영 경험을 축적해 나가는 것이 급격한 디지털 전환보다 나을 수 있다. 하지만 스마트공장이 확산될수록 평균적인 스마트공장의 수준을 높여가야 하는 것은 분명 제조업 분야에서의 장기적인 과제라 할 것이다.

이러한 결론을 바탕으로 앞으로 제조업에서의 디지털 전환을 위해서 정부가 취해야 할 정책 방향은 다음의 다섯 가지로 요약할 수 있다.

첫째, 정부는 스마트공장을 비롯한 제조업에서의 디지털 전환을 리쇼어링을 위한 기회로 삼아야 한다. 앞서 중국의 사례에서 보았듯이 많은 고소득 국가의 생산 기지들이 저임금 노동력을 찾아 중국과 동남아시아로 이전하였지만, 스마트공장에서는 인건비보다는 기계와 시스템을 운용할 수 있는 능력과 경험을 갖춘 인재를 찾는 것이 보다 중요하며, 장기적으로는 자동화된 시스템으로 인해 인건비가 절감될 수 있으므로 공장을 해외로 이전한 기업에게는 U턴을 위한 좋은 인센티브가 될 수 있다. 특히나 제조업 종사 인력의 숫자가 많은 한국 노동시장의 특성이 코로나19 시기에 실업 증가율을 둔화시키는데 역할을 한 것으로 나타남에 따라 제조업 생산 기반을 국내에 유지하는 것은 장기적으로 노동시장의 성과 측면에서도 바람직하다. 따라서 미국을 비롯한 EU 국가들처럼 국내로 돌아오는 리쇼어링 기업에게 여러 인센티브를 제공함과 아울러 해외로 생산 공장을 이전한 기업들에게 적극적으로 스마트공장 설립을 독려하고 지원할 필요가 있다.

둘째, 스마트공장의 운용과 관리를 위한 전문 인력을 육성할 수 있는 프로그램을 수립하고 운영해야 한다. 스마트공장을 구축하고 싶지만 전문 인력 부족으로 하지 못하고 있는 중소기업은 물론이고 이미 스마트공장을 구축한 대기업에서도 빅데이터 전문 인력을 포함한 스마트 시스템의 운영을 위한 인력의 부족 문제를 절감하고 있다. 따라서 디지털 전환기를 맞아 새로운 디지털 제조 환경에 걸맞은 인재를 양성하기 위한 교육 및 훈련 프로그램을 운영함으로써 적어도 장기적으로는 이러한 디지털 전문 인력에 대한 늘어나는 시장 수요에 대응할 수 있는 인력 공급 방안을 마련해야 할 것이다.

이는 스마트공장을 통한 양질의 일자리 확보와도 연결된다. 중소기업 인력난의 원인으로 낮은 임금과 3D 환경을 꼽을 수 있는데, 스마트 시스템의 운용은 3D 환경과 거리가 멀 뿐만 아니라 신기술과 관련된 전문 직군이므로 임금 역시 높아질 수밖에 없다. 특히 스마트공장을 통해 중소기업도 노동 집약적인 생산 방식에서 자본 집약적인 생산 방식으로 전환한다면 개별 현장 작업자의 수는 감소할지라도 이들의 임금이나 근로 환경은 나아질 수 있다. 또한 화신정공의 사례처럼 궁극적으로 청년들에게 양질의 일자리를 공급함으로써 청년 실업 문제를 해결할 수 있는 한 가지 방편임과 아울러 중소기업으로의 청년 인재 유입을 유도할 수 있는 방안이기도 하다.

셋째, 스마트공장과 일터혁신을 보다 유기적으로 결합한 컨설팅 프로그램을 중소기업에게 제공할 필요가 있다. 앞서 언급했듯이 스마트공장 시스템이 효과적으로 운영되기 위해서는 기업의 의사결정 구조를 포함한 인사 관리 방식과 기업 조직 및 기업 문화에서 변화가 필요하다. 하지만 이러한 인사 관리 체계와 조직에 대한 컨설팅 인력은 대체로 경영학 전공자인 경우가 많아 스마트공장을 비롯한 기술에 대한 이해가 부족하다. 따라서 많은 일터혁신 컨설팅이 작업 현장을 개선하는 방안에 대해서는 대안을 제시하지 못하거나 혹은 현실과 괴리된 컨설팅을 내놓는 경우가 있다. 반면 생산 공정이나 스마트공장에 대한 이해도가 높은 기술자들의 경우, 인사 관리나 기업 조직에 대한 이해가 부족하여 세부 공정에서의 개선안 위주로 컨설팅을 수행하고 기업 조직이나 문화와 같은 거시적인 측면에서의 대안을 제시하지 못하는 경우가 있다. 따라서 정부는 기존의 일터혁신 컨설팅 인력에 대해서는 기술에 대한 교육을 실시하여 생산 현장에 대한 이해를 높임과 아울러, 현재 운영 중인 일터혁신 프로그램에 기술 전문가들이 적극적으로 참여할 수 있도록 프로그램을 개선할 필요가 있다.

넷째로, 스마트공장의 핵심은 소프트웨어이지만, 로봇을 비롯한 하드웨어 기술에 대한 관심도 기울여야 한다. 스마트공장의 핵심은 연결을 위한 네트워크와 빅데이터이지만, 이러한 빅데이터의 수집이나 연결을 가능하게 하는 장치는 센서이다. 또한 스마트공장에서 사용되는 자동화 설비인 로봇 역시 하드웨어이다. 앞서 살펴본 독일의 경우, 전통적인 제조업에서의 강점을 바탕으로 정밀도가 높은 스마트공장용 고부가가치 제품을 생산하고 있으며, 이를 바탕으로 소프트웨어와 유기적으로 연계하고 있음을 보았다. 따라서 센서 기술을 비롯한 스마트 공장의 핵심 부품에 대한 제조 기술과 역량을 확보하기 위한 노력을 기울일 필요가 있다. 아울러 우리나라의 낮은 로봇 생산 역량으로 인해 고부가가치 로봇 다수를 수입에 의존하고 있거나 핵심 부품을 독일과 일본에서 수입하고 있는 실정이므로, 현재 진행 중인 소재 · 부품 · 장비 산업에서의 기술 개발과 생산력 향상을 위한 정부 지원을 지속하되, 이러한 정책의 방향을 스마트공장과 연계하여 스마트공장의 핵심 부품에 대해서 특화된 정책을 펼쳐 미래 스마트공장 보급 시장을 선점하기 위해 움직여야 한다.

마지막으로 스마트공장이 널리 보급될수록 이로 인해서 노동시장에서 소외되거나 탈락하는 저학력 저숙련 단순 직종에 종사하는 사람들에 대한 대책도 정부가 미리 고민해야 한다. 자동차의 발명 이후에 택시 기사와 자동차 제작 공장의 작업자들, 자동차 판매상 등 사회 전체의 일자리는 늘었지만, 반면 기존에 말을 관리하던 사람들이나 마차를 몰던 사람들은 노동시장에서 탈락하여 사회 문제가 되었다. 아직은 스마트공장이 널리 보급된 것도 아니며 평균적인 수준도 높지 않아서 이들 취약 계층에 대한 대책이 시급하지 않게 느껴질 수는 있다. 하지만 새로운 IT 기술에 적응하지 못하고 뒤떨어지는 사람들을 재교육시켜 노동시장에 재진입할 수 있는 기회를 제공하거나, 혹은 이들에게 교육 및 훈련 프로그램을 제공하여 노동시장에서 이탈하지 않도록 하지 않는다면, 취약 계층이 노동시장에서 이탈하는 것뿐만 아니라 장기적으로는 복지 지출 측면에서 재정적으로 부담이 될 수도 있으며, 장기적인 실업으로 인한 사회 문제가 발생할 수 있다. 스마트공장을 통해 제조업을 디지털화하면서도 포용적인 스마트공장 정책으로 디지털 전환 과정에서 소외되거나 낙오되는 사람들을 최소화하는 것은 디지털 전환기에 정부가 해야 할 중요한 역할이자 의무이다.

살펴본 것처럼 디지털 전환 프로세스는 제조업에서 하나의 기회이자 동시에 위기이기도 하다. 일부 단순반복 작업 종사자들에게는 일자리가 사라지는 위기이기도 하지만, 한편으로는 제조업의 생산성을 높이고 일자리의 전반적인 질을 향상시킬 수 있는 기회이기도 하다. 스마트공장 뒤에 펼쳐진 우리나라 제조업의 미래와 노동시장의 모습은 여기에 어떻게 대처하느냐에 따라서 전혀 달라질 것이기에 앞으로 사회에서 보다 많은 논의와 사회적 합의가 필요할 것이다.

참고문헌

노세리·방형준·김하나. 2019. "일터혁신의 고용효과: 스마트공장과의 결합효과를 중심으로," 세종: 고용노동부, 한국노동연구원.

민관합동 스마트공장 추진단. 2017. "2017 스마트공장 지원사업 Guidebook," 세종: 산업통상자원부, 민관합동 스마트공장 추진단.

박경원·장홍근·강혜정. 2020. "코로나19 고용위기 대응을 위한 일터혁신사업 활성화 방안," 서울: 일자리위원회.

방형준·노용진. 2018. "기계 분야 스마트공장 도입 촉진에 따른 고용변화," 세종: 고용노동부, 한국노동연구원.

산업경제리서치 편집부. 2020. "국내외 스마트제조 및 스마트팩토리 시장분석과 비즈니스 전략," 서울: 산업경제리서치.

이영연·노용진·노세리. 2020. “급격한 시장환경 변화에 따른 일터혁신 평가, 모델 발굴 및 확산 방안 연구,” 세종: 고용노동부.

Chen, B., Wan, J., Shu, L., Li, P., Mukherjee, M., & Yin, B. 2018. "Smart Factory of Industry 4.0: Key Technologies, Application Case, and Challenges". *IEEE* Access. 6: 6505–6519. doi:10.1109/ACCESS.2017.2783682. ISSN 2169-3536. S2CID 3809961.

Padovano, A., Longo, F., Nicoletti, L., & Mirabelli, G. 2018. "A Digital Twin based Service Oriented Application for a 4.0 Knowledge Navigation in the Smart Factory". *IFAC-PapersOnLine*. 16th IFAC Symposium on Information Control Problems in Manufacturing INCOM 2018. 51 (11): 631–636.

결론 및 정책적 함의

최근에 디지털 전환이 심화되면서 함께 경영 · 경제 환경은 급속도로 변화하고 있을 뿐만 아니라 산업구조와 고용구조도 급격히 변화하고 있다. 본문에서 본 것처럼 세계의 여러 국가에서 디지털 전환이 시간이 갈수록 더욱 심화되고 있으며 디지털기술 기반의 산업 성장도 급속도로 이루어지고 있다. 이러한 성장세는 기술 개발과 인재육성을 위한 투자 증가와 함께 선도국과 추격국가 할 것 없이 대부분의 국가에서 전략적으로 디지털 기술 발달에 역량의 집중시키는 것으로 볼 때 앞으로 선도적 위치 선점을 위한 경쟁은 더욱 심화될 것으로 예상된다. 동북아 3국의 경우 경제 규모에서 미국과 중국에 열세에 있는 일본은 기술력에서 앞서있는 산업을 중심으로 집중 육성할 분야를 선정하여 기술투자와 인재육성을 위한 역량을 집중하는 전략으로 접근하고 있다. 중국의 경우, 최근의 고도 경제성장에 기반한 경제력을 바탕으로 정부주도로 기업과 협력하여 막대한 기술 투자와 인재육성을 위한 투자를 시행하고 있으며 이를 통해 디지털 기술 선도국인 미국을 급속도로 추격해가고 있다. 우리나라의 경우에는 미국 및 유럽의 디지털 기술 선도국 뿐 아니라 일본과 중국과 비교에서도 디지털 전환의 심화 정도는 후발적 위치에 있다. 다만, 디지털 기술이 경영·경제 환경에 직접적인 영향을 빠르게 증가시켜 실질 경제성장에 영향을 주기 시작한 것은 최근에 일이다. 따라서, 현 시점에 우리나라의 정부와 선도기업들도 디지털 역량을 향상시키기 위해 총력을 기울이고 있다.

앞으로 디지털화가 더욱 심화될 것으로 예상할 때 디지털 기술의 도입이 노동시장에서 고용구조 변화를 통해 일자리에 크게 영향을 미칠 가능성이 높다. 최근에는 여러 국가에서 디지털 전환의 일자리에의 영향에 대한 많은 논의가 있어왔다. 물론 과거 1차, 2차, 3차 산업혁명기에도 한국은 여러 차례 고용 구조의 전환을 경험 하였다. 예를 들면, 농업중심 산업구조에서 제조업중심의 산업구조로 그리고 이후 정보화 산업 중심의 산업구조로 전환하는 각 각의 시점에 산업과 고용의 구조의 변화를 경험하였다. 한국은 과거 각 각의 경제발전단계에서 기존 산업의 근로자가 신규 산업 및 동일 산업의 신규업무의 직업으로 이동하면서 산업구조와 구용구조가 고도화 된 경험이 있고 이러한 전환과 함께 고용성장과 동시 경제성장을 수반하는 성공적인 구조 전환을 경험하였다.

디지털화가 심화되고 있는 현재의 4차 산업혁명 시기에도 디지털 신기술에 기반한 고부가가치 산업이 성장하게 되면 노동시장의 고용구조의 전환은 필수적으로 수반될 것이다. 과거 구조변환 시기에는 선진국을 추격하는 단계에서 국가 주도의 정책으로 산업고도화와 경제성장을 달성했다. 하지만, 현재의 4차 산업혁명시기에 국내 기업은 시장에서 선도적 위치에서 산업 및 경제발전을 이끌어야만 경제성장을 달성할 수 있는 위치에 있다. 이제는 민간이 스스로 해야 하는 역할이 상대적으로 더욱 커졌다고 볼 수 있다. 따라서, 정부는 민간 기업이 새로운 환경에서 창의적으로 선도적 위치에서 발전할 수 있도록 여러 가지 지원 정책을 통해 보조자 역할을 해야 한다. 노동자가 고용구조 변화 시기에 잘 적응해서 능력을 발휘할 수 있도록 하는 환경을 조성을 위한 제도를 마련해야 한다. 예컨대, 변환기에 직업 간 이동을 통한 적응이 어려운 기존노동자에 대해서는 전환기를 버틸 수 있는 최소한의 사회보장을 제공할 정책적인 도구도 마련해야 할 것이다. 디지털 전환은 저성장 시대에 고도성장을 가능하게 할 잠재성을 갖고 있지만 또한 사회불안 요소로의 위험성도 가지고 있다. 예컨대, 디지털 전환을 먼저 경험한 미국과 일부 EU 국가에서는 급속한 경영 · 경제 환경 변화와 함께 근로자간에 고용 및 소득의 양극화 현상을 경험하였다. 적절한 기술을 습득하지 못한 노동자는 새롭게 성장하는 산업에서 일자리를 구하지 못하여 소득감소를 경험하고 반면 디지털 기술을 적극적으로 사용하는 산업에 일자리를 구한 노동자는 기술진보에 따른 소득 증가를 경험하면서 발생하는 양극화 현상이다.

이러한 양극화 현상이 비용을 최소화하기 위한 전략으로 기술 선도국과 동북아 경쟁국을 보면 노동자의 직업 간 이동을 원활하게 할 디지털 신기술 교육 및 직업 훈련을 위해 정부가 대학 및 기업과 협력하여 인재육성을 위해 힘쓰고 있음을 볼 수 있다. 물론, 우리나라도 선도기업을 중심으로 대학과 협력하여 기존 근로자가 새로운 일자리를 구할 수 있도록 디지털 관련 신기술을 교육하기 위한 교육 · 훈련 프로그램을 개발하고 있지만 미국 뿐 아니라 중국 및 일본 등 후발 경쟁국과 비교를 해도 아직 많이 부족한 상태이다. 예컨대, 기업 고용진에 대한 서베이에 의하면 한국에서 디지털 기술이 사용되는 여러 분야에서 전문 인력은 현저히 부족한 상태이다. 특히, 우리나라의 교육시스템은 크게 대학 이전의 교육, 대학 교육, 평생 교육의 3개로 구분해 볼 수 있는데, 3개 분야 모두에서 기술 선도국에 비해 디지털 인재육성에서 양과 질적인 측면에서 많이 뒤처져 있는 상태이다.

첫째, 일본의 경우 초등, 중등, 고등 교육 전반에 걸쳐 디지털 역량을 강화시키기 위한 내용을 포함하는 교과과정 개편을 진행하였다. 한국에서도 "2015 개정 교육과정"을 통해 기본적으로는 미래디지털 역량을 갖추도록 설정되었으나 현장에서 이에 대한 실질적인 교육은 이루어지고 있지 못한 실정이다. 둘째, 대학교육 또한 디지털 선도국에 비해서 많이 뒤처져 있다. 2018년의 이코노믹리뷰에서도 기업은 새로운 사업 환경에 필요한 다양한 영역의 새로운 전문 인력을 대학이 양성하지 못하고 있다고 답하고 있으며 특히 원활한 소통능력과 함께 현업 활용 가능한 전문성을 갖춘 인재의 확보가 어렵다고 발표하고 있다. 예컨대, 미국의 경우 텍사스-오스틴 대학의 경우 컴퓨터공학 학사 전공자만 매년 3,000명 씩 배출하고 있고, 매년 수천 명의 졸업생을 배출하는 대학이 많이 있다. 반면 한국의 경우 서울대학교는

컴퓨터공학전공의 한 해 정원이 55명에 불과하고 다른 대학도 대부분 한 해 정원이 100명에 미치지 못해 핵심 분야 필요 인력을 양성할 역량이 아주 부족한 실정이다. 이는 한국의 경우 "수도권정비계획법"과 같은 법률을 통한 대학 전공별 정원 제한으로 인해 사회 변화에 유연하게 대응하여 정원조정을 통해 필요한 인력을 양성을 하기가 어렵다. 따라서, 정부는 노동시장에 처음 참여하는 신규인력에 대한 디지털 기술 교육을 좀 더 강화해야 한다. 셋째, 기대수명 증가로 노동자의 노동시장 참여 기간이 증가하고 디지털 신기술은 빠른 속도로 등장하여, 지속적으로 새로운 기술을 습득하기 위한 평생 교육의 중요성은 더욱 커지고 있다. 하지만, 기존 근로자의 재교육과 산업현장 수요에 적합한 인재육성을 위한 교육은 아주 부족한 실정이다. 근본적으로는 일자리 변화에 대응할 수 있는 평생학습체제를 구축하고 기존 근로자가 자발적으로 참여하는 것을 지원하는 것이 필요하다. 특히, 중장년 노년층 및 영세기업 노동자를 위한 교육지원 프로그램은 전무한 실정이어서 정부가 이러한 취약계층을 위한 교육 및 훈련기회를 직접 제공하는 것을 고려해 볼 필요가 있다.

디지털 전환을 먼저 경험한 미국과 유럽의 경우엔 디지털 기술 도입과 함께 노동자의 직업 간 이동에 따른 실직 발생과 긱(gig) 경제의 발전으로 많은 노동자들은 소득 불안전성이 크게 증가하였다. 특히, 최근에는 업무마다의 고용이 새롭게 이루어지는 직무중심의 긱(gig) 노동자와 같은 새로운 고용의 형태가 등장하고 미국 등 디지털 선진국에서는 긱 노동 형태의 직업이 빠르게 성장하고 있다. 따라서, 정부는 소득측면에서 증가하는 고용과 소득 불안전성 증가에 따른 위험요인에 대비한 정책적인 대비 또한 필요하다.

4차 산업혁명에 모두가 참여하고 그 혜택을 모두가 누리기 위해서는 신기술이 발전하는 산업에 참여하는 근로자가 적절한 기술을 보유하는 것이 아주 중요하다. 이를 위해 정부는 기업과 대학을 도와 근로자를 효과적으로 교육 및 훈련시킬 수 있는 전략이 필요하다. 또한 디지털 전환기에 직업이동을 통한 적응이 힘든 고용자에 대해서는 이들이 적응할 수 있도록 재교육 받을 시간을 충분히 제공할 수 있는 사회안전망을 구축하기 위한 정책적 고민이 필요한 시점이다.

저자소개 About Contributors

김익수 교수는 고려대학교 경영대학 국제경영 분야 교수로 2019년 9월부터 아세아문제연구원 원장으로 일하고 있다. 영국 옥스퍼드대학원(University of Oxford)에서 '중국 경제 과도투자에 관한 연구'로 경제학 박사 학위를 취득한 이후 1991년 5월부터 대외경제정책연구원(KIEP)에서 연구위원으로 한·중 경제협력, 동북아 경제협력에 관한 연구를 하다가 1995년 3월에 고려대 교수로 부임하였다. 국내외 학술저널에 중국 시장 진입, 지재권 보호, 철수와 구조조정, 경쟁전략에 관한 다수의 논문을 게재하였으며, 주요 저서로는 『중국의 부패 관성과 反부패 정책 대응: 동학, 성과 및 한계』, 『중국 내 지적 재산권: 침해실태, 원인 · 배경 및 대응전략』, 『비단장수 왕서방의 기업가 정신』, 『중국투자론: 이론과 실제』, 『중국시장 마케팅: 전략과 사례』 등이 있다. (e-mail: iksu@korea.ac.kr;
http://www.asiaticresearch.org/sub01/sub01_5_view.html?no=7)

곽도원 교수는 고려대학교 국제대학원에 부교수 재직 중이며 노동경제학과 국제경제학 분야의 주제로 실증분석 연구를 하고 있다. 미국 미시간 주립대(Michigan State University)에서 패널데이터 분석 방법론과 이의 교육 경제학 분야의 응용을 주제로 2011년에 박사학위를 받았고 이후 호주 University of Queensland 대학의 경제학과에서 2017년까지 근무하였다. 주요연구는 신기술, 교육정책, 무역정책 도입 효과의 분석을 주제로 하고 Journal of Development Economics, Labour Economics, Empirical Economics 등의 저널에 출간하였다.

윤성훈 박사는 한국과학기술원(KAIST) 경영대학에서 박사학위를 받고, 현재 삼성전자 DS부문 메모리사업부에서 Senior Professional로 재직 중이다. 주요 논문으로는 "빅데이터와 경쟁정책: 국내 온라인 비즈니스 분야 시장 현황 분석을 중심으로," 정보통신정책연구 (2019); "Quality-adjusted international price comparisons of mobile telecommunications services," Telecommunications Policy (2019)가 있으며 2018년 공정거래위원회에서 발주한 "빅데이터 분야 경쟁실태 조사 및 비교연구"에 참여하였다.

김민기 교수는 한국과학기술원(KAIST) 경영대학에 마케팅 분야 교수로 재직 중이며 Quantitative Marketing 분야를 연구하고 있다. 시카고대학에서 박사학위를 받았으며, 교보문고, LG 유플러스, 하나카드, 쇼핑엔티, 웅진씽크빅 등 대기업을 대상으로 데이터 기반 디지털 전환 관련 자문 활동을 수행하고 있고 주요논문을 Journal of Marketing Research (JMR), Quantitative Marketing & Economics (QME), Journal of Medical Internet Research 등에 출간하였다.

홍주원은 시카고대학 경제학으로 학사를 카이스트 경영대학 Quantitative Marketing으로 석사학위를 받았으며 KDI(한국개발연구원)에서 연구원으로 근무했다. 한국은행, Bain & Company, 국책 연구소, GS홈쇼핑 등 다양한 산업에서 인턴으로 근무한 이력이 있다. AI 디지털 기술도입이 고객 만족도에 미치는 영향을 주제로 한 논문으로 2020년 한국경영학회 융합학술대회 매경최우수논문상은 수상하였으며 현재는 서울대학교 경영대학 박사과정에 재학 중이다.

정다인 교수는 한국과학기술원(KAIST) 경영대학에서 보건 분야의 기술 도입 효과와 계량방법론에 대한 연구로 박사학위를 받았으며, 현재 중국의 Liaoning University의 Advanced Institute of Finance and Economics에서 교수로 재직 중이다. 보건 경제학 분야에서 기술 도입이 개인과 사회집단의 의사결정에 미치는 영향을 연구하고 있다. 주요연구는 보건 분야에서 기술 도입 효과를 주제로 Journal of Medical Internet Research, Applied Economics 등에 출간되었다.

이솔은 한국과학기술원(KAIST) 경영대학에서 계량마케팅 박사과정에 재학 중이다. 신기술 도입이 인간의 행동 변화에 미치는 영향을 중심으로 연구하고 있다. 주요 논문으로는 "Home-Tutoring Services Assisted with Technology: Investigating the Role of Artificial Intelligence Using a Randomized Field Experiment,"이 Journal of Marketing Research에서 3차 수정작업 중이고 "When Chatbots Increase Spending: Evidence from Longitudinal Company Data and Experiments,"은 Journal of Marketing에서 2차 수정작업 중에 있다.

방형준 박사는 미시간 주립 대학교에서 경제학 박사 학위를 받고 현재 한국노동연구원 부연구위원으로 재직 중이다. 노동경제학과 경제성장론이 주요연구 분야로 공정 자동화 등 디지털 기술도입의 노동시장에 영향을 주제로 한 연구를 주로 하고 있다. 주요 연구로는 소득 분배의 경제성장 효과(2018), 생애주기에 따른 성별 임금격차, 기계 분야 스마트공장 도입 촉진에 따른 고용변화(2019), 기계학습을 이용한 노동시장 예측모형 탐색 (2020) 등이 있다.

아연 협동연구 시리즈 1

동북아 주요국의 디지털 전환

전략경쟁과 협력구도

1판1쇄 | 2021년 2월 26일

지은이 | 김익수 · 곽도원

펴낸이 | 김익수
펴낸 곳 | 아연출판부
등록 | 2000년 5월 24일 제6-376호
주소 | 02841 서울특별시 성북구 안암로 145 고려대학교 아세아문제연구원
전화 | 02-3290-1600
팩스 | 02-923-4661
홈페이지 | www.asiaticresearch.org

값 18,000원

ISBN 979-11-89273-20-0 [04300]
세트 ISBN 979-11-89273-17-0